J. Michael Schnarrer

Arbeit und Wertewandel im postmodernen Deutschland

Eine historische, ethisch-systematische Studie zum Berufs- und Arbeitsethos

Verlag Dr. Kovač

VERLAG DR. KOVAČ

Arnoldstraße 49 · 22763 Hamburg · Tel. 040 - 39 88 80-0 · Fax. 040 - 39 88 80-55

Die Deutsche Bibliothek - CIP-Einheitsaufnahme

Schnarrer, Johannes Michael:
Arbeit und Wertewandel im postmodernen Deutschland:
eine historische, ethisch-systematische
Studie zum Berufs- und Arbeitsethos/
J. Michael Schnarrer. - Hamburg: Kovač, 1996
Zugl.: Wien, Univ., Diss., 1996

ISBN 3-86064-461-0

für Sonja

VORWORT

Schon seit der Beendigung meiner Grundstudien 1992 ir (Thüringen) sowie in der Zeit in Cambridge (Massachuse von 1992 bis 1994 - beschäftige ich mich mit den Probl Wandels in der Arbeits- und Berufswelt, ist es doch dieser Lebensbereich, in dem die Veränderung Wiedervereinigung Deutschlands deutlich sichtbar wer beinahe alle Menschen der fünf neuen Bundesländer we betrifft. Die hier vorliegende Arbeit entstand Interesse heraus, die Probleme zu analysieren sowie Lösungen anzubieten und Tendenzen der Zukunft herauszu

Der erfolgreiche Abschluß einer Dissertation ist das der Bemühungen mehrerer Involvierter, denn bewußt oder ist die Beeinflussung durch die akademischen Leh studentischen Freunde und die betende sowie unter Familie gegeben.

So bin ich Herrn O.Univ.-Prof. Prälat DDr. Rudol Vorstand des Instituts für Ethik und Sozialwissensc der Katholisch-Theologischen Fakultät der Universität seine Bereitschaft zur Begleitung dieser Arbeit, zu von Problemen, die im Zusammenhang mit diesem Opus und seine positive Kritik, sehr zum Dank verpflichtet

Herrn O.Univ.-Prof. Dr. Günter Virt, Vorstand des für Moraltheologie, der die Aufgabe als Zweitgutach Dissertation übernahm, bin ich für seine genaue und Art der Korrektur sowie die sachdienlichen Hin Literatur dankbar.

Ebenso schulde ich Dank Herrn emer. Univ.-Pro Johannes Schasching SJ, der die Art der Behandlung als Kenner des Materials durch viele wertvolle begleitete. In den Gesprächen mit Pater Schasching die Tragweite des behandelten Gebietes auch intern Augen geführt.

Meinen Freunden und Freundinnen, Bekannten und habe ich zu danken für die teilweise sehr Schicksalsberichte vom Umgang mit der Arbeitslosi dem raschen Wandel der postmodernen Welt, vo Deutschland. Eine hier nicht näher zu benennende ich auf menschlicher Ebene außerordentlich viel v mir in der Zeit der Abfassung dieser Arbeit - im Wi des Studienjahres 1995/96 - besonders ans Herz gew meiner Mutter Maria Theresia und der Familie me Peter bin ich zutiefst dankbar, daß sie mich unt geholfen haben, soweit es ihnen möglich war. verstorbener Vater Franz Josef, selbst sehr Akademiker, entzündete in mir einen genuinen Ehrg bis jetzt stark beeinflußt hat und es auch künftig

Wien, im März 1996

Johannes Mich

Inhaltsverzeichnis

Hinführungskapitel: Einleitung, Motive, Aufbau, Methodik und drei Prämissen dieser Dissertation

1. Einleitung

Wir leben in einer Zeit des rasanten Wandels. Wissenschaft und Technik ermöglichen heute Dinge, die vor wenigen Generationen noch für unerreichbar, ja undenkbar gehalten wurden. Dieser Wandel der Gesellschaften hat durch den Fall des Kommunismus nochmals eine besondere Dynamik bekommen, denn aus ehemaligen Antipoden der zwei ehemals etablierten Machtblöcke sind nun Partner geworden, wobei die einen Aufbauhilfe benötigen und die anderen diese nach dem Subsidiaritätsprinzip - Hilfe zur Selbsthilfe - gewähren sollten und deshalb ebenso zur Mitverantwortung gefordert sind.

Während die Menschen der ehemaligen „Zweiten Welt", d.h. des kommunistischen und vor allem von Moskau gesteuerten Machtblocks, auf der Suche nach Neuorientierung auf allen Ebenen des Lebens sind, ist in der sog. „Ersten Welt", d.h. Westeuropas, Nordamerikas und Japans, eine tiefe wirtschaftliche Rezession feststellbar. Lange Zeit war man im Westen der Meinung, daß die friedlichen Revolutionen im Ostblock keine durchgreifenden Veränderungen zur Folge haben würden. Doch durch den Wegfall dieser Demarkationslinie, die einst mitten durch Europa verlief, sind einseitige Probleme eines Landes plötzlich auf vielerlei Hinsicht zu internationalen, meist politischen und wirtschaftlichen Schwierigkeiten geworden. Diese Aussage läßt sich auch besonders durch die Ökologiediskussion verifizieren, denn das Anliegen von sauberer Luft und reinen Gewässern ist nicht durch ein Land allein lösbar.

Beim Blick auf die Veränderungen in den verschiedensten Teilen der Erde gibt es sehr spezifische und soziokulturelle Unterschiede, die bei der Lösung zu berücksichtigen sind. Deshalb ist es wichtig - wenn man Modelle zur Lösung schafft - dann aber auch sehr genau zwischen regionalen, nationalen, kontinentalen und globalen Schwierigkeiten zu unterscheiden.

Hier ist also eine scharfe Analyse notwendig. Aus dem Katalog der Probleme, die nationalen Charakter besitzen, aber in jedem Land in unterschiedlicher Ausprägung auftreten, ragt eines ganz besonders heraus, nämlich das der Arbeit und der Arbeitsmärkte, die nicht mehr allen Nachfragenden eine Möglichkeit zum Lohnerwerb anbieten können. Deshalb ist die Frage zu stellen, woran es liegt, daß ein verbrieftes und in einigen Gesetzestexten festgestelltes Recht auf Arbeit nicht real existiert oder nicht durchsetzbar ist? Welchen Beitrag kann die Katholische Soziallehre bezüglich einer möglichen Lösung leisten, oder aber hat die Kirche nur die Funktion, auf Ungerechtigkeiten in der Gesellschaft aufmerksam zu machen, ohne aktiv werden zu können? Inwieweit kommen die Sozialprinzipien der Katholischen Soziallehre: das Personprinzip, das Solidaritätsprinzip, das Subsidiaritätsprinzip, das Gemeinwohlprinzip - in der gegenwärtigen Gesellschaft noch zum Tragen?[1] Die angsprochenen Fragen werden im Kontext eines schleichenden Wertewandels behandelt.

1.1. Motive für die Wahl des Themas - die Einschränkung auf Deutschland.

Ohne Frage ist der Wandel der Arbeit und des Berufes einer der wichtigsten Indikatoren für die Veränderung in der Gesellschaft. Das gilt nicht nur in Deutschland, sondern auch in jedem modernen Land der Erde. Dem wiedervereinigten Deutschland kommt gerade heute eine gewisse Schlüsselfunktion zu, wenn es um in die Zukunft weisende Prozesse und deren Ausführung geht. Besonders durch den vor fünf Jahren vollzogenen Schritt zur Vereinigung zweier Länder einer Nation, die aber als Folge des Zweiten Weltkrieges 40 Jahre lang getrennten und von den Besatzungsmächten indoktrinierten Vorstellungen von Wirtschaftssystem, Staat und Gesellschaft anhafteten, schaut die Welt nun mit besonders aufmerksam-kritischen Augen auf die Geschehnisse in der Bundesrepublik

---

[1] Vgl. dazu ausführlicher: Rudolf Weiler; *Einführung in die Katholische Soziallehre*; II.Teil (Katholische Soziallehre im System); 3. Auflage Wien 1980; 12-16. Auch wenn die Prinzipien nicht immer expressis verbis ins Wort gehoben werden, sind sie doch im Hintergrund mitzudenken - in diesem Opus.

Deutschland.[2] Das gilt für die Politik und Wirtschaft, aber darüber hinaus auch für die Arbeitswelt, denn Deutschland gehört zu den größten Industrienationen unseres Planeten und hat, im Herzen Europas liegend, hervorragende Verantwortung für den Prozeß einer europäischen Einigung.[3] Deshalb ist das Thema dieser Arbeit bewußt auf Deutschland eingeschränkt, da die Bundesrepublik eine Paradigmafunktion einnimmt, auch was die Arbeit und den Beruf angehen. Allerdings werden ebenso andere Länder berücksichtigt, denn internationale Tendenzen machen nicht halt an Ländergrenzen, sondern bedingen einander, folgen häufig einem „Meanstream" mit Nuancen, wobei gegenwärtig zwei wichtige Richtungen zu verzeichnen sind: Globalisierung und Regionalisierung.[4]

Das Thema wurde aus verschiedenen Gründen gewählt, die hier nur bruchstückhaft angegeben werden können. Zunächst hat der Dissertant selbst beide Arbeitswelten in Deutschland, nämlich die der ehemaligen „DDR" (wo er als Bau- und Möbeltischler ausgebildet wurde) und die der Bundesrepublik (wo er sowohl als Student als auch im erlernten Beruf tätig war) als „Insider" kennengelernt. Dieses Faktum ist deshalb wichtig, weil es den Bezug zwischen Theorie und Praxis herstellt. Ein weiteres wichtiges Motiv ist die sehr hohe Arbeitslosigkeit in Mitteldeutschland, die Freunde und Verwandte des Verfassers

---

[2] Vgl. Richard Schröder; _Deutschland schwierig Vaterland_; Freiburg 1993; 145; „Deutschland und die Welt. Manche haben Angst vor dem größer gewordenen Deutschland, manche in Deutschland und manche im Ausland. Dem begegnen wir am besten, indem sich das vergrößerte Deutschland einbindet in Europa. Nachdem die Westintegration Westdeutschlands nicht nur politisch, sondern auch menschlich so weit fortgeschritten ist, muß nun eine ähnliche „Ostintegration" folgen, nicht gleich bis zum Stillen Ozean, auch das wäre Größenwahn, sondern zu unseren näheren östlichen Nachbarn hin." Die Ängste der internationalen Staatengemeinschaft sind ernstzunehmen, denn Deutschland hat in diesem Jahrhundert zwei Weltkriege begonnen und an ihren Folgen Jahrzehnte leiden müssen.

[3] Lester Thurow; _Head to Head_; New York 1993; 74-75; „The 1990s open with Euro-optimism. The optimism is deserved-not because Eastern Europe will grow rapidly, and not because of the growth dividend from integration efficiencies in the EC-but because an engine for economic growth has been found in the dramatic shifts in German macroeconomic policies. Policies that had been set to restrict growth will be set to accelerate growth. Germany will become an economic locomotive for the rest of Europe. And if the EC does not become too much of an economic fortress, the trade created by this growth should compensate the rest of the world for the inevitable trade losses that it will suffer in the aftermath of 1992."

[4] Vgl. Johannes Michael Schnarrer; „Globalisierung contra Regionalisierung: Auf dem Weg zu einer neuen Weltwirtschaftsordnung"; in: _Wiener Blätter zur Friedensforschung 83_; Wien Juni 2/1995; 47-59.

existentiell betreffen.[5] Nach konstruktiven Lösungen zu suchen, heißt also nicht nur abstrakte Vorschläge zu erarbeiten, sondern menschlich-präzise Überlegungen zu äußern, die dem einzelnen tatsächlich helfen können, eines der größten Probleme der postindustriellen Arbeitswelt, d.h. die Arbeitslosigkeit, zu bewältigen. Außerdem gibt es dem Autor dieser wissenschaftlichen Arbeit die gute Gelegenheit zur Erlangung von Fach- und Sachkompetenz auf einem Gebiet, das bisher zu den Unbekannten in den „fünf neuen Bundesländern" gehört.

Die Kirchen in Mitteldeutschland durften über 40 Jahre hinweg nur sehr eingeschränkte Sozialarbeit leisten. Um so wichtiger ist es heute, Theologen, Sozialarbeiter, Religionslehrer, christlich engagierte Laien auszubilden, die möglichst vielfältige Erfahrungen besitzen, um später ganz bewußt die Menschen begleiten zu können, die in der Notlage der Zwangsarbeitslosigkeit stecken. Gerade Beratungsstellen der Caritas, die Telefonseelsorge und die öffentlichen Appelle der Kirchen sind heute dringender dennje, da Kirchen damit ihrer Funktion, das Evangelium zu verkünden und Ungerechtigkeiten aktiv zu bekämpfen, nachkommen. Das Image der Kirchen, nicht genug für Sozialschwache zutun, sollte somit wesentlich widerlegt werden, denn Teile der Bevölkerung trauen den christlichen Kirchen nur sehr wenig zu, auf dem Sektor der Sozialarbeit wirksame und unkomplizierte Hilfe für diejenigen anzubieten, die sich in einer Notsituation befinden. Deshalb ist es eine weitere Aufgabe der Arbeit, vom Blickpunkt der christlichen Sozialethik (mit Schwerpunkt der katholischen Tradition) verantwortungsvolle Argumente zu liefern, um so

---

[5] Christian Führer; „Einmischung: Kirche bei den Arbeitslosen"; in: _Die Zeichen der Zeit_ (Evangelische Zeitschrift für Mitarbeiterinnen und Mitarbeiter der Kirche); 47.Jahrgang, Leipzig II./1993; 80; Auszug aus der Rede von Pfarrer Führer auf dem Augustusplatz in Leipzig am 15.März 1993; „Mit hektischer Betriebsamkeit und einem imposanten äußeren Erscheinungsbild soll der Skandal überspielt werden, wie gelassen von dieser Gesellschaft Millionen Arbeitslose, die Vernichtung von 60% der Arbeitsplätze in den neuen Bundesländern und der schleichende Abbau des zweiten Arbeitsmarktes als Preis für den Wohlstand in Kauf genommen werden." Gerade in Leipzig, das das Zentrum der friedlichen Revolution im Herbst 1989 (für die „DDR") gewesen ist und wo die vielen Demonstranten den Slogan „Wir sind das Volk" gegen eine übermächtig erscheinende Staatssicherheit hervorgebracht hat, werden die Kritiker, auch unter marktwirtschaftlichen Bedingungen und relativer Freiheit, nicht müde, die Ungerechtigkeiten der neuen Gesellschaft auch nach außen hin zu demonstrieren und der Öffentlichkeit vorzuführen. Nur dürfen Schuldzuweisungen, die ihren Grund in der maroden „DDR"-Wirtschaft haben nicht unreflektiert der Sozialen Marktwirtschaft angerechnet werden.

fähiger zu werden, zukunftsweisende Konzepte verbunden mit realistischer Sicht der Dinge im genannten Bereich herauszuarbeiten. Denn die Verantwortung der Kirchen darf nicht an der Kirchentür enden, was sich positiv und in hervorragender Manier während der friedlichen Revolution zwischen Ostsee und Erzgebirge in den Jahren 1989-1990 deutlich gezeigt hat.[6]

Sechs Jahre nach den Wendeereignissen ist die Lage weithin entspannt, doch die sozialen Schwierigkeiten haben sich verlagert. Während in der Herrschaftszeit des marxistischen Regimes die einseitige Ideologie zum wesentlichsten Mittel der Machtausübung gehörte, ist es heute in der offenen, liberal-demokratischen Gesellschaft vor allem das Sicherheitsbedürfnis, den Arbeitsplatz nicht zu verlieren oder durch das soziale Netz zu fallen, was den einzelnen betrifft. Wer zum Unrecht in der Gesellschaft schweigt, der mißachtet den Mitmenschen. Denn gerade Christen haben Verantwortung, nicht nur für sich selbst, sondern ebenso für die Gesellschaft als ganze.[7]

1.2. Aufbau und Methodik der Dissertation - Voraussetzungen des Opus.

Nach Vorwort und Einleitung wird sich der erste Abschnitt dieses Opus doctorandi mit einer geschichtlichen Einbettung des Themas in den Sach- und Situationszusammenhang beschäftigen. Dabei hat dieses Kapitel einen Schwerpunkt: Das Aufzeigen der Historie und der verschiedenen geschichtlichen Sichtweisen in der Arbeits- und Berufswelt, um später besser in der Lage zu sein, in die Zukunft zu schauen und ethische Prämissen, die

---

[6] Gerade der sog. „Runde Tisch", ein Gremium von Spitzenpolitikern aller Parteien und Fraktionen der ehemaligen „DDR", die sich jeden Montag in Berlin trafen, um über den politischen Prozeß der Wende zu beraten (dieser wurde vom ehemaligen Regens des Erfurter Priesterseminars, Dr. Karl-Heinz Ducke, geleitet) zeigte das große Vertrauen in die Integrität der beiden großen Kirchen. Diese Tatsache ist um so erstaunlicher, da sich mehr als 50% der ehemaligen „DDR"-Bürger als Agnostiker ausweisen. (Vgl. Paul M. Zulehner/Hermann Denz; *Wie Europa lebt und glaubt*; Düsseldorf 1993; 40; „Nur in einem einzigen Land (Europas) stellen die Unreligiösen die Mehrheit (der Bevölkerung; J.M.S.): Es ist die ehemalige Deutsche Demokratische Republik (DDR), das heutige Ostdeutschland").

[7] Gregory Baum/Donald A. Campion; *Commentary on Gaudium et Spes* - The Pastoral Constitution on the Church in the Modern World of Vatican Council II; New York 1967; 27; „The man of faith who understands his vocation as a human being will not be tempted to neglect the temporal society; rather, he will be totally dedicated to transforming is according to the will of God."

einer sich ständig ändernden Welt entsprechen und anwendbar werden.

Der Aufbau einer wissenschaftlichen Arbeit behandelt die Struktur und Organisation des Argumentationsganges. Dementsprechend ist die Dissertation gegliedert in drei große Abschnitte. Das Einleitungskapitel dient zur methodischen Standortbestimmung und umschreibt die wesentlichsten Elemente von Mensch, Gesellschaft und Ethik. Im ersten Kapitel geht es dann um einen geschichtlichen Überblick dessen, was sich bezüglich der Arbeit bis jetzt veränderte. Das zweite Kapitel beschäftigt sich mit den Phänomenen des Wandels in der heutigen Arbeitswelt. Dabei werden u.a. anhand von soziologischen Daten die Veränderungen analysiert, einzelne wichtige Sachthemen, die unmittelbar mit der Arbeits- und Berufswelt zusammenhängen, angesprochen, Ungerechtigkeiten in der Gesellschaft beleuchtet, um sie zu beheben. Der dritte Abschnitt wird eher kreativ gestaltet sein, denn er behandelt als vorwiegend sozialethisch geprägtes Kapitel den bis dahin aufgezeigten Wandel nicht nur konstatierend, sondern zielt darüber hinaus auf wertende Beurteilung ab. Vom philosophisch-soziologischen Bezug der Analyse, was bereits an Voraussetzungen gegeben ist, führt das Kapitel hin zum „Was sein soll" in der Zukunft. Um dem Opus eine Struktur zu geben, ist nun nach der Methode zu fragen.

Die Methode ist das formale Element einer wissenschaftlichen Arbeit, während das System ihre inhaltliche Komponente ausmacht. „Des genaueren meinen wir mit System das geordnete Ganze der Erkenntnis oder Gehalte einer Wissenschaft. Als Methode hingegen bezeichnen wir, dem Wortsinn entsprechend (griechisch: methodos, wörtlich: Nach-Weg), den Weg, auf dem dieses Ganze aufgebaut und erworben wird. Methodisch befassen wir uns (allgemein gesprochen) mit einem Wissensgebiet, wenn wir es planmäßig durchforschen, seine einzelnen Gliederungen herausarbeiten, die Teilerkenntnisse sachgemäß anordnen, logisch verknüpfen und einsichtig machen (gegebenenfalls durch Beweise); am Schluß müssen wir möglichst von allem und jedem wissen, nicht nur „daß", sondern auch „warum" es so ist, also nicht nur die Tatsache, sondern auch deren Grund."[8]

---

[8] Walter Brugger (Hg.); Philosophisches Wörterbuch; 19. Auflage Freiburg,Basel,Wien 1988; 244-245; „Die hier umschriebene allgemeine Methode `jeder` Wissenschaft verwirklicht sich je nach der Eigenart der verschiedenen Bereiche in einer besonderen, dem betreffenden Bereich eigenen und angemessenen Prägung." Heute beherrschen besonders zwei

Deshalb gehen die Ausführungen innerhalb dieser Dissertation auch in verschiedene Richtungen. Für den ersten Abschnitt ist die historisch-deskriptive Methode gewählt worden. Im Aufzeigen der geschichtlichen Hintergründe vollzieht sich bereits ein erster basishafter Argumentationsgang, der uns einführt in die Prozesse der Vergangenheit, denn unsere jetzige Situation ist bereits vorbedingt durch historische Tendenzen. Die Hervorhebung des geschichtlichen Aspekts stammt von Hegel[9], der Vernunft und Geschichte in Einklang bringt, ja soweit in seiner Behauptung geht, daß Weltgeschichte schon vernünftig sei.[10] Geschichte an sich kann zweierlei Grundintentionen besitzen: Nämlich das seiende Geschehen, die Dynamik der Existenz, das immer neu das Wesen, die Strukturen und die Organisation des Alltagslebens postuliert; der gleiche Begriff meint aber ebenso das Wissen um in zurückliegender Zeit Vollzogenes.[11] Daneben meint das deskriptive Element die Beschreibung des geschichtlichen Faktums oder einer Tendenz, nach der sich der Prozeß gerichtet hat. Kaum etwas anderes ist so wichtig bei der Beurteilung einer Situation, eines dynamischen Prozesses oder einer Realität wie der Blick in die Geschichte des Sachverhalts.[12]

Methoden die Philosophie und Ethik: die analytische (zerlegende) und die synthetische (aufbauende). „Erstere schreitet vom Zusammengesetzten zu dessen Aufbauelementen und schließlich zum Einfachen fort, so vom konkreten Seienden zu dessen inneren Konstituentien (Seinsprinzip, Kategorien) und äußeren Ursachen, wodurch das Begreifen des zunächst Unverständlichen erreicht wird. Letztere fügt umgekehrt von diesen Elementen her das Seiende wieder zusammen sowie in umfassende und auch letzte Zusammenhänge ein, die das Einzelne beleuchten. Beide Wege durchdringen sich, wobei ihr Ineinandergreifen das von Anfang an entworfenen, aber noch unbestimmte Ganze des Wirklichen allmählich bestimmt und durchgliedert." Der Autor der Dissertation schenkt der Methodik hohe Aufmerksamkeit, weil sie sowohl Kernstück als auch Unterscheidungsmerkmal von anderen oder weniger wissenschaftlichen Abhandlungen ist.

[9] Johannes Hirschberger; _Geschichte der Philosophie_- Neuzeit und Gegenwart; 13. Auflage Freiburg,Basel,Wien 1988, Band 2; 431f.; „Klar zeigt sich die Deckung des Idealen und Realen in Hegels Philosophie der Weltgeschichte. Die Geschichte ist die `Auslegung des Geistes in der Zeit´. Ziel der ganzen Entwicklung sei die allgemeine Freiheit. Die Weltgeschichte beginnt im Osten, aber im Westen ginge das Licht des Selbstbewußtseins auf. Im Osten weiß nur einer, daß er frei ist; in der griechisch-römischen Welt sind es nur einige; in der germanischen aber sind alle frei. Die Hegelsche Weltgeschichte verläuft als reine Faktizität."

[10] Vgl. Dirk Berg-Schlosser/Theo Stammen; _Einführung in die Politikwissenschaft_; 5. Auflage München 1992; 60ff.

[11] Vgl. Alwin Diemer/Ivo Frenzel (Hg.); _Philosophie-Das Fischer Lexikon_; Frankfurt am Main 1958; 104-126; hier besonders: 107.

[12] Vgl. Günter Virt (Hg.); _Historische Verantwortung vor der Gegenwart_; Frankfurt/M. 1993; 7.

Das zweite Kapitel ist an Themen orientiert analytisch aufgebaut. Das heißt, daß einzelne Sachthemen, die ins Wort gehoben werden, den wesentlichen Inhalt ausmachen. Ein Katalog von Gebieten, durch Prioritäten gewichtet, die angesprochene Problematik des Wandels von Werten, Normen, Prinzipien, Haltungen und Ordnungen bezüglich der Arbeits- und Berufswelt wird aufgeführt. Dabei werden aber nicht nur ausschließlich das Zentrum des Themas ausmachende Gebiete vorkommen, sondern auch periphere Bereiche, denn viele Angelegenheiten des Lebens sind nur im Kontext mit anderen zu sehen. Das gilt besonders dann, wenn einer der zentralsten Tätigkeitsräume unseres Seins angesprochen wird, denn über ein Drittel unserer Existenz hat mit Arbeit zutun, egal, ob sie nun bezahlt wird oder nicht. Stichpunktartig seien einige zu behandelnde Felder genannt: Flexibilität und Mobilität der Arbeitnehmer und Arbeitgeber; Auswirkungen des Wandels auf Familien; die Polarisierung im Arbeitsprozeß zwischen Professionalisierung und Entprofessionalisierung; Eingliederung von Jugendlichen, Behinderten, Frauen und Ausländern in ein Lohnerwerbsverhältnis; wachsende Freizeitgesellschaft aufgrund von geringeren Arbeitszeiten; Technologie als fortschreitende Automatisierung und Konkurrenz zur menschlichen Arbeitskraft; Ökologie und andere alternative Methoden zur Gewinnung von neuen Arbeitsstellen; Arbeitslosigkeit und ihre psychologischen Folgen für den einzelnen; Ungerechtigkeit, Chancenungleichheit und falsche Verteilungsschlüssel als Strukturprobleme in der Gesellschaft; Ausgrenzung von bestimmten Gruppen aus dem öffentlichen Leben etc.

Was nun die Analyse dieser Gegenstände betrifft, ist festzuhalten, daß diese „Auflösung", was nichts weiter als Analyse übersetzt bedeutet, die Grundvoraussetzung für die im dritten Kapitel zu vollziehende Synthese ist. Die Analyse ist „systematische Untersuchung eines Gegenstandes oder Sachverhalts hinsichtlich aller einzelnen Komponenten oder Faktoren, die ihn bestimmen."[13] Im philosophisch-ethischen Sinn bezeichnet Analyse die Art und Weise der Zergliederung eines Ganzen in verschiedene Teile, d.h. einer Einheit in Vielheiten, wobei es sekundär ist, ob es sich dabei um eine wirkliche Geschlossenheit oder nur eine begriffliche Ganzheit handelt.

---

[13] Günther Drosdowski (Hg. et al.); Duden-Fremdwörterbuch; 4. Auflage Mannheim, Wien, Zürich 1982, Band 5; 61.

„...so werden die anfänglich nur einschließlich, d.h. in ihrem ungegliederten Zusammen erkannten Teilinhalte im einzelnen herausgehoben und so ausdrücklich erkannt."[14] Deshalb wird es darauf ankommen, Elemente und Einzelsachverhalte bezüglich des vorgegebenen Themenkreises zu analysieren und die Ergebnisse kausal in einen ethischen Kontext zu stellen. Von diesen Voraussetzungen aus, der Begriffsdefinitionen, der Geschichte sowie der Sachthemen, ist der Leser in einer guten Ausgangsposition, um den in der Dissertation kulminierenden Teil, das dritte Kapitel, in Angriff zu nehmen.

Für diesen Abschnitt des Opus` (Kapitel III.) wurde die synthetische Methode gewählt. Denn das, was bisher als These oder auch Antithese formuliert wurde, ist nun zu einem gewissen Abschluß zu bringen, ja zu synthetisieren, d.h. sinnvolles Verbinden von Einzelteilen wiederum zu einem größeren bzw. höheren Ganzen.[15] Deshalb sind Leitsätze zu formulieren. Dem eigentlichen Sinn des Wortes entsprechend bedeutet Synthese „Zusammensetzung". Worum es dabei geht, ist also eine wissenschaftliche Zusammenfassung. Bereits seit dem Mittelalter hat sich bezüglich der Conclusiones in der skriptiven Wissenschaft die sog. scholastische Methode durchgesetzt.[16] Die Synthese ist daher im Sprachgebrauch der Philosophie die Übereinkunft von Inhalten an Erkenntnis zu einer Einheit von bis dahin verschiedenen Gebilden der gleichen Erkenntnis, was wiederum ein Verdienst des menschlichen Bewußtseins darstellt.[17] Mit dem Begriff des `Präskriptiven´ ist gemeint,

---

[14] Brugger; _Philosophisches Wörterbuch_; Freiburg 1988; 13; „Die entgegengesetzte Richtung des Denkens heißt Synthese."

[15] Günther Drosdowski (Hg. et al.); _Duden-Bedeutungswörterbuch_; 2. Auflage Mannheim,Wien,Zürich 1985, Band 10; 627.

[16] Brugger; _Philosophisches Wörterbuch_; Freiburg 1988; 335; „Der Aufbau der scholastischen Quaestio umfaßt die Gründe für und wider, die eine Frage problematisch auflockern und meist auf Autoritäten zurückgehen, dann die Entfaltung und Begründung der positiven Lösung und schließlich die Beantwortung der ihr entgegenstehenden Einwände." Dieses Schema läuft also auf den sog. Dreierschritt hinaus: These-Antithese-Synthese. Latent liegt dieser auch in den drei Kapiteln dieser wissenschaftlichen Arbeit vor.

[17] Vgl. a.a.O. 391f. „Eine, wenn auch als Tätigkeit zumeist unbewußte Synthese liegt schon in der Anschauung vor: Die durch die Einzelsinne gewonnenen Empfindungsinhalte werden durch den Gemeinsinn in der Raumanschauung zusammengefaßt, von Einbildungskraft bzw. Gedächtnis durch frühere Wahrnehmungsinhalte ergänzt und so in die Zeit hineingestellt, schließlich zu `Gestalten´ zusammengefügt. Zur Methode wird die Synthese als bewußte Zusammenfassung gedanklicher Gebilde zu höheren Einheiten. In diesem Sinn ist sie der Analyse entgegengesetzt und deren notwendige Ergänzung. Durch Synthese entsteht aus Urbegriffen der zusammengesetzte

daß es in diesem dritten Kapitel nicht mehr um Beschreibungen von strukturellen, sozialen, ökologischen oder ökonomischen Phänomenen gehen kann, sondern, im Gegenteil zum deskriptiven (beschreibenden) Abschnitt, vor allem um Normen folgenden und diese setzende Ausführungen geht.

Zusammenfassend ist zu sagen, daß ein „Methoden-Mix" für die Zielführung gewählt wurde. Unter diesem Begriff ist eine Kombination und Synthese zu verstehen, die unterschiedliche Methoden komplementierend zur Untersuchung in einem konkreten Bereich der Forschung heranzieht. Um wirklich breite Ergebnisse zu erreichen, auf dem Gebiet der Wissenschaft und Technik, sind nicht nur einzelne Methoden zu verwenden, sondern mehrere, die aber genau ausgewählt sein müssen.[18] Die Verschiedenartigkeit der Methoden läßt bereits erahnen, daß hier nicht eindimensional das Problemfeld mit seinen differenzierten Gesichtspunkten ins Blickfeld gerückt wird, sondern daß eine Vielzahl von Ansätzen zu Wort kommen muß, die gleichberechtigt behandelt werden.

1.3. Inhaltliche Theorieansätze und Prämissen der Dissertation - drei Gesichtspunkte.

Keine Wissenschaft kann völlig voraussetzungslos betrieben werden. Eine Lehre (Theorie) ist notwendig. Eine Theorie ist ein „System wissenschaftlich begründeter Aussagen zur Erklärung bestimmter Tatsachen oder Erscheinungen und der ihnen zugrundeliegenden Gesetzmäßigkeiten ...(und ist; J.M.S.) die Lehre von den allgemeinen Begriffen, Gesetzen, Prinzipien eines bestimmten Bereichs."[19] Anders definiert - handelt es sich bei einer Theorie um ein begründetes Argument, das eine Realität, ein Ereignis oder ein Faktum erklärt.[20] Es kann aber auch eine Idee sein, deren Wahrheitsgehalt noch zu verifizieren ist. Erweist sich die Theorie als falsifiziert, verliert sie ihren Existenzanspruch und ist durch eine andere zu ersetzen oder

---

Begriff, durch eine andere Art von Synthese aus Begriffen das Urteil. Durch Synthese werden schließlich die Einzelerkenntnisse zur Einheit eines Lehrgebäudes (System), sei es einer Wissenschaft, sei es eines Weltbildes oder einer Weltanschauung, zusammengefaßt."

[18] Vgl. Dieter Nohlen (Hg. et al.); Artikel „Methoden-mix"; in: _Pipers Wörterbuch zur Politik_; München 1983, Band 1; 563.

[19] Drosdowski; _Duden-Fremdwörterbuch_; Mannheim 1982; 760.

[20] Vgl. _Longman Dictionary of American English_; White Plains,NY 1983; 702.

wenigstens zu ergänzen. Keinesfalls darf aber die Theorie mit der Hypothese (griechisch: Hypothesis, Grundlage) verwechselt werden, die eine „widerspruchsfreie Aussage, deren Geltung nur vermutet ist und die in den Wissenschaften als Annahme eingeführt wird, um mit ihrer Hilfe schon bekannte wahre Sachverhalte zu erklären"[21] darstellt.

Als Arbeitsthese bzw. Leitsatz läßt sich hier formulieren, daß es zu einem grundlegenden Wandel in der Betrachtung der Arbeit und des Berufs innerhalb der Geschichte gekommen ist, wobei wir uns auch heute wieder in einer schleichenden Veränderung der Sicht von Arbeit und Beruf befinden. Auf diesem Hintergrund wird die Argumentation der Interpretamente, vor allem ausgiebig im historischen und soziologisch-ethischen Teil behandelt, einleuchtend und sinnvoll, so daß am Ende synthetische Leitsätze stehen können, die auf verantwortlicher Basis gründen.

Die Herausbildung verschiedenster Begriffe ist ein typisches Merkmal der Wissenschaften, d.h. Pluralität in den Einzelwissenschaften entstand häufig durch verschiedene, nicht selten miteinander konkurrierende Begriffe. Erst durch die genaue und abgrenzende Definition wird die Handhabung von Ausdrücken, Bedeutungen, Benennungen, Termini, Vokabeln, Worten und Bezeichnungen möglich. Da Wissenschaft nie im Vakuum geschehen kann, wurden für dieses Opus drei Bewertungskriterien ausgesucht, die nun begrifflich gleichsam prämissenhaft erläutert werden. Um den Wandel in der professionellen Welt zu verstehen, hat der Autor deshalb die Sichtweise des Subjekts (Personprinzip), die objektive Seite (Strukturen und Ordnungen in Staat und Gesellschaft, das Gemeinwohlprinzip) sowie die sozialethischen Dimensionen (Subsidiaritäts- und Solidaritätsprinzip) als Richtschnur ausgewählt. Das ist notwendig, da es sich hier um eine Dissertation im Bereich Ethik und Sozialwissenschaften handelt und nicht um einen anderen Bereich, der die Ansatzpunkte unterschiedlich auswählen würde, wie z.B. in der Wirtschaft, wo es vorrangig um rein

---

[21] *Meyers großes Taschenlexikon in 24 Bänden*;; 2. Auflage Mannheim,Wien,Zürich 1987, Band 10; 152; „Hypothetische, allgemeine Geltung beanspruchende Aussagen gelten als empirisch begründet, wenn sie durch passende Verallgemeinerung (Generalisierung) endlos vieler singulärer Tatsachen gewonnen sind." Somit unterscheiden sich offene, häufig ungedeckte Annahmen (Hypothesen) wesentlich von Theorien, die bereits einem bestimmten System oder einer Ordnung folgen.

ökonomische Betrachtungen geht, was allerdings nicht heißen kann, daß hier ethische Aspekte allein darzustellen sind.[22]

1.3.1. Der Mensch als Basis aller Überlegungen - der subjektorientierte Ansatz.

Zunächst ist zu klären, warum wir heutzutage immer vom Menschen an sich ausgehen und nicht wie in früheren Zeiten von absolut vorgegebenen, als unveränderlich geltenden Normen. Es hat sich also ein Wandel von der sich an vorgegebenen Ordnungen objektiven Weltsicht ausgehenden Argumentation (und darin ist der Blick vom Menschen enthalten) hin auf die subjektorientierten Ansatzpunkte vollzogen.

Jede Wissenschaft sieht oder untersucht einen anderen Aspekt des Menschseins. So beschäftigen sich die Humanwissenschaften mit dem Menschen z.B. als psychologische, biologische, soziologische, genetische, chemische, ökonomische u.a. Entität. Dabei ist heute zu beobachten, daß man die praktische Erforschung des Menschen sowie deren Spaltung in Geistes,- Natur- und Sozialwissenschaften durch empirisch-theoretische Methoden zur Erfassung des Wesens der Menschen nicht nur einer Komponenten versucht zu überwinden, sondern auch das Verhalten der menschlichen Person mit einbezieht und berücksichtigt.[23]

---

[22] Deshalb werden die vier Prinzipien in dieser Arbeit, obwohl sie nicht immer extra zu benennen sind, stets mit intendiert, wenn es um den Menschen oder das Humanum schlechthin (entspricht dem Personprinzip) geht, um die Gesellschaft oder Gemeinschaft (Gemeinwohlprinzip), um solidarische Prozesse (Solidaritätsprinzip) und um Hilfe, die zur Selbsthilfe gereicht (Subsidiaritätsprinzip).

[23] Brugger; *Philosophisches Wörterbuch*; Freiburg 1988; 168; „So sucht man etwa in der Psychologie, Sozialpsychologie, Verhaltensforschung (Ethologie), die auch tierisches Verhalten vergleichend untersucht, und in den Sozialwissenschaften (Soziologie, Wissenschaft von der Politik und den Wirtschaftswissenschaften) nach allgemeinen Gesetzen menschlichen Verhaltens und seiner sozialen Auswirkungen. Erkenntnisse der letzten Art sind für die Philosophie von besonderer Bedeutung, aber auch methodisch besonders schwierig, weil immer die Gefahr besteht, dem nur Gewohnten, aber geschichtlich Bedingten, Kulturspezifischen vorschnell Allgemeingültigkeit und damit auch ethische Normativität zuzuschreiben. Indem die empirischen Humanwissenschaften ein umfangreiches Material zur Erkenntnis der menschlichen Wirklichkeit bereitstellen, bieten sie eine unersetzliche Grundlage für die philosophische Reflexion in Ethik, Sozialphilosophie und philosophischen Anthropologie."

Die wachsende interdisziplinäre Forschungstätigkeit dürfte deshalb in der kommenden Zeit an Bedeutung gewinnen.[24]

Aber werfen wir bereits hier einen Blick in die Geschichte. Wir sprechen von der Neuzeit, die sich gerade dadurch auszeichnet, daß eine Hinwendung zum Subjekt stattfand. Dieses prozeßartige Geschehen ist in den einzelnen Bereichen unterschiedlich verlaufen und läßt sich an konkreten, historisch nachvollziehbaren Ereignissen aufzeigen. Im religiösen Raum ist es die Reformation, die durch den (wissenschaftlich nicht nachgewiesenen) Thesenanschlag Luthers[25] im Jahre 1517 an die Schloßkirche zu Wittenberg eine durchgreifende Veränderung bezüglich der Sichtweise von Hierarchie und Autorität im kirchlichen Raum brachte. Geographisch war für die neue Bewußtseinsbildung die Wiederentdeckung Amerikas durch Christoph Columbus (1492) sowie die erste Weltumsegelung durch Fernando de Magallanes und Juan Sebastiàn Elcano (1519-1521) wichtig. Auf naturwissenschaftlicher Ebene löste Nikolaus Kopernikus das geozentrische System der Planetenbestimmung Anfang des 16. Jahrhunderts durch das heliozentrische System ab. Die Französische Revolution (1789-1794) und die darauffolgende Neuordnung Europas bzw. die Säkularisation durch Napoleon Bonaparte werden als Eckdaten im politischen Paradigemenwandel allgemein anerkannt. Wirtschaftlich gesehen, ist die industrielle Revolution in England durch Erfindung der Dampfmaschine (James Watt um 1780) und den mechanischen Webstuhl (J. Hargreaves 1764 „Spinning Jenny“) als Wendepunkt anzusehen.

Allgemein läßt sich sagen, daß Menschwerdung und das Menschenbild die schwierig zu erfassende Seinsweise des Menschen artikulieren, denn der Mensch braucht ein Ziel seiner selbst, das heutzutage oftmals mit der Sinnfrage umschrieben

---

[24] Günter Virt; „Ethik darf nicht zurückbleiben“; in: *Wiener Blätter 03/95* der KHJÖ; 7; „Ich glaube aber, daß die Theologie eine der letzten integrativen Wissenschaften in diesem modernen Universitätsbetrieb ist. Dieses Integrative, das sich ja da und dort meldet in interdisziplinären Forschungsgebieten wie z.B. Soziopsychologie oder Heilpädagogik, Gerontologie, Ökologie, Familienforschung, soll ausgebaut werden. Mit so einem integrativen Modell wie eben der autonomen Moral im christlichen Kontext eröffnen sich große Möglichkeiten im Gespräch der Fakultäten.“

[25] Der Erfurter Kirchengeschichtler Josef Pilvousek vertritt die Auffassung, daß die 95 Thesen von Martin Luther schriftlich verfaßt wurden und nur in Briefform an den Mainzer Erzbischof gesandt wurden, ohne daß es zu einem Thesenanschlag in Wittenberg kam.

wird, um immer mehr Mensch zu werden und das, was er von Natur aus schon immer ist. Das Wesen des Menschen ist ihm gegeben (Heidegger spricht vom „In-der-Welt-Sein"[26]), so daß er stets an der Vervollkommnung seiner Fähigkeiten arbeiten soll. Schon Thomas von Aquin spricht vom `Mangelwesen Mensch´[27] (Arnold Gehlen nennt den Menschen `Mängelwesen´[28]). Vergleicht man den Menschen mit der Natur, dann sei er nach Pascal nur ein „Schilfrohr, das denkt."[29] Somit läßt sich sagen, daß der Mensch einerseits einer gewissen Perfektion stets mangelt, aber durch die Fähigkeit des Denkens dies graduell ausgleichen kann.

Schöpfungstheologisch ist festzuhalten, der Mensch sei (Gen 2,7) aus Erde vom Ackerboden entstanden.[30] Gleichzeitig wird aber auch die Gottebenbildlichkeit in Gen 1,26f. festgestellt, wenn es heißt: „Dann sprach Gott: Laßt uns Menschen machen als unser Abbild, uns ähnlich. Sie sollen herrschen über die Fische des Meeres, über die Vögel des Himmels, über das Vieh, über die ganze Erde, und über alle Kriechtiere auf dem Land. Gott schuf also den Menschen als sein Abbild; als Abbild Gottes schuf er ihn. Als Mann und Frau schuf er sie."[31] Somit ist aus christlicher Sicht zu konstatieren, daß der Mensch Geschöpf Gottes ist, als Sünder unter den Menschen in einen konkreten sozio-kulturellen Kontext gestellt ist und als Bruder Christi sich selbst Aufgabe ist, um zur von Gott in freiem Willen angebotenen Vollendung zu gelangen, d.h. hier auf Erden mit dem Auftrag der Liebe ausgestattet so zu leben, daß er einst das ewige Leben erreiche.[32] Der Erwachsenenkatechismus der

---

[26] Vgl. Hirschberger; _Geschichte der Philosophie_; Freiburg 1988, Band 2; 642f.

[27] Vgl. Thomas von Aquin; _Summa theologica_; Salzburg,Graz 1933, Band 1; 393f.

[28] Vgl. Arnold Gehlen; _Der Mensch_; 8. Auflage Bonn 1966; 20, 33, 83, 354; Gehlen nimmt mit dem Terminus `Mensch als Mängelwesen´ eine bereits bei Johann Gottfried Herder (1744-1803) vorhandene Begrifflichkeit auf.

[29] Vgl. Ch. Schütz (et al.) Artikel „Mensch"; in: Franz König/Hans Waldenfels; _Lexikon der Religionen_; 2. Auflage Freiburg,Basel,Wien 1988; 405-415, hier: 405.

[30] Vgl. Gen 2,7; _Die Bibel_; Freiburg,Basel,Wien 1991 lt. Einheitsübersetzung; 6; „Da formte Gott, der Herr den Menschen aus Erde vom Ackerboden und blies in seine Nase den Lebensatem. So wurde der Mensch zu einem lebendigen Wesen."

[31] Vgl. ebd. 5; Die Einbettung des Menschen in den Heilsplan Gottes ist an dieser Stelle deshalb zu betonen, weil uns später der Umgang des Menschen mit den Gütern der Erde, die Teil der Schöpfung sind, noch ausführlicher beschäftigen wird.

[32] Doch dieser Anspruch ist für viele unserer zeitgenössischen Mitmenschen nicht mehr nachvollziehbar. Das zeigt sich besonders an einer immer

deutschen Bischöfe betont den Geheimnischarakter des Menschen: „Der Mensch bleibt sich letztlich eine Frage und ein tiefes Geheimnis."[33]

Der philosophische Bereich der Neuzeit bezüglich des Menschenbildes wird vor allem durch René Descartes bestimmt (1596-1650). „R.DESCARTES gilt als der Begründer der neuzeitlichen Wende zum Subjekt."[34] Immanuel Kant (1724-1804) nimmt später vor allem den Aspekt des Denkens, der von Descartes betont wird, auf und führt ihn weiter, hauptsächlich expliziert in den drei großen Kritiken[35], wobei Kant die Vernunft betont, die jedem Menschen aufgrund seines Menschseins gegeben ist. In der Philosophie der Gegenwart, womit man die philosophischen Grundströmungen des 20. Jahrhunderts meint, gibt es vor allem drei herausragende Gruppierungen, die für das heute weithin anzutreffende Menschenbild wichtig sind:

„+ *Phänomenologisch orientierte Positionen:* Hierher gehören vor allem die *klassische Phänomenologie*, der *Existentialismus* und die *hermeneutische Philosophie*.

+ *Positivistisch orientierte Positionen:* Dazu zählen der *Neopositivismus*, der *kritische Rationalismus* sowie eine Vielzahl *logisch-empiristischer* und *linguistischer* Positionen im Rahmen der sogenannten *analytischen* Philosophie.

---

stärkeren Diesseitsorientierung der Individuen, die mit einem Verlust an Transzendenz einhergeht. (Vgl. Zulehner/Denz; Wie Europa lebt und glaubt; Düsseldorf 1993; 242; „Charakteristisch für die gegenwärtigen europäischen Kulturen ist somit eine ausgeprägte Diesseitsorientierung, die mehr Auswirkungen auf verschiedene Lebensaspekte hat, als gemeinhin auch in der profansoziologischen Forschung gesehen wird. In Verbindung mit dem hohen Niveau an Lebenswünschen und Glücksansprüchen erwächst aus der Diesseitskonzentration den Menschen eine hohe Lebensanstrengung. Siebzig oder achtzig vorhersehbare Lebensjahre reichen zur Erreichung des erwünschten Glücks schwerlich aus. Wer nicht hastig hinter dem Glück her ist, hat vielleicht begonnen, dem Wunsch nach dem Glück selbst zu mißtrauen.") Die Bewertung der neuen Verhaltensweisen der Menschen soll uns aber an dieser Stelle noch nicht beschäftigen.

[33] Deutsche Bischofskonferenz (Hg.); Katholischer Erwachsenenkatechismus-Das Glaubensbekenntnis der Kirche; 3. Auflage Kevelaer,München, Stuttgart, Regensburg, Limburg,Köln 1985; 13-15, hier: 13.

[34] Arno Anzenbacher; Einführung in die Philosophie; Wien,Freiburg,Basel 1981; 19; Auf Seite 88 ist zu lesen: „René Descartes..., lat. Renatus Cartesius, wurde der bahnbrechende Begründer des neuzeitlichen Rationalismus. Mit seinem Rückgang vom methodischen Zweifel zum unzweifelbaren *Cogito ergo sum* (Ich denke, also bin ich) leitete er die ichphilosophische Wende zum Subjekt ein." Unter den Philosophen besteht hinsichtlich des Durchbruchs zur Subjekthinwendung keine einheitliche Meinung, denn einige schreiben Kant, andere Descartes größere Bedeutung zu.

[35] Vgl. Immanuel Kant; Kritik der reinen Vernunft (1781); Kritik der praktischen Vernunft (1788); Kritik der Urteilskraft (1790).

+ *Marxistisch orientierte Positionen:* Hierher gehören die vielfältigen Ausformungen des *Neomarxismus* sowie der *Marxismus-Leninismus*, welcher offizielle Doktrin der kommunistischen Staaten ist."[36]

„Was ist der Mensch?" fragt der Jesuit Emerich Coreth in seiner Anthropologie[37] und nimmt damit die Urfrage der Philosophie auf. Besonders für Kant ist diese Frage eine zentral zu lösende. Anzenbacher faßt Kant zusammen: „Das Feld der Philosophie in dieser weltbürgerlichen Bedeutung läßt sich auf folgende Fragen bringen:

1. Was kann ich wissen?
2. Was soll ich tun?
3. Was darf ich hoffen?
4. Was ist der Mensch?

Die erste Frage beantwortet die Metaphysik, die zweite die Moral, die dritte die Religion und die vierte die Anthropologie. Im Grunde könnte man aber alles dies zur Anthropologie rechnen, weil sich die drei ersten Fragen auf die letzte beziehen."[38]

Der Autor dieses Opus faßt den Menschen folgendermaßen auf: Der Mensch ist ein denkendes, fragendes, Christen sagen gottgewolltes, sich selbst transzendierendes, reflektierendes und vollziehendes, nach Sinn suchendes, mit den Gaben des Verstandes, der Vernunft und der Einsicht ausgestattetes, permanent Erfahrungen machendes, in Raum und Zeit (durch

---

[36] Anzenbacher; Einführung in die Philosophie; Wien 1981; 53; „Diese drei Gruppierungen umfassen allerdings nicht den Gesamtraum der Gegenwartsphilosophie. Es gibt in und außerhalb dieser drei Gruppierungen eine Vielzahl von Positionen, die sich aneignend und weiterführend an die großen Denker der Tradition anschließen. Als die wichtigsten Erneuerungsbewegungen von Hauptpositionen der Tradition gelten neben dem Neopositivismus und Neomarxismus vor allem der *Neukantianismus* und der *Neuthomismus*."
Weil Ethik und somit auch Sozialethik Teil der praktischen Philosophie (Lehre vom menschlichen Handeln und Hervorbringen) ist, erscheint es notwendig, die Strömungen der heutigen Philosophie zu nennen, denn sie bestimmen ja nicht nur den Zeitgeist an sich, sondern auch das Bild vom Menschen zu einer konkreten Zeit schlechthin.

[37] Emerich Coreth; Was ist der Mensch?- Grundzüge einer philosophischen Anthropologie; 4. Auflage Innsbruck,Wien 1986; Auf der Rückseite des Buches wird die Grundaussage festgehalten: „In der Übersteigerung technischer Zivilisation und ihren zunehmend erkennbaren Gefahren tritt die Frage nach dem Menschen, nach seinem Wesen, dem Sinn und Ziel seines Daseins von neuem in den Vordergrund." Und das ist auch eine genuin ethische Frage.

[38] Anzenbacher; Einführung in die Philosophie; Wien 1981; 40 (unter Punkt 1.6.6. Immanuel Kant, AA IX, 24f.)

Vergangenheit, Gegenwart und Zukunft geprägtes) lebendes, auf Communio und Kommunikation angewiesenes, tätiges und bis zu einem gewissen Grade sich selbst versorgendes, innerhalb eines Systems sowohl eigenständiges als auch interdependentes Wesen. Allgemein anerkannt ist, daß der anthropologische Ansatz im Zentrum der kirchlichen Soziallehre steht.[39]

In Mater et Magistra von Papst Johannes XXIII. (publiziert 1961) heißt es: „Nr. 219. Nach dem obersten Grundsatz dieser Lehre (der Soziallehre der katholischen Kirche) muß der Mensch der Träger, Schöpfer und das Ziel aller gesellschaftlichen Einrichtungen sein. Und zwar der Mensch, sofern er von Natur aus auf Mit-Sein angelegt und zugleich zu einer höheren Ordnung berufen ist, die die Natur übersteigt und diese zugleich überwindet."[40]

Auch für den Sozialwissenschaftler, Theologen und Philosophen Johannes Messner(1891-1984) ist die bereits angeschnittene Frage nach dem Wesen des Menschen von zentraler Bedeutung. In seinem „*Naturrecht*" widmet er im ersten Buch, als Grundlegung für die weiteren Ausführungen über Gesellschaftsethik, Staatsethik und Wirtschaftsethik den ersten Teil der „Natur des Menschen".[41] Und diese Frage benötige eine „unzweideutige Antwort", wenn man „Natur, Zweck und Ordnung des gesellschaftlichen Lebens begreifen" wolle.[42] Für Messner ist die Natur der Ausgangspunkt seiner Überlegungen, denn Sein ist natürlich. Anders gesagt, ist Nichtsein außerhalb von der Natur. Hier überschneiden sich christliche Existenzphilosophie

---

[39] Vgl. Die Katholischen Bischöfe Österreichs; *Der Mensch ist der Weg der Kirche* (Sozialhirtenbrief); Sekretariat der Österreichischen Bischofs-konferenz; Wien,Linz am 15.Mai 1990.

[40] zitiert nach: Oswald von Nell-Breuning/Johannes Schasching (Hg.); *Texte zur katholischen Soziallehre*- Die sozialen Rundschreiben der Päpste und andere kirchliche Dokumente; 7. Auflage Köln,Kevelaer 1989; 269; MM ist es ein Anliegen, daß die katholische Soziallehre mit ihrem anthropologischen Ansatz nicht bezugslos im Raum steht. Deshalb heißt es in Nummer 222 (a.a.O) „Wir weisen vor allem darauf hin, daß die Soziallehre der katholischen Kirche ein integrierender Bestandteil der christlichen Lehre vom Menschen ist." Somit ist zu schlußfolgern, daß katholische Soziallehre nicht ohne fundiertes, christliches, philosophisches und anthropologisches Wissen auskommen kann.

[41] Alfred Klose (Hg.); *Johannes Messner 1891-1984*; Paderborn,München,Wien, Zürich 1991; 15; „Für Messner hängt `alles gesellschaftliche Sein an den Menschen´: So muß man seiner Ansicht nach von der Menschennatur ausgehen, wobei Messners empirischer Befund am Wissen des Menschen um Gut und Böse, an den Erfahrungsgegebenheiten des Gewissens ansetzt."

[42] Johannes Messner, *Das Naturrecht*; 4. Auflage Innsbruck,Wien,München 1960; Kapitel 1-13; 21-125; hier besonders: 21.

und Messnersche Naturrechtslehre. Aus diesem Grund führt Messner den Terminus „existentielle Zwecke" ein.[43]

Vor allem die existentiellen Zwecke, die die Natur des Menschen bestimmen, sind Konstitutiva der Person. Da die existentiellen Zwecke einerseits im Einklang mit der Erfahrung stehen und andererseits für wichtig, bezüglich einer Definition vom Menschen im allgemeinen, erachtet werden, sollen hier die wichtigsten Zwecke aufgezeichnet werden: „die Selbsterhaltung, einschließlich der körperlichen Unversehrtheit und der gesellschaftlichen Achtung (persönliche Ehre); die Selbstvervollkommnung des Menschen in physischer und geistiger Hinsicht, einschließlich der Ausbildung seiner Fähigkeiten zur Verbesserung seiner Lebensbedingungen sowie der Vorsorge für seine wirtschaftliche Wohlfahrt durch Sicherung des notwendigen Eigentums oder Einkommens; die Ausweitung der Erfahrung, des Wissens und der Aufnahmefähigkeit für die Werte des Schönen; die Fortpflanzung durch Paarung und die Erziehung der daraus entspringenden Kinder; die wohlwollende Anteilnahme an der geistigen und materiellen Wohlfahrt der Mitmenschen als gleichwertiger menschlicher Wesen; gesellschaftliche Verbindung zur Förderung des allgemeinen Nutzens, der in der Sicherung von Frieden und Ordnung sowie in der Ermöglichung des vollmenschlichen Seins aller Glieder der Gesellschaft in verhältnismäßiger Anteilnahme an der ihr verfügbaren Güterfülle besteht; die Kenntnis und Verehrung Gottes und die endgültige Erfüllung der Bestimmung des Menschen durch die Vereinigung mit ihm."[44]

Auch Rudolf Weiler sieht in den existentiellen Zwecken, die für Messner das Kriterium für Sittlichkeit schlechthin sind, große Bedeutung, was die Messnersche Lehre angeht.[45] Arthur Fridolin Utz kommt zur Überzeugung, daß Messner die Individualnatur des Menschen auf die gleiche Ebene wie die

---

[43] Vgl. zum Begriff der existentiellen Zwecke a.a.O. 39ff; „Und da die in der Natur des Menschen mit ihren körperlichen und geistigen Trieben vorgezeichneten Zwecke, als von ihm in Selbstbestimmung (Freiheit) in den jeweils gegebenen Umständen zu verwirklichend, die Eigenart der menschlichen Existenz bedingen, können wir sie die *„existentiellen Zwecke"* nennen." Dieser ist nun ein Grundbegriff bei Messner.

[44] ebd. 39f.

[45] Vgl. Rudolf Weiler; „Die \`existentiellen Zwecke´ im Verständnis von Johannes Messner; in: Alfred Klose/Herbert Schambeck/Rudolf Weiler (Hg.); *Das Neue Naturrecht*- Gedächtnisschrift für Johannes Messner; Berlin 1985; 129ff.

Sozialnatur[46] stellt, d.h. daß die menschliche Person in sich mindestens zwei „Naturen" vereinigt, oder anders ausgedrückt: Selbststand und Sozialstand.

Das große Anliegen der autonomen Moral[47], die die Naturrechtslehre weiterführt und differenziert, ist die Kommunikabilität und Rationalität von Normen, die ethisch begründet sind, so daß die Gestaltung der Welt mit Blick auf das Gewissen des einzelnen, die Freiheit des Menschen im Prozeß des Suchens von Wahrheit und auch im Interesse aller nach fruchtbaren, sinnvollen und zweckmäßigen Orientierungen bezüglich des individuellen Zusammenwirkens aller Menschen, die die Vernunft akzeptieren, gelingen kann. Es geht diesem Ansatz um die Hervorhebung von Universalität und den vom II.Vaticanum geforderten weltweiten Dialog.[48] Denn ethische Normen müssen stets kommunikabel, einsichtig und vermittelbar sein. Worauf es ankommt, das ist das richtige Verständnis von Autonomie, was nie Relativismus bedeuten darf. So schreibt die Pastoralkonstitution Gaudium et Spes 1965: „Wenn wir unter Autonomie der irdischen Wirklichkeiten verstehen, daß die geschaffenen Dinge und auch die Gesellschaften ihre eigenen Gesetze und Werte haben, die der Mensch schrittweise erkennen, gebrauchen und gestalten muß, dann ist es durchaus berechtigt, diese Autonomie zu fordern."[49] Christen sollten ihre geschenkte relative Autonomie bei der Erstellung von ethisch begründeten Normen annehmen und verantwortungsvoll nutzen, um so ihrem von Gott zugedachten Platz in der Welt Sinn zu verleihen, damit ihr Leben glücken kann.[50]

---

[46] Vgl. Arthur Fridolin Utz; „Johannes Messners Konzeption der Sozialphilosophie"; in: Alfred Klose/Herbert Schambeck/Rudolf Weiler (Hg.); _Das Neue Naturrecht_; Berlin 1985; 22ff.

[47] Vgl. Alfons Auer; _Autonome Moral und Glaube_; Düsseldorf 1971; besonders 11-13.

[48] Vgl. Bernhard Häring; „Autonome Moral im Glaubenshorizont"; in: _Freisein in Christus_; Freiburg,Basel,Wien 1989, Band III; 173-176.

[49] Karl Rahner/Herbert Vorgrimler; _Kleines Konzilskompendium_; 14. Auflage Freiburg,Basel, Wien 1980; 482; GS 36; Auch der falsche Ansatz wird in GS 36 erwähnt. „Wird aber mit den Worten `Autonomie der zeitlichen Dinge´ gemeint, daß die geschaffenen Dinge nicht von Gott abhängen und der Mensch sie ohne Bezug auf den Schöpfer gebrauchen könne, so spürt jeder, der Gott anerkennt, wie falsch eine solche Auffassung ist. Denn das Geschöpf sinkt ohne den Schöpfer ins Nichts." (Vgl. ebd. 482f.) Mit anderen Worten ist festzuhalten, daß der Mensch seine Autonomie nicht gegen den Schöpfer einsetzen sollte, denn damit würde der Mensch schuldig an Gott und seiner Schöpfung. Autonomie ist daher nicht mit absoluter Autonomie zu verwechseln, die kein Mensch besitzen kann.

[50] Vgl. Häring; _Freisein in Christus_; Freiburg 1989, Band III; 176.

Zusammenfassend läßt sich sagen, daß der Mensch als „Kern" christlicher Sozialwissenschaften gilt. Der Mensch ist Ebenbild Gottes, als Geist und Leib geschaffenes Wesen, das das Vermögen über die Erkenntnis von Wahrheit im Sinne des Guten oder Bösen besitzt, sich selbst in Geschichte und Umwelt verwirklicht, mit Erbsünde behaftet ist und eine relative Autonomie inne hat, einer konkreten Gesellschaft angehört und als Geschöpf im Ruf zur Transzendenz und zum Heil steht.[51]

1.3.2. Die Gesellschaft als Kontext der menschlichen Existenz - der gemeinschafts-orientierte Ansatz.

Nach der Grundfrage, die auf den Menschen schlechthin zielte, ist nun das Augenmerk auf die Gesellschaft gerichtet, aber nicht nur auf das Faktum Gesellschaft allein, sondern auch deren Strukturen, Prozesse, allgemeine Dynamik, obwohl es im Kontext dieses Einleitungskapitels wesentlich um die Begriffe Gesellschaft und Gemeinschaft geht, da wir erst im weiteren Verlauf auf die anderen Elemente eingehen können. In diesem Zusammenhang reicht es aus, die Gesellschaft in ihren basishaften Grundfesten zu umreißen, damit der Begriff in der späteren Argumentation nicht undefiniert im Raum stehen bleibt. Auch diese Betrachtung ist ein weiterer Baustein auf dem Weg zu einem Gesamtmosaik des Themas. Was ist also die Gesellschaft?

Rudolf Weiler, der Wiener Sozialethiker, definiert die Gesellschaft folgendermaßen: „Gesellschaft ist also eine Gruppe von Menschen zur gegenseitigen Förderung und Hilfe, um wesentlich zum Menschenleben gehörige Ziele (Lebenszweck) zu erreichen. Die Gesellschaft ist eine überindividuelle Wirklichkeit; die Einzelperson hat auch ein gesellschaftsunabhängiges Sein."[52] Als Wesen der Gesellschaft ist neben der Person als anthropologisches Konstitutivum das Bonum Commune (Gemeinwohl) als essentielles Merkmal zu benennen.

---

[51] Vgl. Weiler; _Einführung in die Katholische Soziallehre_; Wien 1980; 5f.

[52] ebd. 7; „Darum ist das Wohl ihrer Glieder wesentlich für jede Gesellschaft, sie hat keine von den Individuen losgelöste eigene Existenz." Mit anderen Worten könnte man sagen, daß beide, nämlich Mensch und Gesellschaft völlig aufeinander angewiesen sind. (Vgl. auch Rudolf Weiler; _Einführung in die politische Ethik_; Graz 1992; 19,41.)

Bernhard Häring verweist darauf, daß sich seit Ferdinand Tönnies eine Unterscheidung zwischen der personorientierten Gemeinschaft und der erfolgsorientierten Gesellschaft eingebürgert habe.[53] Vor allem dürfe man bei der Bestimmung von Gesellschaft und Gemeinschaft nicht übersehen, daß es eine Reihe von Übergängen gibt, die qualitative Transformationen beinhalten. „Die Persongemeinschaft unterscheidet sich von bloßer Zweckgesellschaft vor allem durch das Ausmaß der Freiheit, der Treue und der schöpferischen Mitverantwortung."[54] Das Du-Ich-Wir Beziehungsgefüge steht für das die an Personen orientierte Gemeinschaft Für- und Miteinander, das in der sich verschenkenden Liebe zweier Partner in der Familie, der kleinsten Zelle der Gesellschaft, aber auch gleichzeitig kleinsten Gemeinschaft, kulminiert. In der Familie geht es wesentlich über reine Absichten und Bestimmungen von Zwecken hinaus. Einerseits ist die Familie oder die Gemeinde gemeinschaftsstiftendes Element, andererseits sieht Häring, der selbst beide Weltkriege dieses Jahrhunderts erlebte, in der Vermassung eine große und nicht zu unterschätzende Gefahr, weil gerade dort das Freiheitsrecht des einzelnen gröblichst verletzt wird, denn da gerate das Individuum in ein System der Kräfte, das ihn ohne Willen fremdbestimmt.

Das Problem der Vermassung hat überhaupt nicht an Aktualität verloren, sehen wir uns doch innerhalb der offenen Informationsgesellschaft den Medien geradezu ausgeliefert, da eine Überprüfung des Inhalts nur äußerst selten möglich ist. Diejenigen, die eine Vermassung vorantreiben, sind nicht gewillt, die Würde der Person und ihrer Freiheit anzuerkennen, sondern werden alle Mittel einsetzen, um ihre Ziele zu erreichen.[55] Häring weist auch der Kirche ihren Platz zu, wenn

---

[53] Vgl. Bernhard Häring; *Frei in Christus*; Freiburg,Basel,Wien 1989, Band I; 94.

[54] ebd. 94.

[55] Vgl. a.a.O. 94f; „Der Zusammenhalt wird erreicht durch psychische Ansteckung." Edith Stein schreibt dazu in einem Artikel über `Individuum und Gesellschaft´, in: *Jahrbuch für Philosophie und phänomenologische Forschung V* (1922) 224; „Für den Prozeß der Ansteckung ist keine geistige Funktion erforderlich. Doch setzt die Ansteckung mit Stellungnahmen immer ein geistiges Leben voraus." (zit. nach a.a.O. 94); „In dieser extremen Form ist kein Platz für schöpferische Treue und Freiheit; es geht nur um die Zuverlässigkeit von Funktionären, die am Erfolg gemessen wird. Eine echte Personengemeinschaft lebt nicht von bloßen Interessen und Zwecken, noch ist Organisation ihr Hauptzusammenhalt. Gemeinschaft ist die vornehmste Ausdrucksform der Mitmenschlichkeit...Sie ist tief in die menschliche Natur verankert. Ihr höchster Gipfel ist das Freisein

es um die Aufgaben bei der Bessergestaltung der Gesellschaft geht: „Aufgabe der Kirche ist nicht nur, durch prophetischen Protest entehrende Manipulationen und offene Ungerechtigkeiten anzuprangern, sondern vor allem durch den Aufbau vorbildlicher Gemeinschaften jenen Geist schöpferischer Mitverantwortung zu wecken, ohne den die Gesellschaft als ganze nicht wahrhaft menschlich sein kann."[56]

Philosophisch gesehen gibt es wenigstens sechs Charakteristika der Gesellschaft (nach Brugger), die hier aufzuführen sind:[57]

1.) ist Gesellschaft als Oberbegriff in Verbindung mit Gemeinschaft zu sehen, also eine Verbundenheit von Menschen, die sich um Verwirklichung eines Zieles, Wertes, Interesses oder einer Aufgabe bemüht;

2.) Gesellschaft kann aber von der Gemeinschaft unterschieden werden, wenn die Gesellschaft nur ein freies (oft auch künstliches) und auf einen Wesenszweck hin gerichtetes Gebilde darstellt, während eine Gemeinschaft naturhaft gestaltet und ausgeformt ist;[58]

3.) allgemein gesprochen ist Gesellschaft die Gesamtheit aller Beziehungen und Gebilde der menschlichen Existenz, die aus dem naturgegebenen und zweckgerichteten Handeln entstehen, wie z.B. die Staatenwelt, die gesamte Menschheit, Sippe, Familie, Berufsstand sowie alle Vereinigungen;

4.) ist Gesellschaft die oftmals einflußreichste oder auch begütertste Schicht, die in ihren je spezifischen Kreisen miteinander verkehren und gleich einem Stand, Verehelichungen innerhalb dieser Ebene anstreben;

---

füreinander und der gemeinsame Einsatz für hohe Ideale. Die Erfahrung treuer Liebe und gegenseitiger Hochschätzung in Familien und verwandten Gemeinschaften vermenschlicht und bereichert die Gesellschaft, das Leben der Nationen und der Völkergemeinschaft. Das normative Ideal für Christen ist, in Gesellschaft und Völkergemeinschaft soviel als möglich schöpferische Freiheit und Treue einzubringen. Darum wird eine Hauptsorge sein, die Würde jeder Person zu schützen, dem Mißbrauch der Organisation für unedle Zwecke und der Manipulation des Gewissens mutig und klug zu widerstehen." Alle Menschen guten Willens sollten sich deshalb im klaren sein, daß mit der ihnen geschenkten relativen Freiheit ein Anspruch in Verbindung mit Verantwortung einhergeht, denn Freiheit ist zu ge-, aber nicht zu mißbrauchen, d.h. daß aus unserer Freiheit eine Mitverantwortung erwächst.

[56] Häring; _Frei in Christus_; Freiburg 1989, Band I; 95.

[57] Vgl. Brugger; _Philosophisches Wörterbuch_; Freiburg 1988; 140.

[58] Nach Ferdinand Tönnies (1855-1936) ist die Gemeinschaft als naturhaft wachsender Organismus und die Gesellschaft als von rationalem Zweck-Mittel-Denken bestimmter Verkehrsform zu betrachten.

5.) ist Gesellschaft als Gegensatz zum Staat nicht die durch Macht und Einfluß organisierte Volksgemeinschaft (oftmals einer Nation), sondern meistens die gleiche Volksgemeinschaft von einem Stand angehöriger Individuen, die aber keine innere Beziehung im engeren Sinne zum Rahmen des Staates aufnehmen;
6.) geht es bei Gesellschaften vermögensrechtlicher und wirtschaftsökonomischer Natur um die Verbindung von Arbeitskraft, Geldmitteln und Produktionseigentum (anders gesagt: das Individuum als Arbeiter oder Angestellter und später auch als Konsument, Kapital als Voraussetzung für Investition und die Mittel zur Erzeugung von Gütern).[59]

Man differenziert verschiedene Gesellschaftssysteme sowohl nach der historischen Entwicklung des Menschen, was man auch als Gesellschaftsformation (ein „zentraler Begriff des historischen Materialismus für die Gesamtheit der materiellen und ideologischen Verhältnisse einer menschlichen Gesellschaft in einer bestimmten historischen Entwicklungsstufe"[60]) bezeichnet, als auch auf die in den konkreten Gesellschaften

---

[59] Vgl. Brugger; _Philosophisches_ Wörterbuch; Freiburg 1988; 140f; Der Artikel, von Oswald von Nell-Breuning verfaßt, definiert weitere, für diese Arbeit wichtige Schlüsselbegriffe: „Wie Gesellschaft und Gemeinschaft, so werden auch die Bezeichnungen Stand und Klasse auswechselbar gebraucht. Im strengen Wortsinn bedeutet Stand eine gesellschaftliche Großgruppe, in die man hineingeboren wird oder an die man sich durch die Wahl des Berufes bindet: geburts-, herrschafts-, berufsständische Gesellschaft. Die Klassenzugehörigkeit dagegen bestimmt sich nach Besitz bzw. Nichtbesitz von Vermögen: „bürgerliche" und „proletarische" (Arbeiter-)Klasse. Jedem gesellschaftlichen Gebilde eignet ein gesellschaftliches Gebilde. Da aber nicht das Gebilde selbst, sondern immer nur Menschen denken, wollen, handeln können, bedarf das gesellschaftliche Gebilde, um handlungsfähig zu sein, bestimmter Organe und damit der Organisation (Organisiertheit). Die leitenden (Führungs-)Organe bedürfen, da die übrigen als freie Menschen ihnen folgen sollen, der Autorität. Sittlich-rechtliche Über- und Unterordnung, Befehlsgewalt und Gefolgsams-(Gehorsams-)Pflicht sind jedem Gebilde wesentlich und darum mit der gesellschaftlichen Naturlage des Menschen gottgewollt; ihren Grund wie auch ihre Begrenzung hat die gesellschaftliche Autorität in dem, was jeweils um des Gemeinwohls willen erforderlich ist." Somit ist zu schlußfolgern, daß sich in der Gesellschaft alle wesentlichen Prozesse der Gestaltung des Lebens von Gemeinschaften vollzieht, aber die Termini Gesellschaft und Gemeinschaft doch nicht identisch zu sehen sind.

[60] _Meyers großes Taschenlexikon_; Mannheim 1987, Band 8; 160; „...nach marxistischer Theorie werden Urkommunismus, Sklavenhaltergesellschaft, Feudalismus, Kapitalismus, Sozialismus und Kommunismus als historische bzw. zukünftige Gesellschaft angesehen." Mit dem Zusammenbruch des Kommunismus ist auch die marxistische Theorie des permanenten und unaufhaltsamen Geschichtsfortganges ad absurdum geführt worden, was allerdings nicht heißt, daß diese Ideologie noch immer in den Köpfen vieler Utopisten herumirrt.

vorhandenen Unterschiede abzielt. Sehr häufig wird nur ein hervorstechender Aspekt einer Gesellschaft ins Wort gehoben, wenn man z.B. von einer agrarischen, entwickelten oder unterentwickelten, klassenlosen, bürgerlichen, industriellen, sozialistischen oder kapitalistischen Gesellschaft spricht. Hebt man nur einen Aspekt ins Wort, müssen andere vernachlässigt werden. So ist davor zu warnen, eine Gesellschaft eines Landes mit der idealtypisch-theoretischen Form zu verwechseln. Denn es gibt nicht die „kapitalistische Gesellschaft" schlechthin in der Praxis, sondern nur die kapitalistische Gesellschaft Deutschlands, Österreichs, Japans oder der Vereinigten Staaten von Amerika, d.h. eine an bestimmten Grundüberzeugungen orientierte kapitalistische Gesellschaft mit unterschiedlichsten Schattierungen und Akzentsetzungen, was wiederum von der historisch gewachsenen Tradition, Mentalitäten, Bräuchen, den konkreten Menschen und dem sozio-kulturellen Umfeld abhängt.

Konstituiert wird jedes gesellschaftliche System durch ein inneres Gefüge, das als Struktur oder Organisation benannt werden kann und sich zusammensetzt aus den Individuen (Mitgliedern der Gesellschaft), den Gruppen und den Institutionen einer Gesellschaft. Jede Gesellschaft erhält also ihr Gepräge in Form der drei sie im wesentlichen konstituierenden Elemente. Aber erst der passende Umgang und das richtige Zusammenspiel der Elemente verbinden die Gesellschaft zu einer sinnvollen Einheit, die nur überlebensfähig ist, wenn das Zusammenspiel der Elemente durch den ihnen zugwiesenen Platz funktioniert. Hierbei ist auf sinnvolle Zuordnung, richtige Auswahl der basishaften Normen, der einsichtigen und je neu zu bestimmenden Wertvorstellungen, aber auch auf die praktischen Handlungsmuster zu achten.

In der Soziologie trennt man noch genossenschaftliche und herrschaftliche Gesellschaftsform. Die erstere wird charakterisiert durch ausgewogene Machtverteilung zwischen den Mitgliedern der - meist agrarisch geprägten - Gesellschaft und den unterschiedlichen Gesellschaftsgruppen. Letztere der beiden genannten Gesellschaftsformen ist entstanden vor allem durch den fortschreitenden Prozeß der Arbeitsteilung, denn dadurch wurde ein Ungleichgewicht unter den Mitgliedern einer Gesellschaft geschaffen, wodurch wiederum unterschiedliche

Macht- und Abhängigkeitsverteilungen etabliert wurden, die bis heute als Merkmal der Industriegesellschaft gelten.[61]

Aber nicht nur Konstruktion oder Bild von der Gesellschaft werden uns im Laufe dieses Opus` beschäftigen, sondern auch die Gesellschaftskritik, die hier aus einem ethischen Blickwinkel der katholischen Soziallehre auf Arbeit und Beruf hin anzusprechen ist. Worum es geht, ist also eine Kritik an bereits bestehenden, gegen die Menschennatur und den göttlichen Willen des unverantwortlichen Umgangs mit der Schöpfung und den Geschöpfen gerichteten, d.h. unmenschlichen und vor allem ungerechten Gegebenheiten bzw. spezifischen Verhältnissen an und in einer Gesellschaft oder den einzeln geregelten Phänomenen, die begründet sind durch Komparation mit zurückliegenden, vergleichbar anderen oder gar zukünftigen (oftmals Gesellschaftsutopien) Theorien einer Gesellschaft.[62] Jeder ist zur Kritik berechtigt, gegeben durch seine Stellung in der Gesellschaft, die ihm - automatisch und nicht selten unbewußt vollzogen - einen ihn kennzeichnenden Platz zuweist,

---

[61] Auf die gesamte Entwicklung der Gesellschaft innerhalb der Menschheitsgeschichte kann hier nicht eingegangen werden, doch wird für wichtig erachtet, wie heute die Gesellschaft allgemein in Konturen zu fassen ist. Die weitere gesellschaftliche Differenzierung der sich rapide entwickelnden Industriegesellschaft und die damit verbundene Entstehung vielfältiger hierarchischer Strukturen in allen Gesellschaftsbereichen läßt diese Gesellschaft als eine nach verschiedenen Kriterien (z.B. Bildung, Beruf, Einkommen, Vermögen, Einfluß, Autorität) geschichtete Gesellschaft (Schichtung) erfahren. Die Mitglieder dieser Gesellschaftsschichten (grob in Unter-, Mittel-, Oberschicht zusammengefaßt) entwickeln je nach Schicht unterschiedlich gesellschaftlich, wirtschaftlich und politische Denk- und Verhaltensweisen und erhalten durch deren Vermittlung an ihre Kinder die gesellschaftliche Differenzierung aufrecht. So bezeichnet man folgerichtig die Sicht des einzelnen in Bezug auf die Differenzierung und Konstruktion der Gesellschaft als das Gesellschaftsbild, was je nach der Schicht sehr unterschiedlich ist.

[62] Für die Art und Weise der Kritik an der Gesellschaft sei an dieser Stelle auch auf das Rundschreiben von Papst Paul IV. Octogesimus adveniens; Rom 1971, Nr. 37, hingewiesen (in: Nell-Breuning/Schasching; Texte zur katholischen Soziallehre; Köln 1989; 518), wo die Gefahren und Möglichkeiten der utopischen Gesellschaft aufgezeigt werden. „In einer ersonnenen Zukunftswelt zu leben kann leicht als Vorwand dienen, um im Augenblick dringende Pflichten zu vernachlässigen. Allerdings muß anerkannt werden, daß diese Art, an der heute bestehenden Gesellschaft Kritik zu üben, die schöpferische Kraft des Geistes beflügelt, sowohl gegenwärtige, aber bisher übersehene Möglichkeiten zu entdecken als auch den Sinn auf bessere künftige Lösungen zu lenken. Überdies stützt sie die soziale Dynamik durch die Zuversicht, die sie den schöpferischen Kräften des menschlichen Geistes und Herzens einflößt, und wenn sie sich nach allen Seiten offen hält, kann es auch zur Begegnung mit den aus christlichen Quellen entsprungenen Antrieben kommen."

ja geradezu aufgerufen durch die Würde als Person und die menschenrechtlich verbriefte freie Meinungsäußerung, Mißstände zu artikulieren, wo es als vordringliche Notwendigkeit erscheint.[63]

Eine Gesellschaft wie die freie und offene der Gegenwart ist gefordert, weiterentwickelt zu werden, gelingt dies nicht, steuert sie zwangsläufig auf eine Krise zu. Die freie Gesellschaft ist charakterisiert durch die freie Entfaltung des Bürgers, der sich den Interessen und Zwecken des Seins innerhalb der natürlichen Gemeinschaft und Gesellschaft, in den Vereinigungen der Öffentlichkeit auf den verschiedensten Gebieten des religiösen, kulturellen, sozialen, privaten, ökonomischen, geistigen und professionellen Lebens widmen kann.[64] Neben dem Attribut „frei" ist die Gesellschaft auch als eine „offene" zu bezeichnen. „Darunter ist die staatliche Gemeinschaft zu verstehen, deren Bürger individuell und in ihren gesellschaftlichen Vereinigungen die Freiheit uneingeschränkten Verkehrs mit dem Ausland besitzen und die ausländischen Personen die vollen bürgerlichen (nicht politischen) Freiheiten zugesteht wie ihren eigenen Bürgern."[65]

Im geistigen Klima der Toleranz (mit „geistigem Klima" seien hier aber weniger Werte oder Wertformen gemeint als vielmehr

---

[63] Sich auf die Menschenrechtskonventionen der Vereinten Nationen zu berufen, heißt natürlich noch lange nicht, daß alle Staaten, die die Konvention unterzeichneten und damit offiziell anerkannten, sie auch in die Praxis umsetz(t)en. In den ehemaligen kommunistischen Staaten Ost- und Südosteuropas wurden alle Menschenrechte schriftlich zugesichert, da man sich einen demokratischen Anschein geben wollte, doch die praktische Umsetzung fehlte weithin und wurde durch menschenfeindliche Ideologie ersetzt.

[64] Vgl. Messner; _Das Naturrecht_; Innsbruck 1960; 734; Die bürgerlichen, politischen, wirtschaftlichen und sozialen Freiheitsrechte, angelehnt an die allgemeine Deklaration der Menschenrechte vom 10.12.1948 benennt Messner wie folgt: „...die Freiheit des Gewissens, des religiösen Bekenntnisses, die Freiheit und Unverletzlichkeit der Person, die Freiheit der Eltern hinsichtlich der Erziehung ihrer Kinder, die Freiheit der Vereinigung der Bürger zu allen mit dem Gemeinwohl verträglichen Zwecken, ihre Freiheit zur Ordnung ihres öffentlichen Lebens nach den Forderungen ihres Gewissens, die Freiheit der öffentlichen Meinung." Das Gegenteil zur freien Gesellschaft ist totalitäre, wo diese Freiheitsrechte nicht verwirklicht sind und wo der Staat mit der Gesellschaft identisch gesehen wird.

[65] A.a.O. 735; Worauf dieses Prinzip abzielt, ist der freie und offene Austausch auf internationaler Ebene und freier Meinungsäußerung. „Die offene Gesellschaft ist die staatliche Gemeinschaft, die das Urteil der öffentlichen Meinung der Welt so wenig scheut wie das innerhalb ihrer eigenen Grenzen." Gerade die Unterdrückung und Mißachtung dieser Rechte waren wesentlich mit Anlaß zur politischen Wende Osteuropas 1989.

die Haltungen, Denkarten und Gesinnungen, die zur Entfaltung der spezifischen Kultur nötig sind)[66] gehe es darum, eine bessere Gesellschaft aufzubauen. Als schwierig angesehen wird von Johannes Messner der Verlust der Anerkennung allgemeiner Wahrheits- und Wertprinzipien. „Eben darum wird die Toleranz in einer besonderen Weise ein Problem der modernen Gesellschaft. Heutige Maßstäbe an Vorkommnisse in Gesellschaften mit geistig auf ganz anderem Grund ruhenden Kulturen anzulegen, bezeugt eine kultursoziologische Blindheit."[67] Toleranz ist die Achtung vor der Meinung des anderen, die Überzeugung anderer, besonders moralischer, kultureller, weltanschaulicher und sozial-spezifischer Art, trotz gegenteiliger Ansicht anzunehmen und nicht zu unterdrücken. Gerade in der heutigen Gesellschaft, wo wir von Polarisierungen sprechen, gilt es, immer extremere Verhaltensweisen von Einzelpersonen in eine Gesellschaft zu integrieren. Toleranz ist aber nur solange möglich, soweit die Grenzen des Gemeinwohls nicht überschritten werden, denn Gemeinwohl bedeutet ja gerade Verfolgung des menschlichen Wohls in jeder Hinsicht. Damit ist die Frage nach dem Zutuenden und dem Sollen erreicht, die im nächsten Punkt behandelt wird.

1.3.3. Das menschliche Sollen in der je spezifischen Gesellschaft - der sozialethische Ansatz.

Nachdem wir uns einführend über den Menschen und die Gesellschaft kundig gemacht haben, wenden wir uns jetzt der Frage nach der Ethik, nach dem zuverändernden Sollen zu, da dies ebenso eine Prämisse innerhalb sozialethischer Überlegungen ist wie die bereits genannten Elemente.

Schon Aristoteles[68] (384-322 a.Chr.), der die erste Systematik von den Wissenschaften aufstellt, trennt in theoretische und praktische Disziplinen, wobei er im Rahmen der

---

[66] Vgl. Messner; _Kulturethik_- mit Grundlegung durch Prinzipienethik und Persönlichkeitsethik; Innsbruck,Wien,München 1954; 507f.
[67] Vgl. a.a.O. 508.
[68] Vgl. Hirschberger; _Geschichte der Philosophie_; Freiburg 1987, Band 1; 175-182; Aristoteles spricht über das Wesen der Wissenschaft folgendes: „Sie ist Erkenntnis aus den Gründen, und ihre Sätze befassen sich mit Sachverhalten, die streng notwendig sind und darum nicht anders sein können (Anal.post.A,2)."

praktischen Philosophie drei Einzelwissenschaften nennt, die aber heute schon wieder sehr differenziert werden: Ethik, Ökonomik und Politik.[69] Die Ethik spielte immer eine wichtige Rolle im Leben der Menschen, denn in ihr geht es um das Verhalten einer Person in ihrem je konkreten Kontext. Nun ist aber auch die Ethik nicht voraussetzungslos, sondern beruht wie jede andere Wissenschaft auf Grundbedingungen.

In der Ethik oder auch Moralphilosophie geht es um die Erklärung des Phänomens der Sittlichkeit.[70] Unter `Moral´ ist einerseits gelebte Sittlichkeit (praktischer Aspekt) zu verstehen als auch ein Lehrsystem vom Sittlichen (wissenschaftstheoretischer Aspekt).[71] Spricht man vom Sittlichen, meint man ein allgemeines Phänomen der Menschheit, das jedem bekannt ist. Durch das Gewissen macht der Mensch die Erfahrung, ob eine Tat gut oder böse ist, was wiederum mit Schuld zusammenhängt. Keine Kultur kommt ohne gewisse Verhaltensregeln, Normen, Prinzipien, Ge- oder Verboten, Maßstäben aus, die Einzelhandlungen gestatten oder gar in Form von einer Pflicht formulieren, andere als schlecht, einem Gesetz widersprechend oder für verwerflich halten. Sehr oft werden die Menschen nicht nach ihrer inneren Haltung gemessen, sondern an ihren Taten. Da Ethik als eine philosophische Wissenschaftsdisziplin über die beschreibenden Sozialwissenschaften (z.B. Soziologie oder Völkerkunde) hinausgeht und die letzten sittlichen Gründe befragt und dadurch zu einer Metaphysik der Sitten wird, erhebt sie als praktische Wissenschaft den Anspruch einer normativen Disziplin, die sowohl für die Person als auch für das Gemeinschaftsgefüge relevant ist und den Sinn bzw. die objektiv

---

[69] Vgl. Berg-Schlosser/Stammen; *Einführung in die Politikwissenschaft*; München 1992; 7; Es sind dies die „Wissenschaften vom individuellen Verhalten, vom Verhalten des Menschen in der Hausgemeinschaft (oikos) und in der Polis als alle anderen Formen menschlichen Zusammenlebens überwölbende Ordnung."

[70] Vgl. Brugger; *Philosophisches Wörterbuch*; Freiburg 1988; 97ff.

[71] Vgl. Günter Virt; Artikel „Moraltheologie"; in: Hans Rotter/Günter Virt (Hg.); *Neues Lexikon der christlichen Moral*; Innsbruck,Wien 1990; 522-535; 531: „Gegenstand der Moraltheologie sind die freie menschliche Handlung (actus humanus) und die Haltung, aus der die Handlung entspringt (habitus operativus). Als sittlich kann nur gelten, wozu der Mensch sich selbst in Freiheit bestimmt." Worum es letztlich geht, ist der in der gottgewollten Schöpfung grundgelegte Freiheitsanspruch, dem sich jeder einzelne zu stellen hat und Basis jeder Sittlichkeit ist.

gegebene Geltung analysiert.[72] Es kann der Ethik also nicht um wertfreie Darstellung von Sachverhalten gehen, sondern auch um die Evaluierung. Methodisch ist die Ethik eine philosophisch-kritische Reflexion über die bereits sittlich vorgegebene Erfahrung, wobei sie aber nicht nur empirisch vorgeht und auch nicht Emotionen oder Gefühlen folgt. Aus einer Vielzahl der Systeme der Ethik, die insbesondere die Verpflichtung sittlicher Natur herausstellen, wurde für dieses Opus der Ansatzpunkt der katholischen Soziallehre ausgewählt.

Anzenbacher nennt einzelne Elemente eines Vorverständnisses für die Ethik, die hier erwähnt werden sollen.[73] Erstens spricht er die menschlichen Handlungen an, die immer bewußt oder unbewußt einer moralischen Wertung unterliegen. Die einfachste aller menschlichen Erfahrungen ist das Loben oder Tadeln, die Einschätzung von guten oder bösen Taten. Und diese Erfahrung macht jeder, selbst schon das Kleinkind. Außerdem gibt natürlich die Tat immer auch Auskunft über das innere Wesen eines Menschen und ist typisch für die Spezies des homo sapiens.

Zweitens wissen Menschen offenbar um die Unterscheidung von Gut und Böse, was gleichsam Vernunftgebrauch und Denken voraussetzt. Dies wiederum läßt annehmen, es gibt, wenn auch nicht genauer bestimmt, ein Wissen des Menschen vom Guten und Bösen. Um eine Gesellschaft aufzubauen, ist es nötig, daß Personen wissen, daß das Gute ein zu Tuendes und das Böse ein zu Lassendes ist, was uns im Gewissen zur Bewältigung des Alltags sozusagen mitgegeben ist.

Drittens wird angenommen, daß der Mensch auch selbst Handlungsträger ist, „Herr seiner selbst“, andererseits wäre er ja auch nicht mehr verantwortlich für seine Taten.[74] Der Mensch

---

[72] Während die Ethik als Lehre von den Sitten als philosophische Disziplin zu betrachten ist, gilt das Ethos als sittliche Grundhaltung und Gesinnung bzw. als moralische Gesamtdarstellung eines einzelnen oder einer Gemeinschaft, aber eben nicht als Lehrgebäude.

[73] Vgl. Arno Anzenbacher, Was ist Ethik?; Düsseldorf 1987; 9-11; Da nicht selten diffuse Vorstellungen über das Wesen der Ethik herrschen, erscheint es geradezu als ein Postulat, auf den Sinn und die Abgrenzung der Ethik gegenüber anderen Bereichen einzugehen und mit den Erfahrungen des Alltags im allgemeinen Vorverständnis zu beginnen.

[74] Besonders die Probleme der Manipulation (z.B. durch Werbung oder Verzerrung der Informationen), aber auch die langjährige kommunistische Indoktrination, wo die Menschen oft gezwungen wurden zum Befolgen einer uneinsichtigen Ideologie, sind hier aufzuführen. Alle Menschen sind bis zu einem gewissen Maße fremdbestimmt, doch kommt es darauf an, sich über den

ist weder absoluter Individualstand noch absoluter Sozialstand, sondern immer eine Mischung von beiden. Wir bestimmen selbst unser Handeln und werden gleichzeitig von anderen danach eingeschätzt. Somit kann man sagen, daß wir das „Wie" und das „Warum" einer Tat oder der Unterlassung dieser selbst wählen. Doch darf die Wahl nicht willkürlich sein, da Handlungen den Menschen selbst oder den anderen betreffen, wodurch ein Verantwortungsanspruch entsteht. Subjektives Handeln ist nicht allein naturgemäß nach „Input und Output" zu evaluieren, sondern es wird einer handelnden (oder auch unterlassenden) Person angerechnet, d.h. bei Vergehen ist der Schuldige zur Rechenschaft zu ziehen.

Viertens betont Anzenbacher die Verantwortung. Das Individuum ist in der Lage, gemäß dem Geist, der Vernunft und seiner Denkfähigkeiten, eine Frage, die sein Handeln betrifft, für andere möglichst gut nachvollziehbar zu beantworten, denn ohne einleuchtender Begründung werden Taten nicht gebilligt. Offensichtlich ist die Frage nach gut oder böse nicht immer eindeutig zu lösen, sondern „diskursfähig". Erst die Erläuterung macht die Sicht verstehbar und führt zur Ein-Sicht. Böses wird mit „Vernunftwidrigem" gleichgesetzt, wenn man einer Neigung oder Trieben folgt, obwohl wir Kenntnis davon besitzen, daß die Befriedigung dieser an sich nicht mit dem Prinzip der Verantwortung übereinstimmt. Unser Willen ist dann gewolltes, aber nicht mehr gesolltes Sein und Handeln.

Fünftens ist die Bezugnahme des Einzelmenschen in Verbindung mit dem Nächsten zu nennen, was bereits ansatzhaft unter Drittens aufgezeigt wurde. Kein Mensch kann ohne gewissen „sozialen Bezug" existieren, wovon wiederum die Wertung im moralisch-ethischen Bereich abhängt, denn nach Martin Buber wird der Mensch am Du zum Ich, d.h. der Mensch ist ein interdependentes und ein auf Gemeinschaft angewiesenes, im weitesten Sinne abhängiges Wesen.[75]

Grad dieses bewußten und gezielten Einflusses klar zu werden, um authentischer zu leben als zuvor.

[75] Vgl. Martin Buber; _Ich und Du_; Heidelberg 1958; 29; Buber beschreibt hier, wie ein Ichbewußtsein erst durch andere entsteht. „Der Mensch wird am Du zum Ich. Gegenüber kommt und entschwindet, Beziehungsereignisse verdichten sich und zerstieben, und im Wechsel klärt sich, von Mal zu Mal wachsend, das Bewußtsein des gleichbleibenden Partners, das Ichbewußtsein. Zwar immer noch erscheint es nur im Gewebe der Beziehung, in der Relation zum Du, als Erkennbarwerden dessen, das nach dem Du langt und es nicht ist, aber immer kräftiger hervorbrechend, bis einmal die Bindung gesprengt ist

Hier ist auch die Kritik am liberalistisch-individualistischen Menschenbild anzusetzen, wo besonders die Einzelperson überhöht dargestellt und als alles entscheidendes Maß der Dinge betrachtet wird. Der Mensch ist zwar ein frei geschaffenes und gottgewolltes Wesen, doch darf weder die Seite des Individualstandes der Person noch die Einbettung in die Gemeinschaft (wie z.B. im Zwangskollektivismus) überbetont werden. Beide haben ihre gleichwertige Berechtigung. Für Buber ist die Geschichte der Einzelperson und der ganzen Menschheit ein wachsender Prozeß der Es-Welt, die die Gesellschaft, den Staat, die Region oder die Vereine ausmachen. Jeder ist in einen spezifisch kulturellen Kontext bzw. in eine bestimmte Umgebung hineingeboren und lernt mit der Muttersprache die Bräuche seiner Heimat, die sich gegenseitig bedingen und ergänzen. Deshalb ist es absolut unmöglich, wenn man von einem „reinen Ich" oder einer „reinen Kultur" spricht.

Selbsterkenntnis und Erfahrung sind die Ansatzpunkte einer Persönlichkeitsethik, die wiederum als Basis für die Gesellschafts- und Kulturethik dienen. Die Persönlichkeitsethik ist die Ethik, die „ihre Grundlegung in der durch die geistige Seele gekennzeichneten Natur des Menschen mit ihrer Bestimmung zur wesenhaften Seinserfüllung in der Person sieht;..."[76] Aber Messner hebt noch einen anderen Aspekt der Persönlichkeitsethik hervor, denn es handelt sich hier auch um den Teil der Ethik, „...der die vom Einzelmenschen für die Verwirklichung der sittlichen Persönlichkeit geforderten Verhaltensweisen behandelt, also die einzelnen Persönlichkeitswerte..."[77] Und gerade diese Werte sind es, die, sozusagen angesammelt durch

---

und das Ich sich selbst, dem, dem abgelösten, einen Augenblick lang wie einem Du gegenübersteht, um alsbald von sich Besitz zu ergreifen und fortan in seiner Bewußtheit in die Beziehungen zu treten." Es geht somit um einen Prozeß, der von sich begegnenden Personen bestimmt wird. Dieser Prozeß ist sehr wichtig in einer immer flexibler werdenden Welt, denn in der Begegnung mit anderen Kulturen liegt die große Chance des Kennen- und Verstehenlernens, was durchaus zu einem globalen Menschenverständnis führen kann und soll.

[76] Messner; _Kulturethik_; Innsbruck 1954; 271.

[77] Vgl. ebd. 271; Das gesamte zweite Buch Messners innerhalb seiner *Kulturethik* beschäftigt sich mit den Themen der Persönlichkeitsethik. Dabei geht er ein auf die sittliche Grundhaltung des Willens zur Wahrheit; die Grundpflichten des heutigen Menschen: Selbstbesinnung, Selbsterkenntnis, Selbstzucht und Selbstlosigkeit; die Grundtugenden: Nächstenliebe, Demut, Ehrfurcht und Verantwortungsbewußtsein; die Grundgüter des Menschen: Leben in der Liebe und dem wohlgeordneten Gemeinwesen und die Grundsituationen der sittlichen Persönlichkeitserfüllung: geistig, psychologisch, biologisch und soziologisch. (Vgl. ebd. 271-327).

die Einzelmenschen, das Grundgerüst der Gesellschaft konstituieren, denn der Hauptbestimmungsfaktor der Gesellschaft ist das Einzelglied.

Der Teil der Ethik, der sich mit den gesellschaftlichen Lebensordnungen befaßt, wird „Sozialethik" genannt und umfaßt im Werk von Johannes Messner die Rechts-, Gesellschafts-, Staats- und Wirtschaftsethik.[78] Dabei ist das Verhältnis von individuellen und allgemeinen Sittengesetzen genau dasselbe wie von individueller und allgemeiner Natur des Menschen.[79] Durch die gute Tat des einzelnen gelingt es dem Handelnden, selbst auch Einsicht in das Gute schlechthin zu erhalten, das das Gelingen von Gesellschaft voraussetzt, denn eine Gesellschaft ist immer nur so gut oder so schlecht, wie es ihre Mitglieder selbst sind. Diese Aussage gilt nicht nur für die Gesellschaft allgemein, sondern für alle Zellen der Gesellschaft und des öffentlichen Lebens.

Innerhalb der Sozialethiken gibt es verschiedene theologische Richtungen. Arthur Rich nennt einige der Ansätze, die hier zwar aufgezählt, aber auf die nicht näherhin eingegangen werden kann[80]: der transzendental-eschatologische, der schöpfungstheologische, der christologische, der geschichtstheologische und der existential-eschatologische. Auch hier sind wieder nur ganz bestimmte Blickwinkel, aus denen Ethik betrieben wird, hervorgehoben und zeigen, wie vielfältig diese Wissenschaft ist.

Für wichtig ist auch die Abgrenzung der Begriffe „Moral" und „Ethik" zu halten, da sie nicht einheitlich gebraucht werden. Beide sind verschieden, obwohl man sie in der Wissenschaft oft synonym einsetzt. In der Philosophie der Gegenwart wird unter Moral das Sittliche selbst verstanden, während Ethik die Theorie darüber ausmacht.[81] Das Wort Ethik leitet sich vom griechischen Wort „ethos" (Brauch, Sitte), vom lateinischen „mos" und vom deutschen „Sitte" ab. Die Worte scheinen fast gleichbedeutend. Schlüsselwort ist der Begriff der `Sitte´.[82]

---

78 Vgl. Messner; _Ethik_; Innsbruck,Wien,München 1955; 233-482.

79 Vgl. a.a.O. 104.

80 Vgl. Arthur Rich; _Wirtschaftsethik_; 4. Auflage Gütersloh 1991, Band 1; 63-67/269.

81 Vgl. Valentin Zsifkovits; _Politik ohne Moral_; Linz 1989; 13f.

82 Vgl. Günther Drosdowski (Hg. et al.); _Duden-Etymologie_; Band 7; Mannheim, Wien,Zürich 1963; 646; „Sitte *w:* Das *gemeingerm.* Substantiv *mhd.* site, *ahd.* situ, *got.* sidus, *aengl.* sidu, *aisl.* sidr. (*schwed.* sed) bezeichnete urspr. die Gewohnheit, den Brauch, die Art und Weise des Lebens. Wahrscheinlich

„In der praktischen Philosophie ist die Verwendung von „ethisch", „moralisch" und „sittlich" nicht einheitlich geregelt."[83] Im Anschluß an Kant verwendet Anzenbacher die Termini folgendermaßen: `Moral oder moralisch´ ist demzufolge die „reine Gewissensgemäßheit eines Handelns unabhängig vom Inhalt, der motiviert."[84] Das Gewissen wird hier zum entscheidendsten Maßstab des Handelnden, ob eine Tat sich als moralisch erweist oder nicht. Andererseits meint das `Ethische´ den Aspekt des Inhalts im Gegensatz zum Moralischen des Gewissens. Martin Honecker ist der Auffassung, daß Ethik und Moral ursprünglich denselben Sinn hatten, obwohl man in der Umgangssprache beide trennt. „Moral bezeichnet dabei das, was `man´ tut, also die Konventionen, das Übliche, die Alltags-und Durchschnittsmoral, wohingegen Ethik die Reflexion darauf bezeichnet, ob das, was üblich ist, auch `wirklich´ gut und richtig ist."[85]

Das Proprium des Christlichen dürfte bei einer christlichen Sozial- bzw. Gesellschaftslehre außer Frage stehen.[86] Hier gilt

---

gehört es mit der Grundbed. „Bindung" zu der unter *Seil* dargestellten Wortgruppe und steht dann mit Saite im Ablautsverhältnis. *Mhd.* site *m.* wird meist in der *Mehrz.* gebraucht, was die Entstehung der *nhd.* weibl. Form begünstigte (zuerst *mitteld.* im 14. Jh.). Aus dem Gemeinschaftscharakter der Sitte ergab sich schon früh die Bed. „Anstand, geziemendes Verhalten", die dann in neuerer Zeit `Sitte´ und `Sittlichkeit´ zu moralischen Begriffen werden ließ. Beachte dazu auch das Gegenwort Unsitte (*mhd.* unsite „üble Sitte, unfeines Benehmen")...ferner sittsam „gesittet" (im 15. Jh. für „ruhig"; *ahd.* situsam bedeutete „geschickt")."

[83] Anzenbacher; Einführung in die Philosophie; Wien 1981; 249.

[84] ebd. 249.

[85] Martin Honecker; Artikel „Ethik"; in: Georges Enderle (Hg. et al.); Lexikon der Wirtschaftsethik; Freiburg,Basel,Wien 1993; 249-258; hier: 249; „Gegenstand der Ethik ist das Verhalten (Leben) und Handeln des Menschen (nicht der Tiere, der Natur). Ethik bedenkt einerseits die Kunst der richtigen Lebensführung, andererseits die Regeln des Handelns. Themen der Ethik sind Fragen wie die Unterscheidung von gut und böse, die Frage nach Ziel und Sinn des Lebens, nach dem `guten´ Leben, dem Glück. Ethik bedenkt die Aufgaben und Bedingungen sittlichen Handelns. Sie ist Reflexion, Theorie der menschlichen Lebensführung..." Ethik beschreibt somit das Sollen des Seins und der menschlichen Ordnung, die beide hingerichtet sind auf Erfüllung und Glück der humanen Existenz.

[86] Vgl. Wilhelm Dreier; Sozialethik; Düsseldorf 1983; 11-13, hier: 12; „Aus der Erfahrung Jesu heraus können allerdings fertige Normen, die für alle Zeit Geltung haben, oder sittliche Modelle nicht einfach übernommen werden. Nicht in irgendwelchen besonders hervorgeholten Prinzipien, sondern im Motivationszusammenhang des Reiches Gottes besteht das Proprium des Christlichen. `Dieser Motivationszusammenhang ist gegeben mit dem von Jesus für die Lebensgestaltung eröffneten Sinnraum, der als Lebens- und Entfaltungsraum zu begreifen ist. Sittliches Handeln erhält so seinen Antrieb aus dem Indikativ der Rede vom solidarischen Gott und von seinem

es, die Grundpfeiler christlichen Glaubens zu benennen: die hl. Schrift, die Tradition, das kirchliche Lehramt und die Offenbarung. Als Gläubiger sieht der Mensch diese Welt unter anderen Blickwinkeln als ein Agnostiker, denn Glaube ist im Verständnis der Theologie eine „personale Fundamentaloption, in der der Mensch, in der Gnade und im Vertrauen auf die in Jesus Christus wirksame Macht Gottes, auf das Heilsgeschehen der Offenbarung im Konsens mit der Kirche im Bekenntnis antwortet."[87] Es kann sicher nicht um Fortführung der Hoffnungslosigkeit gehen, denn die Kraft christlichen Lebens besteht gerade in einer gelebten Freude und Hoffnung, die diese Welt ganz positiv verändern können.

Johannes Schasching SJ sieht besonders in der von Papst Leo XIII. im Jahre 1891 verfaßten Enzyklika „Rerum Novarum" einen Wendepunkt der katholischen Soziallehre, vor allem was die Art und Weise des Einlassens der Kirche auf die Menschen ihrer je konkreten Zeit angeht. Man beschritt „einen Weg, der nicht mehr durch die bescheidene, doch solidarische Landschaft der bäuerlich-handwerklichen Welt führte, sondern in das steinige Geröll der Industriegesellschaft einmündete - eine Gesellschaft bestimmt von der Trennung zwischen Kapital und Arbeit, von Ausbeutung und Klassenkampf, vom Schrei nach Gerechtigkeit und dem Kampf um die Menschenrechte."[88]

Bis zum II. Vaticanum wurde immer scharf getrennt zwischen der katholischen Soziallehre, die auf Naturrecht und den Anspruch als Wissenschaft mit philosophischer Grundlegung rekurrierte und der an der hl. Schrift, d.h. biblisch fundiert,

---

Reich.´" (Vgl. ebd. 12; Anm. 8; Ebenso: Paul Hoffmann/Volker Eid; *Jesus von Nazareth und eine christliche Moral*; Freiburg 1975; 70f).

[87] Wolfgang Beinert; Artikel „Glaube"; in: Ders. (Hg.); *Lexikon der katholischen Dogmatik*; Freiburg 1987; 193-197; hier: 193.

[88] Johannes Schasching; *Unterwegs mit den Menschen*- Kommentar zur Enzyklika „Centesimus Annus" von Papst Johannes Paul II.; Wien,Zürich 1991; 9; Sorge klingt aus den Worten Papst Leo XIII: „`Die ganze Frage ist ohne Zweifel schwierig und voller Gefahren´(RN1). Trotzdem entschied sich Leo XIII. für diesen Weg: `Mit voller Zuversicht treten wir an diese Aufgabe heran und im Bewußtsein, daß Uns das Wort gebührt´ (RN13). Dieses Wort hat sich in den vergangenen hundert Jahren vertieft, immer häufiger hat sich die Kirche zu Wort gemeldet. Dieses Wort ist zu dem geworden, was heute als Soziallehre der Kirche, als die amtliche Stellungnahme der Kirche zu sozialen Fragen bezeichnet wird: ein markanter Wegweiser durch die wirtschaftlichen, sozialen und politischen Probleme der Industriegesellschaft. Die Soziallehre der Kirche wurde gleichzeitig zur Triebkraft des sozialen Handelns." Viele Menschen wurden durch sie angeregt, die Gesellschaft bewußt christlich und in Verantwortung sowie in Übereinstimmung mit der Lehre der Kirche mitzugestalten.

orientierten evangelischen Soziallehre. Wilhelm Dreier vertritt die Auffassung, daß die Pastoralkonstitution „Gaudium et Spes" eine neue Form der Sozialethik eingeführt habe, obwohl auch die historisch anerkannten Sozialprinzipien wie Personalität, Solidarität, Subsidiarität und Gemeinwohl keinesfalls ihre Gültigkeit verloren hätten. „Christliche Sozialethik, wie sie vom Zweiten Vatikanischen Konzil in der Pastoralkonstitution angestoßen wurde, wird im interdisziplinären Dialog aller Wissenschaften nicht einfach zusätzlich bereichert, sondern überhaupt erst konstituiert."[89] Somit erhielt die katholische Soziallehre durch das II. Vaticanum eine andere Betonung, nämlich die Öffnung auf andere Wissenschaften hin, die den Menschen ebenfalls zum Gegenstand haben. Gleichzeitig ist eine große Annäherung an die evangelisch-reformatorische Soziallehre zu konstatieren. Denn erstmals wendet sich ein Konzil nicht mehr nur an die gläubigen Laien, Priester und Ordensleute, sondern an alle Menschen guten Willens, d.h. die gesamte Menschheitsfamilie, die sich ja zu den verschiedensten Konfessionen bekennt.[90] Schon im Vorwort von GS wird die Dialogbereitschaft bekundet.[91] Somit ist dieses Konzilsdokument ein großer Einschnitt innerhalb der christlichen Soziallehre im allgemeinen und der katholischen Soziallehre im besonderen. Desgleichen hat sich das Selbstverständnis von der Kirche dadurch geändert.

Am Ende dieses Punktes wollen wir die Begriffe der Ethik und der Sozialethik definieren, so daß sie innerhalb dieser Arbeit auch zur Anwendung kommen können. Für Valentin Zsifkovits ist

---

[89] Dreier; _Sozialethik_; Düsseldorf 1983; 18.
[90] Vgl. Klaus Demmer; Artikel „Das Selbstverständnis der Moraltheologie"; in: Wilhelm Ernst (Hg.); _Grundlagen und Probleme der heutigen Moraltheologie_; Würzburg,Leipzig 1989; 9; „Christliches Heil und humanes Wohl müssen in einleuchtende und lebbare Beziehung zueinander gebracht werden." Erst wenn Toleranz und Offenheit auf allen Seiten besteht, wird Dialog, der aber die Akzeptanz der Teilnehmer voraussetzt, zum fruchtbaren Gespräch, wobei beide Elemente, das christliche Heil und das menschliche Wohl, in Einklang gebracht werden sollten.
[91] Vgl. Rahner/Vorgrimler; _Kleines Konzilskompendium_; Freiburg 1980; 425; Einleitung zur pastoralen Konstitution über die Kirche und die Welt von heute (Gaudium et Spes): „Das Vorwort (Artikel 1-3) spricht die existentielle Solidarität der Menschen in der Kirche mit den Menschen in der Welt aus und bekundet den Willen des Konzils zum Dialog mit der Menschheitsfamilie über den Menschen." Mit diesem Ansatz ist ein wichtige Tür aufgestoßen worden, die die Kirche verändert und im wahrsten Sinne des Wortes \`offener´ macht. Wichtig ist allerdings auch, durch diese Öffnung nicht die eigene Substanz aufzugeben, sondern sich gegenseitig bereichern zu lassen.

die Ethik „ein System begründeter, von der Idee eines sinnvollen menschlichen Lebens geleiteter Aussagen über das Gute bzw. richtige Verhalten und Handeln unter Beachtung der entsprechenden Gesinnung und mit Ausrichtung auf entsprechende Strukturen und Institutionen..."[92] Nach Johannes Messner wird die Ethik folgendermaßen erklärt: „Die Ethik...untersucht die Sittlichkeit in ihrem allgemeinen Wesen und ihrem Seinsgrund; davon ausgehend sucht sie, die sittliche Ordnung in ihrer allgemeinen Gültigkeit zu begründen und ihre Verpflichtungen im einzelnen darzulegen. Mit anderen Worten, Sittlichkeit ist Leben, Ethik ist Wissenschaft, Wissenschaft im Dienste des Lebens."[93]

Da der Sozialethikbegriff ein Spezialfall der Ethik ist, muß auch dieser noch genauer erklärt werden. Denn während Ethik allgemeines Sollen sittlichen Handelns meint, geht es der christlichen Gesellschaftslehre um die Beziehungsgefüge, die soziale und gerechte Ordnung innerhalb der Gesellschaft und ihrer Einzelzellen sowie deren an christlichen Motiven orientierten und fundierten Organisierung. Häufig unterscheidet die Wissenschaft zwischen der Individual- und Sozialethik, also auf die menschliche Person und ihre je spezifische Gesellschaft ausgerichtete Wissenschaft. Arthur Fridolin Utz definiert: „In der Sozialethik werden demnach jene personalen Pflichten betrachtet, die dem Menschen aufgetragen sind, insofern er Teilfunktion in einem durch das Gemeinwohl gebildeten Ganzen zu erfüllen hat."[94]

---

[92] Valentin Zsifkovits; Artikel „Wirtschaft mit Moral"; in: Stimmen der Zeit 3/92; Freiburg 1992; 172-182; hier: 173.

[93] Messner; *Kulturethik*; Innsbruck 1954; 361f.; Ethik hat die sittlichen Tatsachen, die sittliche Wahrheit, die sittliche Ordnung und die sittliche Erkenntnis als Hauptfragen zum Gegenstand. Außerdem sind im sittlichen Bewußtsein nur allgemeinste Prinzipien angeschnitten, nicht aber eine ins Detail gehende und alles klären wollende Moral. Die Entwicklung des Bewußtseins aller Völker mündet „in eine Einheit durchgebildeter sittlicher Prinzipien..., deren Anerkennung sich über alle Verschiedenheiten der Ethosformen hinweg in der ganzen Menschheit durchzusetzen im Begriffe ist..." (Vgl. a.a.O. 362f.)

[94] Arthur F. Utz; *Die Prinzipien der Gesellschaftslehre*; 2. Auflage Freiburg/Schw. 1964; 89.

1.4. Zusammenfassung des Hinführungskapitels

Innerhalb der Einleitung wurde verdeutlicht, welchen großen Veränderungen wir uns im Hier und Heute gegenübersehen. Kein Bereich des Lebens bleibt vom technischen Fortschritt unberührt. Die Ebenen des Wandels sind vielfältig und selten eindimensional politisch, wirtschaftlich oder anthropologisch. Anschließend wurden Motive für die Auswahl des Themas und eine Einschränkung auf Deutschland ins Wort gehoben, denn die wiedervereinigte Bundesrepublik Deutschland dürfte in den nächsten Jahren durch ihre ökonomisch-politische Schlüsselstellung im Herzen eines zusammenwachsenden Europas an Bedeutung gewinnen. Diese wichtige Position wird auch in der noch später zu behandelnden Arbeitswelt eine wichtige Rolle spielen.

Die vorliegende Arbeit ist in folgende Abschnitte (inhaltlich) gegliedert: Nach dem Hinführungskapitel folgt die historische Grundlegung des Arbeits- und Berufsbegriffs (Kapitel I.). In Kapitel II. geht es um Einzelbereiche und den Wertewandel innerhalb der Arbeits- und Berufswelt. Und das III. Kapitel beinhaltet Leitsätze, die ethische, ökonomische und strukturelle Elemente beleuchten. Methodisch wird nach der basishaften Grundlegung im Hinführungskapitel auch historisch-deskriptiv in Kapitel I. argumentiert; thematisch-analytische Überlegungen folgen in Kapitel II. und synthetische Leitsätze am Schluß.

Prämissen, die im Hinführungskapitel zur Klärung notwendiger Schlüsselbegriffe dienten, wurden angesichts einer Fülle von Literatur, die nur ganz selektiv behandelt werden kann, dem Argumentationsgang vorangestellt, nämlich den drei Grundfragen entsprechend: „Was ist der Mensch?", „Was ist die Gesellschaft?" und „Was ist Ethik bzw. Sozialethik?"

Der Mensch ist der Ausgangspunkt, der Gegenstand und das Ziel allen Nachdenkens in der Wissenschaft. Aber die menschliche Person ist nicht nur im Individualstand (anthropologisch-philosophische Sichtweise), d.h. auf sich selbst bezogen, auch wenn dies Voraussetzung allen Nachdenkens sein sollte, sondern sie ist auch im Sozialstand, d.h. auf andere angewiesenes und ebenso auf andere hingewiesenes Wesen innerhalb eines Bezugssystems bzw. einer Gesellschaft. Und wie menschliche Existenz glücken kann, beschreiben Moral und Ethik, indem sie die Schwachstellen der Gesellschaft analysieren (Aufgabe der Sozialwissenschaften allgemein), Ungerechtigkeiten aufdecken und Vorschläge zur Verbesserung des Sachverhalts erstellen. Dabei kommt der katholischen Soziallehre eine hervorragende Rolle zu, weil die katholische Kirche Weltkirche ist und ihrem Wort große moralische Bedeutung zugeschrieben wird - selbst von Agnostikern oder Andersgläubigen.

Kapitel I.: Die historische Grundlegung des Arbeits- und Berufsbegriffs sowie sein Wandel in der heutigen postindustriellen Gesellschaft

Das folgende Kapitel befaßt sich erstens mit der Geschichte der Arbeit und des Berufes und wird die Problematik des Wandels von Normen und Werten in der Arbeitswelt aufzeigen, wobei aber nicht nur die Arbeit an sich ins Blickfeld zu rücken ist, sondern auch die Zeit allgemein, da mit der weniger werdenden physischen Arbeit andere Bereiche an Bedeutung gewinnen dürften: die Frei-zeit und die Sozial-zeit. Weil Arbeit aber auch von Wirtschaft und Gesellschaft abhängt, sind Prozesse in diesem Bereich genauso mit zu berücksichtigen, wo es notwendig erscheint.

2. Die Arbeit und der Beruf in Geschichte und Gegenwart - der historische Ansatz

Wollen wir die heutige Zeit verstehen, erscheint es notwendig, auf die Vergangenheit zu schauen, denn vor allem sie offenbart die Tendenzen, Wandlungen und Eckpunkte eines Sachverhalts, der ja immer einzubetten ist in das größere Ganze und von dem aus Gegenwart und Zukunft zu bewältigen sind. Neben dem Zeitfaktor ist der menschlichen Person als Vollzugswesen, das in der Geschichte lebt, besondere Bedeutung zu schenken.[95]

2.1. Die Arbeit in der antiken Umwelt

Hannah Arendt geht von einem grundlegenden Wandel in bezug auf die Arbeit aus, wenn sie schreibt, daß die „Verachtung der Arbeit im Altertum" zu einer „Verherrlichung in der Neuzeit"[96] führte. Diesem durchgreifenden Veränderungsvorgang ist nun nachzuspüren.

---

[95] Vgl. Günter Virt; Artikel „Moraltheologie"; in: Hans Rotter/Ders.; <u>*Neues Lexikon der christlichen Moral*</u>; Innsbruck,Wien 1990; 522-535; besonders: 531ff.

[96] Hannah Arendt; <u>*Vita activa oder: Vom tätigen Leben*</u>; München 1981; 85.

Das Verständnis der Griechen und Römer von Arbeit war recht differenziert. Körperliche Arbeit galt einem freien Menschen als unwürdig, für Sklaven aber als standesgemäß.[97] Es ist in der Antike eine Abwertung der Lohn-und Handwerksarbeit sowie dem Arbeiten auf dem Feld festzustellen, was wiederum große Auswirkungen auf Bildung, Werte und Tugenden hat. Man ging sogar soweit, das Tätigsein physischer Natur als „banausisch" zu bezeichnen, denn mit der Schwächung des Körpers ginge, so nahm man an, auch gleichzeitig die geistige einher.[98] Für Aristoteles ist der Gradmesser der „Banausie" mit dem Grad der Involvierung in körperliche Arbeit gegeben, dabei sind „die banausischsten jene, die den Körper am meisten schädigen, die sklavischsten jene, bei denen der Körper die meiste Arbeit zu verrichten hat, die niedrigsten jene, bei denen es am wenigsten der Tüchtigkeit bedarf."[99] Alles aktive Mittun im System der Wirtschaft war den freien Bürgern untersagt. Aber am Sozialprestige des einzelnen hing auch die Stellung in der Gesellschaft, denn der Staat machte keine Banausen zu Bürgern.[100] In der griechischen Antike ist somit ein krasser Gegensatz zwischen politischem und freiem Handeln sowie unfreien Arbeiten festzustellen. Es dauerte bis zur Neuzeit, daß der Arbeiter mehr Rechte bekam und sogar aktiver Politiker werden konnte. Auch daß die Ausländer die physische und oftmals gesundheitsschädigende Arbeit verrichteten (das ist bis heute

---

[97] Vgl. Rudolf Weiler; Artikel „Arbeit: Fluch oder Utopie? Zur Sinngebung der menschlichen Arbeit"; in: Festschrift für Karl Hörmann; _Spiritualität und Moral_; Wien 1975; 127-137; hier: 127.

[98] Vgl. Xenophon; _Oikonomikos_; 4ff; „Die oft als banausisch bezeichneten Tätigkeiten stehen in schlechtem Ruf und werden zu Recht in der Welt sehr verachtet. Sie verunstalten ja den Körper derer, die so arbeiten und sich beschäftigen, indem sie zum Stillsitzen und Zuhausebleiben, sogar beim Feuer zwingen. Und wenn der Körper geschwächt wird, erschlafft auch der Geist viel mehr. Obendrein beanspruchen sie den Menschen so sehr, daß er sich nicht seinen Freunden und dem Staat widmen kann; solche Menschen müssen schlechte Freunde sein und schlechte Verteidiger ihres Vaterlandes." Für die Menschen der Neuzeit klingt diese Arroganz, die gegenüber Personen zum Ausdruck gebracht wird, die körperlich arbeiten, verachtend. (vgl. auch: Frans van der Ven; _Sozialgeschichte der Arbeit_; München 1972, 3 Bände; hier: Band 1; 33).

[99] Aristoteles; _Politik_; 1258b 35ff. (übersetzt und herausgegeben von Olof Gigon; 4. Auflage München 1981).

[100] Vgl. ebd. 1278a 7. Das ändert sich erst mit John Locke am Beginn der Neuzeit, denn der sieht im Banausen den Bürger, der durch Arbeit Eigentum erwirtschaftet und deshalb auch ein Interesse des Schutzes vom Staat entwickelt.

weithin so geblieben) ist bereits als normales Phänomen in der Antike vorhanden.[101]

Nun könnte man fragen, wer arbeiten mußte? Nur derjenige, der kein Eigentum besaß, war zum Arbeiten gezwungen, erhielt aber offensichtlich so wenig, daß es zu keiner Kapitalbildung, d.h. Eigentum kommen konnte. „Gerade aber weil sie arbeiten mußten, konnten sie niemals Eigentum erwerben und frei werden."[102] Das politische Tätigsein zählte, gemäß dem Freiheitsprinzip, zu den höheren Tätigkeiten.[103] Es gab aber auch große Ausnahmen, die den gesellschaftlichen Aufstieg vom Unfreien zum Freien schafften, wie die Geschichte des Protagoras beweist. Ihn hinderte die tägliche Arbeit, die er als Handwerker und Sklave verrichtete, um sich ganz der Philosophie zu widmen.[104] Aber durch seine Hingabe und seinen Erfolg schaffte er den Aufstieg in die höhere Gesellschaftsklasse. Nicht nur daß die körperliche Arbeit den Menschen an der Philosophie hindere und keinen Raum für Muße und Kontemplation ließe, dem eigentlichen Tun der Freien und Weisen, sondern Aristoteles geht sogar soweit, daß er sagt: „Arbeit und Tugend schließen einander aus."[105] Daraus wird der Schluß gezogen, daß das Banausentum keinesfalls eine feine Sinnesart zuläßt.[106] Auch Epikur äußert sich in ähnlicher Weise und begründet das freie und schöpferische Leben, besonders der Philosophen damit, daß die Gottheit auch nicht arbeiten würde wie ein Handwerker.[107] Glücklich und zufrieden könne nur der sein, der sich nicht der lästigen Arbeit, sondern der Kontemplation und Seelenruhe hingeben kann.

---

[101] Otto Erb; Wirtschaft und Gesellschaft im Denken der hellenischen Antike; Berlin 1939; 19; „In alten Zeiten waren in einigen Staaten die Banausen einfach Sklaven oder Ausländer; das ist ja auch heute noch meistens der Fall." Gerade auf das Problem der Ausländer wird später noch ausführlicher einzugehen sein, zählen gerade sie zu den Außenseitern der Gesellschaft.

[102] Manfred Brocker; Arbeit und Eigentum- Der Paradigemenwechsel in der neuzeitlichen Eigentumstheorie; Darmstadt 1992; 406.

[103] Vgl. Werner Conze; Artikel „Arbeit, Arbeiter"; in: Geschichtliche Grundbegriffe- Historisches Lexikon zur politisch-sozialen Sprache in Deutschland; Otto Brunner/Werner Conze/Reinhart Koselleck; Stuttgart 1992, Band 1; 154-242; hier: 156.

[104] Vgl. Hans Kloft; „Arbeit und Arbeitsverträge in der griechisch-römischen Welt"; in: Saeculum 34; 1984; 200-221; hier: 220f.

[105] Aristoteles; Politik; 1278a 20;

[106] Vgl. Platon; Nomoi; 5.11; Vgl. ebenso: Friedrich Hauck, Die Stellung des Urchristentums zu Arbeit und Geld; Gütersloh 1921; 40ff.

[107] Vgl. Epikur; Von der Überwindung der Furcht; Hg. von Olof Gigon; München 1983; 125; „...die Gottheit handelt nicht, ist in keine Geschäfte verwickelt, baut keine Werke auf..."

Auch die römische Antike betont die von der griechischen vorgegebenen Einstellungen. Der römische Patrizier unterschiedet sich bezüglich der Arbeit nicht vom griechischen Freien.[108] Der Weise schaute verächtlich auf die Arbeit herab, obwohl er das Handwerk erfunden habe, übertrug er doch die mit Schmutz verbundenen Dienste seinen Sklaven oder Dienern. Somit ist es richtig, wenn festgestellt wird, daß „Arbeit und Wirtschaft...in der Antike keine gesellschaftlich anerkannten Lebensideale gewesen"[109] sind. Offensichtlich fehlte eine innere Sinngebung der Arbeit. Für die Römer war nur die politische Tätigkeit und der Dienst an der Gemeinschaft, die aber finanziell nicht entlohnt wurden, ehrenvoll, weil sie Eigentum voraussetzten, d.h. wer für Geld arbeitete, wurde aus den Staatsämtern ausgeschlossen.[110] Cicero sah auch die Priorität des politischen Handelns vor dem kontemplativen Betätigen bzw. „Ringen um Wissen".[111] Und so wundert es dann auch nicht, wenn der Gemeinschaftssinn höhersteht als der Wunsch nach Erkenntnis.[112]

Seneca hebt vor allem die Wichtigkeit des Philosophierens (anstelle der Arbeit) hervor, denn nur wer philosophiert, der lebe wirklich, gehe nicht leichtfertig mit der Zeit um und ist stets für den Tod vorbereitet. Erbärmlich leben dagegen diejenigen, die alles tun, um Besitz zu erwerben und diesen dann mit allen Mitteln verteidigen, dagegen entbinde die Besitzlosigkeit von allen weltlichen Sorgen.[113] Diesen

---

[108] Marcus Tullius Cicero; _De officiis_ I, 150f.; Vom pflichtgemäßen Handeln; Übersetzt, kommentiert und herausgegeben von H. Gunermann; Lateinisch und Deutsch; Stuttgart 1984; 131; „Alle Handwerker befassen sich mit einer schmutzigen Tätigkeit, denn eine Werkstätte kann nichts Edles an sich haben. Am wenigsten kann man die Fertigkeiten gutheißen, die Dienerinnen von Genüssen sind: `Fischhändler, Metzger, Köche, Geflügelhändler und Fischer´, wie Terenz sagt. Füge, wenn es gefällt, hier hinzu: Salbenhändler, Tänzer und die ganze Zunft der Schausänger. Diejenigen Fertigkeiten aber, bei denen entweder größere Klugheit beteiligt ist oder durch die ein nicht mittelmäßiger Nutzen gesucht wird wie bei der Medizin, bei der Architektur und dem Unterricht in ehrenvollen Gegenständen, sind für die, deren Stand sie zukommen, ehrenvoll."

[109] Franz Steinbach; _Der geschichtliche Weg des wirtschaftenden Menschen in die soziale Freiheit und politische Verantwortung_; Köln,Opladen 1954; 16.

[110] Vgl. Francesca Schinzinger; _Ansätze ökonomischen Denkens von der Antike bis zur Reformationszeit_; Darmstadt 1977; 27.

[111] Vgl. Marcus Tullius Cicero; _De re publica_ I, 3; Vom Gemeinwesen; Übersetzt und herausgegeben von Karl Büchner; Lateinisch/Deutsch; Stuttgart 1979.

[112] Vgl. Cicero; _De officiis_; I, 157.

[113] Vgl. Seneca; „Reichtum ist kein Gut"; Von der Vorsehung; in: _Vom glückseligen Leben und andere Schriften_; Stuttgart 1987; 109; Besitz wird

Grundgedanken, hier von Seneca vorweggenommen, werden später die christlichen Ordensgemeinschaften aufnehmen. Auch Epiktet stellt das Postulat auf, daß sich der Mensch allen Dingen, die nicht seiner Gewalt unterstellt sind, unterordnen muß.[114] Und so rät Seneca, der Mensch möge in Übereinstimmung mit der Naturordnung (Ataraxie, Apathie und Autarkie = stoische Normtrias) und der göttlichen Allnatur leben sowie sich dieser einfügen.[115]

Bezüglich dem Arbeitsverständnis in der Antike ist festzuhalten, daß die anthropologische Kategorie defacto nicht existierte, da sie keinen Sinnbezug vom Menschen her und auf ihn hin hatte und Sklaverei erst dann abgeschafft werden könne, wenn eine Maschine die Arbeitskraft Mensch ersetze.[116] Wenden wir uns aber im folgenden dem frühen Christentum zu, das wesentlich durch dieses Umfeld mitgeprägt wurde.

2.2. Die Arbeit im frühen Christentum und in der Bibel

David Hollenbach sieht zwei wesentliche Elemente und Einschätzungen der menschlichen Arbeit, die diesem Punkt grundsätzlich vorangestellt seien: „...the Bible contains two quite different valuations of work, one of which views work as a very positive expression of human creativity and the other which sees it as a burdensome toil and punishment for sin."[117]

---

bei Seneca nur als anvertrautes, sozusagen zu verwaltendes Gut angesehen, aber nicht als Eigentum im strengen Sinne, denn mit dem Tode müsse man es wieder abgeben. Es handelt sich also um Güter, die als Aufgabe für den Menschen erscheinen und jederzeit wieder zurückverlangt werden können, d.h. der Besitz ist nicht in menschlicher Hand. An die Stelle der Verabsolutierung von Besitz, unter der besonders die Neuzeit leidet, tritt für Seneca die ständige Vorbereitung auf den Tod.

[114] Vgl. Epiktet; Handbüchlein der Ethik; Stuttgart 1987; 17; Denn die Götter bestimmten vorher, was den Menschen entzogen ist: „Nicht in unserer Gewalt sind Leib, Besitztum, Ansehen und Stellung, kurz: alles was nicht unser eigenes ist." Nur bis zu einem gewissen Punkt kann der einzelne also selbst über die angesprochenen Dinge mitbestimmen.

[115] Vgl. Brocker; Arbeit und Eigentum; Darmstadt 1992; 408.

[116] Vgl. Weiler; in: Spiritualität und Moral; FS für K.Hörmann; Wien 1975; 127f.

[117] David Hollenbach; Justice, Peace and Human Rights; New York 1988; 49; There is a „fundamental `rift´ in human existence. This rift is the deep tension between the ontological goodness of the God-created human being and the actual perversity that is written on the pages of human history." Mit anderen Worten, Hollenbach betont hierin die von Gott eingesetzte und gut

2.2.1. Arbeit im Alten Testament

Der Begriff der Arbeit ist auch in der Bibel des Alten und Neuen Testaments ein sehr wichtiger. In Übereinstimmung mit der Einheitsübersetzung kommt er nicht weniger als 24 mal vor.[118]

In den Büchern des Alten Testaments wird die Arbeit, die Gott als Schöpfer für die Welt getan hat, gleichsam auch auf den Menschen übertragen. Arbeit wird aber nicht nur für minderwertig gehalten, sondern in Verbindung mit dem göttlichen Auftrag gesehen. Auch der Glückszustand des Paradieses war nicht ohne Arbeit vorstellbar (Gen 2,15). Selbst die späteren Rabbinen haben sich den Lebensunterhalt neben dem Studium der Gesetze per Hand verdient. Arbeit wird zur Last erst als Strafe für die Sünde der „Stammeltern".[119]

Einige, besonders protestantische Theologen und Philosophen, sind der Meinung, daß die körperliche Arbeit bei den frühchristlichen Autoren, ähnlich wie in der Antike generell negativ geprägt sei.[120] Man bezieht sich dabei auf das dritte Kapitel der Genesis (1.Mose), wo es heißt: „So ist verflucht der Ackerboden deinetwegen. Unter Mühsal wirst du von ihm essen alle Tage deines Lebens. Im Schweiße deines Angesichts sollst du dein Brot essen, bis du zurückkehrst zum Ackerboden..."[121] Aber schon im Kapitel davor wird der positive Schöpfungsauftrag

---

kreierte Schöpfung sowie deren Perversion durch den Menschen und dessen Existenz.

[118] Vgl. _Die Bibel_; Einheitsübersetzung; Freiburg,Basel,Wien 1991; 1420; Das Stichwort „Arbeit" ist an folgenden Stellen zu finden: Gen 1,28; 2,15; 3,17; 5,29; Ex 20,9f; Dtn 5,13f; Spr 6,6-11; Koh 11,6; Sir 22,1f; 38,34; Mt 20,1-8; 21,28-30; 25,26; Lk 10,40f; 12,35-48; Apg 18,3; 1 Kor 4,12; Eph 4,28; Kol 3,23f; 1 Thess 2,9; 4,11; 2 Thess 3,8.10-12; 1 Tim 5,18; Jak 5,4.

[119] Vgl. C.Brekelmans; Artikel „Arbeit"; in: _Bibel-Lexikon_; Hg. von Herbert Haag; Leipzig 1970; 100f;

[120] Vgl. Brocker; _Arbeit und Eigentum_; Darmstadt 1992; 409; „Tatsächlich war die Haltung der Bibel und der ihr folgenden frühchristlichen Autoren zur körperlichen (d.h. diesseitigen, weltlichen) Arbeit stark negativ geprägt. Schon der Schöpfungsbericht des Alten Testaments enthielt eine auch für die weitere Entwicklung des Christentums bedeutsame Stigmatisierung der Arbeit. Als Folge des Sündenfalls, des Verstoßes gegen göttliche Gebote, wird der Mensch dazu verdammt, unter Mühsal und Schmerz (gr. ponos) seinen Lebensunterhalt selbst erarbeiten zu müssen (und nicht länger mehr über den arbeitslos genießbaren Überfluß des Paradieses verfügen zu dürfen)..." Aber das ist nur eine Interpretationsmöglichkeit des biblischen Schöpfungsberichtes. Andere sehen zwar auch die Mühsal, betonen aber die positive Mit-gestaltung der Schöpfung Gottes auf dieser Erde.

[121] Gen 3,17b.19.

Gottes an den Menschen artikuliert: „Gott, der Herr, nahm also den Menschen und setzte ihn in den Garten von Eden, damit er ihn bebaue und behüte."[122]

Der eher überbetonenden Interpretation eines Aspektes der Arbeit kann sich der kritische Leser der Bibel aber nicht vorbehaltlos anschließen, da beide Elemente, Mühsal und Freude an der Gestaltung der Erde zu finden und deshalb auch gleichberechtigt ins Wort zu heben sind. Mit dem Schöpfungsauftrag ist die Arbeit mitgegeben,[123] allerdings sichert die menschliche Arbeit allein noch nicht den Erfolg, sondern der Segen Jahwes ist dazu notwendig. Ebenso ist der Reichtum ein Geschenk, das von Gott kommt.[124] Der Mensch muß für das Gelingen seiner Arbeit Gott um dessen Segen bitten[125] und ihm dann auch dafür danken. Deshalb sind für Gott die Erstlinge, der Zehnte an Vieh und Ernte sowie freiwillige Gaben zu entrichten.[126]

Die ganze Paradieserzählung der Genesis ist wiederum auf dem Hintergrund der Situation der Bauern Palästinas zu sehen. Während im Paradieszustand keine notwendige Verbindung zwischen Arbeit als Aufgabe der Mitgestaltung der Schöpfung und den Lebensunterhalt zu erwirtschaften bestand, ist dies nach dem Sündenfall wesentlich anders.

Arbeit zeigt sich, einerseits durch Mangel an Selbsttätigkeit und andererseits durch die Last des Alltags geprägt, als die Konsequenz des paradiesischen Heilsverlustes. Beides wird in der Arbeit offenkundig: sowohl der Fluch als auch der Segen; sie geraten in Spannung zueinander und können in bestimmten Fällen sogar weit auseinanderdriften.[127] Gerade die

---

[122] Ebd. 2,15.

[123] An drei Stellen der Paradieserzählung der Genesis wird darauf hingewiesen, „daß die Arbeit zum Grundauftrag des Schöpfers an sein Geschöpf gehört." (H.W.Wolff; _Anthropologie des AT_; München 1973; 190; in Gen 2,5.15; 3,23); Schon im Paradies ist die Arbeit Wesensbestandteil, die zum Menschen dazugehört. (Vgl. Odil Hannes Steck; _Die Paradieserzählung_; Neukirchen,Vluyn 1970; 85f.)

[124] Vgl. Hauck; _Die Stellung des Urchristentums zu Arbeit und Geld_; Gütersloh 1921; 5; „Reichtum ist etwas, das von menschlicher Arbeit unabhängig ist: Gott gibt ihn." Allerdings ist auch diese Aussage zu relativieren, denn ein Mensch, der nicht bereit ist zum Arbeiten, wird normalerweise nicht zu Reichtum kommen, wenn er ihn nicht erbt.

[125] Vgl. Ps 90,17.

[126] Vgl. Dtn 14,22-29; 26,1-11; 16,10.

[127] Vgl. Dietmar Mieth; Artikel „Arbeit"; in: _Lexikon der Wirtschaftsethik_; Georges Enderle (Hg. et al.); Freiburg 1993; 17-25; hier: 21; „Es entscheidet sich also am Wie der menschlichen Tätigkeit, inwieweit sie unter der Verheißung des Segens oder unter dem Gesetz des Fluches steht,

Paradieserzählung ist im Hinblick auf unser Thema deshalb so bedeutungsvoll, weil in ihr der Beginn für eine Genealogie der menschlichen Arbeit zu sehen ist.[128]

Beim Bemühen um eine Bewältigung der alltäglichen Wirklichkeit befaßt sich auch die Weisheitsliteratur mit der Arbeit.[129] „Lässige Hand bringt Armut, fleißige Hand macht reich."[130] Wer faul ist, dem droht die Schuldknechtschaft, d.h. wer nicht arbeiten will, wird zum Sklaven, der dann unter Zwang für andere arbeiten muß. In den Imperativen des Sprüchebuches ist durchaus eine erzieherische Absicht zu erkennen, die den einzelnen motivieren soll, seine Arbeit gut und gewissenhaft zu verrichten. Doch vor einer Absolutsetzung der Arbeit über alles andere, ist zu warnen. So wird bei Kohelet die Arbeit als wichtig, aber auch als vergängliches und nicht unbedingt als allein erfüllendes Element des Lebens gesehen: „Alles Arbeiten des Menschen ist für den Rachen des Totenreiches, und dessen Schlund wird niemals voll."[131] Neben der Arbeit muß der Mensch auch Ruhe finden, was im Sabbatgebot zum Ausdruck gebracht wird. „Sechs Tage kannst du deine Arbeit verrichten, am siebten Tag aber sollst du ruhen, damit dein Rind und dein Esel ausruhen und der Sohn deiner Sklavin und der Fremde zu Atem kommen."[132] Wer am siebten Tag trotzdem arbeitet, der wird keinen Segen erhalten, d.h. es wird keinen Ertrag geben. „Sechs Tage dürft ihr sammeln, am siebten Tag ist Sabbat; da findet

---

inwieweit sie also zur Befreiungs- oder zur Entfremdungsgeschichte des Menschen gehört. Dies bedeutet aber für die menschliche Arbeit nicht, daß sie, weil sie unter dem Weiterwirken des Fluches und der Erbsünde steht, negativ zu betrachten ist." Aber nicht nur auf das Wie ist großer Wert zu legen, sondern auch auf das Was der Arbeit.

[128] Vgl. Gerhard Dautzenberg; „Biblische Perspektiven zu Arbeit und Eigentum"; in: Anselm Hertz (Hg. et al.); _Handbuch der christlichen Ethik_; Freiburg,Basel,Wien 1993, Band 2; 343-362; hier: 345.

[129] Vgl. a.a.O. 347; ebenso: Gerhard von Rad; _Weisheit in Israel_; Neukirchen, Vluyn 1970; 165f.

[130] Spr 10,4.

[131] Koh 6,7.

[132] Ex 23,12; Vgl. Dautzenberg; in: _Handbuch der christlichen Ethik_; Freiburg 1993; 346; „Dieses kategorische Verbot der Arbeit am siebten Tag setzt dem Versuch, den Menschen nur von seiner Arbeit oder von seinem auf Existenzsicherung gerichteten Streben her zu verstehen, eine unerbittliche Grenze. Dieses Gebot widersteht der Neigung des Menschen, sein Leben durch pausenloses Durcharbeiten zu sichern oder zu steigern." (Vgl. dazu auch: H.W. Wolff; _Anthropologie des AT_; München 1973; 200-210.) Erst bei Marx wird der Mensch ganz und gar von und durch Arbeit bestimmt, definiert und erhält durch sie die Existenzberechtigung.

ihr nichts. Am siebten Tag gingen trotzdem einige vom Volk, um zu sammeln, fanden aber nichts."[133]

Auch die Berufung taucht im AT in Verbindung mit der Arbeit auf. Zunächst bedeutet sie, dem hebräischen Ausdruck nach „beim Namen nennen", daß der einzelne eine Auserwählung zu einer bestimmten Funktion erhält.[134] Aber auch das einfache „Rufen" wird im Zusammenhang mit Auserwählung genannt.[135] Mit dem Ruf Gottes verbindet sich ein Anspruch, der zur Teilnahme an dessen Heilsplan animieren soll.[136] Gott ruft die Menschen und beruft sie in eine bestimmte Funktion, erwählt sie und macht sie in gewissem Sinne zu seinem Eigentum (z.B. der Prophet)[137].

Arbeit ist somit im AT kein absoluter Wert, wenn auch ein wichtiger. Er ist gemeinsam mit der Berufung an den Anspruch Gottes geknüpft, um das Heilswirken Jahwes präsent zu machen. Genauso bedeutsam wie die Arbeit ist die Ruhe, die komplementär wirkt, nämlich als sinnvoller Ausgleich zur Arbeit. Beides ist also im ausgewogenen Einklang zu sehen und erhält, wenn es zu keiner Überbetonung einer Seite kommt, seine Berechtigung. Außerdem muß mit W. Bienert festgestellt werden, daß sich das Arbeitsethos sowohl des AT als auch das von Jesus Christus, das im folgenden Punkt zu behandeln ist, nicht eindeutig und vollkommen klären läßt.[138]

2.2.2. Arbeit im Neuen Testament[139]

Einen Bruch zwischen der hebräischen und der griechisch-römischen Welt, der sog. klassischen Antike, wird von Gideon Goosen bemerkt: „The Hebrews accepted work as being natural and

---

[133] Ex 16,26f.

[134] Vgl. Ex 31,2.

[135] Vgl. Ex 41,9; 42,6; 46,11; 48,12.15; 50,2; 51,2.

[136] Vgl. Spr 1,24; 9,15.

[137] So u.a. die Berufung des Mose in Ex 2,23-4,17 wo der Anspruch Jahwes den Mose auserwählt und ihn zum Führer seines Volkes macht. Mit der Auserwählung ist auch ein spezifischer Auftrag verbunden, über den Rechenschaft gefordert wird.

[138] Vgl. W. Bienert; _Die Arbeit nach der Lehre der Bibel_; Stuttgart 1954; 191; „Das Arbeitsethos Jesu ist noch unbekannter als das des Alten Testaments:" Vor allem für eine umfassend ethische Beurteilung reichten die Informationen nicht aus.

[139] Vgl. Johannes Michael Schnarrer; _Market, Morality and Marginalization_; unveröffentlichte Lizentiatsarbeit; Cambridge/Massachusetts 1994; 61-73.

willed by God. The Greeks and the Romans considered it unnatural."[140]

Wie bereits oben erwähnt, sind die Positionen bezüglich der Arbeit im NT ebenfalls ähnlich wie in der Antike und im AT. Im griechisch-römischen Kontext ist feststellbar, daß die Arbeit auch durch das NT keinen grundlegenden Veränderungseffekt bezüglich der Sicht von Arbeit erhielt. Jedoch die Motive für die Arbeit bekamen durch Jesus Christus einen neuen Akzent.[141] Er, der Sohn Gottes, Messias und Erlöser der Menschen, wurde in die Welt gesandt, um das Anbrechen der Basileia, des Reiches Gottes, zu verkünden.[142] Allerdings begegnen uns in der Jesustradition keine Aussagen, die ausschließlich auf den Problemkreis der Arbeit ausgerichtet sind, denn „Jesu Denken ist nicht in erster Linie dem diesseitigen Leben zugewendet. Seine Botschaft vom kommenden Reich führt über dieses Leben und seine Angelegenheiten hinaus."[143] Jedoch sagt Jesus an keiner Stelle, was unter dem Reich Gottes genau zu verstehen ist. Nur daß diese Gottesherrschaft nahe sei, wird kundgegeben, aber mehr nicht.[144]

---

[140] Gideon Goosen; _The Theology of Work_; Dublin,Cork 1974; 25; Der Jesuitenpater und Mitherausgeber der Qumranrollen, Prof. Daniel Harrington, Ph.D., bei dem der Verfasser dieses Opus einen Kurs in Cambridge/MA besuchte, hält die von Goosen aufgestellte These jedoch für falsch, da in den Schriften keine Evidenz über deren Richtigkeit zu finden sei.

[141] Vgl. Helmut Merklein; _Die Gottesherrschaft als Handlungsprinzip_; 2. Auflage Würzburg 1981; Der Autor stellt die Gottesherrschaft, die mit Jesu Wirken eine neue Qualität erreicht, heraus. Dabei betont Merklein sowohl das formale als auch das materiale Handlungsprinzip der Gottesherrschaft, das sich nicht nur in der Botschaft, die Jesus lebt, zeigt, sondern für alle Menschen eine Neuorientierung des Handelns und ein neues Existenzverständnis bedeuten kann.

[142] Vgl. Eduard Lohse; _Theological Ethics of the New Testament_; Minneapolis 1991; 39; „The kingdom of God was understood in the eschatological expectation of Judaism as the sovereign rule of the Lord and Creator of the world...; the emphasis is exclusively on the fact of the coming of God´s reign." Die Basileia ist eine eschatologische Erwartung der Juden, daß Gott die Welt regiere. Doch um die Erwartungen zu erfüllen, war es notwendig, für dieses angekündigte Reich Gottes zu arbeiten. Genau dazu fordert Jesus die Menschen auch auf.

[143] Hauck; _Die Stellung des Urchristentums zu Arbeit und Geld_; Gütersloh 1921; 71.

[144] Vgl. Walter Kasper; _Jesus der Christus_; Leipzig 1981; 71-99; hier: 79; „Er (Jesus; J.M.S.) setzt offensichtlich bei seinen Hörern ein Vorverständnis und eine Erwartung voraus, die für uns heute nicht mehr ohne weiteres gegeben ist. Aber auch damals erwartete man unter der Gottesherrschaft recht Verschiedenes." Bei Walter Kasper wird eine gewisse Ratlosigkeit in bezug auf die Andeutungen Jesu über die Gottesherrschaft offenkundig, wenn er zu folgender Aussage kommt: „Sein (Jesu; J.M.S.)

Jesus kam in einfachen Umständen in diese Welt. Sein Pflegevater Josef war Zimmermann. Diesen Beruf erlernte Jesus selbst auch.[145] Er wurde aber im Laufe seines Lebens Lehrer, was ihn dann in der Zeit seines öffentlichen Wirkens (man nimmt an, daß dies nur die letzten drei Jahre seines irdischen Lebens gewesen sind) gleichzeitig berühmt machte.[146] Jesus beruft die Menschen in einen konkreten Dienst, die Nachfolge, die mit völliger Lebensumkehr zutun hat, was meistens einen neuen Arbeitsbereich inkludiert.[147] Aber ein Beruf bzw. eine Arbeitsstelle waren früher (und dies ist heute ebenso) ein Zeichen für soziale Sicherheit und die Einordnung in eine bestimmte gesellschaftliche Klasse. D.h. wer seine Arbeit, im Sinne von Lohn- und Erwerbsarbeit verliert, der ist auf andere Einkommensquellen angewiesen. Und auch das ist bei den ersten Jüngern nicht anders gewesen als heute.[148] Doch die richtigen Motive, eine feste Überzeugung und der innere Wille zum Wirken für dieses Reich Gottes kann die Menschen anregen, einen solchen dramatischen Schritt - wie ihn Jesus von seinen Jüngern fordert - ebenfalls zu vollziehen. Eigentlich ist jeder Christ gerufen, für die Basileia zu wirken, an seinem je spezifischen Platz, um diese Welt humaner und gerechter werden zu lassen.[149] Der Ruf in Jesu Nachfolge ist mit Radikalität verbunden, denn

---

Sprechen von der Gottesherrschaft ist *merkwürdig offen* (kursiv von J.M.S.)."

[145] Vgl. The Illustrated Bible Dictionary; Sydney,Auckland 1980; 1654; „Jesus was carpenter." Er kannte beides: die physische und die geistige Arbeit, war er doch anfangs Zimmermann wie sein Pflegevater, dann aber Lehrer in der Synagoge.

[146] Vgl. J.Bauer (Hg. et al.); Bibeltheologisches Wörterbuch; Wien,Köln 1962; 69-79; hier: 71; „...die Evangelisten wenden der Tatsache, daß Jesus Arbeiter war (s. Mk 6,3) keine große Bedeutung zu. Die Werke Jesu sind die Wunder, Zeichen, die ihn zur Vollendung des von Gott aufgetragenen WERKES führen." Tatsächlich ist über sein Wirken als Zimmermann nichts bekannt. Das NT kennt für Jesu Arbeit als Handwerker keine Belegstellen.

[147] Ebd. 72; „Der Ruf Gottes in seinen Dienst, zu seiner Arbeit, kann einen Job-Wechsel bedeuten." (Vgl. dazu auch die Berufung der ersten Jünger: Mk 1,16-20).

[148] Vgl. Rainer Riesner; Formen gemeinsamen Lebens im Neuen Testament und heute; Gießen,Basel 1977; 17f.; „Auch für die Zwölf brachte der Anschluß an Jesus einen Berufswechsel mit sich...sie verlassen `sofort´ ihre bescheidene, aber immerhin gesicherte Existenz, weil er sie in eine neue Aufgabe stellt, die ungeteilten Einsatz fordert. ...die neue Lebensweise der Jünger bedeutete Abhängigkeit von Spendebereitschaft und Gastfreundschaft."

[149] Vgl. Winfried Jüngling; „Zerdrücke den Armen nicht am Tor" Spr 22,22- die biblischen Perspektiven; in: Friedhelm Hengsbach/Heiner Ludwig; Wirtschaft für wen?; Frankfurt/M. 1985; 67-87.

man kann nicht zwei Herren dienen.[150] Wer sich auf die Botschaft Gottes einläßt, proklamiert durch Jesus Christus, muß dies ungeteilten Herzens tun.

Die Arbeit soll nie Selbstzweck werden, denn die Schätze, die der Mensch auf Erden anhäuft, führen zu leidenschaftlicher Gier[151], stürzen ins Verderben[152] und verleiten zur Verschwendung[153]. Es geht weder Jesus selbst, den Aposteln noch - später - den Kirchenvätern um die Herausstellung eines verabsolutierten Selbstwertes der Arbeit, wie dies seit Beginn der Neuzeit zu konstatieren ist. Ganz im Gegenteil, warnt Jesus vor diesem, den Menschen gefährdenden Mammon Arbeit, wenn er zum Selbstzweck wird. Von ständigem Arbeiten ist dann abzuraten, wenn man Gott ganz vergißt.[154] Die Jünger Jesu andererseits konzentrieren sich ganz und gar auf ihren Bereich der Arbeit, der mehr ist als ein zeitlich begrenzter Tagesabschnitt und eine bestimmte Lebensgrundeinstellung, ja eine vocatio voraussetzt.

Folgerichtig verstehen sich die nach-österlichen Jünger als die mit der Nachfolge im besonderen Beauftragten Jesu und institutionalisieren die bereits vor-österlich bekundete Tradition. Mittellos ziehen sie in die Welt und erwarten als Gegenlohn, daß man sie versorgt, wo man sie aufnimmt. Jeder, der arbeitet und seinen Dienst anbietet, der hat auch ein Recht auf Lohn.[155] Obwohl die Menschen den Jüngern Brot geben sollten, steht doch der Anspruch darüber, daß Gott selbst der Geber alles Guten und der Wirkende schlechthin ist.[156] Gott allein erzeugt Güter, bedient sich des Menschen dabei, segnet und entlohnt, denn einen unvergänglichen Lohn kann der einzelne nicht bei Mitmenschen, sondern nur bei Gott erwerben.[157]

---

[150] Vgl. Mt 6,24; „Niemand kann zwei Herren dienen; er wird entweder den einen hassen und den anderen lieben, oder er wird zu dem einen halten und den andern verachten. Ihr könnt nicht beiden dienen, Gott und dem Mammon."

[151] Vgl. 1 Thess 4,5.

[152] Vgl. 1 Tim 6,9.

[153] Vgl. Jak 4,3.

[154] Vgl. dazu Lk 10,38-42; In der Maria-Marta Geschichte wird deutlich, daß Arbeit und Kontemplation nur als Einheit einen Sinn im menschlichen Leben ergeben.

[155] Vgl. Lk 10,2-7; Mt 10,10.

[156] Vgl. Mt 6,26ff.

[157] Vgl. das Gleichnis von den Arbeitern im Weinberg Mt 20,1-16; „Gerade das Gleichnis von den Arbeitern im Weinberg zeigt, daß nach christlicher Vorstellung der `Lohn´ der Menschen nicht von ihnen selbst, also etwa von der ihnen geleisteten `Arbeit´, abhängt, sondern allein von Gott nach seinen Maßstäben zugeteilt wird. Weder vermag der Mensch von sich aus etwas

Die Spannung zwischen der Lohnarbeit und der Reich-Gottes-Verkündigung wird bei Matthäus abgeschwächt, einerseits durch die Zuweisung der Priorität: „Suchet zuerst das Reich Gottes!"[158] und andererseits verbietet das im darauffolgenden Vers genannte Logion „das Sorgen um den nächsten Tag"[159]. Es ist festzustellen, daß sich der Evangelist innerhalb der matthäischen Redaktion um einen Ausgleich bemüht, der für alle Christen akzeptierbar ist und beiden Elementen, sowohl der Basileia als auch der Sorge um das tägliche Brot, gerecht werden kann.[160]

Der Blickwinkel Pauli ist bezüglich der Grundeinstellung, aber auch hinsichtlich der ausdrücklichen Mahnung zur Lohn- und Erwerbsarbeit sehr verschieden von der Jesustradition. Denn er mahnt den einzelnen, sich seiner Hände zu bedienen. „Setzt Eure Ehre darein, ruhig zu leben, euch um die eigenen Aufgaben zu kümmern und mit euren Händen zu arbeiten, wie wir euch aufgetragen haben."[161] Dieser Hinweis auf die Eigenverantwortung soll beschreiben, was den Lebenswandel ausmacht, der auch in den Augen Gottes wohlgefällig ist. Nicht wer faul und selbstgefällig auf Kosten anderer existiert, findet Anerkennung bei Gott, sondern wer arbeitet und gute Werke vollbringt. Durch korrektes und ehrenhaftes Verhalten offenbart der Mensch, wie es um ihn auch innerlich bestellt ist. So ist der Appell zur Arbeit ein Ausdruck der Gewissensbildung, der die eigene Aktivität um der Versorgung mit knappen Gütern willen und daher eine christliche Grundhaltung anzeigt. Innerhalb des vierten Kapitels des 1. Thessalonicherbriefes steht das Arbeitsgebot an

---

zu erwerben oder zu gewinnen, noch vermag er Gottes Gnade durch Arbeit und Fleiß zu beeinflussen oder gar zu ersetzen." (Brocker; _Arbeit und Eigentum_; Darmstadt 1992; 411); Zum Thema der Gleichnisse und ihrer Exegese verweist der Autor auf: Martin Hengel; _Eigentum und Reichtum in der frühen Kirche_; Stuttgart 1973; 23f.

[158] Vgl. Mt 6,33 u.a.

[159] Vgl. Mt 6,34.

[160] Vgl. Dautzenberg; _Handbuch der christlichen Ethik_; Freiburg 1993, Band 2; 349; „Dieses Sorgen ist täglich mit so viel Mühsal und Plage *(kakia)* verbunden, daß ein `Sorgen für den morgigen Tag´ die Ausrichtung auf das Reich Gottes und das Vertrauen auf seine Fürsorge gefährden und an die Stelle des Dienstes Gottes den Dienst am Mammon setzen würde." (Vgl. Mt 6,24) Beide Elemente, Basileia und Sorge um das tägliche Brot, sind in Einklang miteinander zu bringen. Das ist vornehmliche Aufgabe der Christen.

[161] 1 Thess 4,11. Vor allem komme es darauf an, ein rechtschaffenes Leben zu führen vor den anderen, daß man nicht auf sie angewiesen sei, wenn man arbeiten und somit den eigenen Lebensunterhalt verdienen kann.

dritter Stelle, gleichgeordnet in einer Folge von Infinitiven.[162]

Ein Grundproblem stellt sich, wenn man in die Gemeinden des frühen Christentums schaut, die Paulus bereiste. Denn nach Jesu Tod und Auferstehung entwickelt sich die Naherwartung (d.h. die Wiederkunft des Herrn und damit die Vollendung der Welt; Parusie) so stark, daß es einigen Gliedern nicht mehr einleuchtend war, in und für diese Welt zu arbeiten, da die eschatologische Hoffnung auf Erlösung für wichtiger als alle anderen Güter der Erde gehalten wurde.[163] Im NT wird deutlich, daß mit Jesus die Basileia angebrochen ist, aber noch nicht vollendet. Deshalb ruft Jesus immer wieder zur Umkehr, damit niemand des Heiles verlustig gehe.[164]

Paulus übernimmt die Normen des Kulturkreises seiner hellenistischen Umgebung, die sich vom Judentum in Palästina unterschieden, denn nach Dautzenberg habe er trotz des „apostolischen Unterhaltsrechts und der diesem entsprechenden Praxis der urchristlichen Missionare ...von der `Erlaubnis, nicht zu arbeiten´, keinen Gebrauch gemacht“[165] doch seinen Beruf, auch nach Bekehrung vor Damaskus, wo aus dem Phärisäer und Gegner der Christen `Saulus´, einer seiner größten Völkerapostel wurde: Paulus.[166] Um des Evangeliums willen nahm er neben seiner Arbeit als Zeltsattler auch die „Tätigkeit“ als Verkünder der Botschaft Jesu, von der er nun ganz und gar überzeugt war, auf. Paulus hatte also gleich zwei Berufe. Er

---

[162] Vgl. Dautzenberg; _Handbuch der christlichen Ethik_; Freiburg 1993, Band 2; 350; Über die materielle Unabhängigkeit läßt sich folgendes sagen: „Die angestrebte materielle Unabhängigkeit korrespondiert dem Ideal der Autarkie (Phil 4,11) nicht des Philosophen, sondern des schlichten Handwerkers oder Arbeiters, der `mit seinen Händen´ arbeitet - ein Hinweis auf die Zusammensetzung der paulinischen Missionsgemeinden.“ (Die drei Anmerkungen in diesem Zitat wurden ausgelassen, da sie über das Thema hinausführen; J.M.S.).

[163] Vgl. J. Nelis; Artikel „Eschatologie“; in: Herbert Haag (Hg. et al.); _Bibel-Lexikon_; Leipzig 1970; 428-436.

[164] Vgl. Mk 1,15; (Jesus sprach): „Die Zeit ist erfüllt, das Reich Gottes ist nahe. Kehrt um, und glaubt an das Evangelium.“

[165] Dautzenberg; _Handbuch der christlichen Ethik_; Freiburg 1993, Band 2; 351.

[166] Vgl. Hans Mayer; „Paulus-Der Knecht Jesu Christi“; in: Georg Popp (Hg.); _Die Großen der Bibel_; Stuttgart,Regensburg 1987; 217-224; hier: 219; „Der Pharisäer Paulus war von Beruf Zeltsattler. Er behält diesen Beruf bei und übt ihn zum Erwerb des Lebensunterhalts weiterhin aus, auch nachdem er zum Boten des Evangeliums berufen ist.“ Für Paulus ist die Gestaltung des Lebens in Beruf und Familie nicht entscheidend, sondern Motive des Tuns sowie das Ziel allen Handelns.

forderte viel von sich selbst, denn wenn jemand zwei Berufen, wobei die Arbeit als Apostel durchaus auch als „Berufung" zu bezeichnen ist, nachgeht, dann ist das eine hohe Mehrbelastung.[167] Neben der Vorbildwirkung ist besonders die finanzielle Unabhängigkeit eine positive Auswirkung dieser Doppeltätigkeit. Dabei sieht Paulus das Arbeiten ähnlich der Jesustradition als mühevolles Tun an. Anders als die Redequelle Q kann er in der physischen Arbeit keinen Hinderungsgrund für das Evangelium und dessen Ausbreitung erkennen.[168] Voraussetzung aller Argumentation ist bei Paulus natürlich der den Forderungen des Evangeliums entsprechende Lebenswandel, denn wer nicht „anständig und ehrenhaft" ist, für den gibt es vor dem Arbeitsgebot wichtigere Gebote, die er zuerst befolgen muß, um erst dann in den Dienst des Evangeliums eintreten zu können. Der Lebenswandel Pauli wäre ganz sicher Mißverständnissen unterworfen gewesen, wenn er das allgemeine Arbeitsethos und die Sicherung seines Lebensunterhalts allein auf die Gemeinden seiner Mission gestützt hätte. Deshalb ist es einleuchtend, daß Paulus das Arbeitsethos der Durchschnittsbürger anerkannte, bejahte und durch seine Lehre bzw. Verkündigung auch ermutigte.

So läßt sich zusammenfassen: „Die eschatologische Erwartung hat bei Paulus Auswirkungen auf die allgemeine Einstellung zur Welt und zum Besitz (1 Kor 7,29-31..), die Arbeit wird jedoch nicht in einem Welt- oder Geschichtsbezug und auch nicht im Zusammenhang mit der Frage des Besitzes gesehen, sondern nur auf den notwendigen Lebensunterhalt bezogen."[169] Neben der

---

[167] Vgl. George V. Pixley/Clodovis Boff; The Bible, the Church and the Poor; New York 1989; 87ff.; „Paul the teacher takes up manual work for the sake of the Gospel. It was not usual in the Greco-Roman world for the teacher, philosopher or preacher to live like a laborer. It could not have been easy for Paul to keep his missionary activity while earning his living by the work of his hands."

[168] Vgl. 1 Kor 9,11.13-15; Ein Leben auf Kosten der Gemeinden hält Paulus für gefährlich, obwohl es berechtigt wäre. „Wenn wir für euch die Geistesgaben gesät haben, ist es dann zuviel, wenn wir von euch irdische Gaben ernten? Wißt ihr nicht, daß alle, die im Heiligtum Dienst tun, vom Heiligtum leben, und daß alle, die am Altar Dienst tun, vom Altar ihren Anteil erhalten? So hat auch der Herr denen, die das Evangelium verkündigen, geboten, vom Evangelium zu leben. Ich aber habe all das nicht in Anspruch genommen." Paulus möchte selbst bei der Mission auf eigenen Füßen stehen und den Lohn des Himmels nicht vorwegnehmen.

[169] Dautzenberg; Handbuch der christlichen Ethik; Freiburg 1993, Band 2; 351; Paulus wird als Vorbild des arbeitsamen Menschen dargestellt, denn wer nicht arbeitet, der soll auch nicht essen. (2 Thess 3,10) Diese radikale Aussage kann nur jemand glaubwürdig treffen, der selbst mehr als andere tut und sogar zwei Berufen nachgeht.

materiellen Unabhängigkeit ist es Paulus auch noch ein Anliegen, durch Arbeit Geld zu verdienen, das zum Almosengeben genutzt werden sollte, d.h. Arbeit hat mehrere Aspekte bei ihm: Unabhängigkeit von anderen; eigener bescheidener Wohlstand und die Möglichkeit - durch selbst erbrachte Leistung - dem Nächsten zu helfen, was zum hervorragenden Element der frühen Kirche wird, nämlich die christlich motivierte Caritas.

2.2.3 Die Arbeit im frühen Christentum und im Umbruch von der Antike zum Mittelalter

In den jungen christlichen Gemeinden galt die Arbeit als ein hoher Wert, aber nie losgelöst von ihrer Intention, dem Auftrag des Evangeliums gerecht zu werden. Der Müßiggang dagegen wurde als verwerflich betrachtet, weil er weder dem einzelnen noch dem Prestige der Gemeinde dienlich war. Martin Hengel bezeichnet diesen Lebensstil der ersten Gemeinden als „kleinbürgerlich".[170] Andererseits wurden Selbstgenügsamkeit und Bescheidenheit als Tugend, auch schon bis zur Konstantischen Wende - der Anerkennung des Christentums als Staatsreligion nach 313[171] - für die Christen als eines der Hauptmerkmale angesehen.

Die Christen der ersten Jahrhunderte lebten in der permanent eschatologischen Naherwartung der Parusie[172], womit eine Abwertung alles Irdischen, somit auch der Arbeit, einherging. Relevant war nur, was bei der Vollendung der Basileia zählte,

---

[170] Vgl. Martin Hengel; *Eigentum und Reichtum in der frühen Kirche*- Aspekte einer frühchristlichen Sozialgeschichte; Stuttgart 1973; 64.

[171] *dtv- Atlas zur Weltgeschichte*; 21. Auflage München 1986, Band 1; 107; „313 Toleranzedikt von Mailand: Völlige Religionsfreiheit und Gleichberechtigung des Christentums, Rückgabe des kirchl. Eigentums, Abschaffung des Staatskults." Die durch Konstantin d.Gr. eingeleitete Wende wurde zur Basis des sich im Laufe der Geschichte zur Weltkirche entwickelnden Christentums.

[172] Vgl. Josef Finkenzeller; Artikel „Parusie"; in: *Lexikon der katholischen Dogmatik*; Wolfgang Beinert (Hg.); Freiburg 1987; 406ff; hier: 406; „Parusie ist das Kommen des erhöhten Herrn am Ende der Zeiten mit Macht und Herrlichkeit." Finkenzeller warnt vor einer irreführenden Übersetzung des Begriffs „Parusie", wenn man im Deutschen von der „Wiederkunft Christi" spricht, weil eine eindeutige Trennung zwischen der „Ankunft Christi in Armut und Niedrigkeit...und dem Erscheinen Christi in Macht und Herrlichkeit nicht zum Ausdruck kommt und zudem der Eindruck entsteht, als handle es sich um ein Ereignis, das schon einmal stattgefunden hat." Zu dieser Aussage sei auch verwiesen auf: Rudolf Schnackenburg; *Die sittliche Botschaft des Neuen Testaments*; Freiburg 1986; § 16.

nicht aber was auf Erden etwas galt. In der Begeisterung und Bruderliebe gingen sie auf, ließen dabei auch ihre Arbeit und Berufe außer acht, um sich ganz auf die Wiederkehr des Herrn vorzubereiten.[173] Und da der Christ hier (auf dieser Erde) nur in der Fremde lebt, braucht er auch keine Verantwortung für dieses irdische Sein entwickeln. Aus dieser Grundeinstellung erwuchs ein Spannungspotential zur umgebenden Heidenwelt. Denn die Nichtchristen konnten diese Naherwartung kaum nachvollziehen. So wurden die Christen zu Außenseitern des Römischen Reiches und grenzten sich bewußt ab von der heidnischen Welt. Luxus und Aufwand wurden für Christen unnötig.[174]

Obwohl mit dem Ausbleiben der Parusie die euphorische Wiederkunftsstimmung gedämpft wurde, blieb doch die Skepsis und Abwertung des Sinnlichen und Irdischen gegenüber der Diesseitigkeit des Seins erhalten. Man stellte die Jenseitsorientierung über die hiesige Welt.[175] Auch der Neo-Platonismus der ersten Jahrhunderte animierte die Menschen zu Weltflucht und Abkehr, da in dieser Welt nur das Böse regiere.[176] Der Blick auf die Güter und die Lebensqualität wurde gerade in der Phase der Herauskristallisierung und Etablierung des Christentums als ganze Konzentration auf das Jenseits gerichtet, was heute aber, durch die Einflüsse des Liberalismus bedingt, eher umgekehrt ist.[177] Deshalb scheint es richtig, wenn

---

[173] Vgl. Hauck; _Die Stellung des Christentums zu Arbeit und Geld_; Darmstadt 1921; 94.

[174] Vgl. die Schriften der „Didache“. Die Didache ist die Zwölfapostellehre. Sie beinhaltet die älteste urchristliche Gemeindeordnung mit den Bestimmungen über das Leben der Mitglieder, die Organisierung des Gottesdienstes sowie die Leitung der Gemeinde. Das griechische Original entstand im syrisch-palästinensischen Grenzgebiet. (Vgl. _Meyers großes Taschenlexikon_; Mannheim 1987, Band 5; 232); Belegstellen in der Didache: 2.Clem. 5,1.6; Herm. Mand. VIII, 3; Polyc. 11,2 etc.

[175] Vgl. Ernst Troeltsch; _Die Bedeutung des Protestantismus für die Entstehung der modernen Welt_; München,Berlin 1911; „Die Folge (der Jenseitsorientierung; J.M.S.) davon ist die Entwertung der irdisch-sinnlichen Welt und der asketische Grundcharakter der ganzen Lebensanschauung und Lebensgestaltung.“ Vor allem die Askese wird zum hervorstechenden Merkmal christlicher Existenzweise.

[176] Vgl. Plotin, _1. Enneade_, II,1; „Da das Böse hier unten regiert und mit Notwendigkeit in dieser Welt herrscht, die Seele aber das Böse fliehen will, so muß man fliehen aus dieser Welt.“ (zit. nach: Heinrich Weinand; _Antike und moderne Gedanken über die Arbeit_- dargestellt am Problem der Arbeit beim hl. Augustinus; Mönchengladbach 1911; 6).

[177] Vgl. Eberhard Schmieder; „Arbeitsethos- Eine Einführung in seine Geschichte“; _Schmollers Jahrbuch 79_; 318; „Der Heilige, der die Welt möglichst weit hinter sich ließ, galt als wertvoller, galt als der bessere

in diesem Bereich ebenfalls von einem Paradigmenwandel gesprochen wird, der die Argumentation auf die Sichtweise von Eigentum und Kapital lenkt. Mit der völligen Hinwendung auf Transzendenz geriet aber nicht nur die Sklavenarbeit in ein schlechtes Licht, sondern jegliche Tätigkeit, die in der Welt und für sie verrichtet wurde, d.h. auch die sehr prestigevolle Politik. So kommt Thilgher zum Schluß: „The interest in the hereafter overpowered any interest in the present, and the interest in the hereafter was satisfied by passive contemplation and meditation on God."[178]

Die ersten Gemeindeglieder der frühen Kirche waren selbst Handwerker und Arbeiter. So führten sie die bereits im AT grundgelegte Tradition, daß das menschliche Wirken unter den Segen Jahwes (bzw. Gottes) zu stellen ist, weiter. Die in der jüdischen Umgebung entstandenen heidenchristlichen Gemeinden, übernahmen auch die ethische Sichtweise von Arbeit und Beruf, direkt aus ihrem Kontext. Die Berufsarbeit bekam somit doch eine andere Evaluierung als es noch in der griechisch-römischen Tradition der Fall gewesen ist.

Anselm Hertz vertritt die Auffassung, daß die Schriften des NT als auch die frühchristliche Literatur allgemein, die Aufforderung zu einer geregelten Arbeit nicht ethischen, sondern vielmehr pastoralen Inhalts seien, weil einige die Naherwartungshaltung mißbrauchten zur Begründung für die Faulenzerei.[179] Besonders nach 313 veränderte sich die Situation hinsichtlich der Einschätzung von Reichtum und Besitz grundlegend, einerseits durch die staatliche Legitimation des Christentums, andererseits durch Mitgliederzuwachs aus den gehobenen Schichten des Adels und des Bürgertums. Das Christentum war nun nicht mehr verpönt, sondern erhielt einen hohen Prestigewert. Damit trat die eschatologische Naherwartung

---

Christ, und die Daseinsform des Heiligen konnte schließlich mit der Kirche gleichgesetzt werden." Allerdings ist auch anzumerken, daß dieses Ideal des Heiligen überhöht wurde und gerade an der Rigorosität des Christentums bis heute viele scheitern.

[178] Adriano Tilgher; _Work_- What it has meant to Men through the Ages; New York 1977; 36; Übersetzung des Verfassers: Das Interesse am Jenseits überwältigte jegliches Interesse an der Gegenwart, und das Interesse am Jenseits wurde befriedigt durch passive Kontemplation und Meditation über Gott.

[179] Vgl. Anselm Hertz; _Handbuch der christlichen Ethik_; Freiburg 1993, Band 2; 362-370; hier: 362f.

zurück. Man wandte sich nun mehr den weltlichen Dingen zu und einer gerechten Ordnung.[180]

Die Aufforderung Pauli, der geregelten Berufsarbeit nachzugehen[181], konnte die römische Oberschicht, die nicht zum Arbeiten gezwungen war, nicht nachvollziehen. Damit entstand eine Spannung zwischen den Christen, die Arbeit verrichteten und denen, die keiner Berufstätigkeit nachgingen. Deshalb mußte das Arbeitsethos Pauli ausgebaut werden, was durch die Vielschichtigkeit der Struktur innerhalb des Gemeindeprofils der Mitgliederschaft postuliert wurde. Es entstand eine Arbeitsethik, die auch durch das eremitische Mönchstum den rigorosen Forderungen Pauli eine moderatere Sichtweise von Arbeitswelt und Berufsethos hinzufügt und einen Ausgleich zur Überbetonung der Arbeit oder der Kontemplation schaffte.[182] Hier werden die Fundamente für mittelalterliches Mönchtum (der Benediktiner z.B.) und die Arbeitsethik in den Ständen bereits vorbereitend grundgelegt.

Zusammenfassend ist festzutellen: Seit Beginn des Christentums unterliegt die Berufsarbeit einem merklichen Wandel. Wie in der Antike üblich, unterscheidet man zwischen jenen, die arbeiten um des Broterwerbs willen und jenen, die keiner Arbeit nachgehen müssen. Der Stellenwert der Arbeit ist dadurch weiterhin zweigeteilt. Allerdings erhält sie eine Erweiterung durch die Anerkennung des Christentums als Staatsreligion, da nun nicht mehr nur Handwerker und Arbeiter zum Glauben kommen, sondern auch Wohlhabende, die keiner Arbeitspflicht zu folgen haben. Nach der Jesustradition, die der weltlichen Arbeit vor allem den transzendentalen Motivbezug hinzufügt, fordert Paulus, der Völkerapostel, der sich in der Nachfolge Jesu mit den praktischen Umsetzungen des Missionsauftrages befaßt, daß die einzelnen Missionare durch

---

[180] Klemens von Alexandrien schreibt zum Thema Reichtum: „Reichtum ist ein Ding, das in sich selbst weder gut noch schlecht ist. Du kannst ihn in gerechter Weise verwenden, dann dient er der Gerechtigkeit." (Klemens von Alexandrien; _Welcher Reiche kann gerettet werden?_; 14, 3.4.; zit. nach: a.a.O. 363). Auf den verantwortungsvollen Umgang mit dem Gut kommt es an und nicht so sehr darauf, ob man im Überfluß hat oder nicht.

[181] Vgl. 2 Thess 3,10b.

[182] Hertz; _Handbuch der christlichen Ethik_; Freiburg 1993, Band 2; 363; „Die theologische Deutung des Arbeitens wurde daher der weitergesteckten Frage nach dem status perfectionis des Christen ein- und untergeordnet." Es ist nicht so wichtig, was der Christ tut. Einzig und allein der Bezug der Tätigkeit zum Auftrag Gottes bzw. Jesu ist entscheidend. Denn jeder Christ sollte sich seines Auftrages zur Gestaltung der Welt bewußt werden.

Händearbeit bei der Verkündigung des Evangeliums eine gewisse Unabhängigkeit von den Gemeinden bewahren sollten. Nach den bescheidenen Anfängen des Christentums folgt die Etablierungsphase, die auch ethisch-moralische Auswirkungen auf die Sichtweise der Berufsarbeit zeitigt, wobei sie keinen absoluten Wert hat, da sie ja nur in dieser vergänglichen Welt zu verrichten ist. Doch kommt es darauf an, daß sie mit christlicher Intention getan wird in bezug auf die Mitverantwortlichkeit gegenüber dem anderen. Geschieht dies nicht, ist - und das hat seine Gültigkeit bis heute nicht verloren - die Ernsthaftigkeit des christlichen Glaubens der jeweiligen Person stark anzufragen.

2.3. Die Arbeit im Mittelalter

2.3.1. Vom frühen Mittelalter bis zur Scholastik

Das Mittelalter, das um das 5. Jahrhundert, fließend die Antike ablöst und dadurch eine neue Epoche beginnt (u.a. durch die Schließung der Akademie in Athen 529, die Völkerwanderung und die Definition der menschlichen Individualität durch Boethius[183] bekundet), erhält keine grundlegende Neueinschätzung der Arbeit. Sie ist auch weiterhin vor allem durch abwertende Momente gekennzeichnet.[184] Obwohl die christliche Motivation hinsichtlich der Berufsarbeit an Einfluß in der Gesellschaft gewann, wurde doch noch immer Arbeit mit Last, Mühsal, Schmerz und Pein gleichgesetzt. Da die Landarbeit nach 313 fortdauernd von unfreien Knechten verrichtet wurde, verlor sie nicht das Image von sozialer Abschätzigkeit und Mißachtung, denn diejenigen, die die Arbeit machten, gehörten keiner angesehenen Bevölkerungsschicht und keinem Adelsstand an. So sollte es noch über ein Jahrtausend dauern, bis die körperliche Arbeit aus der Herabwürdigung heraustreten konnte. Denn die überzogenen Heilserwartungen bezüglich der Parusie betonten ja mehr die Transzendenz als die Immanenz. Von daher kommt Gurjewitsch zum

---

[183] Vgl. Boethius; <u>De pers. et duab nat. c. 3</u>; „Persona est rationalis naturae individua substantia." (zit. nach: Hirschberger; <u>Geschichte der Philosophie</u>; Freiburg 1987, Band 1; 387).

[184] Vgl. Michel Mollat; <u>Die Armen im Mittelalter</u>; München 1984; 36.

Schluß, daß der Mönch das Ideal des Mittelalters darstellt. „Das Ideal der mittelalterlichen Gesellschaft war der Mönch, der Heilige, der Asket, der Mensch, der sich maximal von den irdischen Interessen, den Sorgen und Versuchungen abgewandt hat und daher mehr als alle übrigen Gott nahestand."[185]

Besonders die christlichen Klöster waren es, die zunächst gegründet wurden, um das auswuchernde Eremitentum einzuschränken und um das christliche Heilserwarten institutionell zu bekunden, die aber einerseits auch durch den Untergang des antiken Römischen Reiches, andererseits wiederum durch die Wirren der großen Völkerwanderung des 4.-6. Jahrhunderts begünstigt, zu den wichtigsten Kulturträgern wurden. Gerade die kontemplativen Klöster waren auf die materielle Unterstützung der physisch arbeitenden Menschen angewiesen. Als diese Subsistenz durch die Wirren der Zeit ausblieben, waren die Mönche automatisch gezwungen, selbst auch körperlich zu arbeiten, um sich den Lebensunterhalt zu sichern. So zog die Handarbeit als wichtiges Element auch in den klösterlichen Tagesablauf ein, wurde aber nicht nur immanenten Bewertungsmaßstäben unterworfen, sondern alles erhielt auch transzendentale Rückbindung, denn die Mönche sollten ja mithelfen, das Reich Gottes in der Welt zu verkünden und den in der Bibel begründeten Missionsauftrag präsent zu machen.

Schon der hl. Augustinus von Hippo (354-430), der als typischer Vertreter des Übergangs der Antike zum Mittelalter gelten kann, empfiehlt die körperliche Arbeit aus drei Gründen: „1. um die Versuchungen des Müßigganges zu bekämpfen; 2. um es den Klöstern zu ermöglichen, die christliche Nächstenliebe gegen die Armen zu üben; 3. weil sie die Kontemplation begünstigt und nicht wie andere Beschäftigungen, z.B. das Kaufen und Verkaufen, den Geist überflüssigerweise in Anspruch nimmt."[186] Bernhard Häring nennt den hl. Augustinus den „schöpferischsten Theologen der westlichen Kirche des

---

[185] Vgl. Aaron J.Gurjewitsch; „Die mittelalterliche Vorstellung von Reichtum und Arbeit"; in: Ders.; _Das Weltbild des mittelalterlichen Menschen_; München 1982; 247-326; hier: 279; „Das Ideal der mittelalterlichen Gesellschaft ist nicht das Diesseitige, Irdische, Praktische, sondern das Transzendente und die irdischen Verbindungen überwindende." Auf Seite 295 führt Gurjewitsch weiter aus: "Deshalb nahmen die Mönche auf der Stufenleiter des Aufstiegs zur Göttlichkeit eine höhere Stufe ein als alle anderen Menschen."

[186] Zit. nach: Arendt; _Vita activa oder: Vom tätigen Leben_; München 1981; 371; Anm. 85.

Altertums."[187] Die Wichtigkeit des hl. Augustinus ist auch daran zu messen, daß sich bis heute Ordensgemeinschaften oder Kongregationen seiner Spiritualität entsprechend die Regeln geben (u.a. die Augustiner Chorherren etc. pp.). Es gelang ihm eine einzigartig ausgeglichene These zwischen der Lehre des Glaubens und der christlichen Existenz.[188] Augustinus hat den Willen und die Liebe über alles andere gestellt, denn diese beiden sind in der Lage, das Ungeordnete (= ungöttlich) zu ordnen und dem irdischen Sein einen je spezifischen Sinn zu geben.[189] Sein berühmt gewordenes und immer wieder zitiertes Wort: „Hab´ wahre Liebe, und dann tu´, was du willst."[190] - dies ist mißzuverstehen, meint Häring, denn Augustinus nutzt hier nicht das lateinische Verbum „ama", wie weithin angenommen, sondern „dilige", was nicht eine unbestimmte Allerweltsliebe hervorkehrt, sondern die existentielle Dimension echter, reiner und sich selbstlos verschenkender Liebe. Dies ist innerhalb unseres Themas von Arbeit und Beruf deshalb wichtig zu erwähnen, weil mit dem Liebesgebot Augustins auch ein neues Motiv der Sichtweise in der Arbeit hinzugefügt wurde. Wer in Liebe und mit dem rechten Willen an sein tägliches Wirken geht, weiß bereits um das „Warum" seines Tuns und wird dadurch fähig, dem Irdischen, das nie auf sich selbst gestellt bleiben darf, einen sinnstiftenden Zweck abzuringen, der wiederum diese Welt überschreiten muß, ja transzendiert.

Benedikt von Nursia (480-547) gilt als der Begründer des abendländischen Mönchtums. 529 gründet er das Kloster Montecassino in Italien. Es wird der Ausgangspunkt und die Keimzellle des „Benediktinischen Mönchtums". Seine Regel verpflichtet die Ordensmitglieder zu Eigentumsverzicht, Keuschheit, Gehorsam und Ortsbeständigkeit (stabilitas loci).[191]

---

[187] Häring, *Frei in Christus*; Freiburg 1989, Band 1; 55-57; hier: 55.

[188] Vgl. ebd. 55; Häring, der sich dabei auf Troeltsch bezieht, nennt ihn den krönenden Abschluß des christlichen Altertums, seinen letzten und größten schöpferischen Denker. (Vgl. dazu auch: Ernst Troeltsch; *Augustin, die christliche Antike und das Mittelalter*; München,Berlin 1915; 6f).

[189] Vgl. Augustinus; *Bekenntnisse*; XIII,9; Übertragen und eingeleitet von Hermann Hefele; Berlin 1959; 429f.; hier: 430; „Was nicht nach seinem eigenen Gewicht geordnet ruht, bleibt ruhelos, bis es erst seinen Ort und seine Ruhe findet. Und mein Gewicht ist meine Liebe. Der gute Wille führt uns dort zur Ruhe, daß nichts wir wünschen, als in Ewigkeit zu bleiben."

[190] Vgl. Augustinus; *Zum Ersten Johannesbrief* 7,8: PL 35, 2033; zit. nach: Häring; *Frei in Christus*; Freiburg 1989, Band 1; 57.

[191] Benedikt verfaßt die Ordensregel nach 530 in Montecassino. In 73 Kapiteln ordnet sie das Klosterleben. Heute leben nach ihr u.a. neben den Benediktinern auch die Zisterzienser, Vallombrosaner und Olivetaner etc.

Benedikt verbindet weltliche und geistliche Elemente im Leben und stellt seine Regel unter die Kurzformel: „Ora et labora", d.h. „Bete und arbeite". Ohne Frage steht aber die Arbeit ganz und gar im Zeichen religiöser Zwecke und Dienste und darf nicht im rein weltlichen Sinn gesehen werden, um wirtschaftlicher oder finanzieller Ziele wegen. Franz Steinbach geht sogar soweit, daß Arbeit reiner Dienst an der Seele sein soll, wenn er schreibt: „Nur als Dienst an der Seele hat die Arbeit einen religiös-sittlichen Wert."[192] Dann trage der Abt als Vorsteher des jeweiligen Klosters auch die Verantwortung, daß keiner der Mönche an der Alltagslast des physischen Wirkens zerbreche oder Schaden leide, denn die Arbeit ist ja sekundär, das Lob Gottes, das von Benediktinern im Choral gesungen wird, aber primär.[193]

Der Wert der körperlichen Arbeit wird in den Orden daran gemessen, ob der Dienst Gott wohlgefällig ist, denn die Arbeit ist nur Mittel zum Zweck der größeren Ehre Gottes.[194] Wenn Arbeit der Dienst an der Seele ist und zum Erfolg führt, dann ist die Gefahr des Hochmutes gegeben und der Abt hat einzuschreiten, um dem jeweiligen Mönch eine neue Stelle zuzuweisen. Die christliche Tugend der Demut, des Mutes zum Dienen, steht über der Erfüllung von immanenten - und somit vergänglichen - Leistungen, die für das ewige Leben nichts nützen, da sie in den Augen Gottes wenig Wert haben. Manfred Brocker vertritt deshalb die Meinung, daß die Benediktiner keine Aufwertung der Arbeit als solcher brachten.[195] Diesem Argument ist jedoch entgegenzuhalten, daß erstmals durch Benedikt und seiner Ordensregel entsprechend eine bewußte und positive Verbindung von immanenter Arbeit und transzendentalem Sinnbezug in die Praxis umgesetzt wurde. Arbeit, die durch Christen und Mönche im besonderen verrichtet wird, hat dadurch ein neues Motiv erhalten. Die physischen Übungen sind nur um

---

(Vgl. _Meyers großes Taschenlexikon_; Mannheim 1987, Band 3; 144f.; hier: 145).

[192] Franz Steinbach; _Der geschichtliche Weg des wirtschaftenden Menschen in die soziale Freiheit und politische Verantwortung_; Köln,Opladen 1954; 19.

[193] Vgl. ebd. 18.

[194] Der vom hl.Ignatius von Loyola 1540 gegründete Orden der „Gesellschaft Jesu" (Jesuiten) trägt bis heute den Wahlspruch: „Omnia ad maiorem Dei gloriam."

[195] Vgl. Brocker; _Arbeit und Eigentum_; Darmstadt 1992; 413f; Brocker beruft sich mit dieser Aussage auf: D.Knowles; _The Monastic Order in England_; Cambridge 1940; 20; und auf: Keith Thomas; Artikel „Work and Leisure in the pre-industrial Society"; in: _Past and Present 29_; 1964; 59.

der geistlichen da und sind deshalb auch diesen unterzuordnen.[196]

Die Überbetonung der Arbeit wird dann gefährlich, wenn sie von den göttlichen Dingen ablenkt, d.h. es existiert hier die Priorität der Transzendenz über die Immanenz. Und das betrifft die Arbeit genauso wie jeden anderen Bereich des Lebens.

So kommt Eberhard Schmieder zu folgender Aussage: „Man war davon überzeugt, daß sich nur der, der möglichst wenig körperlich arbeitet, aus der Kreatürlichkeit befreien könne. Arbeit löse Arbeit aus. Sie verstricke den Menschen immer tiefer in diese Welt und entferne ihn von dem Ziel, sich aus der Erdgebundenheit zu lösen."[197] Es ist durchaus als polemisch zu bezeichnen, wenn Brocker zur Spitzenaussage gelangt: „Askese und Selbstkasteiung wurden den Mönchen wichtiger als physische Leistung."[198] Das Pauschalurteil ist weder historisch noch wissenschaftstheoretisch gedeckt. Selbst wenn argumentiert wird, daß das „otium monasticum" allen anderen, vor allem weltlichen Angelegenheiten vorzuziehen ist, kann noch lange nicht geschlußfolgert werden, daß Selbstkasteiung für Mönche wichtiger als körperliche Arbeit gewesen sein soll.

Es gab wohl eine Tendenz zur Transzendierung und Dematerialisierung der innerweltlichen Beziehungsgefüge von Staat und Gesellschaft, doch von Radikalität kann nicht gesprochen werden. Andererseits ging, und diese Argumentation klingt einleuchtend, eine sublime Abwertung von irdischem Besitz und Reichtum einher. Auch der hl. Augustinus hatte die Güter als Zufall bezeichnet, da sie durch das Schicksal gegeben oder wieder genommen werden und deshalb Besitz mit Unsicherheit und Furcht in Verbindung zu bringen ist.[199] Das frühe Mittelalter sah offensichtlich den Reichtum nicht als eine Frucht der körperlichen Arbeit, obwohl sie für die Existenz notwendig war und ist.[200] Einige Jahrhunderte später stand die Kirche aber in der Gefahr, die weltliche Seite zu stark zu

---

[196] Vgl. Aaron J. Gurjewitsch; Das Weltbild des mittelalterlichen Menschen; München 1982; 296.

[197] Eberhard Schmieder; Schmollers Jahrbuch 79; 1959; 325;

[198] Brocker; Arbeit und Eigentum; Darmstadt 1992; 414.

[199] Vgl. Augustinus; De beata vita; Stuttgart 1982; 22ff/48ff.

[200] Vgl. Léon de Sousberghe; „Propriété de \`droit naturel´, thèse neó-scolastique et tradition scolastique"; in: Nouvelle Revue Théologique; 82. Jahrgang; Band 72; 1950; 580-607; gekürzte deutsche Übersetzung in: Dokumente 7; 1951; 123-141; hier: 131; (zit. nach Brocker; Arbeit und Eigentum; Darmstadt 1992; 414).

betonen. Und auch darauf gab es eine Gegenreaktion, wie die Gründung der Bettelorden (z.B. Franziskaner, Dominikaner, Augustinereremiten) im sog. Hochmittelalter des 11. bis 13. Jahrhunderts zeigt.

Ratherus von Verona (890-974) arbeitet den Gegensatz zwischen „vita activa" der „saeculares" heraus, die sich ganz und gar dem Irdischen verschrieben haben und der Lebensweise der „spirituales", die völlig in der „vita contemplativa" aufgehen und mit dieser Abwendung von der Welt den besseren Teil erwählt hätten und dadurch auch einer höheren Lebensweise folgten.[201] Die Grundvoraussetzung allen spirituellen Lebens schreibt Ratherus dem Verkauf von Besitz und Reichtum zu, bis heute Voraussetzung zum Eintritt in eine Ordensgemeinschaft. Denn niemand, der ganz Gottes Geboten folgen will und das Ordensgewand anlegt, sollte der Berufung mit geteiltem Herzen nachgehen. Und Ratherus warnt davor, daß man ob der vielen Arbeit, den Auftrag Gottes aus den Augen verlieren kann. „Der Mensch, der ganz in der Arbeit aufgeht, verliert dadurch die rechte Richtung auf sein ewiges Ziel, er wird `ein gekrümmter Mensch, der immer nur die Erde anschaut, und weil er immer nach unten blickt, denkt er nicht mehr daran, um welchen Preis er erlöst worden´ ist."[202] So ist das Armutsideal gleichsam Voraussetzung für alles Streben nach der Vollkommenheit, da man durch Armut eine gewisse Loslösung vom Irdischen schafft und frei wird für den Anspruch des Willens Gottes. Ähnlich wie bei den Kirchenvätern ist das private Eigentum (bei Ratherus) Ausdruck der Sünde und des Sündenfalls, weil es die Verfallenheit in das Diesseitige indikatorisch offenbart. Deshalb verwundert es dann auch nicht, wenn Ratherus einen monastischen Kommunismus, konkret die Gütergemeinschaft fordert, um ein moralisch, in den Augen Gottes vertretbares, einwandfreies Leben zu führen.[203] Nicht weniger als acht Jahrhunderte später wird John Locke dies umkehren und das Privateigentum gerade als von Gott gegeben erklären.

---

[201] Vgl. August Adam; Arbeit und Besitz nach Ratherus von Verona; Freiburg 1927; 24-35; 67; „Das *tätige* Leben kann sich nur soweit auf die Stufe monastischer Vollkommenheit erheben, als es an der monastischen Kontemplation teilzunehmen strebt; nicht die Tätigkeit an sich, nicht die noch so treue und von Gottesliebe getragene Berufserfüllung ist es, was letzten Endes den Christen vollkommen macht, sondern die Kontemplation."

[202] Ebd. 86.

[203] Vgl. ebd. 182f./191.

Doch zunächst ist im kommenden Punkt auf die Lehre des hl. Thomas von Aquin (1225-1274) einzugehen, der herausragende Bedeutung im mittelalterlichen systematischen Denken und darüber hinaus erlangen sollte.

2.3.2. Die Arbeit im Hochmittelalter und bei ihrem Hauptvertreter: Thomas von Aquin[204]

Der hl. Thomas übernimmt die Lehre von der versklavten Arbeit des Aristoteles, der im 12. und 13. Jahrhundert eine Renaissance erlebt, da man einige seiner Hauptwerke wiederentdeckt und übersetzt. Thomas behält die Sicht von körperlicher Arbeit, die bei Aristoteles als „versklavt" gilt, zunächst bei, fügt ihr aber spezifisch christlich orientierte, positive Sinngebungselemente hinzu.[205] Mindestens vier Beweggründe werden von Thomas genannt, die die Arbeit als sinnvoll erscheinen lassen: Sie dient zur Gewinnung des Lebensunterhaltes, zur Überwindung des Müßigganges, zur Zügelung der Begierlichkeit, und sie schafft die Voraussetzung, um Almosen geben zu können[206], denn Lohn, d.h. Geld, ist erbrachte Leistung, die verantwortungsvoll einzusetzen ist.

Nun ist weiterzufragen, ob die Mönche und Nonnen genauso wie die Laien zur physischen Arbeit verpflichtet sind? Prinzipiell brauchen sie um der Bewältigung des Müßigganges willen keiner geregelten Handarbeit nachkommen, denn dies sei auch auf andere

---

[204] Vgl. Artikel über „Thomas von Aquin"; in: Meyers großes Taschenlexikon; Mannheim 1987, Band 22; 88f; „Thomas entwickelte - die von seinem Lehrer Albertus Magnus begonnene Hinwendung zum Aristotelismus weiterführend - eine globale Synthese von Glauben und Wissen, Offenbarung und Vernunft, Gnade und Natur- bzw. Schöpfungsordnung, Übernatur und Natur, Theologie und Philosophie in und zu einem System axiomatisch-spekulativer Theologie, v.a. in seinem Hauptwerk, der „Summa Theologica" (1266-1273). Theologie ist für Thomas streng rational aufgebaute Wissenschaft im aristotelischen Sinne, d.h. Deduktion aus ersten Prinzipien, den „Articulae fidei". *Theologisch* grundlegend ist die Identifizierung des biblischen Schöpfergottes mit dem Sein selbst, das reines Denken, In-sich-Wirken, Actus purus ist. *Erkenntnistheoretisch* vertritt Thomas einen gemäßigten Realismus: Das Allgemeine kann nicht unmittelbar, sondern nur über die Abstraktion aus der Erfahrungserkenntnis erkannt werden. Im Blick auf die Heilsgeschichte entwickelt Thomas seine Lehre eines auf natürlicher Vernunft gegründeten und durch praktische Vernunft zu realisierenden Naturrechts, in dessen Rahmen auch seine Anschauung von Staat, Obrigkeit und Gesellschaft zu sehen ist." Thomas ist daher auch der Begründer der Naturrechtslehre.

[205] Vgl. Jacques LeGoff; Die Intellektuellen im Mittelalter; Stuttgart 1987; 112.

[206] Vgl. Thomas von Aquin; Summa Theologica II-II q.187 a.3.

Weise möglich. Was hier für die Geweihten gesagt wird, ist ebenso relevant für diejenigen Christen, die aus Gründen des Broterwerbs nicht arbeiten müssen und den Lebensunterhalt aus anderen Quellen speisen. Gleiches gilt für das Almosengeben. Wer aus anderen Mitteln in der Lage ist, soziale Not zu mildern, auch der ist von der Arbeitspflicht befreit.[207]

Thomas gelingt es, in der Gesellschaftslehre bzw. Ethik, die Tugendlehre des Aristoteles mit der christlichen, die seinerzeit durch Augustinus geprägt war, zu verbinden. Selbst neoplatonische und stoische Gedanken greift er auf, um sie einem neuen Sinnzusammenhang zuzuweisen. Besonders seine Tugendlehre erlangt große Bedeutung. Tugend ist für Thomas Maßhalten und Ausräumen von der Vernunft entgegengesetzten Widersprüchen, ist Handeln in Übereinstimmung mit Verstand und einer Vernunftordnung, die dem göttlichen Willen entspricht. Er wertet, wie in der Stoa noch üblich, die Triebhaftigkeit des Menschen nicht negativ, doch sie muß geordnet sein. Auch sieht er Ehe, Besitz und Privateigentum als prinzipiell positiv und in ihrer Existenz keinesfalls von der Willkür des Staates abhängig. Vielmehr betont Thomas die Gemeinwohlfunktion als Hauptziel des Staates,[208] für die jeder nach seinen Möglichkeiten wirken, d.h. auch „arbeiten" solle.

Von Arbeit im doppelten Sinne spricht Thomas, wenn er zwischen der körperlichen und der geistigen unterscheidet.[209] Hauptmerkmal von menschlicher Arbeit ist, daß sie von einer individuellen Person ausgeführt wird, die durch ihre Subjekthaftigkeit dem Tun ein humanes Siegel aufprägt. Handarbeit ist das, wo Organe des Körpers involviert sind. Allerdings gibt es bei Thomas keine positiven Rechtssätze, wie sie seit Beginn der Neuzeit bekannt sind. Im Mittelalter wurde die menschliche Arbeit auch noch nicht nach reinen Zwecken und Erfolgen eingeschätzt, sondern erhielt ihren Stellenwert und ihre Würde nach naturrechtlichen Gesichtspunkten.[210]

In den Schriften des Aquinaten findet man viele Hinweise über die Arbeit, weil zu seiner Zeit der Mendikantenstreit ausgebrochen war. In diesem Streit ging es darum, ob Mönche auch weiterhin wie bisher Handarbeit verrichten sollten oder

---

[207] Vgl. ebd. a.3.
[208] Vgl. Brugger; *Philosophisches Wörterbuch*; Freiburg 1988; 404f.
[209] Vgl. Eberhard Welty; *Vom Sinn und Wert der menschlichen Arbeit*- Aus der Gedankenwelt des hl. Thomas von Aquin; Heidelberg 1946; 8.
[210] Vgl. a.a.O. 12.

nicht. Es wird entschieden, daß man innerhalb eines Bettelordens keiner Handarbeit mehr nachgehen solle, um sich ganz auf Verkündigung des Evangeliums, Studium und Lehrtätigkeit konzentrieren zu können. Während die Dominikaner dieser Weisung folgten, behielten die Benediktiner ihre bewährte Praxis von „Ora et Labora“ bei.

Die Evaluierung des menschlichen Tuns hängt wesentlich vom Vernunftgebrauch ab, denn eine menschliche Handlung ist dann richtig und gut, wenn sie mit der Vernunft übereinstimmt. „Das sittlich gute Tun ist das vernunftgemäße Tun.“[211] Für Thomas sind drei Dinge ausschlaggebend bei der Einschätzung von menschlichen Handlungen, die auch für die Arbeit gelten: der Gegenstand des Tuns, philosophisch auch das „Was“ genannt; der Sinnbezug der Aktion, das „Warum“; und die Frage nach der Ordnung der Natur, das „Wie“. Soll die Relevanz der Arbeit sittlich eingeschätzt werden, ist sie auf sich selbst zurückzuführen, auf ihr Ziel hin zu untersuchen sowie in die naturgegebene Ordnung einzubetten.

Eine genaue Unterscheidung von finis operis und finis operantis, von Werkziel und Wirkziel, wird bei Thomas gefordert. „Werkziel ist der dem Akt immanente nächste, gegenständliche Sinn... Wirkziel dagegen ist das, was der Handelnde mit einem Akt beabsichtigt, also das, weswegen jemand diesen oder jenen Akt setzt.“[212] Die Arbeit selbst bekommt so einen spezifischen Sinn, ein Motiv. Aber über die Arbeit an sich hinaus geht das Ziel des Wirkens, nämlich wenn die Arbeit transzendiert wird und mit den Ergebnissen des menschlichen Handelns Gutes anderen getan werden kann (Gemeinwohl). Die menschliche Arbeit ist in den Augen des Aquinaten kein Tauschgut wie eine Ware, die ganz frei nach Angebot und

---

[211] A.a.O. 16f; „Die Vernunft - man kann auch sagen: das Gewissen - besitzt die Maßstäbe anzuzeigen oder darüber zu befinden, wann und unter welchen Umständen etwas geschehen oder nicht geschehen darf. Nur als rechtgeleitete ist die menschliche Vernunft Quellgrund echter Sittlichkeit. Die menschliche Vernunft ist dann recht geleitet, wenn sie übereinkommt mit dem ewigen Gesetz, nach dem der Schöpfer die Dinge lenkt.“ Arbeit als humanes Tun ist also nicht losgelöst von Vernunft, Natur und Erfahrung, sondern gerade wesentlich auf sie hingeordnet und durch sie gekennzeichnet.

[212] Vgl. a.a.O. 18 (Anm.); „Werkziel und Wirkziel können, sie brauchen aber nicht zusammen zu fallen. Der Mensch vermag einen Akt zu setzen, weil er gerade das tun und erreichen will, was dem Akt in sich eigen und wesentlich ist. Er kann den Akt aber auch aus vielerlei anderen Rücksichten setzen und ihn damit seinem persönlichen Ziel zu- und unterordnen. (Vgl. Summa Theologica II-II 141,6).

Nachfrage gehandelt werden kann, denn es geht um eine Person, die sich selbst einbringt, wenn gearbeitet wird (Personprinzip).[213] Wenn wir heute alles, auch und besonders die menschliche Arbeitskraft, auf ihren Marktwert reduzieren, dann findet eine unverantwortliche Verkürzung statt, denn der Mensch ist geistiges, vernünftiges und freies Wesen, ein Abbild Gottes, ein Subjekt und kein Objekt. Da die menschliche Person Selbstand im Sein, Selbstmacht im Handeln, aber auch gleichzeitig von Natur aus auf Communio angewiesenes Wesen ist, darf sie nicht nur nach seinem von außen bestimmten Marktwert gesehen werden.

Eberhard Welty beruft sich auf Max Weber mit der Aussage, daß es erst im 16. Jahrhundert geglückt sei, eine „Berufsidee" zu entwickeln.[214] Dennoch ist auch der Berufsbegriff beim Aquinaten schon vorhanden. Berufsarbeit und Gelegenheitsarbeit werden unterschieden. Es wird dem Beruf eine dreifache Relevanz zugewiesen, die mit der Arbeit wesenhaft korreliert.[215] Erstens darf die Arbeit nicht nur als eine bloße Verrichtung charakterisiert werden, sondern stellt in je spezifischer Weise konkrete Anforderungen an denjenigen, der arbeitet. Egal welche Arbeit verrichtet wird, das Denken vor und während des Handlungsprozesses, ist tiefer Ausdruck menschlicher Personhaftigkeit und damit essentiell für das Humane. Durch mechanische Handgriffe, wo der Arbeiter oder die Arbeiterin nicht mehr denken müssen, findet eine De-humanisierung statt. Selbst der ungelernte Arbeiter ist aufgerufen, in seinem Bereich „mitzudenken", um den Arbeitsprozeß besser zu gestalten. Zweitens werde das nicht als Beruf anerkannt, was der Sitte widerspricht, selbst wenn es mit hervorstechendem Erfolg und viel Engagement (human input) geschieht. Davon sind sowohl das Ziel der Handlung als auch das Tun selbst betroffen. Drittens hat die Arbeit ihre Berechtigung und Pflicht durch das soziale Element zugewiesen bekommen, denn es ist ein professioneller Dienst am Gemeinwohl. So redet der Aquinate mit Nachdruck vom Amt, der Pflicht und vom Stand.

Gerade der Begriff des Standes ist für Thomas wichtig und in diesem Zusammenhang deshalb auszuführen, weil er über Jahrhunderte das Arbeitsleben der Menschen mitprägte. Der

---

[213] Vgl. a.a.O. 29ff.
[214] Vgl. a.a.O. 37.
[215] Vgl. a.a.O. 38f.

einzelne, der im Sinne des Dienstes am Gemeinwohl ein Amt oder einen Beruf ausübt, der wird durch seine Arbeit einem bestimmten Stand zugeordnet. Es wurde damals als gottgewollte Einrichtung gesehen, die durch diese Ordnung der Stände ein genau zu umreißendes Profil erhielt. Der Stand war Basis, Form und Ordnungselement gesellschaftlichen Lebens, wo Gemeinschaft entwickelt und vollzogen wurde. Der Mensch ist gewissermaßen gezwungen innerhalb seines Standes zu arbeiten, denn Handarbeit fällt „unter die Nötigung des Gebotes, weil sie zur Erreichung dieses Zieles (Erwerb des Lebensunterhalts; J.M.S.) unerläßlich ist."[216] Der hl. Thomas argumentiert, daß nur so der Diebstahl, die Gier nach fremdem Eigentum und die unsittliche, weil ungerechte, Geschäftemacherei eingedämmt werden können. Daß es sich hier um eine ethisch-moralische Engführung handelt, sieht Urs von Balthasar, weil in diesem Zusammenhang die anthropologischen, von Thomas immer wieder postulierten, Gesichtspunkte humaner Tätigkeit als Entfaltung der Person nicht berücksichtigt werden, obwohl die prinzipiellen Bedenken des Aquinaten stringent sind.[217] Thomas fordert, daß derjenige, der zur Arbeit gezwungen ist, dieser als geregelter Handarbeit nachkommen soll, wobei mit Handarbeit jegliche Art von bezahlter Tätigkeit (Erwerbsarbeit) gemeint ist.[218]

Auf dieser Basis ist dann auch die Begrifflichkeit der knechtlichen Arbeit einleuchtend. In Verbindung mit der Handarbeit gab es im frühen Mittelalter ein Arbeitsverbot am Sonntag, während man im hohen und späten Mittelalter bereits differenzierte und Kataloge von verbotenen (speziellen) Arbeiten am Sonntag aufstellte. Erstmals umfaßten diese Verbote auch die freien Künste, wenn diese Arbeit gegen Bezahlung (z.B. das Unterrichten) für Entgelt durchgeführt wurde. Wie so häufig kommt es aber durch strengere Ge- und Verbote zu verstärkten Ausnahmeregelungen, die sowohl im Bereich der Dienstleistungen als auch im Bereich des Wirtschaftens allgemein zunahmen, denn das Überleben stellt eine höhere Wertigkeit dar als die Erfüllung von Rubriken, was wiederum nicht heißt, daß diese prinzipiell nicht sinnvoll wären. Ist aber die Existenz bedroht, dann muß die Rubrik zurücktreten, denn der Sonntag ist

---

[216] Thomas von Aquin; <u>Summa Theologica</u> II-II q.187 a.3.

[217] Vgl. Hans Urs von Balthasar; „Kommentar zu Band 24 der deutschen Ausgabe der Summa Theologica"; Heidelberg 1952; zit. nach: Anselm Hertz; <u>Handbuch der christlichen Ethik</u>; Freiburg 1993, Band 2; 364.

[218] Vgl. Thomas von Aquin; <u>Summa Theologica</u> II-II q.187 a.3.

für den Menschen da und nicht umgekehrt. Mit Dispensen ist verantwortungsvoll umzugehen, doch im Mittelalter lebten über durchschnittlich über 30% der Bevölkerung ständig am Existenzminimum. Das Problem wurde noch verschärft, wenn die zu erwartenden Ernteerträge wesentlich geringer ausfielen, als man angenommen und geplant hatte. Hungersnöte waren die Folge. So schreibt Michel Mollat, einen französischen Zeitgenossen des 12. Jahrhunderts zitierend: „Auf einen Bauern kommen hundert Arme."[219] Die Bauern hingen sehr von den Ernteergebnissen ab. Und selbst den Handwerkern erging es schlecht, wenn sie infolge der Kriege keinen Lohn verdienen konnten. Auch die Diener, Knechte, Gesellen, die die Substruktur der Gesellschaft darstellten, verloren durch die Wirren der Zeit die Ermöglichung des Broterwerbs. „Fehlt die Arbeit, so geraten die Mühlen der Not in Gang."[220] Die Ständeordnung prägte das Hochmittelalter bis weit in die Neuzeit hinein, ist heute jedoch einer höheren Komplexität in der Gesellschaft und des öffentlichen Lebens weitgehend gewichen.[221]

Menschliche Arbeit wurde bis ins hohe Mittelalter als \`opus servile´ betrachtet. Und dadurch hob man den Aspekt der Plage, Last und Mühe hervor, der bereits dem alttestamentlichen Sündenfall entspricht und dort auch grundgelegt ist. Hannah Arendt kommt zur Überzeugung, daß der Arbeitsbegriff seit dem 12.Jahrhundert um die Aspekte des Tuns, Machens, Tätigseins und Bessermachens zwar bereichert wird, aber keine theologische Relevanz erhielt, weil „facere" im Sinne einer Fertigkeit bezüglich der Kunst gesehen wurde und daher ethisch bedeutungslos erschien.[222] Ohne Frage bleiben die mittelalterliche Philosophie und Theologie angelehnt an die Tradition des Aristoteles. Wie in der Karolingerzeit schon vorhanden, bleibt auch im hohen und späten Mittelalter eine Unterteilung der Stände bestehen: in Beter (oratores), Krieger (bellatores) und Arbeiter im weitesten Sinne (laboratores).[223]

---

[219] Mollat; _Die Armen im Mittelalter_; München 1984; 60.

[220] Vgl. Jacques LeGoff; in: _Le Travail au Moyen Age_; Hg. von J.Hammasse/C. Muraille-Samaran; Louvain-La-Neuve 1990; 14; (zit. nach: Hertz; _Handbuch der christlichen Ethik_; Freiburg 1993, Band 2; 365).

[221] Die Evaluierung des Ständewesens folgt innerhalb dieses Opus´ an späterer Stelle, da die Stände einerseits wichtig für die historische Entwicklung der Arbeits- und Berufswelt und andererseits bis jetzt - jedoch nur noch sehr latent (in Interessenvertretungen etc.)- vorhanden sind.

[222] Vgl. Hannah Arendt; _Vita activa_; München 1983; 130ff.

[223] Vgl. Hertz; _Handbuch der christlichen Ethik_; Freiburg 1993, Band 2; 365.

So ist es auch gut zu verstehen, wenn Thomas feststellt, daß in Anbetracht der Tatsache, daß es im gegenwärtigen Leben Not gibt und um dieser Not zu entgehen, das Tätigsein vorzuziehen ist. Dabei zitiert er Aristoteles und stellt auch hier eine Rangordnung auf: „Philosophieren ist besser als Reichwerden, aber Reichwerden ist besser als Not leiden."[224] Nach Anselm Hertz liegt die Schwäche der Ständelehre des antik-mittelalterlichen Denkens darin, daß es keine „genuin ethische Bewertung menschlicher Arbeit" gab.[225] Eberhard Welty entgegnet dieser Auffassung, wenn er sagt: „Thomas betrachtet...die Arbeit vornehmlich unter dem Gesichtspunkt des Sittlichen."[226] Als ein allgemeiner Grundsatz für die Arbeit, der körperlichen Arbeit im besonderen, gilt, daß sie dem Wert entspricht, wie und in welchem Maß die Tätigkeit dem guten Leben dienlich ist, anders ausgedrückt: Arbeit ist so wenig Wert bzw. unwert, wie sie der Verwirklichung des allgemeinen und persönlichen guten Lebens ent- oder widerspricht. Zunächst muß der Mensch der Natur das abringen, was er zum Überleben benötigt. Hier wird also die Selbsterhaltungspflicht geradezu als Menschendienst gefordert.[227]

Für die prinzipielle Einordnung der menschlichen Arbeit gilt vom Standpunkt der christlichen Soziallehre die Priorität der Gottes- und Nächstenliebe, die eine gesunde Selbstachtung voraussetzt. Doch ist die Person nicht durch Mitgliedschaft in einem Stand vor Gottes Angesicht wertvoll, sondern auf die Intention, die Liebe und das Motiv kommt es an, die den Lohn der von Gott geschenkten Glückseligkeit bewirken.[228]

Thomas baut ein hierarchisch angelegtes Gedankengebäude auf, wo alles Existierende einen bestimmten Platz erhält. Er leitet den Individualwert der menschlichen Tätigkeit von der Person ab und den Sozialwert von der Gemeinschaft. Darüber hinaus gibt es aber noch ein Drittes: das Weltall als Ganzes. Deshalb ist es richtig, wenn von einem kosmischen Sinnzusammenhang und

---

[224] Thomas von Aquin; <u>Summa Theologica</u> II-II q.182 a.1; (zit. nach: ebd. 365).

[225] Vgl. Anselm Hertz; Artikel „Vita activa und vita contemplativa in der Nikomachischen Ethik des Aristoteles und in der Summa theologica des hl. Thomas von Aquin"; in: <u>L´uomo della chiesa</u>- Studi in onore di Giovanni Paolo II; Milano 1991; 362.

[226] Welty; <u>Vom Sinn und Wert der menschlichen Arbeit</u>; Heidelberg 1946; 66.

[227] Vgl. a.a.O. 67.

[228] Vgl. Thomas von Aquin, III, sent. 35, I, 14., 90; (zit. nach: a.a.O. 365f).

Wertgefüge der humanen Arbeit gesprochen wird. Alles Geschaffene ist Teil des Universums, was ihm wiederum Sinn vermittelt. Über allen immanenten Dingen, wozu auch der Mensch und dessen Arbeit gehören, steht der Schöpfer. Kein weltinneres System ist somit das maßgeblich letzte Axiom, sondern Gott allein. Von daher ist es durchaus korrekt, wenn man sagt, daß jede sittlich gute Tat schon als eine Art Gottesdienst gelten kann. Eine menschliche Handlung ist dann sittlich als gut einzuschätzen, wenn sie auf das Lebensziel, die Hinwendung zu Gott, orientiert - so argumentiert der hl. Thomas.[229]

Zunächst aber ist menschliche Arbeit kein genuin christliches Phänomen, sondern ein natürliches, d.h. humanes Geschehen. Aus der Sicht des Christen ist es demnach korrekt, die menschliche Arbeit „theozentrisch" auszurichten, denn es ist eine Pflicht des Gläubigen, der das Denken auf religiös motiviertem Hintergrund sieht, die vorgegebene Seins- und Naturordnung zu analysieren, um sie besser zu gestalten und sie in einen anderen, diesen immanenten Kontext überschreitenden, Seinszusammenhang zu stellen.

Wichtig zu erwähnen sind Thomas´ Ausführungen nicht nur zur Arbeit, sondern auch zur Armut, sieht er diese gerade in Verbindung mit der Arbeit. Die Schöpfung verteilt die Gaben sehr verschieden. Der größere Teil der Menschheit ist prädestiniert, um körperlich zu arbeiten, d.h. die Mehrheit bringt bereits die Anlagen, Neigungen, Strukturen, Begabungen und Dispositionen dazu naturgemäß mit. Allerdings lehnt er, wie von Eiferern der frühen Kirche gefordert, die Armut als einen erstrebenswerten Idealzustand der Gemeinschaft ab. Er geht soweit, daß Armut kein Gut darstellt, das von allen erreicht werden sollte,[230] sondern nur dann für sinnstiftend gehalten wird, wenn es einen befreit von der alleinigen Sorge um das In-der-Welt-Seiende. Was hier geschieht, ist die Abwendung vom Pauperismus.

Das Problem der Arbeitslosigkeit ist weitgehend unbekannt für Thomas und stellt für ihn eine kaum zu beachtende Ausnahme dar. Es sei ein Mißgeschick, wenn irgendjemand Arbeit sucht und keine findet.[231] Jedoch ist hinzuzufügen, daß man im Mittelalter

---

229 Vgl. Welty; Vom Sinn und Wert der menschlichen Arbeit; Heidelberg 1946; 43-51.
230 Vgl. Thomas von Aquin; Summa contra gentiles III, 133.
231 Vgl. a.a.O. 135.

keine, wie seit der Neuzeit üblich, festen Arbeitsverträge kennt. Jeder sollte, seinen Möglichkeiten entsprechend, arbeiten oder wirken, wenn er es nötig hat, denn Freude und Eifer an der Arbeit sind ein guter Indikator für den Menschen beseelenden Geist, gleichsam nach außen gewandtes Zeichen für die Innerlichkeit der Person. Prinzipiell ist die Zeit der Arbeit gut verbracht; sie ist heilsam gegen Müßiggang, auch wenn sie den Menschen ermüdet; sie besetzt das Individuum, das durch die Konzentration auf die Arbeit auf anderes verzichten muß, und sie ist hilfreich bei der Zähmung der Gedanken, ja vertreibt die Illusionen und bringt den Arbeitenden auf den Boden der Realität zurück. All´ das hat der Arbeitslose nicht und steht deshalb in der begründeten Gefahr, exzentrisch, sich in Träumen verlierend, weltfremd zu werden.

Neben der körperlichen Arbeit widmet sich der Aquinate besonders auch der geistigen Arbeit. Sie ist zuerst die Aufgabe des Gelehrten und stellt eine geistige Anstrengung dar, die zur Suche der Wahrheitserkenntnis dient. Diese Arbeit wird nicht körperlich geleistet, sondern mehr durch den Geist, den Verstand und das humane Vermögen der Einsicht bzw. des Denkens. „Wer immer sich im Gegensatz zum `Arbeiter der Hand´ als `Arbeiter der Stirn´ bezeichnet, beansprucht für sich, `geistige Arbeit´ zu verrichten."[232] Erster und damit vorrangiger Zweck und Sinn von geistiger Arbeit ist die Suche nach der Wahrheit. Alles andere ist sekundär, denn niemand wird die Welt gerechter machen können, wenn er nicht um die Wahrheit gerungen hat.

Teil der „geistigen Arbeit" ist die „geistliche Arbeit". Beide fallen dort ineinander zusammen, wo sie sich überschneiden und die reine Wahrheitssuche auf Gott hinlenkt. Geistliches Arbeiten beinhaltet das Predigen, Brevierbeten, die wissenschaftliche Auslegung der hl.Schrift, das Spenden der Sakramente etc.

---

[232] Welty; <u>Vom Sinn und Wert der menschlichen Arbeit</u>; Heidelberg 1946; 97f; „Was der Wille dazu beiträgt, ist äußerlich, mag auch im einzelnen viel Entschluß- und Überwindungskraft zu dieser manchmal ungemein harten Arbeit gefordert werden." Einschränkend wird aber hinzugefügt: „...in manchem Handwerk und an mancher Maschine wird mehr geistige Arbeit verlangt, als von vielen, was auf Büros und ähnlichen Arbeitsstätten getan werden muß."

Drei Merkmale des geistigen Aktes unterscheidet Thomas: die Innerlichkeit, die Selbstwertigkeit und das Schöpfertum.[233] „Alle geistige Arbeit vervollkommnet unmittelbar den, der sie leistet."[234] Der Verstand ist und bleibt die wichtigste Fähigkeit des Menschen, selbst wenn der gute Wille auch entscheidend sein kann - bei der möglichen Vollendung der menschlichen Existenz. Nun sind die vier Akte geistigen Arbeitens noch zu benennen: Einsicht, Glaube, Wissen und Weisheit.[235] Vor einem Fehlschluß sei jedoch zu warnen: Wer sich geistiger Arbeit hingibt, muß deshalb noch lange nicht sittlich besser sein als andere. Denn obwohl geistige Arbeit stets gut ist, muß der Arbeiter, der sie verrichtet, noch nicht gut sein. Geistige Arbeit wird pervertiert, wenn sie am Ziel, das die Suche nach der Wahrheit darstellt, vorbeigleitet, daß sie Realitäten nicht erkennt oder, was am schlimmsten wäre, ganz in den Irrtum verfällt und auf ihm beharrt, denn die menschliche Person kann ihre Maxime durchaus auch bösen Zielen, denkend, die Wahrheit negierend und um das Schlechte wissend, unterordnen. Zwar ist das Wissen um das Böse gut, doch kommt es darauf an, etwas dagegen zu tun.

Jeder Mensch ist bis zu einem gewissen Punkt sowohl Arbeiter der Hand als auch Arbeiter des Geistes. Wenn die geistige Arbeit ausgeweitet wird auf die alle Existenzen betreffenden Fragen des Erkennens von Lebenswahrheiten, dann muß die Arbeitspflicht der geistigen Ebene Priorität über die körperliche Arbeit erlangen. Sie ist somit wichtiger als das physische Handeln um des Lebensunterhaltes willen, da es um ein höheres Gemeinwohl geht. Scheinbar ist die körperliche Arbeit wichtiger, da sie die Güter zur Lebenserhaltung sichert, doch da das Ewige über dem Zeitlichen steht, ist sie der geistig-

---

233 Vgl. a.a.O. 100; „Im Gegensatz zum nicht-geistigen, d.i. zum stofflichen Sein ist das Geistige ursprünglich und wesensgemäß hingeordnet auf sich selbst."

234 Ebd. 100; „Sie ist ihrer Natur nach \`immanent´. Das hebt die geistige Arbeit auf eine besondere Ebene und hat auch für den, der sich ihr widmet, maßgebliche Bedeutung." Auf Seite 102 lesen wir: „Alle geistige Arbeit ist werthaft aus eigenem Grunde."

235 Vgl. a.a.O. 102; Damit die Termini etwas genauer umrissen werden, sind sie hier stichpunktartig zu definieren: Unter „Einsicht" ist die Durchschau der Wirklichkeit, das Lesen im Inneren zu verstehen. „Glaube" ist das Vertrauen in eine untrügliche Autorität, die uns anspricht und Verborgenes offenbart. Das „Wissen" wiederum ist ein sicheres Erkennen und Anerkennen aus den Ursachen und Zwecken, das Sinn vermitteln kann. Das höchste und letztmögliche Deuten und Verstehen aus absoluten Sinnzusammenhängen wird mit dem Wort „Weisheit" erklärt.

geistlichen Arbeit zu subsumieren.[236] „Geistige Arbeit, die als Lebensbeschäftigung übernommen wird oder jedenfalls einen bedeutsamen Teil der verfügbaren Zeit beansprucht, wird immer Sache verhältnismäßig weniger Menschen bleiben."[237]

Summarisch ist festzuhalten, daß bei Thomas menschliche Arbeit nie Selbstzweck ist. Deshalb warnt er vor einer Überbetonung ebenso wie vor einer Unterschätzung. Der Mensch soll nicht arbeiten, nur um des Arbeitens willen, sondern der Sinn des Lebens und die Hinordnung auf Gott im Tagewerk sollen noch immer durchscheinen. „Bei allem schaut die große und eindringlich betonte Absicht hindurch, dem Menschen die Augen dafür zu öffnen, wie er seine Arbeit aus sittlich ehrenwerten Beweggründen leisten und weihen kann."[238] Was auf Erden getan wird, hat keinen Anspruch auf Ewigkeit, sondern ist immer vergänglich. Arbeit ist niemals ein absoluter Wert, wenn auch ein guter und wichtiger. Thomas betont die Würde der menschlichen Arbeit, die durch die Person erst zu dem wird, was sie ist, Zwischenziel, aber nie Endziel. Die Arbeitsweise der letzten Jahrhunderte und Jahrzehnte steht dem Ethos und dem Geist der Arbeit kontradiktorisch gegenüber. Für Thomas wäre eine Überbetonung, ja geradezu Verherrlichung der Arbeit, wie in der Neuzeit geschehen, undenkbar, genauso wie die Entpersönlichung der Akkordarbeit am Band eines Großbetriebes nicht akzeptierbar erscheint.

2.4. Die Arbeit im Spätmittelalter und der Reformationszeit

Um des höheren Gemeinwohls willen, bleiben die Arbeiter, die Handarbeit verrichten, dem Adel und dem geistig-geistlichen

---

[236] Vgl. a.a.O. 120.

[237] A.a.O. 108; Die geistige Arbeit „ist von zu vielen Voraussetzungen und Bedingungen abhängig: von Begabung und Neigung, von Zeit und Gelegenheit, von Einführung und Vorbildung, ganz zu schweigen von der zu ihr verlangten seelisch-charakterlichen Eignung und Haltung." Stimmen diese Voraussetzungen nicht, wird die Person einen anderen Weg suchen müssen, um das tägliche Brot zu verdienen.

[238] A.a.O. 121; „Es wird also ein Arbeitsethos gelehrt, das nicht nur Achtung und ernste Mühewaltung verdient, sondern beanspruchen darf, die *rechte Haltung* (kursiv; J.M.S.) in diesem so überaus bedeutsamen Lebensbezirk zu künden und zu gebieten." Die Betonung der Ziele einer Tätigkeit allgemein und der geistigen wie körperlichen Arbeit im besonderen steht also über der Arbeit schlechthin.

Stand auch im Spätmittelalter untergeordnet. In der Zeit des Humanismus, wo die Schriften der Klassiker der Antike eine Renaissance erleben, werden auch die philosophischen Gründe einer Abwertung von Handarbeit und gleichzeitig der die Arbeit in Werkstatt und auf dem Feld verrichtende Arbeiter oder Bauer neu vergegenwärtigt und verinnerlicht.[239] Dagegen heben die Humanisten sowohl die Freizeit hervor als auch den mit schöngeistiger Literatur angefüllten Müßiggang (den die christlichen Lehrer immer wieder ablehnen), das \`otium´ der antiken Aristokratie.[240] Nur die vita contemplativa behielt neben dieser Weltsicht ihre Berechtigung und wurde noch als Lebensform anerkannt und gewürdigt. „Am Vorabend der Neuzeit werden in einem beträchtlichen Teil der Christenheit Gesetze über die Aberkennung adliger Standesrechte erlassen, durch die Adligen unter Androhung des Verlustes ihrer Privilegien verboten wird, einen Beruf auszuüben und erst recht Handel zu treiben."[241] Wer am Ende des Mittelalters einer geregelten Berufsarbeit nachging, konnte also seiner Standesprivilegien verlustig gehen, wenn er nicht das tat, was man von ihm erwartete. Von dieser Aussage her ist es verständlich, daß die körperliche Arbeit, wenn auch nur indirekt, abgewertet wird.

Nach Thomas erlangt die scholastische Methode großen Einfluß, sieht sich aber später durch den Protestantismus einer starken Gegenbewegung ausgesetzt und wird seit Beginn der Neuzeit von Reformierten und Protestanten abgelehnt. Durch die Reformatoren Luther und Calvin wird die Arbeit - und nun nicht nur die geistig/geistliche, sondern auch die körperliche - positiv betrachtet und von ihrer oft zu negativen Sicht bzw. ihrem Fluch befreit, denn sie wird bei Luther mit „vocatio", Berufung, verbunden.[242] Und Calvin stellt den „Betrieb der Arbeit um ihrer selbst willen und als Selbstpflicht"[243] dar. Mit der Betonung der Arbeit als „vocatio" durch Martin Luther (1483-1546) und durch die Sicht der Arbeit als „Selbstpflicht",

---

239 Vgl. LeGoff; _Die Intellektuellen im Mittelalter_; Stuttgart 1987; 138; „..die Handarbeit wurde zutiefst verachtet."

240 Vgl. a.a.O. 168.

241 _Theologische Realenzyklopädie_; 634.

242 Vgl. Martin Luther; Predigt am fünften Sonntag nach Trinitatis, in der Schloßkirche; Mark. 7,31 bis 37; 23. August 1534; in: _Werke: Weimarer Ausgabe_; Weimar 1883ff.; Band 37, 480.

243 Ernst Troeltsch; _Die Soziallehren der christlichen Kirchen und Gruppen_; Tübingen 1912; 655.

vor allem durch Johannes Calvin (1509-1564)[244] propagiert, egal, ob man einer geistigen oder körperlichen Berufsarbeit nachgeht, tritt ein durchgreifender Umbruch im Bewußtsein der Menschen ein, der bis in die Neuzeit hinein relevant geblieben ist. Jedoch erfuhr die Berufsarbeit in den letzten Jahrhunderten eine völlige Säkularisierung, eine Loslösung aus religiösen Motiven.

Es zählt wohl zu den wichtigsten Wandlungen im Selbstverständnis der Menschen, daß Arbeit mit der Reformation eine radikale Aufwertung erhielt. Durch das neue Arbeitsverständnis der Reformatoren Luther und Calvin, die gleichsam Wegbereiter des neuzeitlichen Bewußtseins protestantischer Richtungen sein sollten, konnte sich die Arbeitstheorie des Eigentums von John Locke im 17. Jahrhundert und die Euphorie bezüglich Arbeit und Technik des vergangenen und dieses Jahrhunderts entfalten. Auch Martin Luther erklärte die Arbeit generell als eine Pflicht gegenüber Gott, nahm dabei aber die körperliche Arbeit nicht mehr aus. Jede Arbeit, und da ohne Unterschied, ist ein Auftrag Gottes, eine Aufgabe, die von Gott gestellt wurde.[245] Damit wendet sich Luther besonders gegen eine mittelalterliche Kirche und deren Lehre, die - in seinen Augen - die Kontemplation überbetont und als Allheilmittel ansieht. Luther will die Engführung der mittelalterlichen Argumentation hinsichtlich der Berufsarbeit aufsprengen und kritisiert die Theologen: „...die gute werck szo enge spannen, das nur in der Kirche beten, fasten und almoszen bleybenn."[246]

Luther wendet sich gegen eine „Werkgerechtigkeit und Werkheiligkeit", die die wahre Sicht des göttlichen Schöpfungsauftrages verstellten. Man verwechselte in der Spätscholastik oft das Almosengeben, das Anlegen von Kirchenstiftungen oder die asketischen Übungen, welches mehr zur immanenten Glorifizierung eines wuchernden Kirchenwesens führte, mit dem wirklichen Auftrag Gottes an der Mitgestaltung der Schöpfung. Die Kirchenoberen und Kleriker allgemein lebten dabei nicht selten über ihre Verhältnisse und erregten so den

---

[244] Vgl. _Meyers großes Taschenlexikon_; Mannheim 1987, Band 4; 187f; hier: 188; „... unbestreitbar war Calvins Einfluß auf die Entwicklung neuer demokratischer Strukturen, des Widerstandsrechtes und des sozialen und wirtschaftlichen Verhaltens in der Neuzeit."

[245] Vgl. Van der Ven; _Sozialgeschichte der Arbeit_; München 1972; 224ff.

[246] Martin Luther; _Werke: „Weimarer Ausgabe"_; Kritische Gesamtausgabe; Band 6, 205.

Zorn der Armen und mittleren Bevölkerungsschichten. So stellt Luther gegen die „parasitäre Lebensweise" die Gottwohlgefälligkeit jeder Berufsarbeit. Für Luther ist die Arbeit besser als die Heiligkeit, wenn er polemisiert: „Solt nu nicht ein hertz springen und von freuden zufliessen, wenn es zur erbeit gieng und thete was yhm befolhen were, das es küende sagen: sihe das ist besser denn aller Catheuser heilickeit, ob sie sich gleich zu tod fasten und on unterlas auff den knyen beten."[247] Gott hat jeden Christen in einen bestimmten Stand berufen, egal ob er Mönch oder Bauer ist. Die Reformatoren wenden sich leidenschaftlich gegen die zu ihrer Zeit in der Kirche propagierte Werkheiligkeit, die eine Rechtfertigung des Menschen durch Vollbringen von Leistungen und guten Werken beinhaltet. So ordnet Luther die „guten Werke" den Maximen der „sola gratia" (=allein durch Gnade) und der „sola fide" (=allein durch Glaube) unter.[248]

Luther dehnt den „vocatio"-Begriff[249] nicht nur auf jegliche Berufsarbeit schlechthin aus, sondern stellt dadurch auch eine direkte Beziehung zwischen Gott und dem Arbeitenden her, die bisher den Kontemplativen als Privileg vorbehalten war. Außerdem gibt es nach der Aufhebung der Wertunterschiede der Berufsarbeit keine besseren oder schlechteren, wenn die körperlichen Tätigkeiten als eine Art Gottesdienst, im Glauben und in der Liebe verrichtet werden. Denn alles ist ja von Gott

---

[247] Luther; <u>Weimarer Ausgabe</u> 30,1; 149.

[248] Vgl. Georg Kraus; Artikel „Werke"; in: <u>Lexikon der katholischen Dogmatik</u>; Hg. von Wolfgang Beinert; Freiburg 1987; 553-555; hier: 554; „Dabei gilt, daß die gnadenhaften guten Werke notwendig als Früchte aus dem Glauben erwachsen und daß sie nicht zum Selbstruhm, sondern nur zum Lobpreis Gottes dienen dürfen." Der Heidelberger Katechismus (Frage 86) gibt drei Beweggründe, warum jemand gute Werke tun soll; einerseits Lobpreisung und Dank für die Taten Gottes, die immer gut sind, andererseits zur Manifestation und Vergewisserung des Glaubens durch und von seinen Früchten sowie eine Art Überzeugung des Mitmenschen für die Anliegen der christlichen Lehren. (Vgl. ebd. 554); „In der gegenwärtigen evangelischen Theologie betont man (unter Voraussetzung der Rechtfertigung allein aus dem Glauben) sehr die *enge Verbindung von Glaube und ethischem Handeln.*" (kursiv; J.M.S.)

[249] Vgl. Artikel „Beruf"; in: Joachim Ritter (Hg.); <u>Historisches Wörterbuch der Philosophie</u>;; Basel,Stuttgart 1971; 833-835; hier: 834; „Nachdem Luther göttliche Berufung und weltlichen Beruf zusammengebunden hat, ist die daraus resultierende Spannung in die Geschichte des Begriffs eingegangen." Es kommt zu einer Verbindung von transzendenten und immanenten Elementen in der Berufsarbeit, die allerdings später immer mehr, wohl gerade durch diese Vermischung bedingt, der Säkularisierung weicht.

gewollt und wird deshalb wieder zum Dienst an seinem Werk.[250] „Luthers eindeutige Anerkennung der Handarbeit sowie die gleichzeitige Verdammung der Tätigkeit der Orden sollten nach seiner Ansicht Erleichterung darüber hervorrufen, daß Gott ein sicheres Wohlgefallen an der Berufsarbeit habe."[251] So mißt Luther nicht nur dem weltlichen Berufsleben an sich eine große Achtung zu, sondern möchte damit auch Werte wie Treue, Beständigkeit und Liebe zur Ordnung durch die verpflichtende Berufsarbeit erreichen. Daher warnt Luther auch vor der Überbetonung des durch geistliches Tun allein erreichbaren Heils- und Erlösungsanspruches, was in der Gefahr offenkundig wurde, daß sich Religion als Ausdruck persönlicher Frömmigkeit plötzlich nur noch immanenten, auf Innerlichkeit abzielenden Ebenen bewegt - ohne Blick für die Welt. Vor allem hängt alles an der tiefen Glaubensentscheidung, die bei der Beeinflussung des Lebens keine Sphäre, auch nicht die der Berufsarbeit ausläßt.[252]

Vor allem die eigenwillige Auslegung der hl.Schrift durch Luther führt ihn dazu, daß die Arbeit nun ein rein gutes Wirken ist, das nicht allein dem Lebensunterhalt dient, sondern auch der größeren und intensiveren Nähe zum Schöpfer.[253] Mit enormer Radikalität gibt er der Arbeit schlechthin sittliche Werthaftigkeit und strebt somit eine Umwertung, nämlich hin zu einem guten Wert, an. Er sieht seine Aufgabe darin, die Berufsarbeit und die Freude miteinander zu verbinden. „Sic habet hic *gaudium* in *labore* et hic ingreditur in mediis malis in paradisum."[254] Die angesprochene Verbindung von Arbeit und Freude führt aber noch zu einem weiteren Gesichtspunkt von

---

[250] Vgl. Klara Vontobel; Das Arbeitsethos des deutschen Protestantismus; Bern 1946; 117f.

[251] Konrad Wiedemann; Arbeit und Bürgertum- Die Entwicklung des Arbeitsbegriffs in der Literatur Deutschlands an der Wende zur Neuzeit; Heidelberg 1979; 143.

[252] Vgl. Häring; Freisein in Christus; Freiburg 1989, Band 3; 157; „Obwohl Luther selbst und bedeutende lutherische Theologen betonten, daß eine tiefe Glaubensentscheidung und lebendiges Glaubensleben den Charakter des Gläubigen und auch seine Lebensgestaltung stark beeinflussen, mußte sich die häufig vertretene Tendenz, die weltlichen Ordnungen theologisch bis in ihr Sosein zu rechtfertigen, gegen eine schöpferische Gegenwart der Christen als Christen in der Welt auswirken." Weltliche Ordnungen sind nicht bis auf den letzten Sinngehalt theologisch zu rechtfertigen, da sie nur von Dauer und nicht auf Ewigkeit angelegt sind. Das heißt jedoch nicht, daß sie unveränderbar oder auch gerechter zu gestalten wären.

[253] Vgl. Vontobel; Das Arbeitsethos des deutschen Protestantismus; Bern 1946; 7.

[254] Luther; Weimarer Ausgabe 20; 108.

Bedeutung, nämlich dem des „allgemeinen Priestertums", das jetzt nicht mehr nur einigen, wenigen vorbehalten blieb, da es für jedermann durch die guten Werke seiner Berufsarbeit erreichbar und anstrebenswert wurde.[255] Wogegen sich Luther hier auflehnte, war eine seit dem Frühmittelalter zu konstatierende und immer stärker werdende Engführung des Priestertums. Während das Priestertum stark hervorgehoben wurde, traten die anderen Weihestufen zurück.[256] Mit dem priesterlichen Wesen sind zwei Dinge gemeint: Repräsentation Jesu Christi sowie dessen Lehren in der Welt und andererseits auch Sichtbarmachung der Kirche.[257] Fraglos ist die Einstellung zum allgemeinen Priestertum, im katholischen Sprachgebrauch wird auch oft vom „gemeinsamen Priestertum gesprochen", durch Luther, der es nun wesentlich aus der Taufe begründet, eine neue geworden. Luther wendet sich gegen die Praxis der römisch-katholischen Kirche und das in ihr evident hierarchische Weihesakrament des Presbyterates.[258] Die Abschaffung der Hierarchie oder des Sakraments der Weihe, das in reformatorischen Kirchen vollzogen wurde, stellte bis in das 20. Jahrhundert kein Thema der katholischen Kirche dar.

Mit Luthers Sicht wird die Basis gelegt für neuzeitliche, von Luther noch gar nicht beabsichtigte Säkularisierung der Berufsarbeit, die dann plötzlich umschlägt zu einer Überbetonung und Euphorie. Was Luther auslöste, war revolutionär: „Die Folgen dieses Berufsbegriffs in ökonomischer und sozialer Hinsicht waren außerordentlich, in dem dadurch die Berufsarbeit und die Intensität des weltlichen Arbeitsinhaltes selbst zu einer religiösen Pflicht an sich, aus einem Mittel bloßer Bedarfsdeckung zu einem Selbstzweck der Betätigung des Glaubens in der Berufsarbeit wurde. Damit entstand jenes Ideal der Arbeit um der Arbeit willen, das die geistig-moralische

---

[255] Vgl. Wiedemann; Arbeit und Bürgertum; Heidelberg 1979; 144; „Dieser Aspekt der Verbindung von Arbeit und Freude durch die Nivellierung des Wertes aller gesellschaftlichen Arbeiten vor Gott hatte seine theoretische Grundlage in der Lehre von dem allgemeinen Priestertum und in einem engen Verständnis der vocatio externa. In dieser...Hinsicht ihres allgemeinen Pflichtcharakters waren die verschiedenen Berufe gleich."

[256] Vgl. Werner Löser; Artikel „Priester"; in: Wolfgang Beinert (Hg.); Lexikon der katholischen Dogmatik; Freiburg 1987; 422f.; hier: 423.

[257] Vgl. zu den wichtigsten Elementen der priesterlichen Existenz: Gisbert Greshake; Priestersein; 4. Auflage Freiburg 1985.

[258] Vgl. Löser; Artikel „Allgemeines Priestertum"; in: Wolfgang Beinert (Hg.); Lexikon der katholischen Dogmatik; 11f.; hier: 12.

Voraussetzung für die Durchsetzung des modernen, bürgerlichen Lebensstiles ist."[259]

Neben Luthers Betonung der Berufspflicht ist es Johannes Calvin, der mit Berufung auf die Prädestinationslehre (Gnadenwahl), welche von ihm weiterentwickelt wird, eine Basis für den modernen Kapitalismus schafft. Nach Calvin ist schon von der Geburt eines jeden Christen an dessen Auserwähltheit vorherbestimmt. Jedoch muß sie der Christ nicht mit Sicherheit und Klarheit erkennen, da man als menschliche Person keinen Einblick in die Mysterien Gottes hat. Prädestination meint zunächst die Vorherbestimmung als von Ewigkeit her gefaßter und in Liebe vollzogener Beschluß Gottes, mit welchem eine Heilsordnung aufgestellt wird, damit diese den Menschen immerwährendes Heil ermögliche. Ziel dieses historischen Heilsplanes ist die Herrlichkeit der Kinder Gottes, aber auch die absolute Vermittlung des Heiles durch Jesus Christus im absoluten Sinne und weiterhin die relativ wirkende Heilsvermittlung der Kirche. Die Kriterien des Heils sind in der Prädestinationslehre der Glaube und die Liebe.[260]

Calvins Theodizeefrage, warum Gott das Böse in der Welt zuläßt, löst er mit der Prädestination. Erst Karl Barth gelingt eine Modifikation der doppelten „Gnadenwahl", indem er Jesus Christus als doppelt Prädestinierten anerkennt: „...in ihm ist jeder Mensch erwählt; und weil er die Verwerfung stellvertretend für alle Menschen auf sich genommen hat und so der einzig Verworfene wurde, gibt es keine anderen Verworfenen mehr."[261] An den Erfolgen in der Arbeit könne man den Grad der

---

[259] Troeltsch; _Die Soziallehren der christlichen Kirchen und Gruppen_; Tübingen 1912; 654f.

[260] Vgl. Georg Kraus; Artikel „Prädestination"; in: Wolfgang Beinert (Hg.); _Lexikon der katholischen Dogmatik_; Freiburg 1987; 418-420; hier: 419; Schon bei Luther ist die Prädestination in seinem 1525 verfaßten „De servo arbitrio" eine Stütze der Rechtfertigungslehre. Aber Calvin stellt sie in den Kontext der Arbeit, sieht sie für das praktische Leben relevant, während sie noch bei Luther der Rechtfertigung ausschließlich diente. „Die Prädestinationslehre wird ein Hauptkennzeichen der Reformierten Kirche. Nach J.Calvin (Inst.rel.christ., 1559) ordnet Gott im voraus einem Teil der Menschen das Heil, einem anderen die Verwerfung zu, so daß er letztlich nicht nur alles gute Handeln der Erwählten, sondern auch das böse Handeln der Verdammten bewirkt."

[261] Vgl. ebd. 419; „Im ökumenischen Dialog von heute zeichnet sich als Grundkonsens ab: Prädestination ist Teil der frohen Botschaft; sie ist als heilsgeschichtlicher Plan christologisch und ekklesiologisch zu interpretieren." Ein Spannungsverhältnis bleibt dann erhalten, wenn die doppelte Prädestination betont wird, weil sie dem Grundverständnis katholischer Gnadenlehre widerspricht.

Gnade des einzelnen ablesen. Das mußte zwangsläufig zu einer Überbetonung der Berufsarbeit führen, denn sie war Gradmesser für die gesamte Existenz geworden. Im Gegensatz dazu ist die Arbeitsunlust ein Zeichen für den fehlenden Gnadenstand.[262]

Brocker vertritt die Ansicht, daß Calvin selbst den Zusammenhang von Arbeit als Askese und Gewinn als Symptom für die treu erfüllte Berufspflicht noch nicht wagt.[263] Besonders in der Fortentwicklung des Calvinismus, der im englischen Puritanismus einen Kulminationspunkt erreicht, wird die Frage evident, wie der Gnadenstand erkennbar sei.[264] Nur in der Berufsarbeit und ihren Ergebnissen. Und diese Heilsgewißheit, tatsächlich auserwählt zu sein, konnte der Prädestinierte nur durch permanente, rastlose, erfolgreiche Berufsarbeit immer neu zu verdienen suchen, da der Gewinn sicherstes Erkenntnismittel der Auserwählung darstellt.[265] Der Gewinn als von Gott gegeben, ist Anzeichen von Erwählung. Deshalb kam es zu einer ganz auf Gewinnerzielung und Gewinnmaximierung ökonomischen Denkens beruhender Berufsarbeitssicht, die die Rationalisierung der Arbeit und des Lebens generell zum Hauptgegenstand hatte. Zur bisherigen Askese der Mönche kam die innerweltliche Arbeit, die man nun positiver sah. Und schon bald wurde unterschiedslos generalisiert, daß jeder Christ ein Mönch sein und dem immanenten Berufsleben die Askese hinzufügen solle.[266] Mit dieser Aufwertung und Überhöhung der vita activa und im Gegenzug der Abwertung der vita contemplativa, galt die letztere nun als eine minderwertige oder gar als eine zu verwerfende Art und Weise der Lebensführung.

Hier kündigt sich bereits der Rationalismus an, wenn Kontemplation als Zeitverschwendung, d.h. für sinnlos und als Grund des Müßigganges erachtet wird. Was zählt - ab der Reformationszeit - ist das rastlose Schaffen, Arbeiten und Wirken, das die menschliche Person über die seelenlosen Tiere erhebt und immer gottähnlicher werden läßt. Dies mußte zwangsläufig zum Hauptmotivationsgrund des kapitalistischen

---

[262] Vgl. Max Weber; _Die protestantische Ethik I_; Eine Aufsatzsammlung; Gütersloh 1981; 169.

[263] Vgl. Brocker; _Arbeit und Eigentum_; Darmstadt 1992; 423f; vgl. auch: Troeltsch; _Die Soziallehren der christlichen Kirchen und Gruppen_; Tübingen 1912; 720.

[264] Vgl. _Theologische Realenzyklopädie_; 638.

[265] Vgl. Weber; _Die protestantische Ethik I_; Gütersloh 1981; 151/347.

[266] Vgl. a.a.O.; 136ff.

Geistes werden, der einerseits die `Entzauberung der Welt´ (nach Max Weber), d.h. das Ablehnen der Sakramente der Kirche als Magie und andererseits eine strenge Rationalisierung jeglicher Tätigkeiten des Menschen sowohl im privaten wie im öffentlichen Bereich auf Gewinn und Ertrag hin, als anstrebenswert verwirklicht wissen wollte. Der durchgreifende Wandel ist mit Max Weber auf folgenden Nenner zu bringen: Es kam zur „Verlegung des Weges zum Heil von der kontemplativen `Weltflucht´ hinweg in die aktiv asketische `Weltbearbeitung´."[267]

Auch der anglo-amerikanische Puritanismus betonte bei der Umwertung der Sicht der Arbeit zunächst das Seelenheil der menschlichen Person mehr als den Aspekt von Gewinn und Ertrag. Der protestantische Theologe Ernst Troeltsch kommt zur Auffassung, daß die vor allem mit der Reformation verbundenen Kulturentwicklungen kaum abschätzbare Folgen für den Geist des Kapitalismus und nichtgewollte Konsequenzen der Arbeit der Reformatoren gehabt hätten.[268] Die puritanische Verurteilung (im ethischen Sinne) von Faulheit, Untätigkeit, Müßiggang, Trägheit, Arbeitsscheu und Bequemlichkeit steht im engen Zusammenhang mit der Ablehnung des Armen- und Bettelwesens.

Konkludierend ist festzuhalten: Mit der Reformation beginnt eine neue Epoche bezüglich der Sicht von Berufsarbeit. Während Luther die allgemeine Berufs- und Arbeitspflicht betont, folgt Calvin einer doppelten Prädestinationslehre, nach der Gott schon vorherbestimmt habe, wie erfolgreich der einzelne ist. Am Erfolg des Unternehmens und des Arbeiters könne man den Grad der Auserwählung messen. Nach der Lehre Luthers besteht kein Unterschied in den Ständen, was die Pflicht zur geregelten Tätigkeit angeht. Es findet eine Entwertung der Kontemplation statt. Andererseits gelang es dem Protestantismus schon bald nicht mehr, dem hohen Anspruch zu genügen, den er selbst postulierte: die spirituelle Begründung aller Berufsarbeit.[269]

---

[267] Vgl. a.a.O. 319.
[268] Vgl. Troeltsch; *Die Bedeutung des Protestantismus für die Entstehung der modernen Welt*; München 1911; 44f.
[269] Vgl. a.a.O. 69f.

2.5. Die Entstehung des Arbeitsbegriffs der Moderne am Beginn der Neuzeit

Nach den Wirren von Reformation und Gegenreformation kommt es nicht nur zur Ablösung der scholastischen Methode durch Rationalismus bzw. Individualismus, sondern auch zu einer Umwertung der Arbeit. Die großen staatlichen Einheiten zerbrachen in kleinere, nationale Fürstentümer (Nationalstaaten), gleichzeitig beginnt der Einfluß des Bürgertums zu wachsen (im sozialen Bereich) sowie ein verstärkter Wille zur Beherrschung von Technik und Natur, der nun, durch die protestantische Arbeitssicht, mehr auf Gewinn hin orientiert sein sollte.[270] Das wichtigste, neuartige Merkmal dieser Zeit des 17./18. Jahrhunderts ist die Interdependenz von Berufsarbeit und Machteinfluß. Gerade bei Thomas Hobbes (1588-1679) wird der Machtbegriff zur anthropologischen Basis und der Arbeitsbegriff dient ihm als gesellschaftlicher Ausdruck. Es ist die Arbeit, die jetzt die Dinge der Natur abringt, die Recht und Eigentum[271] schafft und damit zum Quell des Besitzes wird und mittels der Technik sowie der Manufaktur den Charakter von Pein und Last nimmt, d.h., es kommt im fortschreitenden Prozeß der Technisierung zur relativen Arbeitserleichterung für den Arbeitnehmer.

2.5.1. Eigentum als selbsterwirtschafteter Besitz durch Arbeit

Vor 1690 (Erscheinungsjahr von Lockes *„Two Treatises of Government"*[272]) erschien es als unmöglich, daß durch das Naturrecht begründete Eigentum dem Arbeiter, der es ja geschaffen hat, als ein Gut auch gehöre. Danach ist es eine

---

[270] Vgl. Rudolf Weiler; *Die Frage des Menschen: Wer bin ich?*; Köln 1968; 25ff.

[271] Vgl. John Locke; *Two Treatises of Government*; Erstausgabe: London 1690; hier: 2, 5, 26ff.; In diesem Buch erklärte Locke Gleichheit, Freiheit und Recht auf Unverletzlichkeit von Person und Eigentum zu obersten Rechtsgütern (was etwa 100 Jahre später die Französische Revolution aufnehmen und weiterführen sollte).

[272] Auf das Werk John Lockes wird innerhalb dieser Dissertation in Punkt 2.5.3. noch ausführlicher eingegangen.

Prämisse jeglicher Gesellschaftswissenschaft geworden.[273] Lange Zeit gehörten Arbeit und Armut zusammen, doch das änderte sich mit dem 17. Jahrhundert, wo man die Arbeit erstmalig als Grund für Eigentum im rechtsphilosophischen und als Grund des Reichtums im ökonomischen Sinn ansah. Während in Antike und Mittelalter die Arbeit immer nur als Sache der Armen betrachtet wurde, ist sie seit der Neuzeit Begründung für Wohlstand und Wohlergehen. Es war ein Merkmal der Armen, daß „eben ihre Armut, eben das Fehlen einer Quelle, aus der sie ihren Unterhalt schöpfen könnten, die Lohnarbeiter zur Unterhaltsbeschaffung mittels Arbeit zwinge."[274] Es ist ein Phänomen der Neuzeit, daß man durch Berufsarbeit selbst reich werden kann, was wiederum als ein Grund zur Verherrlichung der Arbeit gilt.[275] Man sollte soviel arbeiten, wie zur Deckung des Bedarfs nötig ist (Prinzip der Bedarfsdeckung). „The craftsman labours for his living; he seeks what is sufficient to support him, and no more."[276] Die Gesinnung bezüglich des wirtschaftlichen Handelns war also auf Deckung des Bedarfs angelegt und nicht so sehr auf Anhäufung von Reichtum und Besitz.[277] Dennoch gab es viele Versuche, dem Stand der Armen zu entweichen. Aber das wurde noch als moralisch verwerflich angesehen, und damit als Sünde identifiziert. Maßhalten galt als Tugend, die von Gott vorgegeben war und deshalb anerkannt werden sollte. Wer über den lebensnotwendigen Unterhalt hinaus mehr verdienen wollte, wurde als Habgieriger eingeschätzt. Und Habsucht ist sündhaft. „It is right for a man to seek such wealth as is necessary for a livelihood in his station. To seek more is not enterprise, but avarice (Habsucht; J.M.S.), and

---

[273] Vgl. Richard Schlatter; _Private Property_- The History of an Idea; 2. Auflage New York 1973; 156.

[274] Anton von Kostanecki; _Arbeit und Armut_- Ein Beitrag zur Entwicklungsgeschichte sozialer Ideen; Freiburg 1909; 29.

[275] Vgl. Arendt; _Vita activa_; München 1981; 341; hier: Anm. 56.

[276] Richard Henry Tawney; _Religion and the Rise of Capitalism_; London 1987; 47.

[277] Vgl. Werner Sombart; _Der Bourgeois_- Zur Geistesgeschichte des modernen Wirtschaftsmenschen; Reinbek bei Hamburg 1988; 43; „Der naive Mensch dachte gar nicht daran, wenn er Bauer oder Schuster, und selbst nicht ohne weiteres, wenn er Kaufmann war, daß ihm diese seine Alltagstätigkeit dazu dienen könne, Reichtümer und Schätze zu erwerben." Dennoch werden Aktivitäten entwickelt, die zur Erlangung von Geld dienen: Alchimie, Zauberkünste, Schatzgräbertum, da man offensichtlich in der Alltagsarbeit nicht zu genug Geld kam.

avarice is deadly sin."[278] Da die Güter der Erde die Gaben Gottes und nicht der menschlichen Hand sind, stellt der Reichtum, der durch Arbeit erlangt wird, Eitelkeit (=Sünde) der menschlichen Person dar.

Die Güter der Erde wurden nicht als Produkte der menschlichen Arbeit angesehen, sondern als reine Gaben Gottes. Ihre Zahl und Menge seien deshalb nicht vermehrbar. Auch ist der Teil, der jedem zusteht, durch die von Gott gewollte Ständeordnung von vornherein schon festgelegt. Jede Selbstermächtigung über Eigentum und Besitz sowie Vermehrung des Eigenanteils der Güter galt sowohl als Verstoß gegen Gottes Ordnung als auch gegen den Nächsten. Außerdem war man der Überzeugung, daß das „Nullsummenspiel", das von einer begrenzt-abgeschlossenen Gütermenge ausging, aus dem Gleichgewicht gerät, stets das Mehr des einen immer auch das Weniger des anderen einschließt und daher als ungerecht gilt.[279] Es wurde sogar als sichere Erkenntnis angesehen, daß die Expansion der einen immer auf Kosten anderer gehen muß.

Bis zum 17. Jahrhundert bestand keine systematisch aufgebaut und begründete Wirtschaftstheorie und bis zu dieser Zeit allenfalls Ansätze ökonomischen Denkens. Zum Umschwung kommt es dadurch, daß die Berufsarbeit eine andere Sinnspitze erfährt: Sie ist nun nicht mehr Teil der Armut, Teil der Menschen, die arbeiten müssen, sondern hat die potentielle Kraft, Reichtum, Besitz und Eigentum zu erwirtschaften. Die Berufsarbeit wurde zum aktiven Prinzip, ja zur Norm aller, egal welchem Stand der einzelne angehörte. Zwei wichtige Tendenzen des Zeitgeistes verbanden sich zu einem Motiv, das die Sicht der Welt - und der Berufsarbeit im besonderen - völlig verändern sollte. Es waren dies der im Protestantismus begründete Optimismus des Arbeitens und Wirkens (Tätigkeitsoptimismus) und der Optimismus der Entwicklung im ökonomischen Bereich (Entwicklungsoptimismus). Beide gemeinsam sind Triebfedern des neuzeitlichen Verstehens

---

[278] Tawney; *Religion and the Rise of Capitalism*; London 1987; 44; Auf Seite 48 zitiert Tawney H.V.Langenstein (14.Jahhundert); „He who has enough to satisfy his wants...and nevertheless ceaselessly labours to acquire riches, either, in order to obtain a higher social position, or that subsequently he may have enough to live without labour, or that his sons may become men of wealth and importance - all such are incited by a damnable, avarice, sensuality, or pride." Wer mehr verdienen will als das, was er wirklich zum Leben braucht, macht sich schuldig.

[279] Vgl. a.a.O. 60ff.

von Arbeit geworden, wobei sich die neue Einordnung erst langsam durchsetzen konnte.[280]

Armut wurde schon bald mit Kranksein gleichgesetzt, da es der Werkheiligkeit und der Ehre Gottes widerspreche. Als Folge kam das Erwerben von Reichtum und Besitz zu hohem Ansehen und verkörperte das Ziel allen Seins und jeglich geglückter Lebensführung. Es erhielt sogar die Stellung eines göttlichen Gebotes. Nicht das Arbeiten zur Absicherung der Lebensgrundlage wird als sinnvoll angesehen, sondern das Arbeiten als Zweck des Lebens, Arbeiten um des Reichtums, Besitzes und Eigentums willen ist jetzt der Sinn und der Grund aller Aktion. Der anglo-amerikanische Puritanismus überzieht diese Sicht und stellt den Reichen als den vor Gott Gnade gefunden Habenden schlechthin heraus. Man erblickte in „riches, not an object of suspicion - though like other gifts they may be abused - but the blessing which rewards the triumph of energy, and will."[281] Das neu definierte Ziel ist nun das grenzenlose Wachstum und nicht mehr die basishaft-ökonomische Bedürfnisbefriedigung zur Lebenserhaltung. „Not sufficiency to the needs of daily life, but limitless increase and expansion, became the goal of the Christian´s efforts."[282] Allerdings folgte diesem überzogenen Blick auf Gewinn hin die Geist- und Sinnentleerung, die in der Säkularisierung offenkundig werden sollte.

Es ist der Merkantilismus (mercari= Handel treiben), der einerseits die Säkularisierung des Geistigen beabsichtigt und andererseits die Priorität der Güter und Werte schaffenden menschlichen Arbeit hervorhebt und damit dem neuzeitlichen Menschen neue Sinngehalte, nun mehr auf irdische Dinge hinzielende Wahrheiten vermittelt und die Herauslösung der Transzendenz aus der Arbeitswelt vorantreibt. Damit wird die

---

[280] Vgl. Konrad Wiedemann; _Arbeit und Bürgertum_- Die Entwicklung des Arbeitsbegriffs in der Literatur Deutschlands an der Wende zur Neuzeit; Heidelberg 1979; 25; „Allmählich wurde mit der für die gesamte europäische Literatur des Mittelalters und des Spätmittelalters, ja für die deutsche Literatur bis über das Ende des 16.Jahrhunderts hinaus gültigen alleinigen Verbindung von Arbeit und Armut gebrochen. Langsam setzte sich neben die traditionelle Bedeutung...auch die optimistische Verbindung von Arbeit und Reichtum." Es wäre also falsch, wenn man von einem statischen Übergang ausginge, denn der Wandel vollzog sich dynamisch und war nicht punktueller Natur.

[281] Tawney; _Religion and the Rise of Capitalism_; London 1987; 230; Und später, Seite 244, führt er weiter aus: Reiche sind „a sign of spiritual grace, for it is a proof that a man has laboured faithfully in his vocation."

[282] A.a.O. 246.

menschliche Arbeit nicht mehr als Teil der Armut gesehen, sondern als anstrebenswertes Ziel im Hinblick auf Reichtum und Besitz. Nun ist es auch keine Schande mehr, durch Arbeit reich zu werden. Es gilt jetzt, durch die Literatur des 17.Jahrhunderts belegt (vgl. Locke und Hobbes), für jeden, möglichst Reichtum anzuhäufen, und Arbeit wird als Grund dieses Reichtums positiv anerkannt. Während Luther noch „allein die Schrift" und „allein die Gnade" als oberste Prinzipien anerkennt, ist es nun „allein die Arbeit", die als Grund allen Sinns von Sein, jeglicher Waren, Werte und Tugenden sowie für den Reichtum gesehen wird.

Im England des 17. Jahrhunderts sind es aber nicht nur die berühmten Namen wie John Locke oder Thomas Hobbes, die im Zuge einer Neuorientierung in der Welt der Arbeit und im Blick auf Eigentum oder Reichtum Theorien aufstellen. Auch Thomas Mun unterscheidet „natural wealth" (Rohstoffe im Sinne von Reichtum an Bodenschätzen) und „artificial wealth", womit er den Fleiß der gesamten Bevölkerung meint. Das letztere genießt höheres Ansehen, denn der Fleiß sei der eigentliche Grund der Dynamik, aus den knappen Rohstoffen möglichst viel zu produzieren - zur eigenen Versorgung, aber auch für den Export.[283] Als Basis des Reichtums wurde damals die gewerbliche Produktion und Manufaktur angesehen, wozu gut ausgebildete Arbeitskräfte nötig waren. Deshalb ist es eine der Hauptaufgaben der Regierung, Arbeit allen zu geben, weil Reichtum, Besitz und Eigentum als ökonomische Voraussetzungen der Wohlfahrt nur „by setting artsmen on work, by employing the poor, by furthering and encouraging of all professions whatsoever"[284] ermöglicht wird. Der Grund für den Reichtum sowohl im persönlichen als auch im staatlichen Bereich ist die Beschäftigung aller zur Verfügung stehenden Arbeitskräfte, was besonders in der Neuzeit zum Problem wird.[285] Jemehr man also arbeitet, umso reicher wird man, denn Länder ohne Arbeitskräfte können auch keinen Reichtum schaffen, da das „Humankapital" fehlt.[286] Child - wie später

---

[283] Vgl. Thomas Mun; _A Discourse of Trade_; 1621; zit. nach: Ernst Klein; _Die englischen Wirtschaftstheoretiker des 17.Jahrhunderts_; Darmstadt 1973; 41ff.

[284] L.Roberts; _The Treasure of Traffike_; 1641; zit. nach: Klein; a.a.O.; 57ff.

[285] Vgl. J.Child; _Brief Observations concerning Trade_; zit. nach: Klein; a.a.O.; 67.

[286] Vgl. a.a.O. 75; „...lands without hands proportionable will not enrich any kingdom."

auch Adam Smith - sehen in der Arbeitskraft der menschlichen Person die Hauptquelle allen erwirtschafteten Reichtums.[287]

Aber Arbeit sollte nicht nur als Kraft für das Erzeugen und Vermehren von Besitz gelten, sondern erhielt schon bald eine weitere und umfassendere Bedeutung, nämlich als Produktionsfaktor, der Werte schafft und bestimmend wird für die Grundeinstellung und Sicht zum Leben. Wie die Arbeit der Vater und das aktive Prinzip des Reichtums ist, so sind die Länder (im Sinne von Grund und Boden) die Mutter.[288] Die Produktionsfaktoren Arbeit und Land (Rohstoffe eingeschlossen), sind die wichtigsten Voraussetzungen zur wertschaffenden Gütererzeugung.

2.5.2. Die Abwendung von der vita contemplativa und Hinwendung zur vita activa, besonders bei Francis Bacon

Philosophisch vorbereitet wird die Hinwendung zur Arbeit (und die nachfolgende Überbetonung) am Beginn der Neuzeit u.a. durch den englischen Wissenschaftler Francis Bacon (1561-1626)[289], der in konsequenter Weise mit der Tradition, die das eigentliche Wissen durch Kontemplation zu erfassen suchte (nicht aber durch das Experimentieren), brach.[290] Deshalb kam er zur Auffassung, daß das praktische Tun und Handeln allein der Menschheit nützt. Bacon eliminiert die vita contemplativa und setzt an ihre

---

[287] Vgl. a.a.O. 96; Im folgenden beruft sich Klein auf Sir Dudley North: „no people ever grew rich by policies, but it is peace, industry and freedom that brings trade and wealth and nothing else." Vor allem Frieden, Industrie und Freiheit sind die Grundpfeiler von Handel und Reichtum. Diese Axiome haben bis heute ihre relative Gültigkeit bewahrt.

[288] Im englischen Original heißt es: „...that Labour is the Father and active principle of wealth, as Lands are the Mother." (zit. nach: E.Strauss; *Sir William Petty*; London 1954; 214; vgl. auch: Brocker; *Arbeit und Eigentum*; Darmstadt 1992; 430).

[289] Vgl. Hirschberger; *Geschichte der Philosophie*; Freiburg 1988, Band 2; 48-52; „Francis Bacon ...steuert zum neuen Wissensbegriff der Renaissance ein Moment bei, das wesentlich dazu gehört und den ganzen Charakter dieses Wissens erst voll erfüllt, den Utilitätsgesichtspunkt. In Bacon zeigt sich...die typisch moderne, im Anschluß an die quantitativ-mechanistische und überhaupt empiristische Naturauffassung auffallend stark erfolgende geistige Umwendung, für die Wissen nicht mehr wie früher Selbstzweck ist, sondern nur noch Mittel zum Zweck." Das Wissen erhält deshalb eine neue Standortbestimmung und wird nun mehr als bisher den Zwecken des Nützlichkeitsdenkens untergeordnet.

[290] Vgl. Wolfgang Krohn; *Francis Bacon*; München 1987; 173.

Stelle die vita activa. Die vita activa wird aber erlangt nicht nur praktische Relevanz bei der Ausführung von Tätigkeiten, sondern beinhaltet auch die theoretische Seite, die ja geradezu prämissenhaft notwendig ist für den Erfolg in der Praxis, wo sich die Ergebnisse aus Wissenschaft und Forschung zu bewähren haben. Bei Bacon fallen, erstmals ausgesprochen, das Wissen um einen Sachverhalt und die Macht der Nutzung dessen im Sinne des Vermögenkönnens zusammen: „scientia et potentia in idem coincidunt".[291] Der zentrale Punkt bei Bacon ist somit die enge Verbindung von Wissen und Macht. Darauf beruht die in den folgenden Jahrhunderten kaum zu bremsende „auf Macht und Wachstum zielende Energie der politisch-technisch-wirtschaftlichen Kraftentfaltung."[292]

Es entsteht ein neues Bild vom Menschen, das darin begründet liegt, daß die menschliche Person nicht mehr hergeleitet wird von einer göttlichen Ordnung, sondern daß die Maßstäbe, Zielvorgaben und Wertprioritäten bei sich selbst gesucht werden. Ein für die Renaissance typischer Individualismus bricht an, wobei der „homo singulare" zum Ideal des Lebens wird. Auch auf staatlicher Ebene wird die Tendenz sichtbar: im aufkommenden Nationalitätenprinzip. Die Folgen sind, daß der Macht die Priorität vor dem Recht eingeräumt wird, dem Willen vor der Vernunft und dem Handeln vor den Wahrheiten. Die technische Nützlichkeit erhält den Vorrang vor dem Wissen. Von der Antike bis zum Beginn der Neuzeit war Weisheit und Wissen um ihrer selbst willen vorhanden, gaben Auskunft über Werte, Tugenden, Wahrheit und waren ein wesentlicher Bestandteil der Kultur. Mit Bacon werden die artes liberales reduziert und verlieren an Bedeutung. Bacon favorisiert das Wissen um der Macht willen, das bei Aristoteles noch unter Können im technisch-mechanischen Sinne, ja unter Banausentum eingereiht worden wäre. Doch die Nützlichkeitsorientierung im Bereich des Wissens wird seit Bacon Priorität und beginnt einen nicht unumstrittenen Siegeszug im Lauf der Geschichte.[293]

---

[291] Zit. nach: Brocker; Arbeit und Eigentum; Darmstadt 1992; 444.
[292] Conze; Artikel „Arbeit, Arbeiter"; in: Otto Brunner (Hg. et al.); Historische Grundbegriffe; Stuttgart 1972, Band 1; 167.
[293] Vgl. Hirschberger; Geschichte der Philosophie; Freiburg 1988, Band 2; 49f.; „Die utilistische Wissensauffassung ... wird die moderne Zivilisation grundlegen. Die Masse ihres Wissens ist überwältigend groß; die Tiefe ihrer Weisheit erstaunlich gering. ..So gesehen diente, was Bacon mit seiner neuen wissenstheoretischen Zielsetzung erstrebte, (es; J.M.S.)nicht gerade der Vermenschlichung des Menschen." Überbetonungen einer Seite der

Unter welchen Umständen kann menschliches Wissen Fortschritt bewirken und den Arbeitsprozeß beeinflussen? Für Bacon lautet die Antwort: wenn die Hypothesenbildung, die rational geschieht, mit der empirisch-experimentellen Überprüfung der theoretischen Voraussagen verbunden wird. Neues Wissen wird bei der Verbindung von Begriffen, die zunächst leer sind, und praktischen Beobachtungen sowie Erfahrungen erlangt. Beides, Begriff und Erfahrung führt zur wissenschaftlich begründeten Erfahrung, was gleichsam die Voraussetzung jeglicher Forschungsarbeit, aber auch der Arbeit im Beruf darstellt. Das lenke schließlich zur Verknüpfung von Vernunft und Erfahrung hin, die aber bisher noch nicht stattgefunden habe.[294] An die Stelle der Syllogismen und der Deduktion, die in der Scholastik genutzt wurden und für Bacon nur zu Spitzfindigkeiten führten und alle bekannten Dinge nur neu aufwärmten, setzte er das Verfahren der Induktion.[295]

Bacons wissenschaftliches Bekenntnis läßt sich auf den Nenner bringen, daß er eine Wissenschaft hervorbringen möchte, die Aufgabe, Sinn und Ziel als „nützliche Prinzipienwissenschaft" definiert sieht und nicht an der Praxis vorbeigeht.[296] Die Wahrheit der Philosophie und Garanten dafür sind die praktischen Erfindungen, die Früchte des Geistes, die aktiv in die Praxis umzusetzen sind.[297] Es kann in der Wissenschaft nicht nur um die Führung von Diskurs, Argumentation und empirische Theoriebildung gehen, sondern auch um je konkrete Hilfe zur Bewältigung der Probleme des humanen Lebens. Von diesem Blick her wird es verständlich, warum Bacon eine Philosophie der Tätigkeiten (philosophy of works) fordert, die die Philosophie der Worte (philosophy of words) ersetzt.[298] Das Ziel und der Zweck der Wissenschaft sind nach Bacon das Vorantreiben des Wohls der Menschheit. Aber er führt auch die Vorrangigkeit des Gemeinwohls vor dem Einzelwohl (Gemeinwohl vor dem Personprinzip) ein und kippt das bis dahin existierende Gleichgewicht von vita contemplativa und vita activa zugunsten

---

Medaille, in diesem Fall der vita activa, müssen zwangsläufig zur Unterbewertung der anderen führen.

[294] Vgl. a.a.O.; Book 1; Aph. 95.

[295] Vgl. a.a.O.; Book 1; Aph. 104ff; Book 2; Aph. 15ff.

[296] Vgl. Krohn; Francis Bacon; München 1987; 83ff.

[297] Vgl. Bacon; Novum Organum; Book 1; Aph. 73.

[298] Vgl. Benjamin Farrington; Francis Bacon- Philosopher of Industrial Science; London 1951; 27.

des letzteren. Damit erhält die Rangfolge der Lebensformen eine neue Ordnung, denn auf einmal, was sich bei Calvin bereits sublim andeutete (bei ihm jedoch noch eingebaut in einen transzendentalen Kontext), erscheint nur noch die vita activa als Wert und Gut.[299]

Für Bacon können nur durch Arbeit praktische und damit auch verwertbare Erkenntnisse gewonnen werden, die dem menschlichen Wesen bei der Bewältigung des Seins helfen. Den Schöpfungsauftrag der Bibel in Gen. 1,28 deutet Bacon so, daß Gott selbst den Befehl zur Macht und Beherrschung der Natur gegeben habe. Gleichzeitig sei der menschlichen Person die Verpflichtung zur Arbeit mit auf den Weg gegeben worden.[300]

Bacon hat sich seiner Pflichtprämisse des aktiven Eingreifens in die Gewalten der Natur, was viel besser sei als die bloße Betrachtung dieser, von Aristoteles und dessen Wissenschaftstheorie sehr weit entfernt.[301] Während für Aristoteles jegliches Nützlichkeitsdenken innerhalb der Wissenschaft axiomatisch ausgeschlossen werden soll, wird es für Bacon geradezu conditio sine qua non.[302] Was für die Griechen der Antike als besonderes Vorrecht galt, nämlich nicht nützlich sein zu müssen, und was in der Spätrenaissance besonders positiv gesehen wird, nämlich der Nutzen einer Tätigkeit, ist nun offenkundiges Anzeichen dafür, welch großen Wandel in der Wertewelt Bacon anbahnt, bewußt initiiert und fordert.

Leere Zeremonien hält er für ungenügend, um zur Gotteserkenntnis zu gelangen. Statt des scholastischen Dialogs möchte er, eine neue vita activa postulierend, die humane Auseinandersetzung des Menschen mit der Natur, aber nun nicht mehr dialogisch, sondern jetzt monologisch. Statt Interaktion

---

[299] Vgl. a.a.O. 165f.; Farrington zitiert hier: Bacon; <u>*De Augmentis Scientiarum*</u>; Book 7; chapt.1; Das öffentliche Wohl als Priorität, schreibt Bacon, „decides the question touching the preferment of the contemplative or active life, and decides it against Aristotle. For all the reason which he gives in favour of the contemplative life respect private good, and the pleasure and dignity of a man´s self; in which respects no question but the contemplative life has the pre-eminence. ..But men must know that in this theatre of man´s life it is reserved only for God and Angels to be lookers-on." Es ist Gott und Engeln vorbehalten, rein „Schauende" zu bleiben und nicht aktiv werden zu müssen.

[300] Vgl. Farrington; <u>*Francis Bacon*</u>; London 1951; 94.

[301] Vgl. Wolfgang Krohn; „Francis Bacon"; in: Otfried Höffe (Hg.); <u>*Klassiker der Philosophie*</u>; München 1981; 262-279; hier: 270ff.

[302] Vgl. Krohn; <u>*Francis Bacon*</u>; München 1987; 83.

fordert Bacon Arbeit, statt Argumente will er Techniken und nutzbringende Erfindungen, statt scholastische Theologie möchte er moderne Naturphilosophie, statt Disputation (die in seinen Augen fruchtlos ist) will er das Wohlergehen der Menschen durch Produktion ersetzen. Auch versteht er sich nicht wie die mittelalterlichen Philosophen als Ordner und Bewahrer des überlieferten Gedankengutes, sondern er will Neues: das abgeschlossene Wissen aufbrechen und vergrößern - und damit einhergehend ist die Vervielfachung von Besitz. Worum es Bacon - und wenige Jahrzehnte nach ihm auch bei Locke konstatierbar - geht, ist weniger die Moral, die anstrebenswerte Harmonie in der Gesellschaft oder soziales Handeln, sondern einzig um die ökonomisch geplante, gewinnbringende Tat, um einen bis heute anhaltenden Fortschrittsglauben, der beinhaltet, daß nur durch Arbeit und Produktion von Gütern menschliches Glück erreicht werden könne. Ökonomischer Mangel soll überwunden werden zugunsten des Reichtums für jedermann.[303] Dennoch: „Bacon is the most confident, explicit and influential of the first exponents of the idea of progress."[304]

2.5.3. Die Festigung des ökonomistischen Arbeitsbegriffs am Beginn der Neuzeit

Nach Francis Bacon ist es John Locke (1632-1704)[305], der den Arbeitsbegriff wesentlich prägen sollte. Auch Locke wendet sich schon bald von der scholastischen Methode ab, die er bei seinem Eintritt in die University of Oxford 1652 kennenlernt, und sieht darin nur ein „Händel in Worten" und um der Streitsucht willen geführtes Gespräch, das aber nur wenig mit der wirklichen Suche nach der Weisheit zutun habe.[306] Selbst in

---

[303] Vgl. a.a.O. 169f.; „Keine Gleichheitsideale werden aufgestellt, keine Umverteilung von Land und Gut, keine Verherrlichung des einfachen Lebens ohne Luxus, keine Unterwerfung unter eine despotische Gerechtigkeit. Dies alles ist nicht nötig, weil es eine utopische Quelle gibt, die ungleich ergiebiger fließt: Fortschritt durch Wissenschaft und Technik (gemeint ist hier aber auch menschliche Arbeit; J.M.S.). An die Stelle der Umverteilung und Beaufsichtigung knapper Güter tritt die Erzeugung neuer Güter." Spätestens seit dem 20. Jahrhundert werden die Grenzen dieser Sichtweise immer deutlicher.

[304] Anthony Quinton; _Francis Bacon_; Oxford 1980; 29.

[305] Vgl. Hirschberger; _Geschichte der Philosophie_; Freiburg 1988, Band 2; 200-220.

[306] Vgl. Maurice Cranston; _John Locke_- A Biography; Oxford 1985; 38f.

seinem 1689 veröffentlichten Essay über das menschliche Verstehen, ist noch immer die Unzufriedenheit über die scholastische Lehrmethode spürbar, die Locke als junger Student erfahren hat.[307] Vor allem ist ihm die Scholastik zu passiv. Locke will eine, und da stimmt er mit Bacon ganz überein, „aktive Wissenschaft". Deshalb bezeichnet er es als ein krankhafte Neigung, etwas erkennen zu wollen, was nur außerhalb unserer Wahrnehmung und Erfahrung liegt.[308] Nutzlose Normen, unsinnige Definitionen, Einführung leerer Begriffe und gelehrte Narrenposserei führten am Ziel und der Arbeit in der Wissenschaft, neue und dem Menschen hilfreiche Prinzipien und Erkenntnisse anzubieten, völlig vorbei.[309] Als Grund sieht er die falsch gewählte Methode, die menschliche Fähigkeiten, Disputation und das Wissenskriterium als Prüfstein anerkannten. Dabei war der Gewinner, wer das letzte Wort behielt, aber nicht derjenige, der wirklich neue Erkenntnisse ans Tageslicht förderte.[310]

Hauptkritikpunkt für Locke ist die uneffektive Nutzlosigkeit der scholastischen Normen, Prämissen und Axiome, die das praktische Leben nicht wirklich tangieren.[311] An den Worten werde nicht das Leben lebenswerter, sondern allein durch die Tat, die Aktion um des Menschen willen. Auch hier stimmen Bacon und Locke ganz und gar überein (mit gutem Recht wird Locke auch „Baconianer" genannt): Die Nützlichkeit ist für sie das wichtigste Kriterium, das über die Relevanz eines Sachverhalts entscheidet. Und das ist in der Wissenschaft nicht anders als im praktischen Leben; ja selbst der Wert der Wahrheit hängt ab von der Nützlichkeit.[312] Wenn alles dem Utilitätsdenken untergeordnet wird, dann müssen zwangsläufig andere wichtige

---

[307] Der Originaltitel heißt: John Locke; An Essay concerning Human Understanding; 1689; neu: Edited with a Foreword by P.H. Nidditch; Oxford 1975; in Deutsch: Versuch über den menschlichen Verstand; übersetzt von C. Winckler; 4.Auflage Hamburg 1981, 2 Bände.

[308] Vgl. Locke; An Essay Concerning Human Understanding; 1689 (1975); II, 1, § 19.

[309] Vgl. a.a.O. III, 4, § 8.

[310] Vgl. a.a.O. IV, 7, § 11.

[311] Vgl. a.a.O. III, 10, § 8.

[312] Vgl. John Locke; Of the conduct of understanding; (1706, posthum erschienen); deutsche Ausgabe: Über den richtigen Gebrauch des Verstandes; übersetzt von O.Martin; Hamburg 1978; 62; „Dadurch, daß eine Wahrheit einfach oder schwierig zu finden ist, wird sie nicht besser oder schlechter; wohl aber hängt ihr Wert von ihrer Nützlichkeit und Tragweite ab."

Merkmale des Lebens - wie soziale oder ethische - an Bedeutung verlieren.

Die Verwertbarkeit der Erkenntnisse, die durch die Scholastik hervorgebracht wurden, erschienen Locke zu gering. Jeder ungebildete Handwerker, der praktische Erfahrung einbrachte, war der Scholastik überlegen, weil er tatsächlich etwas für die Verbesserung der humanen Lebensverhältnisse tat, während die Disputierenden sich selbstgefällig in Worten wiegten.[313] Diese Kritik erscheint bis heute berechtigt, doch gehören beide, theoretische Erkenntnis und praktischer Vollzug zu einer sinnvollen Einheit zusammen, die bei Überbetonungen einseitig wird. In erster Linie sei es den Handwerkern und Künstlern zu verdanken gewesen, daß sie sich nicht verwirren ließen von den Worten der Gelehrten, die leer erschienen, von den zweifelhaften Ansichten und sich nicht verliefen im Wald der Wörter, die am Schluß doch nur ganz wenig neues an Erkenntnis brachten.[314] Sein Verhältnis zur Geschichte ist recht ambivalent, denn überall, wo man hinschaue, gäbe es gelehrte Doktoren, die aber in Wirklichkeit weder weiser noch nützlicher waren als ihre Mitmenschen der jeweiligen Zeit und kaum neues gebracht hätten. Wer neue Worte schafft, der hat noch lange kein neues Ding produziert. Aber gerade auf das letztere komme es an.[315]

Zwei der praktischen Gelehrten, die Lockes scientia activa in die empirische Wissenschaft umsetzten, sollen hier genannt werden, weil hier etwas beginnt, was bis heute ganz wichtig ist: die Naturerforschung mit empirischer Wissenschaft und handwerklicher Ausführung nach dem Grundsatz von „trial and error". Robert Boyle (1627-1691)[316] wurde als Vater der modernen Chemie und einer der besten Baconianer seines Zeitalters[317] wichtig für Lockes weiteren philosophischen und wissenschaftstheoretischen Werdegang. Der andere, der großen

---

[313] Vgl. Locke; An Essay Concerning Human Understanding; III, 10, § 9.

[314] Vgl. a.a.O. IV, 3, § 30; Die ganze Entwicklung der Seefahrt wäre unmöglich gewesen, wenn nicht einige doch mutig die Dinge praktisch angefaßt und den Aufbruch ins Ungewisse per Schiff gewagt hätten.

[315] Vgl. a.a.O. III, 10, § 8; „...unless the coining of new Words, where they produced no new Things to apply to." Wer also nur Worte erdenkt, wo sie keinen Bezug zu Dingen herstellen, der wird für nutz-los erachtet.

[316] Vgl. Meyers großes Taschenlexikon; Mannheim 1987, Band 4; 5.

[317] Vgl. Neal Wood; „The Baconian Character of Locke´s Essay"; in: Studies in the History and Philosophy of Science 6; Oxford 1975; 43-84; hier: 55.

Einfluß ausüben sollte, war der Arzt Thomas Sydenham (1624-1689).

Locke gibt sich mehr der „Gedankenarbeit" hin, die möglichst eindeutige und dem Nützlichkeitsprinzip entsprechende Ergebnisse liefert. Dabei sieht er es als seine Hauptaufgabe an, die zusammengebrochenen Systeme der Scholastik wegzuräumen. Für ihn steht nun, von Descartes bereits betont[318], die menschliche Person (auch als arbeitende Person) im Mittelpunkt, denn der Verstand ist es, der den Menschen über alle anderen Dinge dieser Welt erhebt.[319]

Aber Wissen, durch Gedankenarbeit erworben, muß immer offen und unabgeschlossen bleiben, da der Mensch, dem anthropologischen Vorbehalt[320] entsprechend, nie perfekt ist. Auch kann der Mensch nicht in das Wesen der Dinge eindringen, um sie ganz und gar zu erfassen. Deshalb fordert Locke, daß der Mensch Grenzen der Unerforschbarkeit (im Sinne geistiger Arbeit) anerkennen soll, andererseits sei aber auch immer weiter nach der Einsicht in die Nützlichkeit des Seins einzudringen, denn das wäre ihm möglich vermittels einer \`neuen-aktiven Wissenschaft´. Diese ist es „from which we may draw Advantages of Ease and Health, and thereby increase our stock of Conveniences for this life."[321] Damit definiert Locke auch den Bereich der Wissenschaft neu, wenn er behauptet, die Wissenschaft müsse einzig und allein Erkenntnisse produzieren und könne auf die Erforschung des Wesens der Dinge verzichten.

Dabei ist auch der Arbeitsbegriff für Locke wichtig, da er eine Verbindung schaffen möchte zwischen theoretischem und praktischem Arbeiten, denn selbst der Erwerb von Wissen und die Analyse des Verstandes sind für ihn \`Tätigkeiten´ im weitesten Sinne. Alles Wissen sei nur durch den Menschen selbst erworben,

---

[318] Vgl. 1.3.1. dieser Dissertation.

[319] Vgl. Locke; An Essay concerning Human Understanding; I, 1, § 1; „Since it is the Understanding that sets Man above the rest of sensible Beings, and gives him all the Advantage and Dominion, which he has over them; it is certainly a Subject...worth our Labour to enquire into. ..the Acquaintance we can make with our own Understandings, will not only be very pleasant; but bring us great advantage." Als Subjekt bringt sich der Arbeitende ein, mit Verstand setzt er sich über alles andere, das hier existiert. Der Bezug zur Transzendenz ist nun nicht mehr vorhanden.

[320] Vgl. Coreth; Was ist der Mensch?; Innsbruck 1986; 57-60; Das menschliche Verhalten ist so angelegt, daß es zwar nach Vollkommenheit strebt, aber nicht perfekt sein kann. Somit meint der anthropologische Vorbehalt die Verwiesenheit des einzelnen auf die Unvollkommenheit.

[321] Locke; An Essay concerning Human Understanding; IV, 12, § 10.

nicht von Gott, sondern müsse erst durch eigene Erfahrungen und Wahrnehmungen erkannt werden. Der Mensch ist anfangs dabei ein `leeres Kabinett´[322] oder ein weißes Stück Papier, auf das nach und nach Zeichen gesetzt bzw. geschrieben werden.[323]

Auch wenn sich der Mensch noch so anstrenge, er kann nichts ganz neu schaffen, sondern er ist immer darauf angewiesen, bereits Vorhandenes aufzunehmen und evtl. in einem neuen Sinnzusammenhang zu modifizieren.[324] Die Person kann zwar keine neue Materie schaffen und hat auch keine Gewalt über die Materialien, weder Geist noch Materie, aber sie kann sie verändern. Erst durch eine aktive Leistung des Verstandes (Verstandesarbeit) erhält das Rohmaterial eine Ordnung, die ihm dann den je konkreten Wert zuweist.[325] Die Handlungen des Verstandes klassifiziert er in drei Basiskategorien, die er wie folgt benennt: das Kombinieren, das Nebeneinanderstellen und das Abstrahieren.[326] Damit werden Macht und Herrschaft im Raum des Verstandes ausgeübt, denn erst derjenige, der in der Lage ist, die Früchte des Verstandes, der Vernunft und des Geistes anzuwenden und nutzbar zu machen, wird die Tätigkeit als für den Menschen wertstiftend ansehen. Die drei genannten Kategorien sind Arbeit des Verstandes und das Ergebnis ist das `Werk´. Selbst die Erkenntnis und das Erfassen der Realität nennt Locke Werk des Verstandes („Workmanship of the

---

[322] Vgl. a.a.O. I, 1, § 15.

[323] Vgl. a.a.O. I, 2, § 22.

[324] Vgl. a.a.O. II, 2, § 2; Der Mensch vermag nichts ex nihilo zu schaffen. „Seine Macht, wie kunstreich und geschickt sie auch gehandhabt werden möge, reicht nicht weiter als bis zu der Zusammensetzung und Zerlegung des ihm in die Hände gelieferten Materials; dagegen ist er außerstande auch nur das kleinste Partikel neuer Materie zu schaffen oder ein Atom der schon vorhandenen zu vernichten."

[325] Vgl. ebd. II, 12, § 1; Das Verhalten des Menschen charakterisiert Locke dabei folgendermaßen: „Während er sich...bei der Aufnahme aller seiner einfachen Ideen durchaus passiv verhält, vollbringt er selbständig verschiedene Handlungen, um aus seinen einfachen Ideen als dem Material und der Grundlage für alles weitere die übrigen Ideen zu bilden." Es handelt sich also um eine sinnvolle Kombination von passivem Geschehenlassen und aktivem Wirken.

[326] Vgl. dazu: John Locke; _Draft A of Locke´s Essay concerning Human Understanding_; 1671; Transcribed with a critical Apparatus by P.H. Nidditch; Sheffield 1982; 46/93; Das Kombinieren ist die Fähigkeit, einfache und unkomplizierte Ideen zu verknüpfen. Als komparative Kategorie gilt das Nebeneinanderstellen von mehreren Ideen und a- oder interdependenten Relationsgefügen zu einem Ganzen. Das Herauslösen von bestimmten Ideen aus einem bereits vorhandenen Bündel wird als Abstraktionsvermögen beschrieben. Diese sind besonders für die geistige Arbeit sehr wichtig und deshalb so ausführlich zu behandeln.

Understanding").[327] Nur durch Erarbeitung komplexer Ideen und deren Verwendung in Beweisketten sei überhaupt Fortschritt im Bereich der Wissenschaft möglich.

Isaac Newton (1643-1727) habe nicht so sehr intuitiv, sondern vielmehr durch Kombinationsarbeit seine revolutionären physikalischen Gesetze entdeckt.[328] Arbeit allein führt zur Erkenntnis der Dinge, denn nur durch Fleiß, Einsatz und Engagement in der Arbeit kann das Wissen des Menschen weiter vorangetrieben werden. Es ist aber kein leichter Prozeß, denn erst die komplexen Ideen sind es, die die gewünschten Erkenntnisse über das bisherige Maß hinaus erweitern.[329] Während früher der Mensch durch Gebet und Kontemplation die wahre Erkenntnis von der Welt erhielt, ist es die Arbeit, die zum gleichen Ergebnis führen soll.

Indem sich der Mensch die Dinge erarbeitet, entsteht durch diese entlohnte Berufsarbeit das Eigentum. Zwar kann der Mensch nichts aus sich heraus erzeugen, aber das ihn umgebende Material bleibt dann wert- und sinnlos, wenn er es nicht durch Einsatz seiner körperlichen und geistigen Kräfte bearbeiten würde und deshalb mit dieser Arbeit einen Anspruch auf die Ergebnisse dieses Wirkens, nämlich Besitz und Eigentum, erhält, was rechtmäßig zu decken ist. Locke stellt hier eine Arbeitstheorie des Verstandes auf, daß die menschliche Person mittels der Ideen und deren Bearbeitung durch Kombinieren, Abstrahieren und Nebeneinanderstellen zur sicheren Erkenntnis der Welt kommen kann und damit auch in den Besitz der Wahrheit.[330] Bei Locke ist die Arbeit das Instrument der Bemächtigung der Welt auf materieller und intellektueller Ebene. Einige Generationen nach Locke ist es Fichte (1762-1814), der die Überzeugung gewinnt, daß der Mensch selbst es ist, der die Welt setzt, der die Ordnungen kreiert, der die Strukturen schafft und den Fortschritt vorantreibt.[331]

---

[327] Vgl. Locke; <u>An Essay concerning Human Understanding</u>; III, 3, §§ 12-14.

[328] Vgl. John Locke; <u>Works</u>- 10 Volumes; Reprint of the new, corrected edition; London 1823; Aalen 1963; vol. 4; 55.

[329] Vgl. a.a.O. IV, 3, § 6; „...if Men would sincerely and with freedom of Mind, employ all that Industry and Labour of Thought, in improving the means of discovering Truth."

[330] Vgl. dazu: <u>*Draft A of Locke´s Essay concerning Human Understanding*</u>; 1671; Sheffield 1980.

[331] Vgl. Hirschberger; <u>Geschichte der Philosophie</u>; Freiburg 1988, Band 2; 361-375; hier: 365; „Die Kategorien waren Handlungen des Geistes. Aber der Stein des Anstoßes war der Stoff und das Ding an sich. Jetzt, bei Fichte, setzt das Subjekt auch noch den Stoff, der Geist ist alles."

Summarisch läßt sich Lockes Ansatz folgendermaßen festhalten: Er steht stark unter dem Eindruck von Bacon, wird aber ebenso von Boyle, Sydenham u.a. beeinflußt. Nach Lockes Theorie ergreift der Mensch Besitz sowohl von der materiellen als auch von der intellektuellen Welt durch Arbeit. Der Mensch kann sich nur beiden Welten nähern und bemächtigen, ja sie sogar zu seinem Eigentum machen durch die Arbeit. Locke entwickelt schon frühzeitig ein Modell, womit er den Erwerb sowohl von Erkenntnissen als auch von Besitz erklärt. Seine Arbeitstheorie des Verstandes und des Eigentums beruht auf extensiven Forschungen der Erkenntnistheorie. Die bereits im persönlichen Verstand vollzogenen Einsichten, die er als Arbeitstheorie des Verstandes bezeichnet, überträgt er auf den Makrokosmos, verallgemeinert bzw. generalisiert und bezieht sie auf die natürlichen Gegenstände. So wird einsichtig, daß Locke die Arbeit von Körper und Geist als Quelle des Eigentums annimmt.

2.5.4. Die Schaffung von ökonomischen Theorien und der Arbeitswertlehre[332]

Zu den Klassikern in der Nationalökonomie gehören neben den bereits genannten, auch Adam Smith (1723-1790) und David Ricardo (1772-1823). Beide sind für die Ausprägung des Arbeitsbegriffs der Neuzeit von großer Bedeutung, stellt doch der eine ökonomische Theorien und der andere eine Arbeitswertlehre auf.

Es war das 18. Jahrhundert, die Zeit der Erfindungen und beginnenden Industrialisierung, besonders in England. Die Wirren der Reformation hatten sich gelegt, die Kontinente waren entdeckt. Nun kam der wirtschaftliche Aufschwung, der auch neue ökonomische Theorien und Begründungen benötigte, denn aus einer Mikrowelt war plötzlich ein Makrogebilde geworden, was bereits beim Merkantilismus sichtbar wird. Der Wirtschaftsboom und die Liberalisierung auf politischer, wirtschaftlicher und religiöser Ebene (besonders in den USA) sollte die Welt grundlegend verändern, auch was das Berufsarbeitsleben angeht. Nun trennt man nicht mehr zwischen den nutzbringenden Menschen, weil sie arbeiteten und den unnützigen, weil sie keiner Arbeit

---

[332] Wenn in diesem Punkt vor allem die Entstehung der wirtschaftlichen Voraussetzungen der Moderne betrachtet wird, dann deshalb, weil sie ganz wesentlich Arbeit und Beruf von heute mitbestimmt.

nachgingen. Die moderne Ökonomie, damals noch in den Anfängen steckend, konnte nun unabhängig von der menschlichen Person die Arbeit bewerten, da die Effekte, Ergebnisse und Produktionsleistungen verglichen und ermittelt werden konnten - nach rein wirtschaftlichen Maßstäben.[333] Glück und Erfolg wurden nun kollektivistisch in die Menge der Arbeiterschaft verlegt, was wenige Jahre darauf besonders bei Marx ein Kernproblem werden sollte.

Im 18. und 19. Jahrhundert sahen die Wirtschaftstheoretiker die Ökonomie noch als nationales Phänomen und nicht wie heute, wo es die Tendenz zur Internationalisierung auf allen Ebenen gibt, da die technischen Möglichkeiten dazu gegeben sind und in der Zukunft auch noch besser werden sollten.[334] Bevor eine nationale Ökonomie funktionieren kann, müssen die Motive der Menschen stimmen, die das durch Arbeit erreichte Eigentum erhalten können. Nach Niccolo Machiavelli (1469-1527)[335], der in seinem Hauptwerk „Il principe" (1513) die Bedingungen erfolgreicher Politik mit Macht gleichsetzt und den Zuwachs von Macht als a priori gerechtfertigt sehen möchte, wird dieser Grundansatz, auch unter dem Eindruck des Deismus (Gott habe die Welt geschaffen, überließe sie nun aber ihrem eigenen Lauf) bei Adam Smith in die Ökonomie übertragen und dort auf anthropologische Ebene transformiert. Danach ist der ökonomische Mensch (homo oeconomicus), aber auch die Wirtschaft selbst, kein Element ethischer Normen, Prinzipien oder Ordnungen, wenn sie sich dem Selbstinteresse der Ökonomie sowie deren Eigengesetzlichkeiten anheimgeben.

Die Basisthese bestand darin, daß der freie (liberale) Markt, wo sich Angebot und Nachfrage treffen, sowie die Interessen und die Bündelung dieser, repräsentiert durch viele Einzelinteressen und kein singuläres Phänomen, einen Selbstregulierungsmechanismus entwickelt, der zum hohen Grad

---

[333] Vgl. Weiler; in: <u>Spiritualität und Moral</u>; Festschrift für Karl Hörmann; Wien 1975; 127-137; hier: 129f.

[334] Vgl. ders.; <u>Internationale Ethik</u>; Berlin 1989, Band 2; 136-138; hier: 136; „Zur Zeit der ersten Blüte der Wirtschaftstheorie der Klassiker, nach Beginn der industriellen Revolution in England in der ersten Hälfte des 19. Jahrhunderts, hatten diese die wirtschaftspolitischen Ziele nicht global, sondern \`national´ aufgefaßt." Typisch für das Denken innerhalb des Nationalitätenprinzips ist die Aussage, daß der „Reichtum der Nationen" (Buchtitel von Adam Smith) im Mittelpunkt der ökonomischen Überlegungen steht.

[335] Vgl. <u>Meyers großes Taschenlexikon</u>; Mannheim 1987, Band 13; 288f.

von Harmonie führe.[336] Dieser Gedanke lenkt hin zu einer wertfreien und selbstgenügsamen Wirtschaftswissenschaft, die im Liberalismus noch radikalisiert wird. Denn der Liberalismus stützt sich auf reine Soziologie und Ökonomie, wobei aber keine Wertbeurteilung über das Gute oder Schlechte stattfindet und schon gar nicht, was sein sollte. Nur das, was ist und wie es zum Gegebenen kommt, ist interessant für Smith und dessen Nachfolger. Obwohl wertfreies Forschen nicht möglich ist, weil jeder Forscher subjektiv beeinflußt wird, gibt man sich seit Smith wertfrei in der Ökonomie und gleichzeitig einer Engführung hin, die das Handeln dann doch bestimmt. Aber ohne Sollensanspruch der Ethik ist das nicht möglich, selbst wenn man die Begriffe wie Moral, Ethik, Gewissen und Verantwortung vermeiden will.[337]

In der Zeit von Adam Smith geht die Ethik, und mit ihr auch die Sicht von Arbeit und Beruf, auf in der Ökonomik, da sie in dieser ihre Ziele besser verwirklicht sieht als anderswo. Das ist in Anbetracht der aufkommenden Wirtschaftstheorien auch keineswegs verwunderlich.[338] Smith gründete seine Ethik noch 1759 auf Beweggründe wie das Gefühl der Sympathie.[339] Doch die Abstimmung verschiedener Faktoren und Teilprozesse einer Wirtschaft werden schon bald nicht mehr durch Antipathie oder

---

[336] Vgl. Adam Smith; _An Inquiry into the Nature and Causes of the Wealth of Nations_; 1776; Deutsch: _Der Wohlstand der Nationen_- Eine Untersuchung seiner Natur und seiner Ursachen; Aus dem Englischen übertragen und mit einer umfassenden Würdigung des Gesamtwerkes von H.C.Recktenwald; München 1978; Buch V; 2.Kapitel; „Jeder Einzelne strengt sich ständig an, die vorteilhafteste Kapitalanlage zu finden. Dabei hat er sein Selbstinteresse, und nicht das der Gesellschaft im Auge. Aber die Besorgtheit auf seinen eigenen Vorteil, führt ihn natürlich oder, besser gesagt, notwendig dazu, jene vorzuziehen, die den größten Vorteil der Gesellschaft hervorbringen wird." Dieses bereits bei Bacon und Locke vorgefundene Utilitätsdenken hält mit Smith Einzug in die Sphäre der Wirtschaft.

[337] Vgl. Häring; _Frei in Christus_; Freiburg 1989, Band 3; 305f.

[338] Vgl. Karl Homann/Franz Blome-Drees; _Wirtschafts- und Unternehmensethik_; Göttingen 1992; UTB 1721; 20; „Der wesentliche Grund für die Transformation der Ethik in Ökonomik ist darin zu sehen, daß im 17. und 18. Jahrhundert die kleinen, relativ isolierten Wirtschaftseinheiten, die „Hauswirtschaften" zu einer modernen Volkswirtschaft zusammenwachsen. Die Folge ist, daß die Arbeitsteilung weit vorangetrieben, die damit verbundene Spezialisierung vertieft und die daraus erwachsenden Produktionsvorteile immer umfassender ausgeschöpft werden können. Die Größe des Marktes...ist die entscheidende Bestimmungsgröße für die Tiefe der Arbeitsteilung...." (Vgl. auch: Otto Brunner; Artikel „Das `ganze Haus´ und die alteuropäische `Ökonomik´"; in: Ders.; _Neue Wege der Verfassungs- und Sozialgeschichte_; 2. Auflage Göttingen 1968; 103-127.

[339] Vgl. Adam Smith; _Theory of Moral Sentiments_; 1759; Deutsch: _Theorie der ethischen Gefühle_; übersetzt von Walter Eckstein (Hg.); Hamburg 1977.

Sympathie geregelt, sondern vielmehr über Prozesse des Austauschs im Regelkreis ökonomischen Wirkens mit Handel zum gegenseitigen Vorteil und unter Berücksichtigung der eingebauten Kontrollmechanismen. Diesem Gedankengut entsprechen auch die Spätwerke von Smith, der selbst einen gewissen Wandel durchmacht - und die moderne Wirtschaft gab ihm recht.

Nun war Smith aber nicht nur Ökonom, sondern auch Moralphilosoph, dem am Schicksal bzw. der Verbesserung des Lebensstandards seiner Zeitgenossen viel lag. Das ist eine hervorragende ethisch-moralische Qualität bei ihm. Für Smith gab es, in seinen Schriften nachweisbar, zwei mögliche Vorgangsweisen, um das Ziel allgemeinen Wohlstands zu erreichen: einerseits Wachstum und andererseits die Caritas. Die christliche Nächstenliebe (Caritas) sah ganz konkrete Hilfsmaßnahmen vor, um einzelnen Menschen in ihrer Notlage zu helfen. Aber das konnte in einer aufkommenden industriellen Revolution, wie generell in Umbruchsituationen, wo ein undurchsichtiger Prozeß vorprogrammiert ist und nur die Haupttendenzen ins Blickfeld gerückt werden können, nicht mehr ausreichend zur Notmilderung dienen. So suchte Smith Alternativen und Auswege, die er im Wachstum sah. Dieses Wachstum sollte aber nicht wenigen zugute kommen, sondern der großen Menge, die nicht identifiziert werden kann. Hilfe für den Menschen, der ja durch Einsatz seiner körperlichen und geistigen Fähigkeiten das Bruttosozialprodukt erwirtschaftet, kann aber nur durch Verbesserung und gerechtere Ausrichtung der Strukturen geschehen, die wiederum wesentlich vom Wachstum abhängen, denn wenn kein Wachstum verzeichnet wird, ist auch nichts zum gerechten Verteilen vorhanden. Deshalb ist das Wachstum, das durch Markt, Wettbewerb und Leistung hervorgebracht wird, für Smith der Schlüsselbegriff für alle Probleme des Wohlstands.

Besonders aus ethischen Gründen heraus hat Smith den Wohlstand favorisiert, weil nur so gewährleistet werden könne, daß es möglichst vielen besser geht. Das Ergebnis allen Wirtschaftens, das erwünscht ist, nämlich der Wohlstand (einer Nation) als eine Grundvoraussetzung der Freiheit des einzelnen, mußte von den Motiven der Handelnden getrennt werden. Er sieht das Eigeninteresse als Basis für wirtschaftliche Prosperität.[340]

---

[340] Vgl. Smith; Der Wohlstand der Nationen; Hg. von H.C.Recktenwald; München 1978; 17; „Nicht vom Wohlwollen des Metzgers, Bauers oder Bäckers erwarten

Mit dem aufkommenden Markt braucht es auch eine neue theoretische Begriffsbildung, die Smith vorantreiben sollte. Der ihn umgebende Zeitgeist lehnt die Definition der menschlichen Person durch Politik und Kulturzugehörigkeit ab und sieht in der aufkommenden anthropologischen Ausrichtung (vgl. Descartes) einen akzeptablen Ausweg. Nun charakterisiert er den Einzelmenschen aber nicht wie Thomas Hobbes (1588-1679) als ein Triebwesen, das Ratio besitzt und sich interdependent instrumentalisiert, sondern er erkennt die sozialen Verknüpfungen von Menschen als ein Gefühl der natürlichen Partizipation an, das das Personsein wesentlich mitbestimmt und gleichsam einem jeden mitgegeben ist.[341] Sein ethisches System zog er jedoch nicht bei der Legitimation von Normen institutioneller Art heran, in welche ökonomisches Handeln einzubauen ist. Zwar ist die menschliche Person stets zum Bedenken der Handlungen auf ethischer Ebene aufgerufen, aber Smith erkannte auch, dem anthropologischen Vorbehalt entsprechend, daß der einzelne niemals idealtypisch den ethischen Prämissen folgen kann. Deshalb schlußfolgert Smith, die Funktionstüchtigkeit der Institutionen soll nicht auf ethische Haltungen angewiesen sein. Auch der Markt, wo der einzelne arbeitet, ist als Institution zu sehen, die Güter erwirtschaftet und diese verteilt, wobei streng auf eine gerechte Verteilung zu achten ist. Das Modell von Markt und Institution erfüllt den Anspruch der Gerechtigkeit, wenn es der „unparteiische Zuschauer“ nach Smith als gerecht beurteilt. Gemäß der Allokationstheorie[342] zeigte er, daß auf dem Markt

---

wir das, was wir zum Essen brauchen, sondern davon, daß sie ihre eigenen Interessen wahrnehmen. Wir wenden uns nicht an ihre Menschen-, sondern an ihre Eigenliebe, und wir erwähnen nicht die eigenen Bedürfnisse, sondern sprechen von ihrem Vorteil.“ Interessen, die das Individuum hat, sind zunächst als gut zu bezeichnen, doch dürfen sie nicht vereinseitigt werden, da sie um ihrer selbst willen leicht zu Egoismus führen können.

[341] Vgl. Enderle (Hg.); *Lexikon der Wirtschaftsethik*; Freiburg 1993; Spalten 1281-1286; hier: 1282; „Dieses Gefühl vermag der Mensch aber nicht nur zu entwickeln und zu kultivieren, er ist auch in der Lage, es durch die Vernunft zu reflektieren. Ergebnis dieser Reflexion ist die gedankliche Figur des idealen, unparteiischen Zuschauers...der für jede Handlung alle entscheidungsrelevanten Tatsachen kennt, selbst aber nicht Betroffener ist. Zu einem moralischen Urteil über eine Handlung kommt man, indem man die Entscheidungsgründe diesem gedachten Zuschauer vorlegt: Könnte dieser dann der Entscheidung mit wohlwollender Teilnahme begegnen, so ist sie richtig, ansonsten verwerflich.“

[342] Unter Allokation wird die Verteilung, Verwendung und Zuweisung der zur Verfügung stehenden Ressourcen, Produktionsfaktoren und finanziellen Mittel unter Berücksichtigung höchster Effektivität verstanden.

längerfristig gesehen jedes erzeugte Produkt nur einen Preis besitzen könne (nämlich der, den der Kunde dafür zahlt).[343] „Die selbsttätig wirkende Koordination individueller Nutzens- oder Interessensbehauptungen bzw. der mit ihnen korrelierenden Pläne der einzelnen Wirtschaftssubjekte zu einem mikroökonomischen Zusammenspiel, das die Effizienz der Ressourcenallokation optimiert und so indirekt dem Wohlstand aller frommt, wie dies als Theorie erstmals bei Adam Smith begegnet, hat zweifelsohne gewichtige Anhaltspunkte in der Wirklichkeit."[344]

Auf Dauer gibt es in der Marktwirtschaft keine Verschwendung, weil es sich nicht rechnet, wobei Verschwendung im ethischen Sinne als eine unnütze Anhäufung von Prunk und Überfluß (meistens im materiellen Sinne) gesehen wird. Jeder mag nach Luxus streben, aber die Marktmechanismen sollten dafür Sorge tragen, nicht mehr als in Übereinstimmung mit ethischen Prinzipien vertretbar, einen Lebensstil ohne Verschwendung zu gewährleisten.[345] Es ist jedoch falsch, wenn man annimmt, daß die Ziele, Ergebnisse und Folgen der Prozesse des Marktes völlig abgekoppelt werden können von den Voraussetzungen, die wiederum wesentlich durch die Ressourcen determiniert werden. Wohlstand der Gesellschaft und Wirtschaftswachstum tragen wesentlich zur Hebung des Lebensstandards bei, müssen aber nicht unbedingt, wenn die gesellschaftlichen Strukturen nicht adäquat aufgebaut sind.[346]

Die wirtschaftliche Wirklichkeit ist vielschichtig und deshalb befinden sich oft die Ansprüche im Konflikt zueinander, bei Smith bereits basishaft aufgezeigt. Es stehen sich die Normen, die die Gesellschaft erstellt und wesentlich von Tradition, Kultur und Mentalität der Völker abhängen, die aber auch die Märkte als Institutionen etablieren und das Handeln der Subjekte leiten, der menschlichen Person gegenüber, die mit Verstand, Vernunft und Erfahrung den größtmöglichen Ertrag und Nutzen zu erwirtschaften sucht. Eigeninteresse und

---

[343] Vgl. hierzu die Ausführungen bei: Franz X. Kaufmann (Hg.); *Markt, Staat und Solidarität*; Frankfurt/M. 1984.
[344] Rich; *Wirtschaftsethik*; Gütersloh 1990, Band 2; 185.
[345] Die staatliche Kontrolle leistet heute vor allem über das System der Besteuerung diesen Ausgleichsmechanismus, den Smith als ethischen Grundwert ansieht. Smith ist der Meinung, daß dieser Grundwert bereits durch den Markt kreiert ist: Dies sollte sich aber im Laufe der fortschreitenden Industrialisierung als Irrtum herausstellen.
[346] Vgl. Enderle (Hg.); *Lexikon der Wirtschaftsethik*; Freiburg 1988; Spalte 1283.

Gemeinwohlinteresse müssen sich demnach sinnvoll ergänzen. Es geht hier um die Formen der Rationalität, die besonders die Nachfolger von Smith genauer definieren.

Der Markt kann nur dann seiner regulierenden Funktion, dem Zweck der Versorgung mit knappen Gütern und seiner Steuerungsaufgabe gerecht werden, wenn bestimmte Konditionen erfüllt sind; z.B. die Zahl der Teilnehmer auf dem Markt muß groß genug sein, sonst kann das System nicht funktionieren, stellt Antoine A. Cournot (1801-1877)[347] fest. Andererseits müssen alle relevanten und für das Marktgeschehen wichtigen Informationen für alle gleich zugänglich und verfügbar sein, behauptet Francis Y. Edgeworth (1845-1926). Als drittes Merkmal wird der freie Zugang, d.h. Eintritt ohne Beschränkungen von F.H. Knight gefordert. Dagegen sieht Vilfredo Pareto (1848-1923), als Mitbegründer der Grenznutzenschule bekannt, die rationale Interessenverfolgung der Teilnehmer am Markt durch Optimierungskalkulation verwirklicht: „Auf der einen Seite bildet der Konsument seine Nachfrage so, daß bei gegebenen Preisen relativ zu seinem Einkommen seine Nutzenfunktion optimiert wird; auf der anderen Seite entscheidet sich der Produzent für das Güterangebot, das bei gegebenen Preisen und relativ zur verfügbaren Technik seinen Gewinn maximiert."[348] Erst der Markt sorgt für den Ausgleich von individuellen und gesamtwirtschaftlichen Interessen. Daneben gibt es aber nicht nur die Übereinkunft von Individuum und Gesamtwirtschaft, sondern noch einen weiteren, die Wohlfahrt betreffenden Aspekt: Marktausgleich bzw. Gleichgewicht bedeutet, daß ein „pareto-optimaler Zustand" erreicht ist bei der Aufteilung von Einkommen und Gütern. Wird eine Korrektur vorgenommen, um einen besser zu stellen innerhalb des Systems, dann muß dies zwangsläufig auf Kosten anderer gehen.[349]

Adam Smith entwickelt neben seinen ökonomischen Theorien den Begriff der Arbeit bzw. der Arbeitsteilung innerhalb des

---

[347] Vgl. <u>Meyers großes Taschenlexikon</u>, Mannheim 1987, Band 5; 29.
[348] Enderle (Hg.); <u>Lexikon der Wirtschaftsethik</u>; Freiburg 1993; Spalte 1284.
[349] Vgl. ebd. Spalte 1284; „Diesen Satz kann man auch als die Feststellung lesen, daß es auf einem funktionierenden Markt keine brachliegenden Ressourcen gibt, womit die Effektivität des Marktes angezeigt ist. Wenig aussagekräftig ist der `Hauptsatz der Wohlfahrtstheorie´ jedoch in ethischer Hinsicht. Ein pareto-optimaler Zustand muß keinesfalls eine `gerechte´ Güterverteilung aufweisen."

klassischen Liberalismus weiter.[350] Besonders seit der zweiten Hälfte des 18. Jahrhunderts erlebt vor allem England die Produktionssteigerung mit Hilfe differenzierter Arbeitsteilung in den Manufakturen. In dieser Periode der Technisierung wird der Produktionsfaktor, der jetzt mehr und mehr arbeitsteilig eingesetzt wird, neben Boden und Kapital zum Maßstab des Warenwertes. Entsprechend dem Mengenmaß der Arbeit ist jemand arm oder wird durch die Arbeit reich. Und so „stimmt der Wert einer beliebigen Ware für ihren Besitzer...mit dem Quantum der Arbeit überein, das er damit kaufen oder kommandieren kann."[351] Bei Smith wird Arbeit Element eines wirtschaftlichen Systems, das innerhalb der sich spezialisierenden Erzeugung von Gütern mit dem Tauschprinzip, das komplementierend wirkt, in Korrelation steht und dem Prinzip der anthropologischen Verknüpfung von Denken, Sprechen und Tun der Arbeitsteilung als Basis dient.[352]

Der Arbeitsbegriff ist hier bei Smith eines unter anderen die menschliche Gattung schaffenden Elemente, ähnlich wie bei Hegel. Hiernach ist ein System der Arbeit und des Tausches geschaffen, das für den einzelnen Marktteilnehmer einen Vorteil bringt, durch die Mechanismen von Angebot und Nachfrage reguliert wird und eine gewisse Abhängigkeit der Person von der Gesellschaft hervorruft. Durch dieses Arbeits- und Tauschsystem entsteht gleichzeitig Sozialisation der Mitglieder einer Gesellschaft. Die Vernunft wird zur Tauschvernunft, wenn die Einzelfaktoren der Gütererzeugung, der Emanzipation im Sinne von gesellschaftlicher Gleichstellung innerhalb des Systems harmonisiert werden (auch mit Hilfe des Marktes). Zum Zweck der Transformierung von egoistischen Einzelinteressen hin zu dem Gemeinwohl dienlichen wirkt eine unsichtbare Hand (the invisible hand), die sich der Mechanismen von Angebot und Nachfrage bedient. Diese unsichtbare Hand, meint Smith, soll Ungleichgewichte so kanalisieren, daß es zu einem Ausgleich kommt.[353] Arbeitsteilung heißt noch nicht eine Entfremdung oder

---

[350] Vgl. Ritter (Hg.); _Historisches Wörterbuch der Philosophie_; Basel 1971, Band 1; 484.

[351] Smith; _An Inquiry into the Nature and Causes of the Wealth of Nations_; 1776; Deutsch: 1963; 40.

[352] Vgl. ebd. 20; „Sie (die Arbeitsteilung; J.M.S.) ist die zwangsläufige, wenn auch sehr langsame und allmähliche Folge einer gewissen Neigung der menschlichen Natur...zum Tausch und zum Tauschhandel."

[353] Allerdings ist der heutige Prozeß der Wirtschaft viel zu komplex, um auf eine unsichtbare Hand zu bauen, wenn politische Maßnahmen notwendig sind.

nur Vereinseitigung der Fähigkeiten vom Berufsarbeiter; vielmehr ist es die Chance zur Herausbildung von spezialisiertem Wissen und Tun (Selbstverwirklichung der Person), was wiederum zu den Grundpostulaten des Tauschprinzips (für die Erlangung eines verbesserten Gemeinwohls) zählt.[354]

Vor allem David Ricardo ist es, der Smith weiterführt. Nun wird die Berufsarbeit zum Produktionsfaktor schlechthin. Sie gibt der Schöpfung ihren Wert und wird dadurch Kriterium und Richtlinie des Preises der Güter (Arbeitswertlehre).[355] Ricardo eliminiert jedoch die Faktoren Kapital und Boden als die vom Markt dependenten Variablen aus der wertbestimmenden Ebene der Wirtschaft und setzt ganz auf die ökonomische Priorität der Arbeit. Bei der Arbeitswertlehre handelt es sich um eine ökonomische Theorie, die eine Doktrin des Wertes Arbeit darstellt, „nach der sich der Wert eines Gutes nach der Menge der zur Produktion aufgewandten Arbeit bemißt."[356] Ricardo lehnt den Faktor Boden deshalb ab, weil er aufgrund der Analyse von Bodenspekulationen die ungerechtfertigte Ausnutzung von Möglichkeiten zum Erwerb unter den frühkapitalistischen Gegebenheiten nicht richtig findet.[357]

Summarisch ist festzuhalten, daß im aufbrechenden englischen Liberalismus, besonders bei Smith einer Wachstumseuphorie Bahn gebrochen wird, die die Berufsarbeit nun höher bewertet. Marktmechanismen werden in Übereinstimmung von Angebot und Nachfrage gesehen und durch Selbstregulierung der unsichtbaren Hand einer Ordnung anvertraut. Smith liegt besonders viel an der Verbesserung des Lebensstandards des Durchschnittsmenschen. Deshalb schafft er ein System ökonomischer Theorien, das das Eigeninteresse favorisiert. Dabei wird die Caritas, die nur den einzelnen trifft, dem Wachstumsoptimismus geopfert, der Basis einer gerechten Gesellschaft sein soll. David Ricardo nimmt den Ansatz von Smith auf und schafft eine Arbeitswertlehre, nach der die Arbeit zur Priorität wird. Die freie und ungehinderte Tätigkeit, die nun durch zunehmende Arbeitsteilung zur Basis der Leistungsgesellschaft werden sollte, gab den Reformidealen

---

[354] Vgl. Smith; *An Inquiry into the Nature and Causes of the Wealth of the Nations*; Deutsch: 1963; 20ff.

[355] Vgl. Rich; *Wirtschaftsethik*; Gütersloh 1990, Band 2; 79; Auch Karl Marx nahm die Arbeitswertlehre auf und entwickelte sie weiter.

[356] *Meyers großes Taschenlexikon*; Mannheim 1987, Band 2; 109.

[357] Vgl. David Ricardo; *Principles of political economy and taxation*; 1817; Deutsch: 1959; besonders Kapitel 1-6.

des Liberalismus, wie Gewerbefreiheit, freier Handel und Befreiung der Bauern, ihr Fundament. Hier beginnt die neuzeitliche Sicht von der gewinnstrebenden Leistungsgesellschaft, die schon bald die menschliche Person unter das subsumieren sollte, was sie schafft, leistet und welche Gütermenge sie herzustellen in der Lage ist. Bei Ricardo als ein Hauptvertreter der liberalen Ökonomie, brechen, da er die Arbeit über alle anderen Faktoren erhebt und auf den Nutzwert reduziert, Kapital und Arbeit als wesentliche Produktionselemente auseinander. Außerdem wird der Faktor Boden eliminiert.

Die Arbeit wird nun zur Ware und als Objekt behandelt, wo zwangsläufig das Phänomen des subjektiven Handelns als Selbstverwirklichung verloren gehen muß.[358] Diese als wertfreie, wirtschaftliche und ethische wie moralische Normen und Prinzipien in den Hintergrund drängende Sicht der Berufsarbeit war zwar den Erwartungen der Liberalen entsprechend, fand aber keineswegs Zustimmung im sozialistischen Gedankengut.[359] Deshalb ist im nächsten Punkt auf dieses Gesellschaftssystem näher einzugehen.

2.6. Die Rezeption des Arbeitsbegriffs bei den deutschen Idealisten, Sozialisten sowie Karl Marx

Der Sozialismus war im Zuge der Aufklärung eine Richtung, die bis heute Bedeutung hat, obwohl die Lehren von Marx, Engels und Lenin durch die Realität ad absurdum geführt wurden. Das heißt jedoch nicht, daß die sozialistischen Utopien aus allen Köpfen verschwunden wären. Die Sozialökonomie der Liberalen, die auf Markt und Selbstregulierung baut(e), versteht auch die Arbeit als Faktor im Marktsystem. Deshalb ist selbst beim Sozialismus und dessen Ideologie vom Kontext der Aufklärung auszugehen, auch wenn dies im Laufe der Zeit heftig bestritten wird, um eine nichtvorhandene Unabhängigkeit zu dokumentieren. Marx beruft sich u.a. auch auf die Arbeitswertlehre des David Ricardo, allerdings geht es ihm in seiner Lehre vielmehr um

---

[358] Vgl. Anton Tautscher; „Die Arbeit im Wandlungsprozeß der Geschichte"; in: *Die Industrie Nr. 23*; 7.Juli 1974; 8f.
[359] Vgl. Weiler; in: *Spiritualität und Moral*; Wien 1975; 130f.

philosophische Ansätze und Neuorientierungen, als um Wirtschaftswissenschaft. So ist seine Sicht von Arbeit eine Art Anthropologie[360], wobei er eine Gegenposition zum Liberalismus aufbaut, die den überzogen individualistischen Ansatz hin auf materialistischen Kollektivismus lenkt.

Neben der Aufklärung ist es der deutsche Idealismus, der Marx beeinflussen sollte. So nennt Johann Gottlieb Fichte[361] Arbeit ein nur „aufgedrungenes Mittel"[362]. Dieses habe nur in dem Maße Wert, in welchem es gelingt, den Menschen durch das Mittel der Arbeit immer mehr Mensch werden zu lassen und ihn zu befreien. Bereits bei Fichte wird also deutlich, daß man die menschliche Person mittels einer Veredelung, die wiederum durch Arbeit geschieht, wesenhaft aufheben könne. Dies muß sich aber als unrealistische Erwartung herausstellen. Nicht nur Fichte, sondern auch Georg Wilhelm Friedrich Hegel (1770-1831) knüpft seine Gedanken hier an und fügt besonders den Begriff der Freiheit hinzu.[363] Jedoch sieht Hegel den Prozeß der Befreiung des Menschen bei weitem nicht so euphorisch wie Fichte oder auch Marx: „ohne utopische Hoffnung und mit tieferem Blick für die Dialektik von Emanzipation und Entfremdung des Menschen durch die moderne Arbeit."[364] Die Arbeit kann aber nicht nur befreien, sondern vielmehr auch die Freiheit belasten oder gar grundsätzlich in Frage stellen, nämlich dann, wenn sie zum alleinigen Maßstab des Wesens Mensch wird. In Verbindung mit der Geschichte und der Metaphysik ist die Arbeit bei Hegel „zum Werden des Geistes oder zur Verwirklichung des Prinzips der Freiheit im weltgeschichtlichen Prozeß"[365] geworden. Es ist die Arbeit, die den Menschen innerhalb des historischen Prozesses beides, die Freiheit und gleichzeitig das Werden des Geistes, erlangen läßt. Schon bei Hegel und nicht, wie im Sozialismus oft proklamiert, bei Marx, finden wir erstmals in dieser

---

[360] Vgl. hierzu die Ausführungen von: Gesine Schwan; _Die Gesellschaftskritik von Karl Marx_; Stuttgart 1974.

[361] Vgl. Wilhelm Weischedel; „Fichte oder die Rebellion der Freiheit"; in: _Die philosophische Hintertreppe_; München 1975; dtv 1119; 188-199.

[362] Vgl. _Das System der Rechtslehre_; 1812; NW 1834, Band 2; 544; hier zit. nach: Weiler; _Spiritualität und Moral_; Wien 1975; 129.

[363] Vgl. Hirschberger; _Geschichte der Philosophie_; Freiburg 1988, Band 2; 407-438; hier besonders: 427f; „Der grundlegende Begriff ist der Begriff der Freiheit; denn in der Entfaltung des objektiven Geistes entfaltet sich gerade das Reich der Freiheit."

[364] Werner Conze; Artikel „Arbeit"; in: _Geschichtliche Grundbegriffe_; Stuttgart 1972, Band 1; 186.

[365] Vgl. a.a.O. 187.

ausgeprägten Form die Arbeit als ein anthropologisches Fortschrittsprinzip, das absolute Wirkung habe.

2.6.1. Die Befreiung des Menschen durch den Menschen und seine Arbeit bei Karl Marx

Es lag die utopische Vorstellung im Zeitgeist des 19. Jahrhunderts, daß man durch Arbeit zur Befreiung und Selbstverwirklichung der ganzen Menschheit beitragen könne. Karl Marx transformierte die Idee vom Werden des Geistes, die philosophisch begründet wurde, in eine materialistische um und glaubte außerdem, die Entfremdung des Menschen durch Arbeit mittels einer wirtschaftlichen Lösung eliminieren zu können, wobei er das Privateigentum als Grund allen Übels und aller Ungerechtigkeit ansah. Würde dieses Privateigentum an Produktionsmitteln abgeschafft, so Marx, wären Ausbeutung und Arbeitsleid ebenfalls nicht mehr vorhanden oder wenigstens stark verringert. Was Marx kritisiert, ist weniger den Menschen an sich, sondern vielmehr die Ungerechtigkeit der Arbeits- und Klassengesellschaft, die nach Besitzenden und Nichtbesitzenden unterscheidet, nach denen, die Finanzkapital haben und denen, die nur ihre Arbeitskraft anbieten können. Arbeit und Bedürfnis, als Anspruch an die Gesellschaft erhoben, werden somit zu Grundvoraussetzungen zur Befreiung des Menschen von den Fesseln der Ausbeutung durch Arbeit.[366]

Der anthropologische Ansatz bei Marx ist vom Wunsch nach einem „neuen Menschen" geprägt. Dieser neue Mensch wird zum eigentlichen Menschen, zum Menschen, der der Selbstentfremdung enthoben, der zur Synthese der Abstraktionen, ja zum ganzen und vollkommenen Menschen werden soll.[367] Erreichbar ist das alles nur durch die Arbeit. Marx nimmt das Menschenbild Hegels auf

---

[366] Vgl. Weiler; *Spiritualität und Moral*; Wien 1975; 130f.

[367] Vgl. Hirschberger; *Geschichte der Philosophie*; Freiburg 1988, Band 2; 471-479; hier: 478; „Hier gibt es keine Halbheiten, keine Gegensätze, und darum ist diese Gesellschaft \`klassenlos´. Was uns eigentlich interessieren würde, der konkrete Inhalt des Menschenbildes, bleibt wieder ungesagt. Die großen Revolutionäre...versprechen das Neue, das Große, das Ideale, aber sie sagen nicht gerne, worin es besteht. Immerhin, das hören wir von Marx, daß im bürgerlichen Staat die Existenz des Individuums außerhalb der gemeinschaftlichen Existenz liege, im Kommunismus aber Gemeinschaft und Individualität zusammenfallen. In der Gemeinschaft erst sei man frei, und nur hier könne man zu sich selbst finden." Sozialistische Ideen erlebten besonders im 20. Jahrhundert eine Radikalisierung.

und setzt es in einen neuen Rahmen, den er ökonomisch begründet, jedoch dadurch auch vereinseitigt. Nun sind aber gerade die auf Erwartungen beruhenden Theorien auf die vorgegebenen Axiome und Prämissen aufgebaut, was heißt, daß die durch Praxis verifizierten oder falsifizierten Hypothesen aber deshalb trotzdem noch nicht zum Schluß des theoriebildenden, auf philosophische Sätze rekurrierenden, Systems zwangsläufig führen müssen. Marx nimmt aber an, daß, und in diesem Sinne ist er `dialektischer Hegelianer´, Theorie und Praxis einander bedingen und aufeinander abzustimmen sind. Dabei berücksichtigt Marx zu wenig die der Wirklichkeit entsprechenden Spannung zwischen beiden. Er sieht das Wesen des Menschen ganz und gar durch Arbeit determiniert, ja die Geschichte der Welt bestehe nur, weil es eine Schaffung des Menschen durch die Arbeit gibt. Marx versteht Weiterentwicklung der menschlichen Gesellschaft im Vernichten der fremdbestimmten Arbeit, wodurch eine neue Qualität der humanen Selbstverwirklichung erreicht werde, der wahre Humanismus, der durch die Freiheit konstituiert wird. Konkret sieht Marx in der Verkürzung der Arbeitszeit, Befreiung von Arbeit im gesellschaftlichen Sinne und durch technische bzw. wissenschaftliche Weiterentwicklung diese Ziel als anstrebenswert.

Als Grundlage für die Humanisierung der Arbeitswelt gilt für Marx der Materialismus, den er als philosophisches System auf vierfache Weise begründet: praktisch, historisch, atheistisch und auf Klassenkampf ausgerichtet.[368] Marx sieht einen großen Mangel darin, und deshalb kritisiert er auch Ludwig Feuerbach (1804-1872)[369], daß die Welt etwas Abgeschlossenes und Fertiges sei. Aus einer passiv-rezeptiven Einstellung zur Welt will Marx eine aktiv-praktische Umbildung: Dabei möchte er die kapitalistische Gesellschaftsordnung umbilden. Die Antithese liege im Proletariat, und das Ziel sei die kommunistische, auf Klassenlosigkeit ausgerichtete, Gesellschaftsordnung.

Bezüglich des historischen Postulates hat Marx eine Theorie aufgestellt, daß jegliches uns immanent Umgebende auf materiellen Voraussetzungen beruht. Alles, das Schauen, Denken, Handeln etc. beruht auf materiellen und in der Geschichte des

---

[368] Vgl. Hirschberger; Geschichte der Philosophie; Freiburg 1988, Band 2; 473-478.

[369] Vgl. Meyers großes Taschenlexikon; Mannheim 1987, Band 7; 55.

Menschen eingebrachten Zwecken.[370] Aber nicht nur tote Materie ist es, was Marx hier meint, sondern Voraussetzung ist der Mensch, der in seinem je konkreten Produktionsverhältnis den eigentlichen Fortschritt der Menschheit ausmacht. Ähnlich wie Locke geht es auch Marx um die Verbesserung des Lebensstandards des Durchschnittsmenschen, allerdings nun mit radikaleren Mitteln und einer de-transzendierenden Philosophie. Aber Marx ist ebenso berührt vom Elend des Proletariats in Frankreich, England und Deutschland.

War Marx bezüglich seines Geschichtsbewußtseins abhängig von Hegel, ist er es im Blick auf die Religion von Feuerbach. Erst durch eine Destruktion der Religion würde nach Marx der Weg frei zum Aufbau einer neuen Welt, die klassenlos wäre. Hauptgefahr in der Religion sieht er für den Menschen darin, daß sie das Bewußtsein des Elends verdränge und die Leidenden auf eine andere (nach dem Tod) bessere Welt vertröste. Religion sei nur ein Produkt des Menschen: „und zwar ist die Religion das Selbstbewußtsein, das Selbstgefühl des Menschen, der sich selbst entweder noch nicht erworben oder schon wieder verloren hat. Sie ist das Opium des Volkes."[371]

Als viertes Element des Materialismus sei noch der Klassenkampf (als soziale Frage der Arbeiter) genannt, der auf der Lehre vom Mehrwert beruht. Die Arbeiter erhalten vom Eigentümer der Produktionsmittel nur so viel Lohn, daß sie zur Kostendeckung und Erhaltung der Arbeitskraft gerade ausreichende Mittel zur Verfügung gestellt bekommen, um überleben zu können, aber selbst kein Kapital (im Sinne von hohen Überschüssen) anzuhäufen in der Lage sind. Zwar ist der Nutzwert des produzierten Gutes, der auf dem freien Markt erzielt wird, höher, aber den Mehrwert behält der Kapitalist. Deshalb ist Kapitalismus als System eine Art Ausbeutung des

---

370 Vgl. Hirschberger; _Geschichte der Philosophie_; Freiburg 1988, Band 2; 474; „Die Betrachtungsweise ist nicht voraussetzungslos. Sie geht von wirklichen Voraussetzungen aus, sie verläßt sie keinen Augenblick...Ihre Voraussetzungen sind die Menschen, nicht in irgendeiner phantastischen Abgeschlossenheit oder Fixierung, sondern in ihrem wirklichen... Entwicklungsprozeß unter bestimmten Bedingungen. Sobald dieser tätige Lebensprozeß dargestellt wird, hört die Geschichte auf, eine Sammlung toter Fakta zu sein, wie bei den selbst noch abstrakten Empirikern, oder eine eingebildete Aktion eingebildeter Subjekte wie bei den Idealisten."

371 Vgl. a.a.O. 476; Die Welt- und Religionssicht ist hier auch wichtig in Bezug auf die neuzeitliche Entwicklung des Arbeits- und Berufslebens, da Marx mit seinen Ideen mehrere Generationen wesentlich beeinflußt hat, seit 1989 (demokratische Wende im `Ostblock´ aber an Bedeutung verliert.

Arbeiters, wobei jedoch Arbeitnehmer und Arbeitgeber aufeinander symbiotisch angewiesen sind. Mit einem erhöhten Klassenbewußtsein des Proletariats wird die Aufhebung der Klassengegensätze angestrebt. Von dieser Sicht ausgehend, rüttelt Marx die Arbeiterschaft auf, daß sie nicht zur Ruhe kommen solle, auch nicht durch Religion, ihre Rechte einzufordern und sich das eigene Elend immer vor Augen zu halten habe. Zu diesem Zweck sagt Marx den Klassenkampf an, solange wie die Verhältnisse nicht besser würden. Das Ziel sei dann erreicht, wenn das Privateigentum aufgelöst ist.[372] Aber schon zur Zeit Marxens gibt es Anzeichen für die Aufweichung der harten Klassengegensätze. „Unsere Epoche, die Epoche der Bourgeoisie, zeichnet sich jedoch dadurch aus, daß sie die Klassengegensätze vereinfacht hat."[373]

Alle Ideen, Vernünftiges, Bewußtsein und Vorstellungen sind in Materielles, Handeln und Sprache, einbezogen, ja sind sogar in ihm grundgelegt. Es ist der direkte Ausfluß der Materie, wenn das menschliche Individuum (aus dem Personbegriff soll später die `sozialistische Persönlichkeit´ werden) denkt, handelt oder spricht. Eine geistige Produktion findet also statt, die Mentalität, Sprache, Verhalten etc. in einem Volk und seinen Gesetzen der Politik, der Moral, der Religion und allgemeine Konventionen konstituiert. Der Mensch wird somit zum Produzenten der eigenen Vorstellungen bei Marx, und er sei, bedingt durch den Fortschritt der Produktivkräfte, auf die Weiterentwicklung regelrecht angewiesen.

Im Gegensatz zum deutschen Idealismus wird Marxens Philosophie nicht von Oben nach Unten gehen, sondern von der Erde zum Himmel hinaufsteigen, d.h. er sieht keinen Transzendenzbezug mehr zwischen Gott und Mensch bzw. umgekehrt. Nicht mehr der denkende, Vernunft gebrauchend sprechende, zur Vorstellung fähige Mensch steht im Mittelpunkt, sondern der

---

[372] Vgl. a.a.O. 477f; „Damit `vollzieht das Proletariat das Urteil, welches das Privateigentum durch die Erzeugung des Proletariats über sich selbst verhängt... Alsdann ist ebensowohl das Proletariat wie sein bedingender Gegensatz verschwunden´." Bei Marx sind die Arbeiter, die zu einer Kampfeinheit werden sollen, die Akteure des gesellschaftlichen Veränderungsprozesses, was z.B. 1917 bei der `Roten Oktoberrevolution´ tatsächlich auch eintrat.

[373] Karl Marx; _Manifest der Kommunistischen Partei_; 1848; Deutsch: Hg. von F.Borkenau; Fischer-Bücherei, Stuttgart, Band 112; 98f. (zit. nach: Karl Marx; „Der Klassenkampf als dynamisches Element des Geschichtsprozesses"; in: Robert Konrad; _Philosophie-Weltreligionen-Zeitprobleme_; 2. Auflage Donauwörth 1974; 33).

Mensch als Tätiger, als Arbeiter und sich selbst Produzierender. Auch das, was im Gehirn gebildet wird, ist nur supplementarisches Ergänzungselement eines Prozesses, der materieller Natur und somit wesenhaft an dieses gekoppelt ist. Die Selbständigkeit von Religion, Ideologie, Metaphysik, Moral und Ethik sowie alle weiteren Bewußtseinsformen werden bei Marx auf Materie reduziert und erhalten dadurch den Anschein der Überflüssigkeit.[374]

Bei Marx besteht nun die Menschwerdung des Menschen durch die Arbeit. Er überzieht den Arbeitsbegriff und macht ihn zum `sine qua non´ allen Seins. Gott hat in diesem System keinen Platz mehr. Trotz der Sicht von Arbeit ist Marx doch nicht in der Lage, ihr eine akzeptable Sinnhaftigkeit zu geben. Trotz Vergötzung, denn die Arbeit nimmt nun eine so zentrale Stellung wie Gott ein, gelingt es ihm nicht, ihr echte Werthaftigkeit zu verleihen, weil die Frage des Warum der Arbeit diffus bleibt. Da hilft auch der Verweis auf ökonomischen Fortschritt, systemimmanente Veränderungen auf praktisch begründeter Revolution und uneingeschränkter Wissenschaftsglaube wenig. Dennoch wird dieser Utopie im historisch-dialektischen Sinne und der überzogenen, anthropologischen These von der menschenschaffenden Agensnatur Glauben geschenkt im Sozialismus bzw. Kommunismus. Diese Systeme bewegten sich auf den Ideologien von Marx und Engels hin zur einer Glorifizierung der Arbeit, die in mystische Zustände einmünden sollte. Denn Arbeit ist nicht nur der Grund der Produktion, sondern auch Basis der humanen Fortpflanzung und Schöpfung aller Werte.[375] So wird der

---

[374] Vgl. Karl Marx; Die Deutsche Ideologie; 1845/1856; zit. nach I. Fetscher; Von Marx zur Sowjetideologie; 13. Auflage Frankfurt/M. 1968; 44f; (Vgl. auch: Karl Marx; Prinzipien des historischen Materialismus; in: R.Konrad; Philosophie-Weltreligionen-Zeitprobleme; Donauwörth 1974; 34f.); „Sie (die Menschen; J.M.S.) haben keine Geschichte, sie haben keine Entwicklung, sondern die materielle Produktion und ihre ihren materiellen Verkehr entwickelnden Menschen ändern mit dieser ihrer Wirklichkeit auch ihr Denken und die Produkte ihres Denkens. Nicht das Bewußtsein bestimmt das Leben, sondern das Leben bestimmt das Bewußtsein. In der ersten Betrachtungsweise geht man von dem Bewußtsein als lebendigem Individuum aus, in der zweiten, dem wirklichen Leben entsprechenden, von den wirklichen lebendigen Individuen selbst und betrachtet das Bewußtsein nur als ihr Bewußtsein." So verwundert es nicht, daß die auf Marx basierende kommunistische Ideologie viel wertlegt auf die rechte Bewußtseinsbildung, die ja zum Urgrund und Motiv allen weiteren Tuns werden soll. Die Realität hat diese Utopie aber bereits widerlegt.

[375] Vgl. hierzu: Friedrich Engels; Kapitel „Anteil der Arbeit an der Menschwerdung des Affen"; in: Karl Marx/Friedrich Engels; Werke (MEW); Berlin 1962, Band 20; 444.

überhöhte Arbeitsbegriff zum Ersatz für Gott selbst. Nicht mehr der Auftrag als ein Dienst an der von Gott gewollten und bewirkten Schöpfung ist die Arbeit, sondern nun ist sie, gleichsam als Selbsterlösungsmittel von der Entfremdung, durch ein revolutionäres Proletariat vorangetrieben, aber auch durch die äquivalente Stellung aller menschlichen Individuen zu einem „ersten Bedürfnis" geworden und somit zum Grund aller Freiheit.[376] Diese Ansichten bezüglich der Arbeitswelt sollten im Kommunismus noch weiter ideologisiert werden, weshalb es nötig erscheint, nun auch einen Blick auf dieses Kapitel der Menschheitsgeschichte zu werfen.

2.6.2. Die Ideologisierung des Arbeitsbegriffs im Kommunismus

Zunächst scheinen die Theorien von Marx und Engels keinen durchschlagenden, sich in der Wirklichkeit fest verankerten Erfolg zu erzielen, obwohl sich gerade in Deutschland ein stärker werdendes Proletariat zu sozialdemokratischen oder kommunistischen Parteien zusammenschließt.[377] Historisch wichtig für diese Epoche ist auch, daß Otto von Bismarck (1815-1898), der als erster Reichskanzler des neu gegründeten Deutschen Reiches (1871) soziale Verbesserungen, u.a. mit der Einführung der allgemeinen Sozialversicherung für die Arbeiterschaft bewirkte und außenpolitisch um 1880 Kolonialisierung einiger Gebiete (vor allem in Afrika) vorantrieb, was die deutsche Wirtschaft als Impuls aufnahm, aber nur bis zum Ende des Ersten Weltkrieges andauern sollte, da mit dem verlorenen Krieg auch die Kolonialgebiete abzugeben waren.[378]

Aber nicht in Deutschland, sondern zunächst in Rußland findet die Umsetzung der Utopien von Marx und Engels ihre praktische Verwirklichung, die mit der Oktoberrevolution 1917 (und erst nach 1945 in den meisten Ländern Osteuropas sowie auf einem Teilgebiet Deutschlands: in der seit dem 3.Oktober 1990 nicht mehr existierenden „DDR") den ersten Höhepunkt erreichen

---

[376] Vgl. ebd. <u>MEW</u>; Berlin 1962, Band 19; 21.

[377] Vgl. <u>Meyers großes Taschenlexikon</u>; Mannheim 1987, Band 20; 283f.

[378] Vgl. a.a.O.; Band 3; 260f; (Vgl. hierzu auch: Wilhelm Treue; „Das Deutsche Reich in der Zeit von Bismarcks Kanzlerschaft" und „Deutschland unter Wilhelm II im Zeitalter des Imperialismus"; in: <u>Deutsche Geschichte</u>; Stuttgart 1990, Band 2; 671-766).

sollte, später aber auch außereuropäische Bedeutung gewinnt (z.B. in China unter Mao oder in Cuba unter Fidel Castro). Inwieweit das sozialistische Gedankengut in den Kommunismus überführt wurde, darüber streitet man sich heute, da das Experiment des Kommunismus durch den Realsozialismus eine Absage erhielt.[379]

Zum Begründer des Marxismus russischer Ausprägung wird Georgi Walentinowitsch Plechanow (1856-1918), der in Genf 1880 eine russisch-marxistische Gruppe, den „Bund der Befreiung der Arbeit" gründet. Schon bald danach entstehen ähnliche Gruppen in Rußland. Aber auf dem Kongreß von 1903 in Brüssel gewinnt Lenin den Kampf um die künftige Ausrichtung der Partei. Die Verlierer sind die Minderheit (Menschewiki), die die christliche Weltanschauung nicht ablegen wollten, aber den dialektischen Ansatz ablehnten (und am mechanistischen Determinismus festhielten). Wladimir Iljitsch Uljanow, genannt Lenin (1870-1924), bildet den Marxismus als Parteidoktrin aus, der in die Geschichte als „Bolschewismus" eingehen sollte.[380] Josef Wissarionowitsch Dschugaschwili, genannt Stalin (1879-1953), vulgarisiert die Lehren von Marx, Engels und Lenin und radikalisiert auf menschenverachtende Weise den Führungsanspruch des russischen Proletariats (Bolschewiki).

Wenn der Kommunismus völlig in die Realität umgesetzt sei, gäbe es auch keine Trennung mehr von Arbeit im körperlichen oder geistigen Sinn. So hieß es im Parteiprogramm der Kommunistischen Partei der Sowjetunion (KPdSU): „Mit dem Sieg des Kommunismus werden die geistige und körperliche Arbeit... organisch miteinander verschmolzen. Die Intelligenz wird aufhören eine besondere soziale Schicht zu sein."[381] Doch die Wirklichkeit im Realsozialismus sah ganz anders aus, als sich

---

[379] Die Ideologen der vom Kreml gesteuerten SED-Funktionäre Ostberlins betonten stets, daß man sich noch in der Übergangsphase vom Sozialismus in den Kommunismus befände, weil verschiedene Probleme der Praxis unvereinbar mit der Theorie erschienen. Denn in einer „Transformationszeit" gäbe es Schwierigkeiten, die dann bei der Erlangung des Zieles, in diesem Fall des Kommunismus, völlig gelöst wären. Das Arbeiten sei dann in das Belieben des einzelnen gestellt.

[380] Vgl. Hirschberger; *Geschichte der Philosophie*; Freiburg 1988, Band 2; 480ff; „Auf Marx und Engels geht der dialektische Materialismus zurück... Allein was Lenin und Stalin aus seiner Lehre gemacht haben, ist doch etwas anderes... Lenin nimmt Marx und Engels als Einheit, schließt sich engstens an sie an und behauptet, den orthodoxen Marxismus."

[381] *MEW*; Berlin 1962, Band 19; 21; (Vgl.: „Parteiprogramm der KPdSU"; Ost-Berlin 1961; 60).

die Theoretiker von Sozialismus und Kommunismus in ihren Köpfen vorgestellt hatten. Denn auch mit der Überführung der Produktionsmittel in die Hände der kommunistischen Partei blieb die erhoffte neue Arbeitsmoral, die Arbeitsnormen, Arbeitszwänge und Arbeitskontrollen überflüssig machen sollte, aus. So führte nichts an der Utopie vorbei, daß eine `klassenlose Gesellschaft´ nicht einfach aufzurichten sei. Es ist bis heute eine Illusion geblieben, obwohl man stets durch technischen Fortschritt auf Erleichterung der Arbeitsvorgänge vertraute. Auch die völlige Eliminierung körperlich schwerer Tätigkeit und Arbeit, die von Ungelernten zu verrichten ist, mußte als unrealistische Erwartung denunziert werden.

Man erlag wohl der Hoffnung, daß eine ideologisch motivierte Umfunktionierung der Arbeit den Aspekt des last- und leidvollen Wirkens des Arbeiters durch Sichtbarmachung des gesellschaftlichen Nutzens und ständig wachsendem Fortschritt nehmen könnte. Was bleibt, sind Appelle der jeweiligen kommunistischen Partei an die Arbeiter, die eine `Liebe zur Arbeit´, `Freude an der Arbeit´ oder `Ehre der Arbeit´ entwickeln sollten, um die marode Zentralverwaltungswirtschaft und ihre negative Leistungs- und Produktionsbilanz zu verbessern. Einige Theoretiker gehen sogar soweit, daß sie sagen: „...das Glück erwächst aus leidenschaftlicher Begeisterung für die Arbeit."[382] Angesichts dieser Aussagen wird deutlich, daß hier eine Gott verleugnende Doktrin doch nicht ohne Arbeitsmoral - wie immer sie auch begründet sei - und Ethik auskommt. Die Wertfrage im Hinblick auf die menschliche Arbeit führt zwangsläufig doch zum sittlichen Anspruch, der die Sinnfrage, zwar auf Arbeit reduzierend, aber trotzdem annehmend, eine Ethik erahnen läßt, die vereinseitigt und nur auf praktische Erfolge zu verweisen vermag. Aber selbst diese hat der Kommunismus nicht vorzuweisen, denn er ließ die menschliche Person mit ihren anthropologischen Fragen nach Sinnhaftigkeit allein, da die Arbeitswelt nicht das Glück bieten konnte, das die utopische Doktrin versprach.

Die Verabsolutierung, Entmenschlichung und Totalisierung der Arbeitsgesellschaft führte zwangsläufig zur permanenten Vertauschung von Tätigsein (Wirken), Leben, Arbeiten, Industrie und Lohnarbeit.[383] Der Realsozialismus scheitert auch an dieser

---

[382] L.M. Archangelski; _Kategorien der marxistischen Ethik_; Berlin 1965; 290.
[383] Vgl. Josef Huber; _Die zwei Gesichter der Arbeit_; Frankfurt/M. 1984; 121.

Nicht-Identifizierung von jenen Begriffen, die schon beim jungen Marx aus unrealistischer Euphorie heraus häufig tautologisch verwendet werden.[384] Einige bei Marx zu konstatierende Thesen dürften sich durch die Weiterführung der `politischen Ökonomie´ gegeben haben, aber einige Verwechslungen sind in der Anthropologie der Arbeit des dialektischen Materialismus nicht aufgeklärt worden.

Die Praxis im realsozialistischen Kommunismus zeigte, daß eine durchgängige Falsifizierung der kategorischen Sichtweise bezüglich der Arbeit im philosophisch-atheistischen Kontext des im ideologischen Überbau begründeten dialektischen Materialismus sowie seiner marxistisch-leninistischen Ökonomie die utopische Theorie bereits widerlegt.

U.a. ist es der Phänomenologe Max Scheler (1874-1928), der sowohl den sozialistischen wie den liberalistischen Arbeitsbegriff für ungeeignet hält, um das Phänomen der Arbeit, hinreichend mit Sinn füllend, zu erklären. Deshalb warnt er vor einer Absolutsetzung sowohl des einen wie des anderen, aber besonders auch gegen eine rein auf Nützlichkeit bzw. auf Atomisierung orientierende Begriffsbestimmung und wendet dagegen ein, daß Arbeit nur innerhalb einer umfassenden Wertordnung der ihr gebührende Platz zuzuweisen ist. Deshalb ist Arbeit weder ausschließlich Last, noch ausschließlich nur Lust. Daneben waren Scheler die Werte, die außerhalb von Arbeit liegen und deshalb auch nicht von ihr ableitbar sind, wichtig. Scheler führt das Wertdenken ein und warnt vor Überbetonungen, die in eine Richtung gehen, ohne andere ausreichend zu berücksichtigen.[385] So wendet sich Scheler bewußt gegen die sozialistische Auffassung, daß die Arbeit als Basis und Schöpferin aller Werte gelte sowie die Funktionalisierung

---

[384] Vgl. Karl Marx; _Ökonomisch-philosophische Manuskripte_; Paris 1844; in: _MEW_; Berlin 1968, Ergänzungsband (1.Teil); 510-522 sowie 535-554.

[385] Vgl. Hirschberger; _Geschichte der Philosophie_; Freiburg 1988, Band 2; 599-605; hier besonders: 600f.; Da auch die Arbeit einen Wert darstellt, ist hier auf Schelers Betrachtung der Werte einzugehen. „Schelers erste philosophische Tat war seine Entdeckung des Wertreiches. Werte sind nach ihm etwas Eigenes, sind nicht identisch mit den Dingen, dem bloß naturhaften `Sein´ der `Güter´, auch nicht mit den psychischen Akten, insofern hier nur das tatsächliche Wollen und Wünschen oder reine Naturanlagen und Charakterformen des Menschen sich zur Geltung bringen. Sie sind `Qualitäten´ eigener Art, die in sich selbst ruhen sich auch selbst rechtfertigen, einfach durch ihren Inhalt." Den von Nietzsche geforderten neuen Werten, die für Scheler nur zum Relativismus führen müssen, sind unhaltbar, weil das Einführen neuer Werte keinesfalls zu einer Lösung beiträgt.

dessen, was Menschen zufrieden stellen könne. Diese Art der Entwertung all dessen, was außerhalb von Arbeit liegt, als Nicht-Sinnstiftendes abzulehnen, möchte Scheler als Einseitigkeit denunzieren, denn auch und gerade im arbeitsfreien Leben geschieht Vermittlung von Werten.[386]

2.6.3. Der Arbeitsbegriff im Neomarxismus

Der Neomarxismus nimmt die Grundgedanken des Marxismus auf und führt sie weiter. So möchte der Neomarxismus[387] den nicht nur einseitigen, sondern geradezu utopischen Begriff der Arbeit erhalten. Aber dies geschieht nicht, wie man annehmen könnte, unter Verwendung der ökonomischen Doktrin, vielmehr durch die Erklärung, daß Arbeit letztlich abgeschafft wird. Herbert Marcuse (geboren 1898), der die theoretische Basis für die Studentenunruhen der 60er Jahre und die Neue Linke miterarbeitete, will den Ausbruch aus einem zu eng gewordenen technologischen System der Gesellschaft mit Hilfe der Psychoanalyse schaffen.[388] In der Tradition von Marx und Sigmund Freud (1895-1982) stehend, sieht Marcuse in der Arbeit den Triebverzicht, der die Energien hinlenkt zum Dienst an der Gesellschaftsordnung und deren Fortbestand. Ziel sollte es nach Marcuse sein, die Gesellschaft zu befreien aus der Arbeit, was wiederum zu einer völligen Entledigung von Arbeit schlechthin werden und dem Menschen die Möglichkeit der Verfolgung seiner Triebe, die in Spiel und Lust bestehen, geben soll. Das bleibt aber bisher ein Wunschtraum.[389]

---

386 Vgl. Max Scheler; _Christentum und Gesellschaft_; Leipzig 1924, Band 2; 48/73.

387 Unter Neomarxismus versteht man den wissenschaftlichen und literarischen Versuch, die orthodox-marxistischen Lehren unter den Bedingungen der spätkapitalistischen Gesellschaft ganz neu zu interpretieren und zu definieren. „Angesichts der neuen historischen Lage befaßt sich der Neomarxismus mit den Chancen, Organisationsformen und potentiellen Trägern bzw. Akteuren des weiterhin erwarteten Prozesses der `Transformation´ der kapitalistischen in eine sozialistisch-kommunistische Gesellschaft." Diesem Erwartungshorizont wurde spätestens 1989 eine Absage erteilt. (Vgl. _Meyers großes Taschenlexikon_; Mannheim 1987, Band 15; 200); Hauptvertreter des Neomarxismus sind Erich Fromm, Herbert Marcuse, Jean-Paul Sartre und Ernst Bloch etc.

388 Vgl. Herbert Marcuse; _Psychoanalyse und Politik_; Frankfurt/M. 1968.

389 Jürgen Habermas stellt außerdem fest, daß im Marxismus nicht-zweckrationale Dimensionen menschlichen Lebens verlorengegangen sind, weil Marx „eins auf das andere reduziert, nämlich kommunikatives Handeln auf

Nach wie vor existiert, durch die Notwendigkeit der Erwirtschaftung knapper Güter offenkundig, menschliche Arbeit, die zu leisten ist,[390] obwohl es in jeder Zeit der menschlichen Geschichte Versuche gab, die Arbeit auf die Schultern der Unfreien (Sklaven, Leibeigene, Gefangene etc.) abzuwälzen oder durch verstärkte Mechanisierung, Technologisierung und Computerisierung den Arbeitsablauf humaner zu gestalten. Es fehlte nicht an Versuchen, die Arbeit als Ursprung und Motiv gesellschaftlichen, kollektiven und individuellen Glücks oder gar immerwährender Freude zu proklamieren. Sowohl der Liberalismus als auch der Sozialismus stellten keine für Christen befriedigenden Lösungen zur Verfügung. Das Christentum war immer bemüht, den Wert der Arbeit als einen inneren anzuerkennen und die Würde des Arbeitenden als humanes Ganzes zu verstehen, auch wenn es im Laufe der 2000 Jahre verschiedene Akzentuierungen gegeben hat und die Über- oder Unterordnung von geistiger und physischer Arbeit nicht eindeutig geklärt war oder getrennt wurde. Lange Zeit hielt sich die Kirche auch mit offiziellen Lehrdokumenten zu sozialen Fragen zurück- bis Papst Leo XIII. 1891 die Arbeiterenzyklika „Rerum Novarum" veröffentlichte.

---

instrumentales." (Jürgen Habermas; _Technik und Wissenschaft als Ideologie_; Frankfurt/M. 1968; 45).

[390] Ähnlich wie die ersten Christen dem zu hohen Naherwartungsglauben über die baldige Vollendung des Reiches Gottes (Basileia) erlagen, geht es heute den Sozialisten, die von einer raschen Verwirklichung der Theorien von Marx und Engels hin zur klassenlosen Gesellschaft, wo nicht mehr gearbeitet werden müsse, überzeugt waren oder noch immer sind.

2.7. Die Sicht der Arbeit in den päpstlichen Dokumenten seit 1891[391]

Mit der Industrialisierung und prinzipiellen Neuorganisation des gesellschaftlichen Lebens ebenso wie mit der stärker werdenden Arbeiterbewegung (durch Gründung von Parteien und Gewerkschaften) war es an der Zeit, daß auch die Stimme der katholischen Kirche Stellung zu aktuellen Problemen, besonders der Industriearbeiterschaft, nahm. Das ist deshalb wichtig zu erwähnen, weil auch die Enzykliken der Päpste auf den jeweiligen Zeitgeist Bezug nehmen müssen und somit einer geschichtlichen Dynamik unterliegen, die außerhalb ihrer selbst zu finden ist, nämlich in der Gesellschaft. Es war ein kaum abschätzbares Wagnis, das Papst Leo XIII. einging, als er „den steinigen Weg der Menschen in die Industriegesellschaft zum Weg der Kirche"[392] machte. Mutig wurde dieser Weg auch von den Nachfolgern Leo XIII. fortgesetzt.

2.7.1. Die Magna Charta der Arbeitswelt: Die Enzyklika „Rerum Novarum" Leo XIII. (1891)

Erstmals äußert sich ein Papst in einem Lehrschreiben über die Lage der Arbeiter und Armen (in 45 Punkten). Dabei benennt er verschiedene Grundsätze, die die Art und Weise des Umgangs mit diesen neu umschreiben. Auch die Sicht der Kirche bezüglich derjenigen, die als Arbeitnehmer in der Gesellschaft ihren Platz finden, aber auch der Arbeitgeber, der Funktion der staatlichen Organe, der Judikative und Exekutive wird in dieser Enzyklika herausgestellt, denn nur bei Harmonisierung, gegenseitiger Unterstützung und Interessenausgleich ist der Aufbau einer gerechten Gesellschaft möglich. Den Arbeitgebern kommt in diesem Prozeß eine Schlüsselfunktion zu, da mit ihrer Hilfe am ehesten die erhofften Veränderungen realisiert werden

---

[391] Innerhalb dieser wissenschaftlichen Arbeit ist nur das Aufzeigen einiger wichtiger Punkte in den Lehrschreiben möglich, da sonst der Rahmen gesprengt würde. Neben „Rerum Novarum" (1891), „Gaudium et Spes" (1965), „Laborem Exercens" (1981) soll auch „Centesimus Annus" (1991) in die Betrachtung einbezogen werden.

[392] Johannes Schasching; _Unterwegs mit den Menschen_; Wien 1991; 9.

können. Denn gerade sie sind es, die über das Kapital in ihren Händen verfügen und somit auch die Macht bündeln.[393]

In den meisten Kommentaren zu diesem Lehrschreiben wird betont, daß Papst Leo XIII. mit der Herausgabe dieser Enzyklika revolutionär wirkte. Damit ist die Stellungnahme des Papstes gemeint zum grundlegenden sozialen Wandel in der Welt.[394] Offenbar hatte man sich auf das kapitalistische System eingerichtet, auch weil es keine Alternativen dazu gab. Doch im Schatten des Kapitalismus entstand die Arbeiterbewegung, die in den folgenden Jahren immer stärker werden sollte. So ist es verständlich, daß die einen die Enzyklika als „sozialistisches Programm" deklariert sehen wollten und die anderen, die Gläubigen, die ohne Bedacht auf die biblische Botschaft dem Zeitgeist folgten, ebenso überrascht waren.[395] In sehr deutlichen Worten zeigt der Papst, wo er die Probleme der Zeit sieht, nämlich in der politischen und auf diese angewiesen, auch in der volkswirtschaftlichen „verderblichen Wirkung" des Geistes, der zur Neuerung beiträgt.[396]

Für besonders bedenklich hält er den wachsenden gierigen Wucher, die Habgier und die Gewinnsucht, die wenige sehr reich werden ließ, die Menge der Arbeitnehmer aber blieben arm und partizipierten nicht am erwirtschafteten Vorteil, was als

---

[393] Vgl. Walter Kerber (Hg. et al.); *Katholische Gesellschaftslehre im Überblick*; Frankfurt 1991; 41-45; hier: 41f; Die fünf großen Themenkreise der Enzyklika „Rerum Novarum" sind: 1.) Die Situation der Armen und Arbeiter (Nr. 1-2); 2.) Leitende Grundsätze (Nr.4-38); 3.) Die Rolle der Kirche (Nr.13-24); 4.) Rechte und Pflichten der Arbeiter bzw. Armen und der Arbeitgeber bzw. Reichen (Nr.4-12, 16-19, 28, 34-39); 5.) Rolle des Staates und des Rechts in der Gesellschaft (Nr.11, 25-35, 38-39).

[394] Vgl. Marie-Dominique Chenu; *Kirchliche Soziallehre im Wandel*; Fribourg, Luzern 1991; 18; „Wir haben heute einige Mühe, uns vorzustellen, welches Aufsehen Papst Leo XIII. im Mai 1891 erregte, als er seine Enzyklika über den 'Geist der Neuerung' - mit diesen Worten beginnt das Lehrschreiben - verkündete.

[395] Vgl. ebd. 18.

[396] Vgl. Papst Leo XIII; *Rerum Novarum*; Rom 1891; In den folgenden Zitaten beruft sich der Autor auf: Oswald von Nell-Breuning/Johannes Schasching; *Texte zur katholischen Soziallehre*; 7. Auflage Köln,Kevelaer 1989; 41; RN 1; „Viele Umstände begünstigten diese Entwicklung; die Industrie hat durch die Vervollkommnung der technischen Hilfsmittel und eine neue Produktionsweise mächtigen Aufschwung genommen; das gegenseitige Verhältnis der besitzenden Klasse und der Arbeiter hat sich wesentlich umgestaltet; das Kapital ist in den Händen einer geringen Zahl angehäuft, während die große Menge verarmt; es wächst in den Arbeitern das Selbstbewußtsein, ihre Organisation erstarkt; dazu gesellt sich der Niedergang der Sitten. Dies alles hat den sozialen Konflikt wachgerufen, vor welchem wir stehen. Die Arbeiterfrage ist geradezu in den Vordergrund der ganzen Zeitbewegung getreten."

Ungerechtigkeit besonders hervorgehoben wird, denn Handel und Produktion sind häufig zum Monopol geworden, was wiederum als Grund für den Aufbau und die Erweiterung des ungerechten Systems gilt.[397] Deshalb wendet der Papst ein, daß der Mensch nicht als Sklave mißbraucht werden dürfe, denn dies ist nicht nur ungerecht, sondern widerspricht auch der Menschenwürde. Einen wesentlichen Fehler bei der Behandlung der sozialen Gegebenheiten, die immer mehr zur „sozialen Frage" werden sollte, spricht der Papst an, wenn er sagt, daß die Darstellung der unvereinbaren Gegensätze zwischen den Klassen der arbeitenden und der besitzenden unvermittelbar sei. Der geforderte Kampf der Arbeiterschaft (besonders durch marxistisches Gedankengut angeregt) ist ebenso unakzeptabel wie der zu niedrige Lohn, den die Arbeitgeber ausbezahlen. Deshalb vertritt Leo XIII. die Ansicht, daß gemäß der Natur, die alles auf Eintracht und Harmonie hinordnet, auch dieses wechselseitige Verhältnis nicht durch Kampf, sondern gegenseitige Verständigung verbessert werden sollte. Beide Klassen bedingen einander, ja sind aufeinander angewiesen. „So wenig das Kapital ohne die Arbeit, so wenig kann die Arbeit ohne das Kapital bestehen."[398] Die Klassengegensätze könnten auch mit Hilfe der Kirche, die Einfluß auf die gesamte Gesellschaft ausübt und in dieser eine Schlüsselfunktion einnimmt, ausgeräumt werden.

Dabei werden die Pflichten der Arbeitnehmer und Arbeitgeber genau umrissen. Die ersteren haben ihre Arbeitsleistung treu zu vollbringen, was mit einem Vertrag, der frei und gerecht geschlossen wird, zu bekunden ist; sie dürfen dem Arbeitgeber keinen Schaden zufügen und keine Gewalt anwenden, müssen aber auch ihre Interessen wahren, wobei der Umgang mit Übelgesinnten zu meiden ist.[399] Dagegen sehen die Pflichten der Arbeitgeber folgendermaßen aus: Sie dürfen die Arbeiter nicht wie Sklaven ansehen oder gar behandeln, denn sie sind als menschliche Personen mit einer ihnen eigenen Würde ausgestattet; sie haben Rücksicht auf geistiges Wohl und die religiösen Bedürfnisse der Arbeiter zu nehmen; sie haben den Arbeitern die Möglichkeit zum Besuch des Gottesdienstes zu geben, sie nicht sittlichen

[397] Vgl. a.a.O. RN 2/16.
[398] Vgl. a.a.O. RN 15; „Eintracht ist überall die unerläßliche Vorbedingung von Schönheit und Ordnung; ein fortgesetzter Kampf dagegen erzeugt Verwilderung und Verwirrung."
[399] Vgl. a.a.O. RN 16.

Gefahren auszusetzen und sie mit nicht mehr Arbeit zu beauftragen, als für die Arbeiter auch möglich ist zu bewältigen.[400] Daneben ist ihnen ein ihrer Leistung entsprechender Lohn auszuzahlen und nicht die sowieso schon wenig Besitzenden auch noch von Arbeitgeberseite her zu schädigen.[401] Außerdem ist den Armen, die unter Existenzminimum leben, die Deckung des eigenen Unterhalts zu gewährleisten, was der Lehre vom gerechten Gebrauch des Eigentums und Reichtums entspricht.[402]

Die Rechte der Arbeitgeber besagen, so Papst Leo XIII., daß ihnen Privateigentum zusteht und daß sie einen Schutz vor zu hohen und das Kapital aufzehrenden Steuern besitzen.[403] Weiter ausgeführt werden die Rechte der Arbeitnehmer, die ebenso ein Recht auf Privateigentum entweder durch Arbeit[404] oder durch staatliche Hilfe haben, wenn absolut keine andere Möglichkeit das Existenzminimum garantiert.[405] Weiterhin hat der Arbeiter ein Recht auf Beteiligung an der Frucht seiner Arbeit[406], auf Familie und Ehe[407] und auf Freiheit der Bewegung, so daß der Bürger und dessen Familie nicht in den Belangen des Staates aufgehen muß.[408] Der gerechte Lohn steht jedem zu, damit er die Familie ausreichend ernähren kann.[409] Auch besteht ein Recht der Arbeitnehmer auf die Bildung von Arbeitervereinigungen.[410] Die Hartherzigkeit der Arbeitgeber ist ebenso abzulehnen wie der gewaltsame Kampf der Arbeiterklasse gegen die \`Kapitalisten´. Hier ist der Staat gefordert, wenn es um Ungerechtigkeiten in Wirtschaft und Politik geht.[411]

---

400 Vgl. ebd. RN 16.
401 Vgl. a.a.O. RN 17.
402 Vgl. a.a.O. RN 19; Die Verpflichtung zur Wohltätigkeit ist eine praktische Übung, die von der Kirche gelehrt wird. „Diese Lehre hat die Unterscheidung zwischen gerechtem Besitz und gerechtem Gebrauch des Besitzes zur Voraussetzung." Nur mit Überzeugung und den rechten Motiven ist die Welt positiv veränderbar.
403 Vgl. a.a.O. RN 4-9, 12, 19 (zum Themenkreis des Privateigentums) und RN 35 (zum Bereich der Steuern).
404 Vgl. a.a.O. RN 4, 7.
405 Vgl. a.a.O. RN 11.
406 Vgl. a.a.O. RN 8.
407 Vgl. a.a.O. RN 9.
408 Vgl. a.a.O. RN 28.
409 Vgl. a.a.O. RN 34f.
410 Vgl. a.a.O. RN 37-39.
411 Vgl. a.a.O. RN 33; „Die Gerechtigkeit und die Menschlichkeit erheben Einspruch gegen die Arbeitsforderungen von solcher Höhe, daß der Körper unterliegt und der Geist sich abstumpft. Wie im Menschen alles seine Grenzen hat, so auch die Leistungsfähigkeit bei der Arbeit, und über die

Dem Staat fällt bei der Verwirklichung dieser Rechte und Pflichten der Stände, von denen Papst Leo XIII. ausging, eine wichtige Rolle zu, denn er hat die Macht und die Mittel dazu. So ist es der Staat, der Kinderarbeit verbieten soll und den Frauen ihnen angemessene Arbeiten zusichert. Diese Maßnahmen müssen juristisch abgesichert sein, damit man sich darauf berufen kann. In der Gesetzgebung liegt auch eine Hauptaufgabe der staatlichen Gewalt. Dabei ist aber, dem Subsidiaritätsprinzip (Hilfe zur Selbsthilfe) folgend, der Staat verpflichtet, zur Behebung des Übels und zum Eliminieren der Gefahr beizutragen und mittels der zur Verfügung stehenden Maßnahmen in die Verhältnisse der Bürger einzugreifen, jedoch nie weiter, als es wirklich notwendig ist.[412] Beim Rechtsschutz der privaten Bürger ist der besitzlosen Masse besondere Hilfe zu geben, da die Wohlhabenden nicht so stark auf den öffentlichen Schutz angewiesen sind, denn sie können sich aus eigener Kraft heraus verteidigen. „...dagegen hängen die Besitzlosen, ohne eigenen Boden unter den Füßen, fast ganz von der Fürsorge des Staates ab."[413]

Von der Seite des Papstes aus werden auch dem Staat und dessen Kompetenzbereich die Grenzen aufgewiesen. Doch die Vermittlung von Zeitlichem und Geistlichem, zwischen der transzendentalen und der immanenten Dimension, zeigt auch in „Rerum Novarum" eine große Spannung an. Nach Marie-Dominique Chenu erlangen die subjektiv moralische Abhilfe über die Reformen der Struktur und die christliche Wohltat über rechtliche Verpflichtungen die Oberhand.[414] Dies sei besonders dort gegeben, wo den Besitzenden die Pflicht zur Hilfe der Armen und Arbeitnehmer aufgetragen wird. Arbeit und Notlage sind Ergebnis der Erbsünde. Deshalb sei ein Entkommen unmöglich. Zum Schluß bleibe nur das Aushalten im Unvermeidlichen. Gewiß sind die Überlegungen im

---

Schranken des Vermögens kann man nicht hinausgehen. ...In bezug auf die tägliche Arbeitszeit muß also der Grundsatz gelten, daß sie nicht länger sein darf, als es den Kräften der Arbeiter entspricht. Wie lange die Ruhe aber dauern müsse, das richtet sich nach der Art der Arbeit, nach Zeit und Ort, nach den körperlichen Kräften." Was hier der Papst postuliert, sind die Voraussetzungen für eine humanere Arbeitswelt, die bis heute durchaus gültig sind.

[412] Vgl. a.a.O. RN 29.

[413] Vgl. ebd. RN 29; „Die Lohnarbeiter also, die ja zumeist die Besitzlosen bilden, müssen vom Staat in besondere Obhut genommen werden." Somit hat der Staat die Position der schwachen Glieder in der Gesellschaft gebührend und in rechtem Maß zu stärken.

[414] Vgl. Chenu; *Kirchliche Soziallehre im Wandel*; Fribourg 1991; 26f;

christlichen Sinne und in Übereinstimmung mit einer tiefen menschlichen Wahrheit korrekt, werden aber oft als `bloße Gemeinplätze´ oder Vertröstungen auf das Jenseits eingestuft. „Dadurch werden die Aufforderungen zur Unterwerfung unter den Willen Gottes zu einer für die herrschende Ordnung bequemen Unterstützung und nähren eine schwerfällige konservative Spiritualität."[415]

Es wäre ungerecht, wenn man das revolutionäre Dokument „Rerum Novarum" nicht aus dem Kontext der Zeit sehen wollte. Ein zeitloses Urteil darüber ist deshalb nicht angebracht, obwohl festzustellen ist, daß eine Strukturanalyse der Ursachen der Not weithin fehlt, denn man ist gewohnt, neben dem Konstatieren eines Übels auch das genaue Warum dieses zu beleuchten. An sich ist es nicht die Hauptaufgabe der Kirche, die Ursachen der wirtschaftlichen oder politischen Fehlentwicklungen zu analysieren, doch sollte sie, um noch kompetenter mitreden zu können, den Dialog wagen, die Hindernisse zur Herzensumkehr hin zum Evangelium nennen und die Verderbtheiten, die zum sozialen Elend führen, sichtbar machen.[416]

Dennoch ist positiv festzustellen: „Die Denkrichtungen und auch die Handlungen, die sich vom Standpunkt dieser Enzyklika herleiteten, bezeugen in all ihren gegensätzlichen Wirkungen jedenfalls, welch fruchtbare Erneuerung sie für die Kirche und Welt darstellte."[417]

2.7.2. Die Pastoralkonstitution des II. Vaticanums „Gaudium et Spes"- über die Kirche in der Welt von heute (1965)

Nach „Rerum Novarum" und der Enzyklika „Quadragesimo Anno" (Über die gesellschaftliche Ordnung, ihre Wiederherstellung und Vollendung, von Papst Pius XI. 1931) ist „Gaudium et Spes" als

---

415 A.a.O. 27.

416 Vgl. a.a.O. 29f.

417 Vgl. ebd. 29; 30; Chenu bemerkt bezüglich heutiger, christlicher Wirtschaftsweise: „Wir müssen nicht nur einen langen Weg hinter uns bringen, sondern auch die Bewegungsrichtung umkehren und von der Lehre (als Doktrin) zur Praxis als der lebendigen Erkenntnisquelle für eine christliche Ökonomie übergehen." Theorie allein kann keine Welt verändern, sondern nur in Übereinstimmung mit der Praxis kommt es zu einer wirklichen Wandlung und gerechteren Weltordnung, aber der Bewußtseinswandel bildet die Grundlage.

wichtiges Konzilsdokument ins Wort zu heben.[418] Heute wird `Gaudium et Spes´ „...bei vielen als das wichtigste Dokument der gesamten Tradition kirchlicher Soziallehre“[419] angesehen.

Besonders die Abschnitte 33-39 beschäftigen sich mit der menschlichen Arbeit in der Welt. Immer hat der Mensch danach gestrebt, durch seine Arbeit den Lebensstandard zu verbessern. Durch die multilateralen Beziehungen hat sich eine Arbeitsteilung und Spezialisierung durchgesetzt, die den Menschen zum Glied in einer Weltgemeinschaft macht. Was sind der Sinn, der Wert und das Ziel dieses Weges menschlichen Wirkens und Arbeitens?[420] Der Wert des menschlichen Schaffens ist darin bestehend, daß die erzeugten Güter zunächst keinen Gegensatz zur Macht Gottes darstellen, sondern einerseits dem Schöpfungsauftrag dienen und andererseits als Zeichen für die Größe Gottes zu verstehen sind. Aber, so wird gewarnt, je mehr die Macht und Machbarkeit des Menschen wächst, umso schwerer lastet die Verantwortung auf ihren Schultern.[421]

Das zielgerichtete menschliche Schaffen bedarf einer Ordnung, die es zu realisieren gilt, denn sie geht sowohl aus der menschlichen Person hervor, ist aber ebenso auf diese hingerichtet.[422] Das humane Individuum behandelt also beim Tätigsein nicht nur Materie, sondern vervollkommnet sich selbst auch dabei. Hier entsteht ein `natürliches Wachstum´, das letztlich besser ist als das Anstreben von Reichtum, ohne Rücksicht auf das Gemeinwohl. Vom christlichen Standpunkt aus gilt der Wert des Menschen als Person selbst mehr als sein Eigentum bzw. Reichtum. Alles das ist wert-voller und wichtiger als der beinahe ungebremste menschliche Fortschritt, der einem

---

[418] Aus den Kommentaren zu dieser Enzyklika können nur einige ausgewählt werden. An dieser Stelle sei hingewiesen auf: Gregory Baum/ Donald A. Campion; _Commentary on Gaudium et Spes_; New York 1967.

[419] Ebd. 78.

[420] Vgl. II.Vaticanum; _Gaudium et Spes_; Rom 1965; Nr. 33.

[421] Vgl. a.a.O. GS 34; „Daraus wird klar, daß die christliche Botschaft die Menschen nicht vom Aufbau der Welt ablenkt noch zur Vernachlässigung des Wohls ihrer Mitmenschen hintreibt, sondern sie vielmehr strenger zur Bewältigung dieser Aufgaben verpflichtet.“ Die Soziallehre soll Hilfen zum guten Gestalten der Erde anbieten und nicht, wie ihr von manchem Antipoden vorgeworfen wird, zur reinen Spiritualisierung der irdischen Schwierigkeiten hinlenken.

[422] Vgl. a.a.O. GS 35; In der Folge des Calvinismus kam es und kommt es bis heute zur Überbewertung des Reichtums. Nicht selten wird noch der Mensch, besonders im anglo-amerikanischen Raum, danach be-wertet, wieviel er besitzt. In der gleichen Gefahr stehen die Menschen auch in Europa, denn neuerdings wird hier eine `amerikanisierte´ Kulturmentalität übernommen, die beängstigend materialistisch wirkt.

besseren Zusammenleben in Brüderlichkeit und Gerechtigkeit sowie einer dem Menschen an sich immer stärker entsprechenden Ordnung dient. Der Maßstab des menschlichen Handelns und Schaffens (Personprinzip) ist demnach in Übereinstimmung mit dem Willen Gottes, der humanen Berufung als soziales (Gemeinwohl) und als individuelles Wesen, zu finden.[423]

Die Autonomie der Menschen wird auch dann nicht gefährdet, wenn eine christlich motivierte Verknüpfung des Schaffens und Wirkens sowie der Gesellschaft als auch der Wissenschaften mit der Religion gegeben zu sein scheint. Es ist von einer relativen Autonomie der irdischen Dinge auszugehen, die von seiten der Religion anerkannt wird, da der Mensch Werte und Gesetze Schritt für Schritt begreifen, gestalten und konkretisieren muß.[424] Des Menschen Eigenstand ist deshalb mit dem Willen des Schöpfers völlig übereinstimmend. Ebenso muß der Wissenschaft Autonomie eingeräumt werden, denn sie sollte nicht in Konflikt mit dem geraten, da die Realitäten von Glauben und Wissenschaft im selben Schöpfer begründet sind.[425] Allerdings ist eine radikale Autonomie dann bedenklich, wenn sich diese abkoppelt von Gott und alle anthropologisch-sozialen Gesellschaftsphänomene in Kultur und Wissenschaft ausschließlich vom Menschen ableiten, „denn das Geschöpf sinkt ohne den Schöpfer ins Nichts."[426]

Aber das menschliche Schaffen kann auch sündig sein, denn oft werden heute Schlechtes und Gutes miteinander vermengt und dadurch immer schwieriger unterscheidbar, was zu welchem gehört. Die Welt ist bedroht durch die Machtbesessenheit der einzelnen Menschen oder Nationen. So ist jeder gefordert, für das Gute zu wirken und den Kampf des Guten zu vollziehen, anders gesagt, für das Gute zu arbeiten.

---

[423] Vgl. ebd. GS 35.

[424] Josef Pieper erklärte bei einem Vortrag am 29. Jänner 1996 in Wien, auf Thomas von Aquin bezugnehmend, daß die Wesenheiten der Dinge zwar erkennbar, aber nicht letztgültig ergründbar seien.

[425] Vgl. a.a.O. GS 36; „Deshalb sind gewisse Geisteshaltungen, die einst auch unter Christen wegen eines unzulänglichen Verständnisses für die legitime Autonomie der Wissenschaft vorkamen, zu bedauern. Durch die entfachten Streitigkeiten und Auseinandersetzungen schufen sie in der Mentalität vieler die Überzeugung von einem Widerspruch zwischen Glauben und Wissenschaft." (Vgl. hierzu: Pio Paschini; Vita e opere di Galileo Galilei; Rom 1964, Bände 1+2); Noch bis heute ist die Meinung der Gegensätzlichkeit von Glauben und Wissenschaft anzutreffen.

[426] Vgl. ebd. GS 36.

Wie später in „Laborem Exercens“ (1981) ist bereits in GS der verbindliche Grundsatz festgelegt, wonach Arbeit dem Kapital vorzuziehen ist. „Die in der Gütererzeugung, der Güterverteilung und in den Dienstleistungsgewerben geleistete menschliche Arbeit hat den Vorrang vor allen anderen Faktoren des wirtschaftlichen Lebens, denn diese sind nur werkzeuglicher Art.“[427] Mit dieser Prioritätensetzung ist zweierlei verbunden: einerseits das Recht auf Arbeit und andererseits die Pflicht zu ehrenhafter Erfüllung des Arbeitsauftrags. Daneben ist die Arbeit gerecht zu entlohnen und damit verbunden wiederum die Aufgabe der Gesellschaft, dafür zu sorgen, daß ausreichend Möglichkeiten zur Arbeit geschaffen werden. Somit sind die Gesellschaft und der Staat verpflichtet zur Arbeitsbeschaffung. Außerdem ist dem Arbeitenden selbst die Verwirklichung seiner potentiellen und erlernten Anlagen bzw. Fähigkeiten zu gewährleisten, damit der Mensch durch seine Arbeit immer mehr Mensch werden kann.[428]

Im wirtschaftlichen Leben ist ebenso die Person als mit Würde ausgestattetes Wesen und ihrer je spezifischen Berufung zu akzeptieren, denn der Mensch ist Kulminationspunkt allen ökonomischen Tuns. Die Pastoralkonstitution macht überdies aufmerksam auf die Ungerechtigkeiten in der Welt. Denn ein großer Teil der Menschen, die auf der Erde leben, haben nicht das Notwendigste zu einer würdigen Existenz. Überfluß und Armut stehen einander gegenüber.[429] Die Gerechtigkeitsfrage wird auch hier ganz neu gestellt und in einem christlichen Kontext gesehen, der aber die weltlichen Probleme mit der Verteilung der Güter nicht spiritualisiert, sondern analytisch behandelt.

---

[427] Vgl. a.a.O. GS 67; Folgende Begründung wird für diese Annahme gegeben: „Die Arbeit nämlich, gleichviel, ob selbständig ausgeübt oder im Lohnarbeitsverhältnis stehend, ist unmittelbarer Ausfluß der Person, die den stofflichen Dingen ihren Stempel aufprägt und sie ihrem Willen dienstbar macht. Durch die Arbeit erhält der Mensch sein und der Seinigen Leben, tritt in tätigen Verbund mit seinen Brüdern und dient ihnen; so kann er praktische Nächstenliebe üben und seinen Beitrag zur Vollendung des Schöpfungswerkes Gottes erbringen.“

[428] Vgl. ebd. GS 67.

[429] Vgl. a.a.O. GS 63; „Einige wenige erfreuen sich weitestgehender Entscheidungsfreiheit, während viele fast jeder Möglichkeit ermangeln, initiativ und eigenverantwortlich zu handeln, und sich oft in Lebens- und Arbeitsbedingungen befinden, die des Menschen unwürdig sind.“ Dabei unterscheiden sich zwar die Industriestaaten von den Entwicklungsländern, aber in allen Gesellschaften gibt es Reiche, die im Überfluß leben, während die Zahl in der sog. „Ersten Welt“ wesentlich höher liegt als in den Ländern der „Zweiten oder Dritten Welt“.

Das Wirtschaftsunternehmen zeichnet sich dadurch aus, daß hier verschiedene Menschen mit differenzierten Fähigkeiten zu einem gewissen Verbund zusammengeschlossen sind, wobei der eine immer auch von der Leistung des anderen abhängt. Von daher ist der Grundsatz korrekt, daß jeder nach seinen Möglichkeiten zum Gelingen des Unternehmens beitragen soll. Zwar werden gewichtige Entscheidungen über die Zukunft des Unternehmens und der Belegschaft auf oberster Ebene gefällt, aber gerade weil dies die Arbeiterschaft oft existentiell trifft, ist ihr ein Mitspracherecht einzuräumen. Dazu sind freie Organisationen notwendig, deren Bildung als Recht zu garantieren ist. Bei der Auseinandersetzung zwischen verschiedenen Interessensgruppen gilt der Grundsatz: Kompromiß vor Zuspitzung, der auch allgemein anerkannt ist. Aber selbst der Streik bleibe als Option offen, nämlich für den Fall, da alle anderen Mittel zur Beseitigung der Konfliktlage erschöpft sind.[430]

Wirtschaftlicher Fortschritt ist dann zu fördern, wenn er im Dienste des Menschen geschieht. Nicht der Gewinn ist das Ziel einer Zweckbestimmung der Wirtschaft und deren Fortschritt, sondern das, was dem Menschen als Menschen dient, die Versorgung mit knappen Gütern und die Würde des einzelnen. Partizipieren am wirtschaftlichen Aufschwung sollten möglichst viele Menschen und Nationen. Es kann existenzbedrohend sein, wenn man in weniger entwickelten Ländern private Mittel dem Einsatz zu Zwecken des Gemeinwohls vorenthält.[431] Die Frage der Gerechtigkeit ist nur lösbar, wenn die Ungleichheiten der ökonomischen Situationen einzelner Staaten und Regionen sowie deren Diskriminierung, besonders auf sozialer und individueller Ebene, abgebaut werden. Ausländer als Arbeitnehmer sind den Einheimischen nach Rechten und Pflichten gleichzustellen. Vor allem die Aufnahmestellen haben diese Menschen, die in ein anderes Land kommen, um zu arbeiten, nicht nur als bloße \`Arbeitsobjekte´ anzusehen, sondern sollen ihnen mit Rat und Tat zu Hilfe stehen. Allerdings ist zu allererst in den jeweiligen Ländern selbst Arbeit zu schaffen. Die Arbeitsermöglichung wird angesichts der Automation immer schwieriger. Deshalb ist an erster Stelle denen zu helfen, die

---

[430] Vgl. a.a.O. GS 68.
[431] Vgl. a.a.O. GS 64-65.

aus gesundheitlichen oder Altersgründen nicht ausreichend für sich selber sorgen können.[432]

Summarisch ist festzustellen, daß in der Pastoralkonstitution auch die wichtigen Fragen des Wirtschaftslebens, der Arbeit und der Gerechtigkeit angesprochen und aus der Sicht der christlichen Soziallehre beantwortet werden. Hervorzuheben ist dabei der Mut, sich in gesellschafts- und wirtschaftspolitische Angelegenheiten bewußt einzumischen und dort die Stimme zu erheben, wo Ungerechtigkeit geschieht. Weltliches und Transzendentes stehen in einer gewissen Spannung zueinander, aber schließen sich nicht gegenseitig aus, sondern das erste ist auf das zweite hingeordnet. Wenn der Mensch in der Neuzeit immer weniger in der Lage ist, diesen Bogen des einen mit dem anderen zu verbinden, dann wird gerade auch in diesem Dokument vor der Vereinseitigung gewarnt. Die Probleme der Arbeit, die in den Jahren nach 1965 an Gewicht gewinnen sollten, wie z.B. die ausländischen Arbeitnehmer, wird bereits Mitte der 60er Jahre fast prophetisch angesprochen und sowohl humaner Umgang als auch Rechtssicherheit gefordert. In den Jahrzehnten danach kam es zu großen Wirtschaftsrezessionen, die Papst Johannes Paul II. in seinem Schreiben „Laborem Exercens" thematisieren sollte.

2.7.3. Die Arbeitsenzyklika „Laborem Exercens" von Papst Johannes Paul II. (1981)[433]

Genau neunzig Jahre nach dem Erscheinen „Rerum Novarums" greift auch Papst Johannes Paul II. die von Papst Leo XIII. formulierte soziale Frage auf und nimmt Stellung zu ihr. Die Enzyklika ist fast vollständig aus der Feder des polnischen Papstes selbst entstanden. In ihr finden sich Aussagen über selbstgemachte Erfahrungen in Polen und den ersten drei Jahren seines Pontifikats. Dabei wird deutlich, daß er die Soziallehre der Kirche vor allem zum Thema Eigentum, Kritik an vorherrschenden Ideologien und Systemen wie Kapitalismus und

---

[432] Vgl. a.a.O. GS 66.

[433] Im Hintergrund der folgenden Ausführungen steht der Kommentar zur Arbeitsenzyklika von: Oswald von Nell-Breuning; _Der Wert der Arbeit und der Weg zur Gerechtigkeit_; Freiburg,Basel,Wien 1981; 105-127. Da diese Enzyklika hauptsächlich zum Thema Arbeit geschrieben ist, sei es erlaubt, etwas ausführlicher auf Inhalt und Argumentation einzugehen.

Marxismus ins Blickfeld rückt und weiterentwickelt. Interessant ist, daß der Mittelpunkt der `sozialen Frage´ der Würde der menschlichen Arbeit gewidmet ist, denn die menschliche Person ist der eigentliche Träger, das Subjekt schlechthin, in der Arbeit. Auch wird der Arbeit ob ihrer Wichtigkeit der Vorrang vor den Dingen eingeräumt. Ebenso werden die Systeme kritisiert, die diesem Anspruch nicht nachkommen. Besonders zu schützen sind die Rechte der Arbeiter und ihrer Zusammenschlüsse (z.B. Gewerkschaften). Am Ende der Enzyklika befindet sich ein Abschnitt über Grundzüge einer Spiritualität der Arbeit.[434]

Bereits in der Einführung wird deutlich, daß die gesamte Frage der sozialen Problematik auf Arbeit abzielt[435], denn durch die Arbeit erhält der Einzelmensch seine Würde, erfährt Pein, Leid und Mühsal, aber ebenso ist sie Sozialisationselement in der Gesellschaft. Mit den neuen Entwicklungen im Produktivbereich (wie Automatisierung) zeichnen sich auch große Auswirkungen ab, die mit den umwälzenden Ereignissen der Industrierevolution des letzten Jahrhunderts verglichen werden. Auch wird ein stärker werdendes Umweltbewußtsein eingemahnt, da die Natur und die Rohstoffe als immer knapper gelten.[436]

Welche Aufgabe kann nun daraus für die Kirche erwachsen? An sich ist es nicht die Aufgabe der Kirche, die Entwicklungen der Gesellschaft einer Prüfung zu unterziehen. Dennoch kommt es der Kirche gleichsam wie ein Recht bzw. einer Pflicht zu, die Würde des Arbeitenden zu betonen und dann auch auf Ungerechtigkeiten hinzuweisen.[437] Arbeit ist jedoch einer der wichtigsten Faktoren im Hinblick auf die soziale Frage.[438] Und wenn die Kirche ihrer Aufgabe zur positiven Gestaltung der Welt gerecht werden

---

[434] Vgl. Kerber; _Katholische Gesellschaftslehre im Überblick_; Frankfurt/M. 1991; 121-130; hier: 121f; Fünf Abschnitte behandeln vor allem sechs Themen: Die Würde der Arbeit, den Kapitalismus und Sozialismus, das Eigentum, die Gewerkschaften, die Beschäftigung allgemein sowie die Spiritualität der Arbeit.

[435] Vgl. Papst Johannes Paul II.; _Laborem Exercens_; Rom 1981; 1.2.

[436] Vgl. a.a.O. LE 1.3.

[437] Vgl. a.a.O. LE 1.4; „Wohl aber hält die Kirche es für ihre Aufgabe, immer wieder die Würde und Rechte der arbeitenden Menschen ins Licht zu stellen und die Verhältnisse anzuprangern, in denen diese Würde und diese Rechte verletzt werden, und den Wandel der Dinge in die Richtung zu lenken, daß ein echter Fortschritt für die Menschen und für die Gesellschaft herauskommt." Denn die Kirche ist als Teil des gesellschaftlichen bzw. öffentlichen Lebens mitverantwortlich für das Gelingen menschlichen Seins, wozu eben auch die Arbeit gehört.

[438] Vgl. a.a.O. LE 3.2.

möchte, ist Einmischung - auch in Kompetenzbereiche, die ihr nicht unmittelbar unterliegen - zu postulieren.

Im zweiten Kapitel der Enzyklika handelt es sich um das Thema der Arbeit und des Menschen schlechthin, wobei zunächst wieder biblisch argumentierend und das Buch Genesis aufnehmend, vorgegangen wird. Der Mensch als Geschöpf Gottes ist dazu beauftragt, sich die Welt zu unterwerfen; dies ist also mit dem Willen Gottes identisch und entspringt keiner menschlichen Hybris. Mit der Verwirklichung des Auftrages zur Mitgestaltung der Schöpfung wird auch das Wirken Gottes sichtbar.[439]

Danach trennt der Papst die Arbeit in objektiv und subjektiv, ihrem Gehalt und dem Sinn entsprechend. Der objektive Sinn der Arbeit meint das Objekthafte, das alles Produktive einschließt (Verfahren, Mittel etc.), aber auch das Ziel und das Ergebnis der Arbeit.[440] Die Technik als solche ist weder als gut noch als schlecht zu bewerten und damit wertneutral, erleichtert sie doch unser Leben von Tag zu Tag, kann aber die guten und hilfreichen Ergebnisse pervertieren, wenn sie immer mehr zur Konkurrenz des Menschen wird, ihm seine Verantwortung stiehlt und zum Sklaven der Maschinerie macht.[441] Wenn einer Maschine ein höherer Wert zugedacht wird als dem Menschen, der diese bedient, dann ist eine Überbewertung des einen auf Kosten des Humanum geschehen, was es allerdings aus der Sicht der katholischen Soziallehre zu ändern gilt (Personprinzip). Wenn man von einem „Evangelium der Arbeit" spricht, dann ist auf Jesus selbst hinzuweisen, der die meiste Zeit seines erdenhaften Seins als Zimmermann verbracht hat - auf unauffällig und unpopuläre Art und Weise. Die Würde der menschlichen Arbeit hängt nicht vom Objekthaften ab, sondern von der Person selbst.[442] Grundsätzlich gilt, daß die Arbeit für und um des Menschen willen da ist und nicht umgekehrt,[443] denn es geht nicht darum, was der einzelne als Arbeiter verrichtet,

---

[439] Vgl. a.a.O. LE 4.2.
[440] Vgl. a.a.O. LE 4.3; 5.4; 6.2; 6.6.
[441] Vgl. a.a.O. LE 5.4.
[442] Vgl. a.a.O. LE 6.2; „Als Person ist der Mensch...Subjekt der Arbeit. Als Person arbeitet er und vollzieht die verschiedenen Schritte des Arbeitsganges, die unabhängig von ihrem objektiven Gehalt alle zur Verwirklichung seines Menschseins dienen, zur Erfüllung der ihm eben aufgrund seines Menschseins eigenen Berufung zum Personsein." Die Priorität beim Betrachten der Arbeit ist nicht dem Arbeitsprozeß, der Produktion oder dem Profit zu geben, sondern einzig und allein dem arbeitenden Menschen selbst. Alles andere ist unhuman und damit auch unchristlich.
[443] Vgl. a.a.O. LE 6.6.

sondern darum, wie er es tut und daß der Mensch als Ziel der Arbeit im Blickfeld bleibt, da das Ziel keinen letztgültigen Eigenwert darstellt.

Mit der Begrifflichkeit vom „subjektiven Sinn" der Arbeit ist gemeint, daß die menschliche Person im Zentrum der Überlegungen vom Wert des Berufs und der Arbeit steht. Der Papst warnt vor materialistischen wie ökonomistischen Strömungen, denn die Arbeit dürfe nie nur als eine Ware behandelt werden oder eine funktionale Kraft, die zur Produktion nötig sei. In diesem Fall bliebe für das Menschsein des Menschen kein Raum mehr. Es war ein großer Fehler des Kapitalismus, den Arbeiter zu instrumentalisieren und ihm dadurch der Würde zu berauben, die ihm durch die Arbeit geschenkt wird.[444]

Ein weiteres Anliegen von Johannes Paul II. ist die Solidarität der Arbeitenden, denn die Arbeiterfrage hatte soziale Reaktionen ausgelöst und zu einer verstärkten Solidarität geführt, was wiederum „sozialmoralisch" völlig richtig war[445] (und noch bis heute ist). Die Solidarität als ein Prinzip der katholischen Soziallehre ist dann notwendig, wenn sich bestimmte Gruppen von Arbeitenden (die Intelligenz ist damit eingeschlossen) in „proletarischer Lebenslage" befindet.[446] Eine soziale Gerechtigkeit darf nicht nur ein theoretisches Postulat sein, sondern ist besonders von den Werktätigen da zu verwirklichen, wo es um Entwürdigung der Subjekte geht, die im Arbeitsprozeß stehen und wo es zu wachsender Ausbeutung der Arbeitnehmer kommt, womit nicht selten auch Hunger und Elend heraufbeschworen werden.[447]

Der vierte Teil des zweiten Kapitels stellt den personalen und sozialen Charakter der Arbeit heraus. Arbeit ist trotz Mühe eine „Wohltat für den Menschen", da sie ihm die Gelegenheit zur Selbstverwirklichung gibt, so daß er immer mehr Mensch werden kann.[448] Denn die Arbeit kann auch in unterschiedlicher Art

---

[444] Vgl. a.a.O. LE 7.2-3.
[445] Vgl. a.a.O. LE 8.2-3.
[446] Vgl. a.a.O. LE 8.5.
[447] Vgl. a.a.O. LE 8.6; „Die Kirche weiß sich dazu strengstens verpflichtet, denn sie sieht es als ihre Sendung und ihren Dienst, als Prüfstein ihrer Treue zu Christus an und muß sich darin als `Kirche der Armen´ bewähren."
[448] Vgl. a.a.O. LE 9.3; Arbeit ist ein `schwieriges Gut´(nach Thomas von Aquin), aber „...so bleibt doch die Arbeit als solche eine Wohltat für den Menschen und zwar nicht ein `nützliches´ oder ein `angenehmes´, sondern ein `würdiges´, das heißt der Würde des Menschen entsprechendes Gut, ein Gut, das diese Würde zum Ausdruck bringt und sie vermehrt. Will man also die ethische Bedeutung der Arbeit genauer bestimmen, dann muß man an erster

gegen die Menschen eingesetzt werden, zur Ausbeutung des Menschen durch andere führen, wobei sich dann die moralische Frage erhebt, inwieweit die soziale Ordnung die Arbeit abdeckt und in adäquater Weise die Voraussetzungen für die positive Gestaltung des Arbeitsprozesses schafft und die Absicherung der Arbeitnehmer gewährleistet.[449]

Von der Arbeit hängen aber auch die Bereiche der Gruppen, Gemeinschaften und Familie ab. Arbeit und Familie dürfen nicht gegeneinander ausgespielt werden, da sie sich gegenseitig bedingen, ja Familie wird geradezu als Gemeinschaft konstituiert und durch Arbeit ermöglicht. Außerdem ist die Familie die „erste häusliche Schule der Arbeit."[450] Die nächstgrößere Zelle ist die Volksgemeinschaft, die als Erzieherin der mittleren Ebene (Schule etc.) gilt und gleichzeitig die bisher lebenden Generationen manifestiert. Das menschliche Individuum kann nicht im luftleeren Raum seine Arbeit verrichten, sondern mehrt das Gemeinwohl mit seinen Landsleuten und deshalb partizipiert es am Erbe der gesamten Menschheit.[451]

Dann geht der Papst auf die Spannung zwischen Arbeit und Kapital ein, die bereits mit dem Klassencharakter sozioökonomischen Konfliktpotentials gegeben ist. Ein ideologischer Kampf von Liberalismus und Marxismus fand statt, der auch auf politischer Ebene geführt wurde (und teilweise bis heute geführt wird).[452] Da beinahe alle Bereiche des Arbeitslebens

---

Stelle dies vor Augen haben. Die Arbeit ist eine Wohltat für den Menschen - für sein Menschsein -, weil er durch die Arbeit nicht nur die Natur umwandelt und seinen Bedürfnissen anpaßt, sondern auch sich selbst als Mensch verwirklicht, ja gewissermaßen \`mehr Mensch wird´." Die ethische Betrachtung von Arbeit stellt also nicht so sehr die Pein in den Mittelpunkt, sondern die Freude, das Menschsein und die Selbstverwirklichung, die alle auch im Arbeitsprozeß wesentlich erfahren werden und den Menschen humaner machen, also Sinn vermitteln können.

[449] Vgl. a.a.O. LE 9.4.

[450] Vgl. a.a.O. LE 10.1-2; „Insgesamt muß man daran erinnern und feststellen, die Familie ist einer der wichtigsten Bezugspunkte für die sozial-ethische Ordnung der menschlichen Arbeit."

[451] Vgl. a.a.O. LE 10.3.

[452] Vgl. a.a.O. LE 11.4; Aber nicht nur auf ideologischem und politischem Gebiet fand dieser Kampf statt, sondern auch auf ökonomischem, wie die Zeit der Abwendung der Ostblockstaaten vom Kommunismus Ende der 80er Jahre sehr deutlich offenbar machte. Denn ein Hauptgrund der Unzufriedenheit der Bevölkerung war der ausbleibende, aber stets versprochene, wirtschaftliche Aufschwung. Der erste Bundeskanzler der Bundesrepublik Deutschland, Dr. Konrad Adenauer (CDU), sah die Gewinnchancen des Westens gegen den sowjetrussischen Kommunismus des Ostens nur durch Freiheit und Wirtschaft

komplizierter geworden sind, sich die Diskussionen vor allem auf den technischen Fortschritt beziehen, soll wieder der Grundsatz von „Arbeit vor Kapital“ erneuert werden.[453] Die angesprochene Priorität wird auf verschiedene Weise begründet: daß der Mensch selbst durch seine Arbeit das Kapital Stück für Stück erwirtschaftet hat und somit die Erstursache von Kapital die menschliche Arbeit ist und nicht umgekehrt;[454] daß der arbeitende Mensch zunächst einmal sich der Ergebnisse der vor ihm Gelebten „geistig aneignen“ muß[455] und daß im Prozeß der Produktion ein Primat der menschlichen Arbeitskraft vor den Produktionsmitteln besteht. Was zum Kapital gehört, wird nur als „eine Summe von Dingen“ betrachtet.[456] Moralisch vertretbar kann nur eine Ordnung sein, die den schwierigen Gegensatz von Arbeit und Kapital bereits im Kern und an der Basis überwindet. Diese Priorität der Arbeit vor Kapital ist ein zu verwirklichendes Postulat, das wesenhaft und unbedingt in die Praxis umzusetzen ist.[457] Es handelt sich um einen expliziten Irrtum des Ökonomismus, daß man die Faktoren der Produktion, nämlich Arbeit und Kapital, zu stark auf ein und dieselbe Ebene stellt und verleitet zum Fehlschluß, die menschliche Arbeit ganz und gar auf die wirtschaftliche Nutzbarkeit zu reduzieren. Ebenso ist es ein „Irrtum des Materialismus“, wenn im ökonomistischen Theorieansatz die Priorität des Materiellen verkündet wird.[458]

Auch hinsichtlich des Beziehungsgefüges von Arbeit und Eigentum werden Überlegungen angestellt. Kurz und prägnant läßt sich hier die Grundaussage formulieren: Allgemeineigentumsrecht geht vor Privateigentumsrecht.[459] Denn die Mittel zur Produktion sind einzusetzen und nicht um des Besitzes willen zu haben, da

---

gegeben. Vierzig Jahre später erhielten seine prophetischen Worte vom Beginn der 50er Jahre ihre Verifikation.

[453] Vgl. a.a.O. LE 12.1; „Dieses Prinzip betrifft unmittelbar den Produktionsprozeß, bei dem die Arbeit immer den ersten Platz als Wirkursache einnimmt, während das Kapital, das ja in der Gesamtheit der sachlichen Produktionsmittel steht, bloß Instrument oder instrumentale Ursache ist. Dieses Prinzip ist eine offensichtliche Wahrheit, die aus der ganzen geschichtlichen Erfahrung des Menschen erfließt.“

[454] Vgl. a.a.O. 12.4-5.

[455] Vgl. a.a.O. LE 12.5.

[456] Vgl. a.a.O. LE 12.6.

[457] Vgl. a.a.O. LE 13.1.

[458] Vgl. a.a.O. LE 13.3; Im Blick auf die Vorrangstellung des Materiellen gegenüber allem anderen überlappen einander der marxistisch-dialektische Materialismus und der utilitaristische Ökonomismus.

[459] Vgl. a.a.O. LE 14.2.

nämlich die Begründung für den Besitz an Produktionsmitteln einzig und allein darin besteht, sie in den Dienst der Arbeit selbst zu stellen, um somit dem obersten Prinzip der Eigentumsordnung Folge zu leisten, was besagt, daß die Güter für alle da sind und daraus ein Recht auf die allgemeine Benutzung besteht.[460] Für Johannes Paul II. gilt der harte Kapitalismus in seiner Überhöhung des Rechts auf Privateigentum an Produktionsmitteln, das gleichsam „dogmatisiert" erscheint, für „unannehmbar", denn der Arbeit ist Achtung entgegenzubringen, was gleichzeitig das „Recht einer konstruktiven...Revision" beinhaltet.[461] Besonders durch Beteiligung der Arbeiter an Produktionsmitteln (wie z.B. in Genossenschaften) an der Leitung und Führung eines Unternehmens, am Erfolg und Ertrag der Firma, wie in der katholischen Soziallehre immer wieder hervorgehoben,[462] wird hohes Augenmerk auf eine humanere Gestaltung des Arbeitsprozesses gelenkt, wobei Eigenverantwortung der Arbeitnehmer auch einen Motivationsgrund für die bestmögliche Erreichung eines möglichst großen Produktionserfolgs bieten dürfte.

Andererseits reicht es nicht aus, wenn man das Eigentum an Produktionsmitteln der privaten Hand einfach entziehe, um dieses dann der Gemeinschaft zur Verfügung zu stellen, denn bei jeder Vergemeinschaftung sollte der einzelne Mensch trotzdem nicht „das Bewußtsein" verlieren, daß er es um seinetwillen tut und in „eigener Sache" handelt.[463] Wer also arbeitet, die Mittel zur Produktion nutzt, um Güter herzustellen, erwirbt durch sein „human Input" (den Arbeitsaufwand) auch das Recht zur

---

[460] Vgl. a.a.O. LE 14.3.

[461] Vgl. a.a.O. LE 14.4.

[462] Vgl. a.a.O. LE 14.5; „Gleichviel wie diese Vorschläge (zur Mitbestimmung und zum Miteigentum an Produktionsmitteln durch Arbeitnehmer; J.M.S.) konkret verwirklicht werden mögen, erfordert die Anerkennung der richtig verstandenen Stellung der Arbeit und des arbeitenden Menschen im Produktionsprozeß unverkennbar verschiedene Anpassungen im Bereich der rechtlichen Ordnung des Eigentums an Produktionsmitteln." Nun muß es aber nach der theoretischen Erkenntnis gerade auch um eine entsprechende Umsetzung dessen in die Praxis gehen.

[463] Vgl. a.a.O. LE 14.6., 15.2; „Dieses Bewußtsein wird in ihm (dem Arbeiter; J.M.S.) ausgelöscht durch ein System übermäßiger bürokratischer Zentralisierung, wo sich der Arbeitnehmer eher als Rädchen in einem von oben bewegten Mechanismus vorkommt und sich aus mehr als einem Grund eher als bloßes Produktionsmittel denn als echtes, mit Eigeninitiative begabtes Subjekt der Arbeit fühlt." Die Zwangskollektivierungen (wie im Ostblock geschehen) sind deshalb auch abzulehnen, weil die Würde des Menschen dem Kollektiv und der staatlichen Doktrin unterzuordnen waren.

Partizipation an den Erfolgen seiner Leistung - für sich und andere - sowie die Möglichkeit zur Mitgestaltung und Mitverantwortung am Arbeitsplatz, den er besitzt.[464]

Um das Recht des arbeitenden Menschen geht es im vierten Kapitel der Arbeitsenzyklika. Die Menschenrechte und die, die aus der Arbeit hervorgehen, sind in enger Verbindung zu sehen, da sie aus der menschlichen Natur entspringen.[465] Arbeit ist eine Pflicht, an die der Mensch gebunden ist, weil sie vom Schöpfer selbst aufgetragen wurde und weil die Natur des Menschen die Erhaltung und Fortentwicklung des Seins verlangt. Aber durch Arbeit verwirklicht der Mensch auch die verantwortungsvolle Aufgabe, die Existenz der eigenen Familie, der Gesellschaft, der Nation, ja der umfassenden Weltgemeinschaft und der künftigen Generationen zu sichern.[466] Das ausschließliche Prinzip der Gewinnmaximierung ist gefährlich, wenn Rechte des Arbeiters nur noch unter dem Blick der Nützlichkeit gesehen werden bzw. deren Verwirklichung dem Wirtschaftssystem und seinen Zielen untergeordnet werden. Nur durch Berücksichtigung der Rechte, die objektiv gegeben sind, wird eine dem Menschen entsprechende Wirtschaft aufgebaut werden können.[467]

Den Punkt 18 des Lehrschreibens widmet der Papst der Beschäftigungsfrage, die eine der zentralsten darstellt. Er spricht von der Verpflichtung derer, die Arbeitgeber sind, die „Arbeitslosigkeit zu bekämpfen", aber auch denjenigen, die davon betroffen sind, genügend Mittel für sie und ihre Familien

---

464 Vgl. a.a.O. LE 15.1; „So ist das Prinzip des Primates der Arbeit vor dem Kapital eine Forderung sozial-ethischer Natur. Diese Forderung bildet den Dreh- und Angelpunkt sowohl des Systems, das auf dem Grundsatz des privaten Eigentums an Produktionsmitteln beruht, als auch in jenem, in dem diese Art von Eigentum bis zum Äußersten eingeschränkt wird." In beiden vorherrschenden Ansätzen und Systemen (Kapitalismus und Sozialismus) ist also der Vorrang des Menschen vor den Instrumenten, dem Kapital und den Produktionsmitteln einzufordern.

465 Vgl. a.a.O. LE 16.1; „Ist die Arbeit eine Pflicht im mehrfachen Sinn dieses Wortes, oder eine Obliegenheit, dann ist sie doch zugleich auch eine Quelle von Rechten des arbeitenden Menschen selbst. Die der Arbeit entspringenden Menschenrechte fügen sich in den weiten Rahmen dieser fundamentalen Rechte der Person ohne weiteres ein." Das heißt, daß die Menschenrechte und die des Arbeitenden einander bedingen, denn in beiden Fällen geht es um die menschliche Person schlechthin, nur mit dem Unterschied, daß es sich einmal um den Arbeiter handelt und bei den Menschenrechten allgemein um jede Person, egal ob sie im Arbeitsprozeß steht oder nicht.

466 Vgl. a.a.O. LE 16.2.

467 Vgl. a.a.O. LE 17.4.

zur Verfügung zu stellen.[468] Es muß als Ziel darum gehen, allen Arbeitsfähigen auch die Gelegenheit dazu einzuräumen. Unfreiwillige Arbeitslosigkeit ist genau das Gegenteil davon und gilt als ein Grundübel unserer Gesellschaft. Die verantwortlichen Institutionen und Instanzen haben (bei drohender Arbeitslosigkeit) einen Plan zu erarbeiten für die Unternehmen und sind verpflichtet zum rechten Einsatz der Arbeit.[469] Außerdem ist es sinnvoll, wenn im Bereich der Planung und im Arbeitsrecht internationale Zusammenarbeit und gegenseitige Unterstützung geschieht (z.B. wie in der EU), damit durch Verträge erreicht wird, daß die Ungerechtigkeit der sehr differierenden Lebensstandards in den unterschiedlichen Staaten und Regionen langsam abgebaut wird.[470]

Ein weiteres Anliegen des Papstes ist die Lohnpolitik und die damit zusammenhängenden Sozialleistungen, die in der Frage „nach dem gerechten Lohn für die geleistete Arbeit"[471] gipfelt. Denn dabei geht es nicht nur um den Arbeitnehmer an sich, sondern auch um alle Glieder, die vom Arbeitnehmer abhängig sind (gewöhnlich Familienangehörige), denn der erarbeitete Lohn muß angemessen sein, um eine Familie gründen zu können und darüber hinaus ihren Fortbestand abzusichern, ohne in finanzökonomische Konflikte zu geraten.[472] Vor allem sind die

---

[468] Vgl. a.a.O. LE 18.1.

[469] Vgl. a.a.O. LE 18.2; „Es geht...um eine gerechte und überlegte Verteilung und Koordinierung der Zuständigkeiten, wobei die freie Initiative der einzelnen Personen, der unabhängigen Gruppen, der örtlichen Betriebe und Unternehmen gewährleistet sein muß..." Es ist wichtig, für den Fall des plötzlichen Eintritts der Arbeitslosigkeit, einen `Notfallplan´ bereits erarbeitet zu haben.

[470] Vgl. a.a.O. 18.3; Dieser Prozeß und die Diskussion darum wird besonders innerhalb der Europäischen Union in den letzten Jahren recht heftig geführt, wenn es um angleichendes Lebensniveau der einzelnen Mitglieder geht. Am stärksten ist dies heute im ehemals realsozialistischen Teil Deutschlands („DDR"), den fünf neuen Bundesländern, sichtbar.

[471] Vgl. a.a.O. LE 19.1; „Für Gerechtigkeit im Verhältnis zwischen Arbeitnehmer und Arbeitgeber ist heutzutage nichts wichtiger als die gerechte Entlohnung der Arbeit." Die viel umstrittene Gerechtigkeitsdebatte hat also einen Hauptgrund, der mit der Frage nach dem richtigen Maß an Lohn und Gehalt zusammenfällt.

[472] Vgl. a.a.O. LE 19.3; Der Papst nennt konkrete Möglichkeiten zur familiengerechten Entlohnung. „Eine solche Entlohnung kann entweder durch eine sogenannte familiengerechte Bezahlung zustande kommen - das heißt durch einen dem Familienvorstand für seine Arbeit ausbezahlten Gesamtlohn, der für die Erfordernisse der Familie ausreicht, ohne daß die Ehefrau einem außerhäuslichen Erwerb nachgehen muß - oder durch besondere Sozialleistungen, wie Familienbeihilfen oder Zulagen für die Mutter, die sich ausschließlich der Familie widmet." Das Familienbudget ist so anzulegen, daß die Familie entsprechend ihren je eigenen Bedürfnissen leben

Aufgaben der Mütter höher zu bewerten als es bisher der Fall war. Dabei muß es um eine Aufwertung der Frauen und Mütter gehen, die ihren Ausdruck darin findet, daß die Ordnung des Arbeitslebens mehr ihnen und ihren Bedürfnissen angepaßt ist, ohne daß sie sekundär durch Aufgeben eines Teils ihrer Identität unbemerkt doch benachteiligt würden.[473]

Neben den Arbeitgebern und Arbeitnehmern kommt den Gewerkschaften eine gewisse Schlüsselstellung zu, die der Papst ebenfalls beleuchtet, sind es doch gerade sie, denen eine regulierende Ausgleichsfunktion zwischen den Interessensgruppen zugewiesen ist. So besitzen die Arbeitnehmer das genuine Recht, sich zusammenzuschließen, um dadurch die verschiedenen Interessen der Berufstätigen in den verschiedensten Bereichen besser zu vertreten.[474] Gemäß des historischen Prozesses sind solche Organisationen unerläßlich für die gesamte Gesellschaft, ja werden zu Pfeilern eines modernen Sozialstaates (vgl. „Sozialpartnerschaft" in der Republik Österreich oder die „Tarifverträge" in der Bundesrepublik Deutschland).[475] Einem Vorurteil will der Papst vorbeugen, wenn er sagt, daß die katholische Soziallehre die Gewerkschaften keinesfalls als Ausdruck des Klassencharakters innerhalb einer Gesellschaft betrachte, obwohl sie als Elemente und \`Vorkämpfer´ der Gerechtigkeit angesehen werden können. Wenn in diesem Zusammenhang von \`Kampf´ gesprochen wird, dann ist damit eine Aktion für ein \`gerechtes Gut´ gemeint und nicht, wie fälschlicherweise angenommen wird, gegen andere Personen oder Klassen - dann wären die Gewerkschaften ihres eigentlichen Sinnes, dem Ausgleich, beraubt.[476] Allerdings ist davor zu

---

kann und nicht in den sozialen Notstand abrutscht aufgrund von ungerechter Entlohnung.

[473] Vgl. a.a.O. LE 19.4-5.

[474] Vgl. a.a.O. LE 20.1; „Die Lebensinteressen der Arbeitnehmer sind bis zu einem gewissen Punkt allen gemeinsam; zugleich jedoch weist jede Art von Arbeit, jeder Beruf, bestimmte Eigenheiten auf, die in diesen Organisationen ihre besondere Berücksichtigung finden." Arbeitnehmer haben somit das Recht zur Bildung entsprechender Gewerkschaften, die auf die Anliegen der jeweiligen Berufsgruppe eingehen.

[475] Vgl. a.a.O. LE 20.2; Die Gewerkschaften haben eine lange Tradition und gehen ihrem Ansatz nach auf die mittelalterlichen Zünfte zurück, die bereits einzelne Berufsgruppen umfaßten und sich deshalb zusammenschlossen.

[476] Vgl. a.a.O. LE 20.3; „Dieser \`Kampf´ sollte jedoch als regelrechter Einsatz \`für´ ein gerechtes Gut angesehen werden; in diesem Fall für das, was den Bedürfnissen und Verdiensten der je nach ihren Funktionen zusammengeschlossenen Arbeitnehmer entspricht." Dieser Kampf um das Gute und Gerechte hat aber keinen aggressiv-revolutionären Charakter, wie dies z.B. im sowjetrussischen Kommunismus immer wieder gefordert wurde.

warnen, wenn die Forderungen der Gewerkschaften zu überzogenen Gruppenegoismen führen und ohne ausreichende Berücksichtigung der wirtschaftlichen Situation des jeweiligen Landes durchgesetzt oder erkämpft werden sollten, denn die unrealistischen Forderungen der einen müssen in einem Gesellschaftssystem zwangsläufig auf Kosten anderer (Gruppen) gehen.[477]

Auch sollten die Gewerkschaften auf starke Trennung von politischen Parteien orientieren, nicht von der Willensbildung dieser abhängen oder gar in nahem Verhältnis zu ihnen stehen, denn die Interessenselemente der Gewerkschaft sind von denen der Parteien oftmals verschieden, ebenso die Mitglieder und deren Gesinnung.[478] Was im Kommunismus geschah, daß die Gewerkschaftsfunktionäre von den kommunistischen Parteiorganen eingesetzt wurden, ist völlig gegen den eigentlichen Sinn und die Aufgabe der unabhängigen Gewerkschaft(en) gerichtet und damit unakzeptabel. Auch der Streik wird im päpstlichen Dokument als probates Mittel anerkannt, gilt aber als ein \`äußerstes Mittel´, sollte keine Nachteile für den Streikenden nach sich ziehen und darf keinesfalls mißbraucht werden; jedoch sind die Serviceleistungen nie, auch nicht durch Streik, zu gefährden.[479]

Auch die besonders schwierigen Gruppen auf dem Arbeitsmarkt kommen zur Sprache. So wird den in der Landwirtschaft Tätigen wieder mehr Aufmerksamkeit zu schenken sein, um ihnen die berechtigte \`Wertschätzung´ zu entbieten, die ihnen in einem Wirtschaftssystem eines Landes und deren Gesamtentwicklung in der Gesellschaft zukommt.[480] Eine andere schwierige Gruppe der

---

[477] Vgl. a.a.O. LE 20.4; „Das gesellschaftliche wirtschaftlich-soziale Leben ist gewissermaßen ein System \`kommunizierender Röhren´, worin eine jede soziale Aktivität zugunsten der Rechte einzelner Gruppen sich einfügen muß." Nur ein ausgleichendes System, das in sich stimmig ist, kann zu Kompromissen hinlenken.

[478] Vgl. a.a.O. LE 20.5.

[479] Vgl. a.a.O. LE 20. 7; „Auch darf man nie außer Acht lassen, daß die für das Leben und Zusammenleben der Bürger unentbehrlichen Dienstleistungen auf jeden Fall sichergestellt sein müssen, wenn nötig durch besondere gesetzliche Vorschriften. Ein Übermaß an Streik kann zu einem Stillstand des ganzen sozio-ökonomischen Lebens führen; das widerspricht den Erfordernissen des Gemeinwohls der Gesellschaft, das auch dem richtig verstandenen Interesse der Arbeiter selbst dient." Streiks können deshalb auch die gesamte Wirtschaftssituation verschlechtern, was sich wiederum negativ auf die einzelnen Glieder der Gesellschaft auswirkt (worunter dann der streikende Arbeiter ebenso zu leiden hat).

[480] Vgl. a.a.O. LE 21.1-3; Die Diskussion um den Stand der Bauern ist in der Republik Österreich nach Beitritt in die Europäische Union besonders stark,

Arbeitnehmer sind die Behinderten, die `vollmenschliche Subjekte´ darstellen und deren Rechte wie die eines jeden anderen als heilig, angeboren und unverletzlich gelten, denn oft fehlen für sie ausreichende Möglichkeiten zum Arbeiten. Andererseits zeigt sich bei Behinderten eine besondere Würde, Leiden, Schmerzen auszuhalten, wo die eigentliche Größe einer menschlichen Person hervortritt.[481] Es ist die Gemeinschaft, die gefordert ist, wenn es um ausgleichende Maßnahmen geht und die Ermöglichung von Arbeitsplätzen im Hinblick auf die Behinderten.[482]

Eine weitere Gruppe des Arbeitsmarktes sind die `Wanderarbeiter´, für die sehr oft nicht die gleichen Einstellkriterien und Arbeitsschutzmaßnahmen gelten wie für Einheimische - das ist ungerecht. Aber da sie viele Arbeiten im Dienstleistungsbereich verrichten, die andere, Einheimische nicht mehr tun, wird oft großzügig hinweggesehen, was ebenfalls ethisch nicht zu akzeptieren ist. Dabei hat jeder Arbeitnehmer das Recht, aus seiner Heimat wegzugehen, wie ebenso, in seine Heimat zurückzukehren - aus verschiedensten Gründen. Wer sein Land verläßt, um sich irgendwo anders in der Welt niederzulassen, geht als Arbeitskraft seinem Heimatland verloren.[483] Es ist völlig unakzeptabel, wenn die Zwangslage eines ausländischen Arbeitnehmers von den Einheimischen ausgenutzt wird, denn die Wertigkeit einer Arbeit hängt weder von der Rasse, der Sprache, der Kultur, der Religion, der Nationalität oder der Staatsbürgerschaft ab, sondern von der eines jeden Menschen zukommenden Würde, die bereits durch das Menschsein mit- und aufgegeben ist.[484] Welche Gruppe auch immer

---

da die EU mit Quoten bei der Erzeugung tierischer und pflanzlicher Produkte die Herstellung bewußt regulieren will, um den Preisverfall zu stoppen. Darunter leiden die Bauern, selbst wenn viele Lasten durch Subventionen ausgeglichen werden.

481 Vgl. a.a.O. LE 22.1; „Es wäre den Menschen von Grund aus unwürdig und eine Verleugnung der gemeinsamen Menschennatur, wollte man zum Leben der Gesellschaft und so auch zur Arbeit nur voll Leistungsfähige zulassen, denn damit verfiele man in eine schwere Form von Diskriminierung, nämlich Aufteilung in Starke und Gesunde auf der einen und in Schwache und Kranke auf der anderen Seite." Unsere Gesellschaft wird deshalb unter dem wachsenden Leistungsdruck auch dehumanisiert, weil häufig nur das Geleistete gilt, menschliche Werte aber unberücksichtigt bleiben.

482 Vgl. a.a.O. LE 22.2.

483 Vgl. a.a.O. LE 23.1.

484 Vgl. a.a.O. LE 23.3; Denn auch in diesem Zusammenhang gilt der Grundsatz: „...die Rangordnung der Werte und das vertiefte Verständnis der Arbeit fordern, daß das Kapital der Arbeit diene und nicht die Arbeit dem

auf den Arbeitsmarkt drängt und ungerecht behandelt wird, ihr ist nach den Regeln und Sozialprinzipien der katholischen Soziallehre solidarisch und subsidiär zu begegnen.

Ansätze einer Spiritualität der Arbeit zeigt Johannes Paul II. am Schluß der Enzyklika. Dabei kommt der Frohen Botschaft in den Evangelien eine besondere Heilsbedeutung zu, da in ihnen einige \`Lehrstücke´ aufgeführt werden, die wichtig für die menschliche Arbeit sind. Der Mensch ist als Abbild Gottes berufen, am Werk der Schöpfung verantwortungsvoll zu partizipieren, es fortzuführen und damit auch einer Vollendung näher zu bringen. Gleichzeitig soll die menschliche Person Gott imitieren, ihm auch mittels der Arbeit nachfolgen und so immer mehr Mensch werden.[485] Es ist ein Trugschluß zu glauben, daß die durch Menschenhand und Geist und geschaffenen Dinge konträr zum Heilsplan Gottes stehen oder aber daß der vernunftbegabte Mensch zum Gegner Gottes wird.[486]

Gleich welche Arbeit, sie ist - wie das Tragen des Kreuzes - mit Mühsal, Pein und Anstrengung verbunden. Arbeit und Mühsal sind Kennzeichen menschlicher Existenz (Personprinzip) und gehören bis zu einem gewissen Punkt auch zusammen; sie stellen im übertragenen Sinne ebenso die Vorankündigung des Todes dar.[487] Aber Mühsal und Schweiß ermöglichen dem einzelnen Menschen ebenso, daß er teilnimmt an der \`Imitatio Jesu´, am Heilsplan Gottes. Genauso wie Christus, der Herr, für die Menschen litt und sein Kreuz trug, so ist es dem Menschen aufgetragen, in der Communio und Einheit mit dem Gekreuzigten, die Mühe der Arbeit anzunehmen und dadurch auf die Erlösung der gesamten Menschheit hinzuwirken. So wird der Arbeiter zum echten Jünger Jesu, wenn er in Demut die Last des Arbeitsalltags trägt.[488] Bereits in der Arbeit findet der Mensch einen kleines Stück Kreuz Christi und opfert sich, Christus gleich, um des guten und Heil vermittelnden Werkes willen.[489] Zu

---

Kapital." Diese Priorität stellt gleichsam die Voraussetzung für Verbindung von Gemeinwohl und Personprinzip dar.

[485] Vgl. a.a.O. LE 25.3.

[486] Vgl. a.a.O. LE 25.5; „Im Gegenteil, sie (die Christen; J.M.S.) sind überzeugt, daß die Siege der Menschheit ein Zeichen der Größe Gottes und die Frucht seines unergründlichen Ratschlusses sind." Allerdings ist hinzuzufügen, daß die menschliche Verantwortung wächst mit dem Grade der größeren Machbarkeit, was ethisch-moralisch mehr und mehr zum Problem wird.

[487] Vgl. a.a.O. LE 27.1.

[488] Vgl. a.a.O. LE 27.3.

[489] Vgl. a.a.O. LE 27.5; „Dank dem Licht, das von der Auferstehung Christi her zu uns dringt, entdecken wir in der Arbeit einen Schimmer des neuen

einer Vermischung des Anwachsens des Reiches Gottes und des irdischen Fortschritts darf es jedoch nicht kommen, obwohl der irdische Fortschritt eben auch zu einer besseren Gesellschaft beiträgt, die wiederum ganz und gar im Sinne des Reiches Gottes ist.[490]

So läßt sich zusammenfassend feststellen, daß Papst Johannes Paul II. in seiner Arbeitsenzyklika eine Reihe wichtiger Themen des Arbeits- und Berufslebens anspricht. Dabei ist bemerkenswert, daß er die damals vorherrschenden Wirtschaftssysteme, die in Kapitalismus und Sozialismus eingebettet sind, scharf kritisiert, denn beide verwirklichen den sozialethischen Grundsatz von „Arbeit vor Kapital" nicht.

Im Sozialismus geht der Arbeiter im Kollektiv auf und im Kapitalismus wird das Individuum zum Maßstab aller Dinge. Die Eigentumsfrage sieht für den Papst so aus, daß man, jemehr man hat, auch umso verantwortlicher damit umgehen muß und das Eigentum ebenso im Dienst an der Gemeinschaft einzusetzen ist, wobei der folgende Grundsatz gilt: „Allgemeineigentumsrecht vor Privateigentumsrecht". Durch Selbstbeteiligung der Arbeiter an den Produktionsmitteln wird eine höhere Verantwortung erreicht. Auch besitzen die Arbeiter das Recht auf freien Zusammenschluß, der gewöhnlich durch Gewerkschaften dargestellt wird. Bei den Randgruppen auf dem Arbeitsmarkt sieht der Papst besonders große Ungerechtigkeiten im Blick auf die Ausländer, die Behinderten und die Bauern. Diese ungerechten Situationen sind ethisch nicht zu rechtfertigen. Am Ende des Schreibens ist eine Spiritualität der Arbeit verzeichnet, die dem Gläubigen helfen kann, die Mühsal der täglichen Arbeitslast - mit dem Blick auf das Kreuz - positiv zu bewältigen und ihr einen genuinen Sinn abzuringen.

Lebens und der neuen Güterwelt, gleichsam eine Ankündigung des `neuen Himmels und der neuen Erde´(Vgl. 2 Petr 3,13), woran die Menschen und die Welt gerade durch die Mühsal der Arbeit Anteil gewinnen; durch die Mühsal - und niemals ohne sie."

[490] Vgl. a.a.O. LE 27.6.

2.7.4. Die sozialen Probleme nach dem Fall der kommunistischen Regime - die Enzyklika „Centesimus Annus" von Papst Johannes Paul II. (1991)[491]

Das reiche Erbe der katholischen Soziallehre wird mit diesem Lehrschreiben, das anläßlich des 100jährigen Erscheinens von „Rerum Novarum" entstand, fortgesetzt und erweitert.[492] Im Gegensatz zu „Laborem Exercens", wo es um das Thema Arbeit und ihre wichtigsten Grenzgebiete ging, werden hier mehr gesamtgesellschaftliche Wandlungsprozesse in das Blickfeld gerückt, was sich in Anbetracht der friedlichen Revolutionen des Ostblocks als Notwendigkeit erwies. So bestehen die Themen der Enzyklika im Gedenken der Historie, was seit 1891 in der katholischen Soziallehre und der Gesellschaft geschah, im Aufzeigen des zurückgelegten Weges, im Beleuchten des denkwürdigen osteuropäischen Revolutionsjahres 1989, im Darstellen des Spannungsverhältnisses von Privateigentum und der universellen Bestimmung der Güter, im Schildern der Wechselbeziehung von Staat und Kultur sowie im Hinweis auf den anthropologischen Ansatz der Kirche.

Der große Fortschritt von „Centesimus Annus" gegenüber „Laborem Exercens" ist im Hinblick auf die Arbeit zu sehen. Denn „Centesimus Annus" ist die erste Enzyklika, wo die Arbeit als soziale Frage grundsätzlich in ein freiheitliches sowie ethisch abgesichertes Wirtschaftssystem eingebaut ist. Während in „Laborem Exercens" noch das Spannungsfeld der Arbeit zwischen kapitalistischer Wirtschaftsordnung und dem kommunistischen System hervorgehoben wurde, ist es in „Centesimus Annus" so, daß nur noch von einer Ordnung

---

[491] Diese Enzyklika soll innerhalb des Themas aus mehreren Gründen ausführlich behandelt werden. Wenn der große Veränderungsprozeß nach dem Zusammenbruch des Realsozialismus hier aus der Sicht der katholischen Soziallehre verstanden wird, dann ist es notwendig, den Wandel - nicht nur hinsichtlich der Arbeit - auf verschiedenen Ebenen zu berücksichtigen, denn Politik und Wirtschaft bedingen einander und haben wiederum Auswirkungen auf den konkreten Menschen. Deshalb sei es in diesem Zusammenhang gestattet, die Ausführungen breiter anzulegen, um den konkreten Verstehenshorizont breiter als üblich anzulegen.

[492] Auf der Basis des Kommentars zur Enzyklika „Centesimus Annus" von Johannes Schasching, *Unterwegs mit den Menschen* (Wien 1991) wird sich der Argumentationsgang innerhalb dieses Punktes bewegen.

politischer und wirtschaftlicher Art gesprochen wird. Hier zeigt sich also auch eine kritische Weiterentwicklung der durch die historischen Gegebenheiten veränderten Sicht von Arbeit, Gesellschaft und Wirtschaft.

Einerseits steht zwar der Mensch im Mittelpunkt aller Überlegungen, doch gerade dieses Faktum wird der Sozialethik immer wieder zum Vorwurf gemacht, denn dies sei zu abstrakt und habe keine praktische Relevanz. Doch das Problem ist ein Spannungsverhältnis, da einerseits die Lehrdokumente globale Orientierung anbieten müssen und andererseits in den jeweiligen sozio-kulturellen Kontext zu transformieren sind. Das eine ist ebenso notwendig wie das andere. Deshalb läßt sich feststellen, daß die Orientierungen globaler Art nicht einfach und unreflektiert angenommen werden können, sondern diese Grundsätze sind durch dynamische Prozesse des Suchens nach Lösungen auf möglichst konkretem Boden der regionalen, nationalen und mentalen Vorgegebenheiten zu stellen. Verschiedenheit und Komplexität sind daher in die Praxis zu übertragen und fruchtbar zu machen.[493]

Als Hauptfrage der Enzyklika ist zu formulieren, welchen Weg die alten und neuen demokratischen Staaten gehen sollten, und welche Aufgaben sich für die konkrete Zukunft stellen. Nicht nur das Politische ist zu berücksichtigen, sondern vor allem auch der wirtschaftliche Aspekt, denn die soziale Marktwirtschaft wird als gegenwärtig bestes Mittel zur Versorgung der Bürger mit den knappen Gütern angesehen, doch ihre gerechte Ausformung bleibt eine immer bestehende Herausforderung. Entwicklungen, soziale Vorgänge und durchgreifende Umwälzungen sind nicht nur Sache von Wirtschaft und Politik, sondern ebenso Angelegenheit der Religion.

Die katholische Soziallehre wird hier als eine Art `Lehrgebäude´ aufgezeigt, das die Ermöglichung zur Analyse der sozialen Wirklichkeit in der Welt darstellt, Beurteilungen abgibt und sogar Richtlinien für die Schaffung einer gerechteren Ordnung aufstellt. Dabei darf sie aber nie vereinseitigen oder sich von politischen Gruppen vereinnahmen lassen. Ein Hauptpfeiler christlichen Denkens ist die Tradition, die auf dem Heilsgeschehen seit Jesus Christus, also

---

[493] Vgl. Konrad Hilpert; Artikel „Soziale Gerechtigkeit nach dem Zusammenbruch der kommunistischen Regime"; in: <u>*Stimmen der Zeit 9/91*</u>; Freiburg 1991; 609-623.

einer 2000jährigen Historie beruht.[494] Doch ebenso unterliegt diese Lehre einer Dynamik, die sich mit Normen und Prinzipien auseinanderzusetzen hat.

Neben gesellschaftlichen Themen in der Enzyklika bildet auch die Arbeit in „Centesimus Annus" einen Schwerpunkt. Dabei ist sie primär als eine soziale Tätigkeit deklariert, da sie meistens mit anderen zusammen und für andere getan wird. Der Papst stellt deshalb den Dienstcharakter heraus.[495] Die Arbeit steht in einer „Solidaritätskette", die bei den Lieferanten beginnt und bis zu den Verbrauchern reicht (und unabhängig von ihrem bewußten Vollzug existiert). Eine große Schwierigkeit stellt sich in der Arbeit dar, wenn sie trotz gerechter Entlohnung nur unter dem Blickwinkel maximalen Profits und größtmöglicher Erträge gesehen wird, wobei der Mensch in dieser Betrachtungsweise zum Objekt zwangsläufig degradiert wird (gegen das Personprinzip). Hier werden Mittel und Ziel pervertiert, denn der Mensch arbeitet nicht um der Arbeit willen, sondern um der Menschen willen. Werden Ziel und Mittel vertauscht, muß es zu negativen Erscheinungen durch die Arbeit kommen, wie z.B. Entfremdung.[496]

Als große neue Gefahr für die Reformländer wird der aufkommende konsumistische Lebensstil, der in den reicheren Industrienationen immer latent vorhanden war und ist, gesehen. Und es ist ein wesentlicher Fehler, wenn man anstelle des Guten, Schönen und Wahren[497], anstelle von Selbsthingabe und Bildung wirklicher Gemeinschaft zu suchen und zu etablieren[498], sich lieber mit dem Schein betrügt, sich von Dingen, Tätigkeiten, Stimmungen und Gefühlen vereinnahmen läßt, die man käuflich, genießbar und besitzbar erwerben kann, ohne damit die

---

[494] Vgl. Papst Johannes Paul II.; _Centesimus Annus_; Rom 1991; 3; (auch hier werden, wie bei päpstlichen Lehrschreiben üblich, die einzelnen Nummern und nicht die Seiten angegeben).

[495] Vgl. a.a.O. CA 31; 32; 43.

[496] Vgl. a.a.O. CA 41; Entfremdung ist vielschichtig. Es ist aber falsch, wenn man annimmt, daß es sie nur im Kapitalismus gibt. Der Marxismus trat mit der Forderung an, dem kapitalistischen Arbeitsprozeß die Entfremdung zu nehmen, was aber nicht gelang. „Die historische Erfahrung der sozialistischen Länder hat auf traurige Weise gezeigt, daß der Kollektivismus die Entfremdung nicht beseitigt, sondern noch steigert, weil der Mangel am Notwendigsten und das wirtschaftliche Versagen hinzukommen." Als Illusion stellte sich im Realsozialismus die Hoffnung heraus, daß man mit der Veränderung des politischen und wirtschaftlichen Systems den Prozeß der Arbeit humanisieren könne.

[497] Vgl. a.a.O. CA 36.

[498] Vgl. a.a.O. CA 41.

Wirklichkeit zu treffen. Aber der Konsumismus, der seine Wurzeln im überzogenen rational- individualistischen Utilitarismus hat, wird immer mehr zur Gefahr für den Menschen selbst, denn er kreiert artifiziell, d.h. unnatürliche und unechte Bedürfnisse, die mit Hilfe von Produktion, Konsum und Werbung, gleichsam als ein Gegenüber zur Wirtschaftsweise, den Wunsch nach Genuß, nach Besitz schaffen, ohne aber eine Relativierung durch andere Elemente, die Sinn verleihen, zuzulassen und eine Selbstbeschränkung vorzunehmen.[499] Der überzogene Konsumismus ist Indikator für Funktionsstörungen in der Gesellschaft (besonders deutlich durch Drogen, Alkohol und Pornographie). Wer ein künstliches Verlangen nach unechten Konsumbefriedigungen schafft, der behindert die Herausbildung der Persönlichkeit und bringt gemeinschaftsfeindliche Effekte materialistischer und lebensentfremdender Natur in die Gesellschaft. Entfremdung ist aber nicht nur im Sozialismus ein existierendes Problem gewesen, sondern in den westlichen Gesellschaften stets ebenso eine Realität, denn auch hier ist der Verlust nach wahrem Lebenssinn (Wertwandel!) immer häufiger anzutreffen.

Die eigentliche Gefahr wird in der Überschätzung des Habens gesehen, nämlich dann, wenn das Sein an Bedeutung verliert. Beides, Haben und Sein, ist zu trennen.[500] Das Haben steigert die Lebensqualität und erlangt dadurch seine Berechtigung, doch es darf nicht überschätzt und schon gar nicht verabsolutiert werden. Es benötigt immer Neues und geht aber über das im Leben Notwendige hinaus. Die Konzentration auf das Haben vernachlässigt die tieferen und existentielleren Wünsche des Menschen, genau die, die auf Sein orientiert sind, auf das schöpferische Wachstum des Seins, die hinzielen auf Werte, Tugenden, Sinn- und Sinnvermittlung, Wahrheitsanspruch, Solidarität und Selbsthingabe. Kommen Haben und Sein in

[499] Vgl. a.a.O. CA 36; „Nicht das Verlangen nach einem besseren Leben ist schlecht, sondern falsch ist ein Lebensstil, der vorgibt, dann besser zu sein, wenn er auf das Haben und nicht auf das Sein ausgerichtet ist. Man will mehr haben, nicht um mehr zu sein, sondern um den Lebensgenuß als Ziel in sich selbst anzustreben." Lebensziel darf nicht hedonistische Genußmaximierung sein, sondern muß, der Natur des Menschen entsprechend, auf Sinn und Werte schlechthin orientieren.

[500] Vgl. ebd. CA 36; In folgenden päpstlichen Lehrdokumenten wird das Haben vom Sein unterschieden: Gaudium et Spes 35; Populorum Progressio 19/51; Sollicitudo rei socialis 28; (Vgl. auch die Ausführungen bei: Erich Fromm; To have or to be?; New York 1976).

Konflikt miteinander, ist dem Sein die Priorität zuzuweisen, denn es vermittelt das Wesen und entspricht dem Menschen und seinen Grundbedürfnissen mehr als die Seite des Habens, die auch ihre Legitimität besitzt, aber in den ihm zugewiesenen Grenzen.[501] Der Kompetenzbereich des Habens ist daher genau zu definieren, damit er nicht Übergewicht zum Sein erhält.

Als Aufgabe sieht die Enzyklika die Erziehung der Konsumenten zu einem Verhalten dieser, das verantwortungsvoll ist, aber gleichzeitig ist an die Rechenschaftsnotwendigkeit der Produzenten zu appellieren, nicht alles herzustellen, das zwar Profit einbringt, aber ethisch nicht verantwortlich ist. Ebenso kommt den Medien bei der Meinungsbildung und Übermittlung von Informationen eine Schlüsselrolle zu. Einerseits befürwortet der Papst den Pluralismus[502], andererseits ist es ihm ein großes Anliegen, daß die menschliche Person nicht in die vereinseitigende Einflußsphäre der totalen Ökonomisierung hineingerate. Eine „Vergötzung des Marktes" sei deshalb völlig abzulehnen, weil es hier zu einer Überhöhung komme, die nicht dem eigentlichen Sinn des Marktes, Diener des Menschen zu sein, gerecht wird, sondern zum Selbstzweck erhoben wird.

Der anthropologische Grundirrtum des Sozialismus sei im Rationalismus der Aufklärung zu suchen, denn dort wurde die Wirklichkeit der menschlichen Vielfalt und der geschichtlichen Prozesse rein mechanisch gedeutet, wobei aber einige Verdienste der Aufklärung, wie z.B. die Entwicklung der Menschenrechte und der Gewaltenteilung unerwähnt bleiben. Selbst die „Theologie der Befreiung" wird hier angesprochen. „Das ehrliche Verlangen, auf der Seite der Unterdrückten zu stehen und nicht vom Lauf der Geschichte abgeschnitten zu werden, hat in jüngster Vergangenheit viele Gläubige dazu verleitet, auf verschiedene Weise einen nicht möglichen Kompromiß zwischen Marxismus und Christentum zu versuchen."[503] Dennoch nahm und nimmt die

---

[501] Vgl. ebd. CA 36/41.

[502] Vgl. a.a.O. CA 46.

[503] Vgl. a.a.O. CA 26; Der Befreiungstheologie wird eine Absage erteilt. „Unsere Zeit legt nahe, die Schwächen all dieser Versuche zu überwinden, um den positiven Wert einer ganzheitlichen Theologie mit einem umfassenden Begriff der menschlichen Befreiung zu verkünden." (Vgl. auch: Kongregation für die Glaubenslehre; <u>*Libertatis conscientia*</u>- Instruktion über christliche Freiheit und Befreiung; Rom 1986; AAS 79 (1987); 554-599). Von diesem Standpunkt aus könnten die Wendeereignisse in Mittel- und Osteuropa eine gewisse Signalwirkung für die Länder der Dritten Welt besitzen, da auch diese nach Ausweglösungen bezüglich ihrer ungerechten wirtschaftlichen und politischen Lage Ausschau halten.

katholische Soziallehre Anliegen der Befreiungstheologie auf, die auch in diesem päpstlichen Lehrschreiben Erwähnung finden: die Option für die Armen[504]; die Verbindung von Befreiung und Entwicklung[505]; der Zusammenhang der strukturellen Sünde in potentieller Anlage und realisierter Form[506] sowie die Ermöglichung des gerechten Zugangs zum Weltmarkt.[507]

Zum Schluß ist festzustellen, daß die Ereignisse in Europa in „Centesimus Annus" im Mittelpunkt stehen, auch wenn der globale Blick im Hintergrund vorhanden ist und somit die Argumentation über rein europäisches Denken hinausgeht. Das Lehrschreiben ist nicht nur an Katholiken oder Christen allgemein gerichtet, sondern auch an Nichtreligiöse und besonders die Regierenden.[508] Zwar fehlt die Darstellung der innerkirchlichen Situation (in der Enzyklika), aber dennoch hat die Kirche als soziales und theologisches Gebilde eine auch von ihrer Grundintention abhängige Botschaft zu verkünden, die aber vielmehr im Zeugnis der Werke und Taten christlicher Caritas Überzeugungskraft von der Echtheit des Evangeliums erlangt als durch bloße Worte und wenig wirkungsvolle Appelle.

Die rein außerkirchlich-soziale Darstellung fällt besonders auf in der positiven Anerkennung der Arbeit der Gewerkschaften[509]; dem Aufzeigen der fast uneingeschränkten Verdienste und die Hervorhebung der Errungenschaften des

---

[504] Vgl. a.a.O. CA 57.

[505] Vgl. a.a.O. CA 52.

[506] Vgl. a.a.O. CA 38.

[507] Vgl. a.a.O. CA 33; „Das größte Problem scheint also darin zu bestehen, einen gerechten Zugang zum internationalen Markt zu finden, der nicht auf dem einseitigen Prinzip der Ausbeutung der natürlichen Ressourcen, sondern auf der Achtung der menschlichen Arbeit beruht." Allerdings ist die Voraussetzung für den ungehinderten Zugang zum Weltmarkt für die Länder der Dritten Welt, daß man in den Industrienationen die Einfuhrlimits und Protektionen abschafft oder wenigstens stark reduziert. Geschieht dies nicht, wird sich die Lage der ärmeren Länder der Erde noch weiter verschlechtern. Auch hier setzt globales Denken an.

[508] Vgl. a.a.O. CA 60; Einerseits geht der päpstliche Appell an alle großen Weltreligionen, andererseits an alle Menschen guten Willens. „Die Bereitschaft zum Dialog und zur Zusammenarbeit gilt in der Tat für alle Menschen guten Willens und insbesondere für jene Personen und Gruppen, die sowohl auf nationaler wie auf internationaler Ebene eine besondere Verantwortung auf politischem, wirtschaftlichem und sozialem Gebiet tragen." Besonders die Regierenden in den verschiedenen Bereichen sind angesprochen, denn bei ihnen liegt vor allen anderen die Macht zur grundlegenden Veränderung innerhalb einer Gesellschaft.

[509] Vgl. a.a.O. CA 35.

demokratischen Systems und der Rechtsstaatlichkeit[510]; der Anerkennung der Erfolge der Gewaltenteilung[511] und der häufig wiederholten Forderung nach Partizipation[512]. Die Kirche ist soziale Realität schlechthin. Und deshalb muß auch sie sich immer wieder Rechenschaft geben über das, was innerhalb und außerhalb ihrer selbst geschieht. Dieses Mindestmaß an politischem Denken, an Selbstkontrolle und Überprüfung der Einstellung des Handelns ist ein unerläßliches Proprium der katholischen Soziallehre, um stets den Realitätsbezug in den verschiedensten Teilen der Gesellschaft bzw. des Staates, den politischen, ökonomischen, sozialen, kulturellen und religiösen Bereichen herzustellen.[513]

2.8. Zusammenfassung von Kapitel I.

In der Antike herrschte eine klare Trennung von körperlicher Arbeit, die für die freien Bürger unwürdig erschien, für Sklaven jedoch als angemessen galt - und geistiger Arbeit, die nur wenigen, nämlich den Freien zukam. Diejenigen, die „banausischen Tätigkeiten" nachgingen (damit meinte Aristoteles die Handwerker und Lohnarbeiter), wurden auch nicht als Bürger anerkannt. Dagegen war das ungebundene Tun in Politik und Wirtschaft, ja die Beschäftigung mit den schönen Künsten den freien Bürgern vorbehalten.

In den Büchern des Alten Testaments ist die Arbeit kein absolut gesetzter Wert, sondern an den Anspruch und die Berufung Gottes geknüpft. Ziel der Arbeit ist das Präsentmachen der guten Werke Jahwes. In den Schriften der Bibel wird aber

---

510 Vgl. a.a.O. CA 46; „Die Kirche weiß das System der Demokratie zu schätzen, insoweit es die Beteiligung der Bürger an den politischen Entscheidungen sicherstellt und den Regierten die Möglichkeit garantiert, ihre Regierungen zu wählen, sie zur Rechenschaft zu ziehen und sie dort, wo es sich als notwendig erweist, auf friedliche Weise zu ersetzen." Gegenwärtig gibt es offensichtlich auch für den Papst zur Demokratie keine ernsthafte Alternative.

511 Vgl. a.a.O. CA 44.

512 Vgl. a.a.O. CA 28, 35, 46; „Sie (die Demokratie; J.M.S.) erfordert die Herstellung der notwendigen Bedingungen für die Förderung sowohl der einzelnen Menschen durch die Erziehung und Bildung im Geist der echten überlieferten Werte als auch für die Erstellung des „Subjektcharakters" der Gesellschaft durch die Schaffung von Strukturen der Beteiligung und Mitverantwortung." Es ist ein Grundelement demokratischen Handelns, daß die einzelnen Glieder der Gesellschaft am Entscheidungsprozeß beteiligt werden.

513 Vgl. Oswald von Nell-Breuning; *Soziale Sicherheit?*- Zu Grundfragen der Sozialordnung aus christlicher Verantwortung; Freiburg 1979; 202-210.

komplementär zur Arbeit die Ruhe gesehen, die beide zusammen erst ein sinnvolles Ganzes der menschlichen Tätigkeit ergeben. Mit dem Eintreten des Gottessohnes in das Weltgeschehen verändert sich das Bild der Arbeit nicht prinzipiell, wird aber durch eine Facette ergänzt, nämlich das Motiv der Arbeit für das Reich Gottes. Andererseits warnt Jesus davor, daß Arbeit nicht zum Selbstzweck werden soll und damit am eigentlichen Sinn vorbeigeht. Arbeit verliert dann ihren dienenden Zweck, wenn für den Anspruch Gottes im Leben eines Menschen keine Zeit mehr bleibt. Paulus betont besonders den Wert der Eigenarbeit, der den einzelnen unabhängiger macht und deshalb sollten sich die Verkünder des Evangeliums der eigenen Händearbeit bedienen, um nicht auf die Gaben der anderen angewiesen zu sein. Sowohl materielle Unabhängigkeit als auch die Ermöglichung des Almosengebens sind für den Völkerapostel Paulus gute Gründe, die Brüder und Schwestern im Herrn zur Arbeit mittels ihrer Hände aufzurufen.

Das frühe Christentum sieht sich einerseits dem Aufruf Pauli zur geregelten Arbeit, andererseits der Naherwartung des Reiches Gottes gegenüber. Diese Pole treten in Spannung zueinander. Der Stellenwert der Arbeit ist zur Zeit der Kirchenväter, wie in der Antike, zweigeteilt, da die einen aus reinem Interesse um des Broterwerbs willen, die anderen gar nicht arbeiten müssen. Auch zu dieser Zeit hat die Berufsarbeit noch keinen überhöhten Stellenwert, der ihr erst in der Neuzeit beigemessen wird. Arbeit wird nun mit einem christlichen Sinngefüge zusammengebracht und erhält den Aspekt „Mitverantwortlichkeit" des Einzelmenschen auch für die Schöpfung, denn schon in der Bibel ist der Auftrag an die menschliche Person zur Verwaltung und Mitgestaltung der Schöpfung grundgelegt. Der hl. Augustinus nennt drei Gründe für die körperliche Arbeit: um den Müßiggang zu bekämpfen; damit die Klöster Almosen verteilen können und die Kontemplation begünstigt wird. Auch beim Ordensgründer Benedikt von Nursia ist die Arbeit im Kontext religiöser Dienste zu sehen, wobei er aber betont, daß beides, das Beten und das Arbeiten, zusammengehört.

Im Hochmittelalter ist es die Scholastik, die mit ihrem Hauptvertreter, dem hl. Thomas von Aquin, den Blick zur Berufsarbeit weiterentwickelt, nimmt er doch das Aristotelische Denken auf und transformiert es in das christliche Umfeld. Der

Aquinate warnt davor, daß Arbeit zum Selbstzweck wird, was aber später tatsächlich eintritt. Er stellt die Würde der Arbeit heraus, jedoch dürfe sie nicht in absoluten Kategorien gesehen werden, da alles, was auf dieser Erde getan wird, vergänglich ist. Hervorzuheben ist auch die Trennung, die Thomas vornimmt, wenn er zwischen körperlicher und geistiger Arbeit unterscheidet, verleiht aber der Überzeugung Ausdruck, daß derjenige, der sich geistiger Arbeit widmet, nicht schon von vornherein ein besserer Mensch wäre. Als Zweck der geistigen Arbeit hebt er die Suche nach der Wahrheit hervor.

Im Spätmittelalter und der Reformationszeit bleiben die Arbeiter dem Adel und dem geistigen Stand untergeordnet. Die Reformatoren Luther und Calvin schreiben der Arbeit rein positive Aspekte zu. Luther verbindet mit der Arbeit die „Vocatio" (Berufung). Allerdings macht er nun keine Unterschiede mehr, welcher Art von Arbeit der einzelne nachgehe und welchem Stand er angehöre. Vor allem die Werkgerechtigkeit verurteilt Luther. Calvin nimmt die Prädestinationslehre des hl. Augustinus auf und entfaltet sie weiter. Danach ist an den Erfolgen innerhalb der Berufsarbeit ablesbar, welchen Grad der Gnade der einzelne im Angesicht Gottes erlangt. Im Gegensatz dazu ist die Arbeitsunlust Indikator für den fehlenden Gnadenstand. Die mit der Reformation eingeleitete Entwicklung der Überbetonung von Arbeit und Beruf sollte wesentlich zur \`Entzauberung der Welt´ durch die Moderne beitragen.

Nach Reformation und Gegenreformation wird versucht, die Prädestinationslehre in den protestantischen Ländern in die Praxis umzusetzen. Dabei werden Berufsarbeit und Machteinfluß in ein interdependentes Beziehungsgefüge gesetzt, der Gewinn wird zum Zeichen für den Gnadengrad, den der in der Berufsarbeit Stehende erlangt. Bei Thomas Hobbes ist der Arbeitsbegriff ein gesellschaftlicher Ausdruck. Francis Bacon negiert in seinen Schriften die Verbindung von Kontemplation und Wissen. Daraus schlußfolgert er, daß praktisches Tun allein der Menschheit nutzt. An die Stelle der vita contemplativa setzt er die vita activa und macht sie gleichzeitig zum Maß aller Dinge. Statt der scholastischen Deduktion setzt Bacon die Induktion ein. Bei Bacon wird das Praktische hervorgehoben, dem die Theorie dienen müsse, ansonsten habe auch diese keine Existenzberechtigung. Arbeit allein bringt verwertbare

Erkenntnisse, die wiederum der Bewältigung der humanen Existenz dienlich sein sollen.

Neben Bacon nimmt auch John Locke großen Einfluß auf den Begriff der Arbeit, wendet er sich doch ebenfalls von der Methode der Scholastik ab, die ihm zu uneffektiv ist, zu stark an Dingen orientiert, die außerhalb unserer Wahrnehmung und nach Lockes Ansicht dadurch nutzlos sind. Er verbindet theoretische Erkenntnisse mit der Praxis, mehr als alle vor ihm. Dadurch verändert er den Arbeitsbegriff, indem er den praktischen Tätigkeiten (physisches Tun) einen höheren Stellenwert einräumt als diese vorher hatten. Auch die Arbeit mit dem Verstand erkennt er als Arbeit genuiner Natur an. Interessant ist noch zu erwähnen, daß Locke die Arbeit als Grund und Ursprung von Eigentum betrachtet.

Adam Smith übernimmt einige Grundansätze von Machiavelli, bei dem der Erfolg auf politischer Ebene mit Zuwachs an Macht gleichgesetzt wird.[514] Dieser Gedanke wird von Smith in die Ökonomie übertragen. Ethik geht bei Smith auf in der Ökonomik. Und seither gibt man sich in ihr „wertfrei“. Aber Smith erkennt durchaus nicht nur die ökonomische Komponente, sondern auch die soziale, die ihm ein großes Anliegen ist. Er sieht die einzige Lösungsmöglichkeit der sozialen Probleme in der Wohlstandssteigerung. Arbeit wird nun zu einem Element der Wirtschaft, das sowohl als Angebot und Nachfrage, wie als Basis der sich aufteilenden bzw. spezialisierenden Arbeitswelt, sich in Tun, Denken oder Sprechen darstellt. Dabei werden Einzelinteressen und Gemeinwohl mit Hilfe der „unsichtbaren Hand“ reguliert.

Aus den Theorien von Smith entwickelt Ricardo eine Arbeitswertlehre, die eine Doktrin des Arbeitswertes aufbaut; die Faktoren Kapital und Boden werden eliminiert. David Ricardo, als einer der wichtigsten Vertreter der liberalen Ökonomie bekannt, setzt die Arbeit über alle anderen Elemente, die am Markt wirken.

Der deutsche Idealismus beeinflußte wesentlich die Lehren von Marx. Johann Gottlieb Fichte, Vertreter des Idealismus, sieht in der Arbeit nur ein „aufgedrungenes Mittel“, das nur dann einen echten Wert besitze, wenn es die menschliche Person immer mehr Mensch werden läßt. Bei Georg Friedrich Wilhelm Hegel wird

---

[514] Vgl. Adam Smith; _Der Wohlstand der Nationen_; Hg. von H.C.Recktenwald; München 1974; 332/670/697.

die Arbeit in Verbindung mit dem Werden des Geistes und der Freiheit gesehen. Er macht die Arbeit zum anthropologischen Fortschrittsprinzip. Während Liberale auf Selbstregulierung des Marktes (und damit eingeschlossen die Arbeit) bauen, wird im sozialistischen - und noch extremer im kommunistischen - Gedankengut auf kollektivistische Leitung des Arbeitsmarktes gesetzt. Karl Marx glaubt sogar, daß die Befreiung des Menschen durch den Menschen mittels Arbeit (und Revolution) geschehen könne. Damit wäre der Entfremdung des Menschen durch Arbeit Einhalt geboten.

Im Kommunismus werden die Theorien von Marx und Engels, kombiniert mit den Thesen Lenins, aufgenommen, radikalisiert (nur durch eine Revolution seien die gesellschaftlichen Ungerechtigkeiten zu lösen) und in die Praxis transformiert. Das Proletariat, d.h. die Arbeiterschaft, wird durch Lenin und Stalin zum Maßstab aller Dinge, wobei aber der Zustand des Kommunismus erst dann erreicht würde, wenn alle Theorien in die Praxis umgesetzt seien, wozu es aber nie kam. Auch würden beim Sieg des Kommunismus geistige und körperliche Arbeit verschmolzen, so daß die Schicht der Intelligenz keine besondere Schicht mehr ist. Die Arbeit wird hier zum Sinn und Glück menschlichen Lebens.

Selbst der Neomarxismus, z.B. der Frankfurter Schule, stellt mit Jürgen Habermas fest, daß die nicht-zweckrationalen Eigenschaften und Wesensmerkmale humanen Existierens durch Marx und seine Anhänger eliminiert worden seien. Herbert Marcuse, ebenso Vertreter der Frankfurter Schule, ist der Ansicht, daß es ein gutes Ziel sei, die Gesellschaft von der Arbeit zu entledigen oder wenigstens zu entlasten. Dagegen warnt der Phänomenologe Max Scheler vor der Absolutierung des Arbeitsbegriffs nach liberalistischem oder sozialistischem Vorbild. Die Arbeit bekommt nur innerhalb eines ganzen Wertsystems ihren berechtigten Platz zugewiesen, ist aber weder zu überhöhen noch zu unterminieren.

Heute sehen wir uns in der westlichen Welt vor allem einem liberalen Arbeitsbegriff gegenüber, der - wie schon immer - den sozialen Status einer Person bestimmt. Besonders der utilitaristische Ansatz, der sich essentiell auf das Kosten-Nutzen-Schema beschränkt, ist heute feststellbar. Aber viele Menschen der westlichen Wohlstandsgesellschaft sehen inzwischen nicht mehr nur das Gehalt und den Lohn als oberstes

Wertungskriterium über die Arbeit an, sondern auch Arbeitsklima, Mitbestimmung am Arbeitsplatz oder Selbstverwirklichung durch die Berufsarbeit.[515]

Papst Leo XIII. nimmt im Jahr 1891 in seiner Enzyklika „Rerum Novarum" Stellung zu den sozialen Problemen, was für damalige Verhältnisse revolutionär gewesen ist. Den Arbeitgebern schreibt er eine große Verantwortung zu, da mit ihrer Hilfe am ehesten die Gesellschaft gerechter gestaltet werden könne. Auch werden die Rechte und Pflichten der Arbeitgeber und Arbeitnehmer genau umrissen, so daß man die Enzyklika mit Recht „Magna Charta der Arbeitswelt" nennt.

Als zweites Dokument wird die Pastoralkonstitution des II. Vatikanischen Konzils „Gaudium et Spes" (1965) beleuchtet. Auch hier findet sich eine Sektion zum Thema der Arbeit. Dabei wird hervorgehoben, daß Arbeit über dem Kapital einzuordnen ist. Die vom Menschen erzeugten Güter stehen nicht im Gegensatz zu Gott. Allerdings wird vor dem grenzenlosen Wachstum gewarnt, der die Macht des Menschen über die Natur zwar vergrößert, aber mit dem gleichzeitig auch der Grad der Verantwortung bezüglich dieser Machbarkeit steigt. Das Konzilsdokument erinnert auch daran, daß Gott diese Welt nicht für einige wenige schuf, sondern für alle Menschen, die unseren Planeten bewohnen, aber nicht das Nötigste zum Leben haben.

In der päpstlichen Arbeitsenzyklika „Laborem Exercens" von Johannes Paul II. wird die soziale Frage erneut gestellt (1981). Auch hier ist die Argumentation verständlich, wenn man auf die historischen Ereignisse schaut, denn gerade 1981 wurde in Polen der Kriegszustand ausgerufen. Der Papst sieht in der sozialen Problematik vor allem die der Arbeit, von der der Mensch seine Würde erhält, seinen Lebensunterhalt verdient, aber ebenso Pein und Mühsal erfährt. Hervorzuheben ist, daß der Papst zwischen der Arbeit im objektiven und im subjektiven Sinn eine Trennung vornimmt. Mit dem Objektiven ist das Produktive, das Ziel und das Ergebnis gemeint. Aber der Mensch ist trotzdem das Proprium des Arbeitens und somit Sinn und Ziel des Handelns, was den subjektiven Sinn von Arbeit determiniert. Johannes Paul II. betont in Fortführung des Konzilsdokuments „Gaudium et Spes", daß der Grundsatz Arbeit vor Kapital gelten muß, was mit der anthropologischen Dimension, also dem Menschen

---

[515] Über die aktuelle Sicht von Arbeit und Beruf ist später innerhalb dieser wissenschaftlichen Arbeit noch zu sprechen.

schlechthin und dem Primat des Humanen vor den Produktionsmitteln begründet wird. Ebenso wichtig ist zu erwähnen, als dritte Begründung für die Aufstellung der in das Wort gehobenen Priorität, daß sich der Mensch das zu eigen machen muß, was bereits vor ihm andere erwirtschaftet haben. Demgegenüber wird das Kapital als Summe von Dingen angesehen, die erst durch die Arbeit entsteht.

Mit der Arbeit sind Rechte und Pflichten verbunden. Wer seinem Beruf und seiner Arbeit nachgeht, der erwirbt dadurch das Recht auf adäquate Entlohnung seines Tuns. Arbeitslosigkeit wird - wie früher bereits - als Grundübel der Gesellschaft anerkannt, wobei den verantwortlichen Instanzen die Aufgabe zufällt, Pläne zu entwickeln, die die Entlassung der Arbeitnehmer verhindern oder beschränken bzw. das aus der Arbeitslosigkeit resultierende Leid mildern. Selbst die schwierigen Gruppen, die sich auf dem Arbeitsmarkt befinden, werden genannt. Das päpstliche Lehrschreiben enthält am Ende Ansätze zu einer Spiritualität der Arbeit, die wesentlich von der Frohen Botschaft ausgeht.

Genau einhundert Jahre nach der ersten Sozialenzyklika von Papst Leo XIII. veröffentlichte Papst Johannes Paul II. sein Lehrschreiben „Centesimus Annus“ (1991). Im Anschluß an die Wende der Jahre 1989/1990 formuliert der Papst sein Dokument, bezugnehmend auf diese großen gesellschaftlichen Umwälzungen, denn nach einer Periode der internationalen Bipolarität brach der sowjetrussische Machtblock mit seiner Ideologie des Realsozialismus bzw. beginnenden Kommunismus zusammen. Vor euphorischem Siegesgefühl des Westens über den sozialistischen Ostblock wird jedoch gewarnt, denn auch die Marktwirtschaft und die liberalen Ideen sind neu zu überdenken und weiter zu entwickeln. Arroganz der einen über die anderen ist eines der größten Probleme, das bis heute ungeklärt ist und oft die Fortschritte auf dem Weg zu einer gerechteren Gestaltung der Welt hemmt. Während der basishafte Irrtum des Sozialismus in einem falschen Grundverständnis von den Bedürfnissen und Anlagen des Menschen besteht und dadurch im „Kollektiv“ aufgeht, ohne sich verwirklichen zu können, ist es im Kapitalismus die liberale Ideologie, die den Menschen als Individuum zum Maß aller Dinge macht. Beide Sichtweisen überziehen die anthropologischen Gesetze vom Menschen, der eben beides ist: Sozial- und Individualstand.

Der Grundduktus der Sozialenzykliken besteht in der Betonung der sozialen Frage, die vom Menschen ausgehend zu lösen ist. Dabei kommt es aber darauf an, daß sowohl die politischen wie die wirtschaftlichen Rahmenbedingungen so gestaltet werden, daß sie der Verwirklichung des Personprinzips und gleichzeitig des Gemeinwohls dienlich sind.

Nicht nur der Mensch ist innerhalb seines Systems richtig einzuordnen, sondern auch die anderen Prinzipien wie Solidarität und Subsidiarität, denen in Verbindung mit dem Aufbau einer gerechteren Welt Schlüsselrollen zukommen. Arbeit ist in dieser Enzyklika als soziale Tätigkeit determiniert, die in einer Kette der Solidarität steht, welche vom Lieferanten bis zum Konsumenten reicht. Der Konsumismus wird als Gefahr für die Reformländer des ehemaligen Ostblocks angesehen und gleichzeitig als Zeichen für Funktionsstörungen der Gesellschaft entlarvt. Deshalb besteht in der Erziehung zu verantwortungsvollem Verhalten eine sehr wichtige Aufgabe. Vor Manipulation durch die Medien wird gewarnt. Der Befreiungstheologie, die einen Kompromiß zwischen Marxismus und Christentum versucht, wird eine Absage erteilt. Allerdings werden verschiedene von ihr propagierte Themen, die selbst wieder bewußtseinsbildend waren und sind, wie z.B. die „Option für die Armen" gewürdigt und weiterentwickelt. Aber am wirkungsvollsten ist die Verkündigung christlicher Botschaft durch die Überzeugungskraft christlicher Caritas, denn an den Werken wird gemessen, nicht so sehr am Wort, da wir in dieser Zeit leben, wo die Inflation des Wortes durch ein Überangebot in der Öffentlichkeit zutage tritt. So hat „Centesimus Annus" zwar zunächst Europa im Blick, geht aber auch generell auf einige soziale Probleme der ganzen Welt ein.

Der Grundduktus der Sozialenzykliken besteht in der Betonung der sozialen Frage, die vom Menschen ausgehend zu lösen ist. Dabei kommt es aber darauf an, daß sowohl die politischen wie die wirtschaftlichen Rahmenbedingungen so gestaltet werden, daß sie der Verwirklichung des Personprinzips und gleichzeitig des Gemeinwohls dienlich sind.

Im zweiten Hauptkapitel wird nun die Thematik in den konkreten Kontext gesetzt, um die einzelnen Sachgebiete der Arbeit und des Berufes in Deutschland besser evaluieren zu können.

Kapitel II.: Die Phänomene des Wandels in der heutigen Arbeitswelt- die Spannung der menschlichen Person im Kontext zwischen Technologie und Entfremdung, zwischen Arbeitslosigkeit und Ausgrenzung

Nach der historischen Betrachtung muß es jetzt um den Aspekt der Gegenwart gehen, der die Arbeit anders als in früheren Zeiten erscheinen läßt. Doch gerade deshalb ist eine fundierte Grundlegung notwendig, da sie dem Argumentationsgang eine unverzichtbare Basis verleiht, die für das jetzige Umfeld als Hintergrund die heutigen Bewegungen und Veränderungen im Arbeits- und Berufsleben transparent macht, was uns z.Z. begegnet und wo es in der Zukunft hintendieren könnte. Der Sollensanspruch, der im dritten Teil zu formulieren ist, wird dadurch vorbereitet, d.h. der Aspekt der Zukunft wird uns erst im Schlußteil dieser Arbeit beschäftigen. Im zweiten Kapitel soll es um das Aufzeigen der gegenwärtigen Lage gehen, um soziologische Daten, gesellschaftliche Phänomene, öffentliche Aspekte der Arbeit und nicht zuletzt den anthropologischen Ansatz, der bereits im Hinführungskapitel hervorgehoben wurde.

3. Die Arbeit und der Beruf in der Gegenwart - der anthropologisch-analytische Ansatz

Wie bereits am Thema ersichtlich, geht es vor allem darum, den Wandel der Arbeit im wiedervereinigten Deutschland zu beleuchten. Allerdings sind die Fragen nach Veränderungen stets im Kontext wirtschaftspolitischer Ereignisse zu sehen, die, wie z.B. auch im Einigungsprozeß der Europäischen Union erkennbar, über die Grenzen nationaler Interessen hinausgehen müssen. Gesellschaftlich ist somit auf die Lage des angesprochenen Inhalts zu schauen, aber argumentativ ist die Position der Kirche und besonders der katholischen Soziallehre zu berücksichtigen. Formal und inhaltlich kann es aber nicht nur um die Entwicklung von Konzepten gehen, sondern auch um die praktische Umsetzung dieser, wobei die Theorie stets die

Grundlage für die Praxis bildet (gemäß dem Schema von Sehen-Urteilen-Handeln).

3.1. Begriffserklärungen des Themas und der anthropologische Blickpunkt

Um die Begriffe genauer zu umreißen, ist eine Definition aller Termini Voraussetzung der Beantwortung der aufgezeigten Fragen und Problemfelder. Daraus folgt dann, daß der Leser besser in der Lage ist, um die eigentlichen anthropologischen, gesellschaftlichen und ethischen Dimensionen zu erfassen bzw. nachzuvollziehen.

3.1.1. Erklärung zum Arbeitsbegriff

Unter Arbeit, ein Begriff, der in der modernen Literatur auch mit Tätigkeit, Beschäftigung, Leistung oder Werk synonym gesetzt wird, aber noch viele andere Bedeutungen haben kann[516], ist diejenige menschliche Aktivität zu verstehen, in welcher durch bestimmten Einsatz von Energie ein Gut vorangetrieben oder hergestellt wird, das einem humanen Wert entspricht.[517] Diese drei Elemente der Arbeit sind Konstitutiva des Sachverhalts und der Terminologie.

Einerseits zählt der Arbeitsbegriff zu den normalen und selbstverständlichen in unserem Alltag, andererseits ist er

---

[516] Vgl. Marie Jahoda; Employment and Unemployment- A social psychological analysis; Cambridge,New York 1982; 8; „The Oxford English Dictionary lists no less than 39 distinct meanings for the term work, of which holding a job to make a living is only one." Aufgrund der Fülle von Bedeutungen des Arbeitsbegriffs scheint es legitim, daß sich hier auf wenige Termini geeinigt wird, die dann auch zur Anwendung kommen: work, labor, employment, job, profession, task (Arbeit, Mühe/Anstrengung, Beschäftigung, Arbeitsplatz, Beruf, Aufgabe).

[517] Vgl. Hans Brink (Hg.); Artikel „Arbeid" (Niederländisch); in: Theologisch Woordenboek; Roermond en Maaseik 1952; 218-219; „Arbeid kan dan bepaaled worden als die menslijke activiteit, waarin met een zekere krachtsinspanning een voor de mens waardevol goed wordt voort gebracht. Deze begripsbepaling besluit drie elementen in zich: (1) Arbeid valt onder het algemene begrip: menslijke activiteit; (2) Jedere arbeid sluit een zekere krachtsinspanning in; (3) Dit resultat moest een waardevol goed zijn." Somit lassen sich die drei genannten Elemente der Definition kurz zusammenfassen: Arbeit ist menschliche Aktivität, die unter Einsatz von Energie (körperlicher oder geistiger Natur) einem werthaften Gut als Resultat entgegenstrebt.

komplex, sein Gebrauch alles andere als eindeutig.[518] Arbeit kann aber auch sehr negative Bedeutung haben, nämlich dann, wenn es sich um Werke handelt, die gegen die menschliche Würde gerichtet sind, wie es z.B. die „Arbeit" von Prostituierten oder Drogenhändlern darstellt. Deshalb ist es ganz wichtig, auf die moralisch-ethische Dimension der Arbeit hinzuweisen, da die handelnde Person, in diesem Fall der Arbeiter oder Angestellte, selbst immer schon ein „ens morale" darstellt und als solche verantwortlich ist für die Handlung generell, die auszuführen ist bzw. freiwillig getan wird.

Das Gegenteil bzw. die Ergänzung zur Arbeit sind die Freizeit und das Spiel (freie und soziale Zeit). Spielen heißt, etwas zu tun, aber nicht als Aufgabe oder um des Profits willen, sondern als Amüsement, unbekümmert und frei.[519] Eine klare Trennungslinie zwischen Arbeit und Freizeit/Spiel bzw. Sozialzeit (Zeit, die man bewußt mit Nächsten verbringt) ziehen zu wollen, ist ob der fließenden Übergänge äußerst schwierig. Was auf konzeptioneller und theoretischer Ebene noch leicht nachvollziehbar ist, wird in der Praxis unmöglich. Besonders in der Welt der Kunst, wo Kreativität eine große Rolle spielt, ist es nicht einfach, die Separationslinien zwischen Arbeit und Spiel zu zeigen, da sich hier Arbeit, Beruf, Inspiration, Vorstellungsvermögen und abstraktes Denken interdependent überschneiden und gegenseitig bedingen.

Drei Ansätzen in der Freitzeitforschung ist hier zu folgen. Die Arbeit stellt in der kritischen Gesellschaftstheorie den bestimmenden Teil der Lebenszeit dar. Und die arbeitsfreie Zeit, die eben nicht mit Arbeit zu füllen ist, wird als übriggelassene Zeit betrachtet.[520] Durch das Umfeld der sozialen Bestimmungen determiniert, erweist sich die Freizeit aber als gleichberechtigtes Element gegenüber der Arbeit.[521] Doch sehen wir die Freizeit immer mehr als einen eigenen Lebensbereich, der anders als der Arbeitsprozeß, durch höhere Selbstbestimmung charakterisiert ist. Während Arbeit als Mittel zum Erwerb des

---

518 Vgl. Walter Kerber; Artikel „Arbeit"; in: Ed. Gaukler (Hg.); _Handwörterbuch des Personalwesens_; Stuttgart 1975; 52ff.

519 Vgl. Virginia S. Thatcher (Hg. et al.); _The New Webster Encyclopedic Dictionary of the English Language_; Chicago 1971; 635.

520 Vgl. Jürgen Habermas; Artikel „Soziologische Notizen zum Verhältnis von Arbeit und Freizeit"; in: G.Funke (Hg.); _Konkrete Vernunft_; Bonn 1958; 219-231.

521 Vgl. a.a.O. 227.

Lebensunterhalts gilt, wird der freie Raum als Lebensinhalt oder Erlebnismöglichkeit bewertet. Bei diesem Ansatz handelt es sich um einen Dualismus, der den Menschen in zwei Lebenswelten versetzt, die eine starke Differenzierung erfahren, was sich heutzutage besonders die Freizeitindustrie zunutze macht. Somit werden in der Freizeit die Neigungen aktiviert, die in der modernen Arbeitswelt anderweitig nicht genutzt werden.[522] Als Teil der freien Zeit gewinnt die soziale Zeit an Bedeutung, die mit sinnvollem Tun um eines höheren Gemeinwohls willen verrichtet wird. Andererseits setzt dieses Tun, das oftmals nicht finanziell honoriert wird, die Grundhaltung der Solidarität voraus, welche in der Gesellschaft offenbar abnimmt.

In einem anderen Ansatz werden Arbeit und Freizeit als sich ergänzende Elemente menschlichen Lebens gesehen. Doch die extreme Polarisierung der Arbeit und Freizeit kann nicht dem Ziel der Ganzheitlichkeit menschlichen Lebens dienen, denn die humane Person läßt sich nicht aufteilen in verschiedene Sphären, da sie eine gewisse Einheit darstellt. Deshalb ist auch eine Trennung des Lebens nur bedingt möglich und notwendig, obwohl ebenfalls vor zu starker Identifizierung beider zu warnen ist. So stehen sie in permanenter Spannung.

Arbeit ist auch nach gewissen Aspekten einzuordnen. So meint physikalische Arbeit die Überwindung eines Widerstandes über einen Weg. Im physiologischen Sinne spricht man von Arbeit und meint geistig und/oder körperliche Arbeit; psychologisch: Änderung der Arbeitspsychologie (Wechsel von der Tätigkeit als Bauer hin zur Industriearbeit); kulturell: Arbeit als eine Leistung mit objektiver Bedeutung; ökonomisch: verstanden als Tätigkeit, die die Mittel erwirtschaftet, die zur Befriedigung der Bedürfnisse hinführen.[523]

Die Aktivität der Arbeit hat generell einen dreifachen Zweck: einen objektiven, einen subjektiven und eine soziale Dimension. Der objektive Zweck besteht in der Produktion von Gütern aus natürlichen Ressourcen. Im subjektiven Sinn von Arbeit findet sich die menschliche Person als Individuum, das befähigt ist, sich als Selbstidentität zu verwirklichen. Außerdem ist Arbeit auch immer ein Element sozialen Tuns, um des Gemeinwohls

---

[522] Vgl. Alfons Auer; _Ethos der Freizeit_; Düsseldorf 1972; 12.
[523] Vgl. Dietmar Mieth; _Arbeit und Menschenwürde_; Freiburg 1985; 10.

willen.[524] Gregory Baum nennt den subjektiven Aspekt der Arbeit eine personale Aktion, denn die ganze Person, Körper und Geist, nimmt an diesem Prozeß teil, ohne Unterscheidung, ob es sich dabei um manuelle oder geistige Arbeit handelt.[525] Arbeit ist somit ein wesentlicher Teil unseres Lebens, der uns menschlich macht und wo die Person individuelle Zwecke erfüllt; Arbeit ist also wesenhaft mit dem Menschen und seinen Bedürfnissen verbunden, philosophisch auch dialektische Verbindung genannt.

Allerdings besteht eine große Gefahr darin, daß der Mensch einzig und allein bezüglich seiner Arbeit und der darin erbrachten Leistung definiert wird, denn die Gutheit einer Person hängt nicht notwendigerweise an der Arbeit selbst, sondern vielmehr an seinen individuellen Wertüberzeugungen, nach denen er agiert. Auch wird heutzutage nicht mehr jedem die Möglichkeit zur Selbstverwirklichung durch Arbeit gegeben.[526] Eine andere wichtige Unterscheidung wird von Dietmar Mieth herausgearbeitet, wenn er zwischen Arbeiten und Wirken trennt.[527] Wirken ist verbunden mit Tempoverlangsamung im Arbeitsprozeß. Es ist nicht instrumentell, gibt dem Arbeitenden freie Zeit während der Beschäftigung, und die Tätigkeit erstreckt sich über den Tag hinweg, wodurch es keine direkten Dienststunden gibt. Dieses Phänomen, das vor allem in Kleinbetrieben, im Handwerk oder auf Bauernhöfen anzutreffen ist, macht Arbeit human. Dagegen wird heute Arbeit immer mehr mit Leistung in der Industriegesellschaft gleichgesetzt. Hier ist bereits eine Gefahr der Leistungsgesellschaft zu formulieren: Der Mensch im heutigen Arbeitsprozeß wird immer öfter unfähig des Wirkens, unfähig zur Selbsttätigkeit, zur sinnvollen Freizeitgestaltung und zur Muße, da die Leistungsgesellschaft existentielle Zwecke und Bedürfnisse instrumentalisiert. Allerdings ist der Alltag oftmals eine Mischung von beiden Gesichtspunkten, dem Arbeiten und dem Wirken, die sich nicht selten auch ergänzen oder überlappen. Leistungsdenken und Leistungsgehabe sind eher der Arbeit

[524] Vgl. Manuel G. Velasquez; Artikel „Ethics, Religion and the Modern Business Corporation"; in: Thomas M. Gannon (Hg.); *The Catholic Challenge to the American Economy*; New York 1987; 58.

[525] Vgl. Gregory Baum; *The Priority of Labor*; New York 1982; 141.

[526] Den Problemkreis der Arbeitslosigkeit zu beleuchten, wird Aufgabe eines späteren Punktes innerhalb dieser Arbeit sein.

[527] Vgl. Mieth; *Arbeit und Menschenwürde*; Freiburg 1985; 11f.

zuzuordnen, während das Wirken vor allem den Faktor des Zeitdrucks vernachlässigt.

Am Ende dieser prinzipiellen Überlegungen zur Arbeit, ihrer verschiedenen Sichtweisen und Aspekte, ist eine Definition ins Wort zu heben: „Arbeit ist jede fortgesetzte angespannte und verordnete Tätigkeit, die der Erzeugung, Beschaffung, Umwandlung, Verteilung oder Benutzung von materiellen und ideellen Daseinsgütern dient."[528] Um die philosophische Definition der Arbeit noch differenzierter zu bestimmen, sind weitere, nach Prozeß, Ziel, Zweck, Funktion oder Kontext zu unterscheidende Merkmale der Arbeit zu beschreiben.[529] Die Abgrenzung der Arbeit auf anthropologischer Ebene kommt aus der Gesamtbestimmung des Menschen sowie den Verhaltens- und Aktionsmöglichkeiten, die ihm zur Verfügung stehen, aber auch durch die Art und Weise der Bezugnahme zur Umwelt, die die Person durch Denken (Sehen), Entscheiden (Urteilen), Handeln (Agieren bzw. Reagieren) mitbestimmt.[530] Neben dem Arbeitsbegriff ist der zweite Schlüsselbegriff hier zu nennen: der Beruf.

3.1.2. Erklärung zum Berufsbegriff

Zunächst ist der Terminus Beruf als Teil des Alltags und ihrer Sprache zu identifizieren. Nach Luther, der den Vocatio-Begriff auf alle menschliche Arbeit transformiert, aber noch nicht aus einem metaphysisch-religiösen Kontext löst, ist auch

---

[528] Kerber; Artikel „Arbeit"; in: Ed. Gaukler (Hg.); _Handwörterbuch des Personalwesens_; Stuttgart 1975; 52ff.

[529] Vgl. Artikel „Arbeit"; in: Görres-Gesellschaft (Hg.); _Staatslexikon_; 7. Auflage Freiburg 1985, Band 1; 198-220; hier: 198; „In phänomenaler Kennzeichnung ist Arbeit die bewußte, rational geplante humane Tätigkeit der Herstellung, Veränderung und Erhaltung von Sachen und Zuständen. Ihr Vollzug (Prozeßdefinition) ist ausgerichtet auf die Erfüllung und Realisation unterschiedlich vorgegebener Ziele und Zwecke (Ziel- u. Zweckdefinition). Ihr Prozeß erfolgt in jeweils spezifisch organisierten technischen, ökonomischen und sozialen Aktions- u. Arbeitszusammenhängen (Funktions- u. Kontextdefinition). Mit diesen Bestimmungen ist Arbeit im Ganzen verspannt in ein vielschichtiges Geflecht von anthropologischen, technischen, ökonomischen und sozialen Bedingungsfaktoren. Vollzug u. Zielgerichtetheit der Arbeit unterliegen der geschichtlich geprägten, epochenspezifischen Eigenart dieser Bedingungsgrößen." Wie bereits im historischen Teil aufgezeigt, hat sich die Arbeit im Laufe der Jahrhunderte auf allen Ebenen geändert: technisch, wirtschaftlich, organisatorisch, politisch.

[530] Vgl. ebd. 198.

der weltliche Beruf (der geistliche sowieso) an sich nichts anderes als Partizipation am Schöpfungsauftrag Gottes.[531] Martin Luther überträgt den Begriff „vocatio", der mit religiösen, kirchlichen und theologischen Inhalten gefüllt ist, auf die Verhältnisse des profanen Lebens, die jeder vorzufinden in der Lage ist. Diese Neuorientierung wird als genuin lutherisches Erbe angesehen. Der Begriff des Berufs hat eine anspruchsvolle ethische Bedeutung, ist er doch mit verantwortlichem Arbeiten und einer Sollensaufgabe in Verbindung zu sehen. So faßt Luther den Beruf als Amt oder Stand auf, welche die Würde eines göttlichen Auftrags, eines Gottesdienstes erhalten.

Die simple Definition beschreibt „den Beruf (gr. ergon, pragma), (als; J.M.S.) die bestimmte und regelmäßige Tätigkeit eines Einzelnen innerhalb eines sozialen Gefüges."[532] Als ein Ausgangspunkt und eine Grundlage der sittlich-moralischen Wertung des Berufs ist die Berufung zu nennen (gr. klesis), die Erteilung der in der Gnade stattfindenden Anweisung zu einem je konkreten Tun, was früher mit einer Beauftragung von Gott in Verbindung gebracht wurde, heute jedoch - besonders im Anschluß an Luther - profanisiert ist. Jedoch findet später eine Überhöhung, unter dem Eindruck des reformierten Protestantismus Calvins vor allem im angelsächsischen Raum statt. Hier wird das Ansehen der Berufsarbeit so stark überhöht, daß Erfolg und Profit als Gnadengaben Gottes und Heilsindikatoren fixiert werden. Diese Grundansicht sollte Jahrhunderte später zum dynamischen Element des Kapitalismus werden. Ergänzend für den amerikanischen Raum ist hervorzuheben, daß dort die Termini Beruf und Berufung, Job und Vocation, nicht nur sprachlich die Verknüpfung verloren haben, sondern auch formal und inhaltlich, denn der Begriff „Job" steht in diesem Zusammenhang für Beruf als eine natürliche Zweckbestimmung, aber auch nicht mehr.[533]

Durch die aufkommende Arbeitsteilung wurden Spezialisierungen innerhalb des Arbeitsprozesses notwendig, woraus sich die Branchen bildeten. Einer, der einem bestimmten Beruf nachgeht, hat zuvor gelernt, die Aufgaben, die sich ihm stellen, zu bewältigen. Diese Voraussetzungen geben dem einzelnen ein spezifisches Wissen oder Fähigkeiten manueller Natur, die ihn

---

[531] Vgl. dazu auch die Ausführungen in Punkt 2.4.

[532] Artikel „Beruf"; in: Johannes Hoffmeister (Hg.); Wörterbuch der philosophischen Begriffe; 2.Auflage Hamburg 1955; 112.

[533] Vgl. ebd. 112f.

in die Lage versetzen, die mit der jeweiligen Berufsgruppe zu identifizierenden Aufträge zu erfüllen. So ist es nicht verwunderlich, daß die Zahl der registrierten Berufe ständig ansteigt, was sowohl als Indikator für eine dynamische Wirtschaft ebenso wie für einen gewissen Wandel in der Gesellschaft gilt.[534]

Im Gegensatz zur Gelegenheitsarbeit ist die Berufsarbeit an eine Profession gebunden, was jedoch von der Ausbildung oder dem Arbeitsvertrag, der Firma bzw. dem konkreten Aufgabenfeld abhängt. Beruf hat eine mehrfache Bestimmung, wobei drei hier genannt werden.[535] Erstens sollte Arbeit im Blick auf die Profession nicht nur mechanischen Charakter besitzen, der durch Handreichung oder bloße Verrichtung eines Tuns bestimmt wird. Die Tätigkeit im Beruf muß anspruchsvoll sein, dem Vermögen zum Gestalten, Selbstverwirklichen, geschicklichen Umgang mit den Aufgaben und dem Lernen entsprechend, den einzelnen weder unter- noch überfordernd. Es muß sich um das Wirken handeln, das menschlich lösbar ist und geistigen Einsatz benötigt, denn der im Beruf stehende Arbeiter darf nicht nur einseitig beansprucht werden (gegen das Personprinzip). Das heißt aber auch, daß der Ungelernte keinem Beruf folgt, da er keine eigene Ausbildung zur Erlangung von kennzeichnenden Fertigkeiten absolviert hat. Zweitens ist festzustellen, daß ein sittlich-moralisches Wirken, das unwertig ist, den Anspruch, ein Beruf zu sein, zwar formal oder juristisch erfüllen mag, aber nicht inhaltlich. Dabei ist eher sekundär, ob dieses Tun mit großem Erfolg und unter höchstem Einsatz geschieht oder nicht. Denn weder die gegenständliche Seite des Berufs noch die Seite der subjektiv gesetzten Zielausrichtung sind in einem solchen Fall akzeptierbar. Drittens muß die Berufsarbeit, die ein konkretes

---

534 Vgl. Karl-Heinz Ducke; Artikel „Beruf"; in: Hans Rotter/Günter Virt; *Neues Lexikon der christlichen Moral*; Innsbruck,Wien 1990; 75-83; hier: 77; „In der dynamischen Wirtschaftsgesellschaft von heute bietet der Beruf naturgemäß ein anderes Bild als in mehr statischen Gesellschaften von früher. Allein die Zahl der Berufe ist gegenüber früher unvergleichlich größer. Gab es etwa in den USA unmittelbar vor dem Zweiten Weltkrieg 27.744 statistisch erfaßte Berufe, so werden heute dort über 40.000 Berufe ausgewiesen." Vor allem die immer höhere Komplexität der Prozesse in der Wirtschaft bringt neue Berufe und Berufsgruppen hervor. So `boomt´ gegenwärtig besonders die Computerbranche. Deshalb besteht begründete Evidenz, daß ebenso in der Zukunft diese Tendenz anhält, selbst wenn der Trend abgeschwächt werden sollte.

535 Vgl. Welty; *Vom Sinn und Wert menschlicher Arbeit*; Heidelberg 1946; 38ff.

Gefüge und Gepräge darstellt, die soziale Zielrichtung behalten, denn nur als Dienst am anderen und am Ganzen verleiht sie den Sinn, den sie in sich selbst bürgt.[536]

Wird das Amt, das jemand bekleidet, als sinnstiftendes Element um eines Ganzen bzw. des Gemeinwohls willen konstituiert, dann wird darüber hinaus der Stand eines Menschen determiniert, der „Berufsstand". Besonders seit dem Mittelalter bildeten sich die Zünfte, Gilden und damit die Stände heraus. Die Stände galten als gottgewollte Institutionen, die wiederum Basis für die Gemeinschaft und das sie begründende Gesellschaftliche sowie deren Einzelelemente gewesen sind. Offenbar geschieht eine Regulierung der Neigungen und Anlagen der Berufe asymptotisch so, daß die Belange und menschlichen Ansprüche innerhalb der Gesellschaft befriedigt werden. Nur ein kleiner Teil der Menschen, die keine Arbeit oder den ihnen adäquaten Beruf ausüben, sind arbeitslos oder arbeitsunfähig, was jedoch nicht die überwiegende Mehrheit der Bevölkerung ausmacht (in den Industrieländern der Ersten und ehemals Zweiten Welt).

Gerade das funktionierende Gemeinschaftsleben (auch zur Erfüllung des Gemeinwohls) setzt das gemeinsam harmonierende Wirken von Berufsklassen, Vereinen, Gruppen und sozial oder kulturell begründeten Verbindungen von Individuen voraus. Im anthropologischen Sinne muß die menschliche Person eine Art Gliedfunktion anerkennen und leben, zwischen sich und der Gemeinschaft, denn Wirken geschieht nicht nur um die Bedürfnisbefriedigung des eigenen Wohlwollens zu garantieren, sondern hat stets ebenso Gemeinwohlcharakter. Es bestehen viele Klein- und Mittelgemeinschaften in abgestufter Form, die Gemeinwohl und Freiheit verbürgen. „Im Stande sieht sich der einzelne unmittelbar in eine Gemeinschaft gestellt, deren Wirklichkeit er erlebt, die ihn im Alltag seines Berufes umschließt, die aber auch den ganzen Umkreis seines Lebens mitgestaltet, weil in ihr ein Bereich von Lebens- und Kulturwerten besonderer Art bestimmend wird."[537] So läßt sich schlußfolgern, daß es über Jahrhunderte der Stand gewesen ist, der für die Einordnung der gesamten Berufsgemeinschaft sorgte.

---

[536] So wird es verständlich, daß Thomas von Aquin in seinen Werken bezüglich des Berufes und der Arbeit vom Amt und den Pflichten spricht.

[537] Johannes Messner; *Die berufsständische Ordnung*; Innsbruck, Wien, München 1936; 18f.

Vor allem hebt Johannes Messner hervor, daß es nicht darum gehen kann, den Ständegedanken utilitaristisch als Mittel zur Durchsetzung von eigenen Interessen zu nutzen, denn dabei bliebe die Hervorhebung des Gemeinwohls weithin unberücksichtigt.[538] Auch bietet sich die berufsständische Ordnung als eine Möglichkeit zur Überwindung des Individualismus (als ideologischer Unterbau des Kapitalismus) und seiner Idee der Gesellschaft an, da es sich bei den Wirtschaftsauffassungen beruflicher und kapitalistischer Art um zwei konträre Ansätze handelt. Kapitalismus zeigt sich als eine profitorientierte Wirtschaft zur Erfüllung persönlicher Interessen während die berufsständische Ansicht vom ökonomischen Tun her eine Dienstwirtschaft, die durch den Gemeinwohlgedanken getragen wird, favorisiert.[539]

Über die Aktualität des berufsständischen Gedankens stellt schon Messner fest, daß diese Ordnung der „Tagespolitik heute weit entrückt zu sein"[540] scheint. Indem die Verantwortung gegenüber dem Gemeinwohl verdrängt werde, kommt es zu einer Unterminierung der berufsständischen Idee, d.h. daß die Gesellschaft an Solidarität abnimmt, wenn der liberale Individualismus an Bedeutung und Einfluß gewinnt. In den freien, demokratischen, offenen und pluralistisch ausgerichteten Gesellschaften der Moderne kommt es auf die friedliche Erfüllung und den Ausgleich verschiedener Interessen der differierenden Gruppen und Verbände an. Vor allem ist darauf zu achten, die Ziele, die gleichzeitig auftreten, zu verwirklichen, wie z.B. „Wahrung des volkswirtschaftlichen Gemeinwohls"[541] (Wachstum in Wirtschaft und Einkommen, aber bei möglichst niedriger Arbeitslosigkeit und ohne Gefährdung der

---

538 Vgl. a.a.O. 19.

539 Vgl. Johannes Messner „Der Ausgang des Kapitalismus; in: Das Neue Reich (Zeitschrift) Nr. 30, Wien 1928; 612; „In der berufsständischen Verfassung der Wirtschaft ist allein jener Ausgleich von Freiheit des Einzelnen und Gemeinschaftsgebundenheit gewährleistet, der die Persönlichkeitsrechte nicht angreift (auch das Privateigentum nicht aufhebt), aber doch der Gemeinschaftsverpflichtung aller Geltung zu verschaffen vermag." In diesem Sinne findet die berufsständische Ordnung ihren Platz und ihr Recht ebenso in der modernen Gesellschaft, auch wenn sich die Bedingungen in der Wirtschaft ständig ändern und genauso die Anforderungen an Vertretungen von Interessen bestimmter Berufsgruppen, die sich in verschiedensten Formen organisieren können (z.B. in Gewerkschaften).

540 Johannes Messner; Die soziale Frage im Blickfeld der Irrwege von gestern, der Sozialkämpfe von heute, der Weltentscheidungen von morgen; 7. Auflage Innsbruck,Wien,München 1964; 605ff.

541 Vgl. ebd. 605ff.

Stabilität des Geldwertes). Hier ist hervorzuheben, daß nur der Wille zum guten Kompromiß der beteiligten Sozial- und Tarifpartner eine Lösung bringen kann, die auch verantwortbar ist.

Ergänzend soll in diesem Zusammenhang noch die Grundfrage, die sich auf gesellschaftspolitischer Ebene für Messner stellt, artikuliert werden. Sie besteht darin, was die Form der ökonomischen Mitbestimmung und vor allem der Verantwortung der Arbeiter und Angestellten zur Regulierung der Volkswirtschaft im Blick auf die Einkommens- und Wachstumspolitik anhand der Orientierung an gerechtigkeits- und gemeinwohlbestimmenden Prinzipien ausmacht? Eine Grundlage ist die Gleichberechtigung der Sozialpartner, eine weitere die positive Willensbildung und der Kompromiß sowie die Unterwerfung der Partikularinteressen (von Gruppen oder Einzelpersonen) unter die der wichtigeren Gemeinwohlordnung.

Johannes Messner zeigt einige Implikationen der Unterschiede der gegenwärtigen und der mittelalterlichen korporativen Ordnung von Berufsgemeinschaften und Berufsorganisationen.[542] Erstens ist heute die berufliche Organisation als Medium zur Aufrechterhaltung von Demokratie ausschließlich in der Interdependenz von politischer Demokratie im modernen Staat und als Aufgabe in der Regulierung der Wirtschaft zu sehen, wobei sie komplementierend oder als Gegenpol wirken können. Vor allem kommt es darauf an, daß sich „berufliche Selbstverwaltung und politische Autorität die Waage halten."[543]

Zweitens findet durch die steigende Separation von Arbeit und Kapital, dem zweipoligen Unterbau der Ökonomie, bedingt durch die fortschreitende Entwicklung in der Produktionstechnik, ein weiterer Unterschied zum mittelalterlichen System des Wirtschaftens seinen Ausdruck zwischen gegenwärtiger Demokratie und der Gesellschaftsform vergangener Jahrhunderte. Die Produktionstechnik heute sollte zum Ausgleich bzw. zur

---

[542] Vgl. Messner; Das Naturrecht; 4. Auflage Innsbruck 1960; 521ff; hier: 521; „Der Unterschied zwischen mittelalterlichen und modernen Formen und Funktionen ist jedoch als so groß zu denken, daß er nur ermessen werden kann an dem Umfang der Veränderungen im Wandel von der mittelalterlichen zur modernen Wirtschaft und Gesellschaft." Messner nennt im Anschluß daran fünf Gründe des Wandels im Beruf und dessen Organisation, die implizit die die Arbeitswelt veränderten und partiell noch immer verändern.

[543] A.a.O. 522.

Gleichberechtigung der Interessen von Arbeitnehmern und Arbeitgebern führen, was im Mittelalter nicht der Fall war.[544]

Einen dritten Unterschied zum mittelalterlichen System sieht Messner darin, daß es die Meister der Stadt gewesen sind, die die einflußreichsten und entscheidendsten Kontrollinstanzen innerhalb der urbanen Wirtschaft innehatten. Dagegen müßte der Korporativismus (politisches Bestreben, den Staat durch Schaffung von berufsständischen Korporationen zu erneuern) in unseren Tagen Arbeit und Eigentum als Ordnungsprinzip der Sozialwirtschaft herausheben und somit die Arbeit als eine Art Mitbestimmungsrecht bezüglich der Kontrolle der sozialen und wirtschaftspolitischen Dynamik im ökonomischen Prozeß anerkennen.

Im vierten Argumentationspunkt beim Aufzeigen der Differenzen zwischen Mittelalter und Neuzeit wird die Rolle der Zunft, die z.B. gegen die Neuzulassung von Meistern opponieren konnte, beschrieben. Die Zunft war in der Lage, die Ausübung des Handwerks anderen, meistens Konkurrenten, zu verbieten. Dadurch kam es zwangsläufig zu Arbeitslosigkeit und zum Bevölkerungsüberschuß, der jedoch vom Überseehandel oder der Emigration nach Osten absorbiert wurde. Heute ist die Situation anders, denn die Binnenmärkte und Gesellschaften sind nun mehr gefordert, neue Arbeitsmöglichkeiten und Industriezweige innerhalb einer Wirtschaft oder einer Union (wie die der Europäischen Union) zu schaffen, z.B. im Servicebereich oder der Ökologie. Deshalb besteht geradezu eine Notwendigkeit darin, daß die moderne Gesellschaft eine „offene“ ist, nämlich offen und frei für neue Arbeitskräfte und für neue Unternehmen, die den Wirtschaftsprozeß flexibilisieren und die Arbeitsangebote vergrößern. Aber das braucht einen hohen Grad an Toleranz und Elastizität, was im Mittelalter eher unbekannt war.[545] Es wird hervorgehoben, daß die Berufsgemeinschaften, die

---

[544] Vgl. ebd. 522; „Das hauptsächliche Streben des mittelalterlichen Gesellen ging auf den Erwerb der Meisterschaft, und die besonderen sozialen Schwierigkeiten des Zunftsystems beruhten darauf, daß der Lehrling nicht Geselle werden und eine Familie gründen konnte, auch daß er wegen der Zunftsperre keine Aussicht hatte, Meister zu werden. In der heutigen Gesellschaft ist es die erste Aufgabe eines demokratischen Korporativismus, dem Arbeiter den Status eines gleichberechtigten Gliedes der Gemeinschaft zu geben.“ Die Hierarchisierung der mittelalterlichen Gesellschaft verhinderte das Wechseln in andere Berufe, da der Status des Arbeiters sehr eng durch seine Tätigkeit umschrieben war.

[545] Vgl. a.a.O. 523; „Das letztere war seiner ganzen Natur nach statisch, ein heutiges Korporativsystem muß dynamisch sein und die sozialen

sich in bestimmten Organisationen gruppieren, eine Hauptaufgabe darin haben, daß sie die Monopolverbände observieren und dadurch die Wettbewerbsfreiheit garantieren. Kartelle sind nicht unter allen Umständen abzulehnen, denn wenn sie im allgemeinen Interesse aufgebaut werden und nur auf gewisse Zeit andauern, erlangen sie durchaus eine Berechtigung. Ziel sollte es sein, den Wettbewerb zu schützen und die geordnete Freiheit im Wirtschaftsbereich zu gewährleisten.[546]

Fünftens sind einmal getroffene Abmachungen sowohl für die Berufsgemeinschaft als auch für ihre Einzelmitglieder als verpflichtend anzusehen, was früher genauso gewesen ist wie heute. Durch gemeinsame Bestreitung der Auslagen und Beiträge bzw. Leistungen findet sowohl die Arbeitnehmerseite als auch die Arbeitgeberseite ihre Partizipationsmöglichkeiten am Prozeß von Entscheidungen realisiert. So gelingt eine demokratische Willensbildung innerhalb der Berufsgemeinschaft. Jedoch besteht ein großer Unterschied zwischen Mittelalter und Gegenwart darin, daß der einzelne einen höheren und ausgeweiteteren Spielraum zur freien Entscheidung hat, denn er ist wohl in der Lage - stärker als früher - über die Teilnahme, die Bedingungen und die Mitbestimmung in Gewerkschaften oder der Berufsorganisation (Innung, Handwerkskammer etc.) zu entscheiden oder ihr prinzipiell beizutreten.

Die hier aufgeführten Unterschiede zeigen, daß sich das Ständedenken stark zurückentwickelt und an Bedeutung verloren hat. Dagegen wurden Berufsorganisationen und Gewerkschaften, oder allgemeiner gesagt, freie Berufs- und Interessenvertretungen neu geschaffen und haben bis heute bei den Abschlüssen von Lohn- und Tarifverträgen große Wichtigkeit erlangt. Franz Furger konstatiert zum Thema der Stände folgendes: Den „Beruf als Stand, der die Identität der ganzen

---

Voraussetzungen dafür schaffen, daß der technische und wirtschaftliche Fortschritt dem Wohle der ganzen Gemeinschaft zugute komme. Eng damit verbunden ist das Monopolproblem. Durch `Schließung der Zunft´ vermochten die mittelalterlichen Meister Monopole zu bilden. Der Beweggrund dafür war im Wesen der gleiche wie der, der heute zur Bildung von Kartellmonopolen führt: die Einkommenssicherung durch Ausschluß des Wettbewerbs." Dieses Grundproblem der Monopolstellung bzw. der unredlichen Preisabsprache (z.B. bei Mineralölkonzernen) verstößt gegen das Kartellgesetz; Die Schwierigkeit, den freien Konkurrenzkampf mit sozialer Absicherung zu garantieren, ist bis heute nicht einfach lösbar.

[546] Vgl. ebd. 523.

Persönlichkeit prägt.., gibt es kaum mehr."[547] Somit ist festzuhalten, daß in der Entwicklung der Geschichte der Beruf und der Ständegedanke heute gewandelt und in anderer Form als früher in den unabhängigen Gruppierungen der Arbeitgeber- und Arbeitnehmervertretungen weiterlebt.

3.1.3. Das Ethos des Berufes

Der Wandel im Berufsethos läßt sich an einigen Linien der Entwicklung aufzeigen. In früheren Jahrhunderten konnte man durch den Beruf die ständische Zugehörigkeit bestimmen. In unserer Zeit dagegen ist die freie Wahl der Berufe gekennzeichnet von Mobilität und Flexibilität, daß der einzelne mehrmals seinen Beruf wechselt oder auch im Beruf selbst viele Veränderungen und Wandlungen geschehen.[548] Während früher der Beruf die Funktion hatte, das Leben, das standesmäßig definiert wurde, ebenso materiell abzusichern, ist es heute so, daß die Prinzipien Leistung und Gewinn bei der Auswahl und Ausübung des Berufes die Prioritäten darstellen. Auch kam es in vergangener Zeit dazu, die Länge des Lebens und ihre Erscheinungen vom Berufsstand her zu determinieren, wobei in unseren Tagen die Trennung zwischen Leben im Beruf mit seinen vielfältigen Formen der Arbeitszeit und den Möglichkeiten in Freizeit und Familie fortschreitet. Es findet also eine polarisierende Separation zwischen Beruf und Privatleben statt. War der Beruf der Hauptindikator für die Einordnung in das hierarchische Ständeleben, so ist heutzutage selbst im Berufs- und Arbeitsleben eine verminderte Hierarchiestruktur feststellbar, die in eine Gesellschaft der Masse hineinreicht.

---

[547] Franz Furger; *Ethik der Lebensbereiche*; 2. Auflage Freiburg,Basel,Wien 1985; 70; Es..„bilden in der modernen arbeitsteiligen Gesellschaft Leben und Beruf keine Einheit mehr; Arbeitsort und -zeit bilden eine eigene, nur allzu leicht vom übrigen Lebensvollzug abgehobene Dimension mit ihren eigenen Gesetzmäßigkeiten, der man sich gezwungenermaßen unterordnet, die aber zum `eigentlichen´ Leben und seinen Aufgaben in Spannung steht, was zu gegenseitiger Belastung führt." Während es in früherer Zeit eine gewisse Einheit gab zwischen Leben und Arbeiten, scheint dies - als ein weiteres Merkmal des Wandels in der Arbeitswelt - heute nicht mehr oder weit weniger der Fall zu sein.

[548] Vgl. Rudolf Weiler; Artikel „Wehrethos, Berufsethos, persönliches Ethos"; in: *Wiener Blätter zur Friedensforschung*; Nr. 3 / 4 1974; 2-12; hier: 3.

In der Zeit der kommunistischen Machthaber wurden alle Bereiche des Lebens vorgeplant, so auch der Beruf und die Arbeit. Man konnte einen Beruf erlernen (gleichzeitig Pflicht einer „sozialistischen Persönlichkeit") und ohne ihn zu wechseln bis zur Pension bzw. zum Lebensende ausüben. Das ist ein großer Unterschied zur freien Gesellschaft, wo niemand sagen kann: „Ich bin Maurer und übe diesen Beruf mein ganzes Leben aus." Die Fixierung auf einen Beruf allein ist nicht mehr möglich. Arbeitsfelder und Berufsinhalte ändern sich ständig, besonders durch den technischen Fortschritt bedingt, was das intrinsische Berufsleben ebenso mitbestimmt, wie z.B. die Arbeitszeit und die Mittel. Die Pluriformität nimmt zu, das Berufsethos auf einen Beruf hin ist stark aufgesprengt. Es entsteht ein pluriformes Ethos im Berufsbereich, das nun nicht mehr auf einen einzigen Beruf hin spezifisch orientiert ist, sondern dieses Ethos wird nun in steigendem Maß genährt aus den sog. \`Nebenfeldern´ der Berufsarbeit.

Wichtige Bezüge, die diese Nebenfelder ausmachen, sind u.a. die Verbindung zur Familie, zur Wohnung und zur Ortsgemeinschaft; alle hier genannten Elemente des sozio-kulturellen Kontexts sind \`Zubringer´[549], so daß fluktuierende Ethosformen möglich werden. Vor allem ist die Verwurzelung in ein konkretes Umfeld hervorzuheben.[550] Somit gibt die Umgebung wichtige Hinweise für das vorherrschende Ethos. So wird z. B. die Freizeit immer wichtiger, denn die Berufsarbeit wird mitgetragen durch ethisch angereicherte außerberufliche Tätigkeiten, die man umgangssprachlich auch \`Zubringer´ nennen kann. Im Gegensatz zu früher sättigt der Beruf nun allein nicht mehr, da die Berufswelt immer mehr die statischen Elemente zugunsten dynamischer verliert. Es kommt zur Einbindung der menschlichen Person in eine Welt der Labilität und Fluktuation. Auch die Wirtschaftler sehen bereits Erfolge, wenn das Betriebsklima besser wird oder die Arbeitsplätze \`Familien-bezogener´ gestaltet werden, denn wenn die Arbeit Freude macht,

---

549 Die Begriffe \`Nebenfelder´ und \`Zubringer´ zur Berufsarbeit stammen aus einem Gespräch mit Pater Johannes Schasching, SJ (Wien).

550 Vgl. Richard Sennett; Artikel „Something in the city- The spectre of uselessness and the search for a place in the world"; in: *Times Literal Supplement*; September 22, 1995; London; 13-15; hier: 14; „Having a place in the world makes the human animal a social being." Menschliche Existenz ist an einen spezifischen Ort gebunden, der zur Einbettung in einen Kontext führt, nur ist selbst dieser heutzutage nicht mehr eng umrissen, da die modernen Verkehrsmittel den schnellen lokalen Wechsel ermöglichen.

steigt auch die Effizienz und die Produktivität, die hervorzuhebende wirtschafts- und berufsethische Aspekte darstellen.

Trotz allen Wandels gibt es nach wie vor eine große Zahl von Menschen, die die `Kernmannschaft´ eines Unternehmens ausmachen und lange Zeit in ein und demselben Beruf oder der gleichen Firma tätig sind. Genauso vom starken Wandel des freien Arbeitsmarktes ausgenommen sind die Beamten, die einmal den Status des unkündbaren Angestellten erreicht habend, häufig dem System der `Stabilitas loci´ angehören. Dennoch gibt es viele, die vom Wandel in der Wirtschafts- und Wertewelt betroffen sind, wobei es in der Zukunft um die stärkere Einbindung in die Dimension der außerberuflichen Felder gehen sollte.

Zunächst ist auf die intrinsische Ebene zu verweisen, die Verbesserungen im innerbetrieblichen Rahmen der Arbeitswelt zum Ziel hat. Bei den sog. `Zubringern und Feldern´, die die intermediäre Struktur darstellen, muß die Verantwortung als extrinsisches Element des im Raum eines in der offenen und freien Gesellschaft konstituierten Systems betont werden. Dabei kommt es auf die Möglichkeit, Chancenwahrnehmung und Ausgestaltung der Felder an, die zum Öffentlichkeitsauftrag der Wirtschaft und der Sozialpolitik zählen. Da das Berufsethos allein durch die große Verunsicherung nicht mehr eindimensional ist, weil die Mobilität in verschiedenste Richtungen drängt und eine diffuse Moralität verursacht, entsteht ein neuer Typus der Arbeitswelt in der Moderne bzw. Postmoderne.[551] Die Sinnerfahrung erschöpft sich nun nicht mehr in der Berufsarbeit, sondern definiert sich konstitutiv in den multilateralen Feldern wie Frei- oder Sozialzeit, Familie oder Kultur, was wiederum sowohl positiv als auch negativ auf das Berufsethos zurückschlägt. Das Wertefeld der Wahrheit, Treue und Zuverlässigkeit innerhalb des Berufsethos´ ändert unterschwellig die in der Gesellschaft vertretenen Verhaltensweisen. Allgemein läßt sich die Grundaussage konstatierend festhalten, daß es immer weniger möglich wird, sich auf einen Beruf, der lebenslang ausgeübt wird, festzulegen und zu fixieren.

---

[551] Die Experten in der Philosophie und Soziologie sind sich nicht einig, ob wir uns gegenwärtig in der historischen Epoche der Moderne oder bereits in der Postmoderne befinden.

Profan könnte man nach dem schönsten Beruf fragen, was oft Kinder oder jüngere Menschen tun, wenn es um die Berufsauswahl geht. Jeder Beruf hat seine schönen Seiten und ist wichtig, egal, ob man Lehrer, Arzt, Handwerker, Lokführer oder Bauer ist; und jeder ist gerufen, seine Aufgabe zu erkennen und suchend zu erfüllen, Christen sagen, die ihm von Gott zugedacht wird. Niemand kann sich ausnehmen, wenn es darum geht, die gestellten Aufgaben zuverlässig zu verrichten, die mit der Verantwortung in enger Verbindung stehen.[552]

Berufe, die hohes gesellschaftliches Ansehen genießen, z.B. der des Juristen oder der des Arztes, haben sich etabliert und zählen heute zu den bestbezahltesten. Damit verbunden ist das Problem der Berufung, denn wenn Honorarberufe stärker in die Nähe von zu machenden „Jobs" gerückt werden, muß zwangsläufig das Ethos, das, wie oben festgestellt, immer mehr durch pluriforme Außenelemente bestimmt wird, an Bedeutung verlieren. Hervorzuheben ist dann, daß die Selbstidentifikation des in der Berufsarbeit stehenden Menschen in dem Maße abnimmt, je häufiger er seine Stelle wechselt und je kürzer die Verträge sind.[553]

Mit dem Berufsethos hängen eng zusammen auch die Berufspflicht, die Disziplin im Beruf, die Berufsfreude, Bildung und besonders hervorzuheben ist die Berufsehre. Die Pflicht im Beruf wird konstituiert durch die Sozialnatur des Menschen, die die Komplementarität menschlicher Existenz sowie den Schöpfungsauftrag Gottes herausfordernd postuliert. Mit der Pflicht im Beruf ist die gewissenhafte Erfüllung der Aufgaben und die durch ihn bestimmende Sorge um eine Verantwortungsethik verbunden. Die Disziplin hingegen - als menschliche Grundhaltung auf den Beruf transformiert - zeigt sich u.a. in

---

[552] Vgl. Heinz Schütte; Artikel „Diener Christi - an Christi Statt"; in: Ders.; *Liebst Du mich?*; Paderborn 1986; 55-59; Die These, daß es zu wenig Berufungen für das Priestertum gibt, wird haltlos, wenn neueste Umfragen bestätigen, daß sechs von zehn Theologen, die katholische Theologie studieren, ernsthaft Priester werden wollten. Nicht das Berufsethos des Priesters nimmt ab, sondern die Bereitschaft zur Übernahme von Opfern, die tief in das Privatleben einschneiden. Denn der Priesterberuf setzt eine existentielle Hinwendung zu den Lehren Jesu Christi und der Kirche voraus und ist nicht ein „Job", den man acht Stunden am Tag verrichtet, sondern 24 Stunden als Priester lebt, wirkt, betet, arbeitet und Sakramente spendet.

[553] In vielen Berufszweigen werden nicht wie früher üblich, feste und unbefristete Arbeitsverträge erstellt, was ein erhebliches Maß an Verunsicherung mit sich bringt. Auch der Familienverband leidet unter diesem Umstand.

der Wahrung des Geheimnisses, das wiederum die Lüge ablehnt.[554] Aber der Beruf kann auch Freude an der Tätigkeit vermitteln, wenn jemand Erfolg hat und eine innere Verbundenheit mit dem Beruf spürt. In der Epoche des wissenden Gebildetseins (age of education) nimmt die Ausbildung und Berufserfahrung an Image zu und verbessert die Chancen auf dem Arbeitsmarkt. Die gute Ausbildung der Bevölkerung ist die unerläßliche Voraussetzung für den ökonomischen Erfolg, der sich ebenso im Bruttosozialprodukt bzw. dem möglichen Wirtschaftswachstum widerspiegelt.[555]

Die Berufsehre ist das nach innen gepflegte Ansehen des Berufs durch die Kollegen und Mitarbeiter, nach außen wird sie von der Öffentlichkeit (besonders auch den Medien) bestimmt. Dabei werden Einzelfälle von Berufsversagen nicht selten paradigmatisiert und können dadurch großen Schaden für die gesamte Berufsgruppe verursachen. Es gibt keinen Beruf, in dem nicht auch ein spezifisches Ethos entfaltet wird. Die Gründe für das Abnehmen der Berufsehre können pluriform sein: die gesellschaftliche Krise des Berufes; die Auflösung der systematischen Ordnung eindeutig abgrenzbarer Berufe[556] (Flexibilität kann wurzellos machen), oder die Berufstätigen

---

[554] Vgl. Furger; _Ethik der Lebensbereiche_; Freiburg 1985; 151; „Entschuldigungsgründe für eine Notlüge wurden...zugelassen oder zum Schutz von Berufsgeheimnissen mit der sog. `restrictio mentalis´ eine Art Hintertür offengelassen. Dabei verstand man unter `restrictio mentalis´ eine geistige, also nicht ausgesprochene Einschränkung der Aussage, etwa indem man zum Satz `ich weiß nicht´ dazu denkt `für dich´, da du gar kein Anrecht auf dieses Wissen hast und ich durch mein Berufsgeheimnis gebunden bin." Der Berufsausübende steht daher oft in der Spannung zwischen absolutem Wahrheitsanspruch und dem bewußten Zurückhalten von Informationen oder Datenmaterial (auch Datenschutz!) zur Sicherheit Dritter. Furger zeigt das ethische Dilemma folgendermaßen (A.a.O. 156): „Auf der einen Seite steht das unter Umständen sehr legitime Interesse des Fragenden, auf der andern die vom Berufsgeheimnis etwa des Advokaten, des Arztes oder des Seelsorgers geschützte Intimsphäre eines Betroffenen." Wird dieses Dienstgeheimnis gebrochen, verliert nicht nur die Person an Vertrauen, sondern die ganze Berufsgruppe. Außerdem kann es eine strafrechtliche Verfolgung nach sich ziehen.

[555] Vgl. Thurow; _Head to Head_; New York 1993; 51-55/ 275-278; Thurow sieht das Bildungssystem im vereinigten Deutschland als Schlüssel für den internationalen Erfolg Deutschlands auf wirtschaftlichem Gebiet an. (Vgl. auch: Glaser; _Das Verschwinden der Arbeit_; Düsseldorf 1988; 233-237); Interessanterweise gibt es nun auch das Phänomen, daß jemand „überqualifiziert" ist und dann vor dem Problem steht, daß ihm kein adäquater Posten zur Verfügung gestellt werden kann. „Viele Ingenieure sind schon froh über einen Job als Staplerfahrer..." (zit. nach: Artikel „Im Sturzflug abwärts- Volle Universitäten, keine Stellen"; in: _Der Spiegel_; Nr. 42; Hamburg, 18. Oktober 1993; 92-110; hier: 99).

[556] Vgl. Bernhard Schäfers; _Grundbegriffe der Soziologie_; Opladen 1986; 32f.

selbst provozieren den Abbau der Ehre, wenn z.B. die Überlastung, Überforderung oder das Arbeitsleid in den Vordergrund treten bzw. trotz guter Ausbildung keine Stelle gefunden wird (Dependenz vom Arbeitsmarkt).

Abschließend ist zu konstatieren, daß sich der Beruf in vielen Zweigen der Erwerbsarbeit zum Job wandelt, zu einer bezahlten Tätigkeit ohne tiefgreifendere Identifikation, die besonders unter den Gesichtspunkten der Leistung und der Maximierung des Einkommens ausgewählt wird. Wenn ein Verlust vom Berufsethos zu verzeichnen ist, dann deshalb, weil die Berufsordnung als Hauptorganisationsfaktor der gesellschaftlichen Arbeit und der Arbeitsteilung tendenziell an Bedeutung verliert. Ein Abnehmen des Berufsethos´ ist die Folge, die sich aus der Entberuflichung der Arbeit ergibt und zur Trennung von Berufsgliederung und Schichten der Gesellschaft führen muß.

Um aber den Wandel in der Berufs- und Arbeitswelt auch gesellschaftlich und soziologisch einbetten zu können, ist ein Blick in die Postmoderne notwendig, der im nächsten Punkt darzustellen sein wird.

3.1.4. Wesenszüge des Postindustriellen bzw. -modernen im Paradigmenwandel der heutigen Gesellschaft

Der Begriff der „Postmoderne“ hat viele Dimensionen, die aber nur aphorismusartig genannt werden können. Ein wichtiger Wesenszug dieses Zeitalters (wobei zu berücksichtigen ist, daß sich die Experten noch nicht einig sind, wann es chronologisch begann) ist, daß man das Analytische in eine synthetische Vernunft wandeln möchte; daß das Verhältnis zur Welt, bisher ambivalent, verbessert und klarifiziert wird; daß Zusammenhänge neu definiert werden; daß das Paradies, da es seit Eintritt des Sündenfalls verschlossen ist, durch eine Reise um die Welt sozusagen von hinten her aufgemacht werden solle[557]; daß die ironische Kompetenz zur Voraussetzung der kommunikativen

---

[557] Dieser Gedanke ist schon bei Kleist grundgelegt! Vgl. Heinrich von Kleist; „Über das Marionettentheater“; in: Helmut Sembdner; *Sämtliche Werke und Briefe*; München 1952, Band 2; 338.

Kompetenz wird.[558] Umberto Eco stellt fest, daß die Postmoderne ein besseres Leben verspricht, sowohl die zeitliche Strömung als auch den historischen Stil jedoch offenläßt, aber ebenso vermerkt, daß es sich eher dabei um ein Strukturprinzip handle, eine Grundeinstellung, eine Art Vorgehensweise mit einer bestimmten Geisteshaltung. „Man könne geradezu sagen, daß jede Epoche ihre eigene Postmoderne habe, so wie jede Epoche ihren eigenen Manierismus."[559] Für unser Zeitalter ist die moderne Ausdrucksform mit ihren vielen Varianten der sprachlichen Vielfältigkeit kennzeichnend, aber damit verbunden auch die Unfähigkeit zur absoluten Festlegung, was besonders große Schwierigkeiten im praktischen Entscheidungsprozeß des menschlichen Individuums offenkundig macht. Aber die Kategorie des anthropologischen Seins der Person steht in diesem existentiellen Spannungsfeld, daß die Gesellschaft offen ist und sehr häufig Neudefinitionen erfährt, was jedoch ein historisches Vakuum innerhalb des Menschen verursachen kann.[560]

---

[558] Vgl. Jürgen Habermas; *The Theory of Communicative Action*; Boston 1984.

[559] Vgl. Hermann Glaser; *Das Verschwinden der Arbeit*; Düsseldorf,Wien,New York 1988; 53ff. Zur Erklärung des Begriffs „Manierismus": Dabei handelt es sich um einen Begriff, der von der jüngeren Kunstgeschichte geprägt wurde und den Stil der Spätrenaissance bezeichnet. Erst 1948 wurde der Terminus aus der Kunst- in die Literaturwissenschaft übernommen und meint dort die Transformation von der Renaissance zum Barock. Manierismus im übertragenen Sinn heißt, daß die Wirklichkeit durch einseitiges Interesse am Problematischen (kritisches Bewußtsein!), Bizarren oder Monströsen ins Groteske verzerrt wird oder eine Übersteigerung erfährt. (Vgl. dazu: Artikel „Manierismus"; in: *Meyers Taschenlexikon*; Mannheim 1987, Band 14; 10).

[560] Vgl. Umberto Eco; *Nachschrift zum `Namen der Rose´*; München,Wien 1984; 78f; „Die postmoderne Antwort auf die Moderne besteht in der Einsicht und Anerkennung, daß die Vergangenheit, nachdem sie nun einmal nicht zerstört werden kann, da ihre Zerstörung zum Schweigen führt, auf neue Weise ins Auge gefaßt werden muß: mit Ironie, ohne Unschuld. Die postmoderne Haltung erscheint mir wie die eines Mannes, der eine kluge und belesene Frau liebt und daher weiß, daß er ihr nicht sagen kann: >Ich liebe Dich inniglich<, weil er weiß, daß sie weiß (und daß sie weiß, daß er weiß), daß genau diese Worte schon, sagen wir, von Liala... geschrieben worden sind. Es gibt jedoch eine Lösung. Er kann ihr sagen: >Wie jetzt Liala sagen würde: Ich liebe dich inniglich.< In diesem Moment, nachdem er die falsche Unschuld vermieden hat, nachdem er klar zum Ausdruck gebracht hat, daß man nicht mehr unschuldig reden kann, hat er gleichwohl der Frau gesagt, was er ihr sagen wollte, nämlich daß er sie liebe, aber daß er sie in einer Zeit der verlorenen Unschuld liebe. Wenn sie das Spiel mitmacht, hat sie in gleicher Weise eine Liebeserklärung entgegengenommen. Keiner der beiden Gesprächspartner braucht sich naiv zu fühlen, beide akzeptieren die Herausforderung der Vergangenheit, des längst schon Gesagten, das man nicht einfach wegwischen kann, beide spielen bewußt und mit Vergnügen das Spiel der Ironie...Aber beiden ist es gelungen, noch einmal von Liebe zu reden." Übertragen auf das Thema der Arbeit könnte dies bedeuten, daß wir in einem

Auch der Terminus des Paradigma hat eine mehrfache Bedeutung. Zunächst versteht man allgemein darunter das Muster oder das Beispiel.[561] In der antiken Rhetorik wurde es als Beleg im negativen oder positiven Sinne für die Argumentation und durch sie angeführte Ereignisse angesehen. Drittens wird das Paradigma sowohl wissenschaftstheoretisch als auch philosophisch, dem Ansatz Platons folgend, als ein Urbild von Dingen betrachtet, die sinnlich wahrnehmbar sind, jedoch nicht für zeitlich und veränderlich, sondern als ewig gelten; während die von ihnen abgeleiteten Dinge schon veränderlich sind. Bereits Aristoteles nimmt die Platonische Sicht auf und transformiert sie in die Rhetorik, wonach ein rhetorisches Schlußverfahren entsteht sowie mit Paradigma Einzelfälle benannt werden. Ludwig Wittgenstein (1889-1951), analytischer Philosoph und Pragmatist Vertreter der Spätphilosophie, bezeichnet die Paradigmen (Paradigmata) als Standards und Muster, nach welchen eine Erfahrung zu vergleichen oder zu beurteilen ist, denn sie sind vor der Erkenntnis und Einsicht und bieten dadurch zielführende Orientierungsmöglichkeiten.

Der Begriff des Paradigma wurde in der modernen Wissenschaftsdiskussion vom Amerikaner Thomas S. Kuhn eingeführt, der darunter „die Gesamtheit aller eine Disziplin in einem Zeitabschnitt beherrschenden Grundauffassungen hinsichtlich Gegenstandsbereich und Methode bezeichnet."[562] Für

---

marktwirtschaftlichen System leben, wo dem Arbeiter die Ironie begegnet, daß er oftmals nicht mehr benötigt wird (Arbeitslosigkeit), obwohl ja gerade die Wirtschaft um des Menschen willen geschieht, d.h. daß pervertierend der einzelne um dessen Versorgung mit Gütern es eigentlich geht, nicht an der Erarbeitung bzw. Erwirtschaftung dieser partizipieren darf. Jedoch sind Schuld und Unschuld häufig sehr nahe beieinander und in der Postmoderne selten eindeutig trennbar.

[561] Vgl. Artikel „Paradigma"; in: *Brockhaus- Enzyklopädie in 24 Bänden*; 19. Auflage Mannheim 1991, Band 16; 517.

[562] Ebd. 517; Vgl. auch: Thomas S. Kuhn; *Die Struktur wissenschaftlicher Revolutionen*; 9. Auflage Frankfurt/M. 1988; Suhrkamp Taschenbuch Wissenschaft 25; (Originaltitel: *The Structure of Scientific Revolutions*; University of Chicago Press 1962/1970). Kuhns Anliegen ist es herauszufinden, wie die Menschheit zu wissenschaftlich gesicherten Erkenntnissen kommt bei Fortschritt und im Prozeß der vielfältigen Veränderungen. Auf Seite 10 der deutschen Ausgabe definiert er \`Paradigmata´: „Darunter verstehe ich allgemein anerkannte wissenschaftliche Leistungen, die für eine gewisse Zeit einer Gemeinschaft von Fachleuten maßgebende Probleme und Lösungen liefern." Folgerichtig sieht Kuhn im Studium der Paradigmata die Vorbereitung für den Eintritt in eine konkrete Gemeinschaft von Wissenschaftlern. Ein Paradigmenwechsel ist die Aufstellung grundlegend neuer Ansätze und Theorien, die ihre Rezeption im anderen bzw. neuen System von Regeln benötigen. (Vgl. Seite 65, deutsche

eine wissenschaftliche Disziplin konstitutiv ist das Paradigma, inwieweit es determiniert, was als Lösung auf akademischem Gebiet befriedigend ist und somit ebenso anerkannt wird. Besonders kontrovers erwies sich die Hypothese Kuhns, daß wissenschaftliche Revolutionen im Sinne von Paradigmenwechseln auftreten, die wiederum zur „Inkommensurabilität"[563] von involvierten Theorien führen. Allerdings hat das Gedankengut Kuhns für die Moderne Bedeutung erhalten, fand es doch sogar im New Age eine Rezeption und Beachtung. Kuhn führt als Muster des Paradigmenwechsels die Transformation von der klassischen hin zur relativistischen Mechanik an. Dementsprechend könnte sich ebenfalls in der Moderne ein Übergang vom cartesianischen Denkschema des Subjekt-Objekt-Dualismus´ und dem auf dieser Basis begründeten konstitutiven Wissenschaftsmodell hin zu einem integralen, globalen und ökologischen Denken vollziehen.

Die heutige Gesellschaft wird häufig als „postindustriell" oder „postmodern"[564] bezeichnet, gerade weil viele Wissenschaftler und führende Persönlichkeiten des öffentlichen Lebens einen durchgreifenden Wandel in den Werten erahnen oder feststellen.[565] Als gesellschaftlicher Grund dafür ist der Zusammenbruch des Kommunismus zu nennen. Wirtschaftlich entstehen neue Allianzen. Kulturell findet eine immer größere Vermischung statt, da der Mensch heute schneller und

---

Ausgabe). Innerhalb dieser Arbeit wird jedoch nicht vom Paradigmenwechsel, sondern nur vom Wandel der Paradigmata „Arbeit" und „Beruf" ausgegangen.

[563] Unter Inkommensurabilität ist die Unvergleichbarkeit oder Nichtmeßbarkeit von mindestens zwei Größen zu verstehen. (Vgl. _Brockhaus Enzyklopädie in 24 Bänden_; 19. Auflage Mannheim 1989, Band 10; 512).

[564] Vgl. Artikel „Postmoderne"; in: _Meyers großes Taschenlexikon_; Mannheim 1987, Band 17; 249; Danach entstammt der Begriff der Architekturtheorie und wurde seit 1976 vom amerikanischen Architekturkritiker C. Jencks geprägt. In diesem Zusammenhang meint Postmoderne die Bestrebungen, sowohl dem Rationalismus als auch dem Funktionalismus durch den spielerischen Umgang mit Stilmixturen und Bauformen zu entgehen. Der Terminus der Postmoderne ist also nicht zuerst ein gesellschaftspolitischer, wie oft angenommen wird, sondern er hat seine Wurzeln in der Architektur.

[565] Aus der Fülle der philosophischen, soziologischen und ethischen Literatur zum Wesen der Moderne kann nur einige ausgewählt werden. Ein repräsentativer Vertreter der Kommunitaristen ist der Kanadier Charles Taylor, der dreierlei Unbehagen an der Moderne aufzeigt: die Gefahren des Individualismus und den aus ihm hervortretenden Sinnverlust; der Entzauberung der Welt durch eine `instrumentelle Vernunft´(Maß des Erfolgs als maximale Effizienz); und als Conclusio daraus die Einschränkung der Wahlfreiheiten durch die Einrichtungen sowie Strukturen der industriellen bzw. auf Technik ausgerichteten Gesellschaft. (Vgl. Taylor; _Das Unbehagen an der Moderne_; Frankfurt/M. 1995; STW 1178; 7-20ff.; Original: _The Malaise of Modernity_; Concord/Ontario 1991).

unkomplizierter in verschiedenste Teile der Welt reisen oder sogar dort arbeiten kann.

Vaclav Havel verdeutlicht die Probleme der Postmoderne anschaulich an einigen Beispielen.[566] Seiner Argumentation zufolge, neigt sich die Moderne dem Ende entgegen, wodurch eine Übergangsperiode begonnen hat, in der sich alte und neue Elemente der Gesellschaft und ihrer Organisation gegenüberstehen, negative Nebeneffekte hervorrufen oder einander überlappen.[567] „Als ob etwas abbröckelt, verfällt und zu Tode läuft, während anderes, das noch keine bestimmte Form angenommen hat, aus dem Schutt entsteht."[568] Diese Aussage Havels wird belegt durch das Aufzeigen der Übergangssymptome, die in der Verquickung und immer stärkeren Mixture von Kunst, Kultur und Wissenschaft oder dem Nebeneinanderstehen von sich bisher sehr genau differenzierenden Modellen und Vorstellungen gesehen wird. Alte Systeme, die in der Lage waren, bisher in ausreichendem Maß Werte, Prinzipien und Ordnungen zu vermitteln, erscheinen plötzlich unzureichend und überkommen. Dagegen werden neue und vielleicht ferne Kulturkreise entdeckt. Aus dieser Vielfalt, den Überschneidungen, Begegnungen und Auseinandersetzungen mit dem anderen erwächst ganz langsam Neues, noch nicht Dagewesenes. Genau diese Lage wird - vielleicht in komplementierender Form durch andere Elemente ergänzt oder betont - als postmoderne Situation charakterisiert.

Dieses Phänomen wird plastisch, wenn man sich das Bild eines Beduinen, der auf einem Kamel sitzend, unter seiner traditionellen Kleidung Jeans tragend, ein Radiogerät unter dem Arm klemmend und sein Kamel für Coca-Cola werbend, vorstellt. Daran wird ersichtlich, daß wir uns in einer multikulturellen Epoche befinden, die ein Zeitalter beendet und in ein neues

---

[566] Vgl. Vaclav Havel; Artikel „Auf der Suche nach Selbst-Transzendenz in der Postmoderne"; Eine Ansprache, die Präsident Havel anläßlich der Verleihung der `Peace Medal´ in der Independence Hall von Philadelphia (USA) am 4.Juli 1994 hielt; abgedruckt und kommentiert in: <u>*Friedensforum*</u> Februar 95/1-2; Österreichisches Studienzentrum für Frieden und Konfliktlösung Stadtschlaining 1995; 20-21.

[567] Vgl. dazu auch die systematische Analyse von John Rawls; <u>*Political Liberalism*</u>; New York 1993; Rawls spricht ausgiebig zum Thema des „overlapping consensus" (Seiten 133-172), den die verschiedensten Ansätze der Postmoderne als Basis für die neue Gesellschaft benötige. Dazu zählt vor allem der Wille zum Kompromiß und die Anerkennung der um Entscheidungen ringenden Partner im demokratischen System.

[568] Havel; in: <u>*Friedensforum*</u> Februar 95/1-2; 20.

überführt wird, wobei die Übergänge fließend sind. Weiterhin stellt Havel fest, daß es zum ersten Male in der Weltgeschichte möglich ist, den ganzen Erdkreis zu umspannen und verschiedenste Gesellschaften miteinander zu verbinden, da sie einerseits staatliche Einheiten bilden, andererseits aber dem gemeinsamen Schicksal nicht entgehen können, was sich gerade in der Umweltpolitik[569] zeigt.

Anthropologisch wird die Hauptgefahr darin gesehen, daß wir zwar in den Genuß der Errungenschaften moderner Technik kommen, aber gerade durch die wachsende Komplexität der Möglichkeiten die uns umgebende Erfahrungswirklichkeit chaotisch, verwirrend und undurchsichtig erscheint. Deshalb sind Experten sehr wohl in der Lage, die Außenwelt immer besser transparent zu machen, dagegen wird unser persönliches Leben immer weniger verstehbar. „Wir leben in der postmodernen Welt, in der alles möglich und fast nichts sicher ist."[570] Als Problem wird erkannt, daß sich nur die Außenseite (globale Herausforderungen, politische Konsequenzen, neue soziale Realitäten) rasant entwickelt, das Ich aber ein gewisses Eigenleben führt, welches abgekoppelt von der Öffentlichkeit existiert und konstitutives Element der menschlichen Person ausmacht (Spannung des Personprinzips zum Gemeinwohl). Deshalb ist es nicht verwunderlich, wenn die immer rationaler und utilitaristischer werdenden Personen in dieser Welt weniger Antworten auf existentielle Fragen der humanen Umwelt finden und wenn sich die Menschen an die Sicherheit vergangener Tage (besonders in Osteuropa) nostalgisch erinnern, obwohl gerade diese damals als eine zu enge Umgebung empfunden wurde. Vor allem treten Autonomie und Differenzen einzelner Kulturen deutlicher hervor. Der Mensch wird mit der Bewältigung der Vielfalt in der Gesellschaft weitgehend allein gelassen, wozu auch das Problem der Arbeits- und Berufswahl sowie das Finden einer adäquaten Arbeit gehört, denn die alle hier abstrakt aufgeführten Phänomene betreffen genauso die Arbeitswelt. Dabei gilt, daß mit dem wachsenden Freiheitsanspruch, der in der Moderne immer stärker hervortritt, ebenso die Verantwortung wächst.[571]

---

[569] Auf die Ökologiedebatte und ihre Folgen sowie für dieses Thema relevanten Wandel in der Arbeitswelt wird noch im späteren Verlauf der Ausführungen einzugehen sein.

[570] Havel; in: <u>Friedensforum</u> Februar 95/1-2; 20.

[571] Vgl. zum Thema Freiheit: Karl Rahner (Hg.); <u>Herders Theologisches Taschenlexikon</u>; Freiburg 1972; 311-332.

Als die beiden wichtigsten historischen Einschnitte in der zweiten Hälfte des 20. Jahrhunderts sind der Fall der kolonialen Hegemonie sowie der Sturz der kommunistischen Regime Ost- und Mitteleuropas ins Argumentationsfeld einzuführen. Einige Aufgaben für die Zukunft werden formuliert: Es muß darum gehen, einen neuen Entwurf für die friedliche Koexistenz unterschiedlichster Rassen, Völker und Kulturen innerhalb eines weltumspannenden Zivilisationssystems herzustellen bzw. zu erarbeiten. Jedoch ist dies nicht nur organisatorisch als Problem zu identifizieren, sondern es muß vor allem um eine allgemein anerkannte Wertebasis gehen, die den Grundstein für dieses Modell legt. Gemeinsame Werte und Bestandteile dieser neuen Weltordnung sieht Havel im Respekt vor der Individualität des Menschen, in den Menschenrechten, in den unveräußerlichen Rechten des einzelnen und daß alle Macht vom Volke ausgehe. Der Mensch ist in der Welt verwurzelt, er ist Partizipant des Universums. Deshalb, so faßt Havel zusammen, wird nur derjenige dieses Erdengeschehen positiv verändern, der bereit ist, sich der Schöpfung und der absoluten Autorität (Gott) der universellen Weltordnung unterzuordnen. Nur wer selbst in der Lage ist, sich als Teil eines größeren Ganzen zu begreifen, wird auch die Rechte seiner Mitmenschen achten und zu schützen trachten.[572]

Nach der Beschreibung wichtiger Phänomene der Postmoderne, ist noch der Begriff der postindustriellen Gesellschaft genauer zu umreißen.[573] Der Terminus „postindustriell" (nachindustriell) spielt in der sozial- und wirtschaftswissenschaftlichen Literatur als auch in der öffentlich geführten Diskussion besonders seit den 70er Jahren dieses Jahrhunderts eine hervorragende Rolle, wenn es darum geht, die geschichtliche Epoche zu beschreiben, die die auslaufende Industriegesellschaft mit all ihren Merkmalen und Kennzeichen

---

[572] Vgl. dazu: Gary Shapiro (Hg.); After the Future- Postmodern Times and Places; Albany 1990; Bezüglich der ökologischen und politischen Konsequenzen des Wandels in der Postmoderne siehe: Johannes Michael Schnarrer; „The Difficulty of our Post-Modern Time: How to keep right and wrong apart?"; in: Christian Democratic Academy for Central and Eastern Europe (Hg.); Virtual Workshops- Let us take our own steps; Vol. 2 Issue No. 3; Budapest April 1995; 5-9.

[573] Bezüglich des Gesellschaftsbegriffs ist innerhalb dieser Arbeit auf den Punkt 1.3.2. hinzuweisen, wo bereits Charakteristika und Elemente aufgeführt wurden. (Vgl. auch: Franz X. Kaufmann; Artikel „Gesellschaft/ Kirche"; in: P.Eicher (Hg.); Neues Handbuch theologischer Grundbegriffe; München 1984, Band 2; 65-80; hier: 67f.)

von ihrem Ende her oder der Transformation in eine andere darstellt.[574] Ein wichtiges Merkmal dieser Gesellschaft ist der Übergang des wirtschaftlichen Hauptgewichts von der Industrieerzeugung zum Servicebereich, wodurch eine Dienstleistungsgesellschaft konstituiert wird. Daraus ergeben sich eine Reihe von Auswirkungen bezüglich der Struktur von Beruf, Arbeit und Qualifikation des Beschäftigten, der sozialen Einordnung und Klassifizierung des einzelnen, dem Massenkonsum, der multilateralen Vernetzung von Großunternehmen und den daraus sich ergebenden Produktions- und Handlungszwängen, die vor allem das für die nationale Ebene entwickelte System der Industriegesellschaft in Frage stellen oder dieses neu zu bestimmen versuchen.

Was könnte das nun für die Politik und die Arbeitsmärkte bedeuten? Hinsichtlich der Politik ergeben sich zwei gegenläufige Tendenzen, die einerseits in den stärker werdenden Konnotationen (Grundbedeutungen) von neuen korporativen und berufsgemeinschaftlichen Strukturen und Eliten auf technokratischem Gebiet liegen sowie andererseits in den gesteigerten Partizipationsmöglichkeiten des Bürgers durch die erweiterten Chancen im Bildungssektor vorhanden sind. Auch ist die Nutzung der Massenmedien zur Meinungsbildung herauszustreichen. Für die Arbeitsmärkte ergibt sich daraus eine weitere Flexibilisierung, ein steigendes Angebot in bestimmten Branchen und der Rückgang an Nachfragen in anderen. Das Absolvieren von Zusatz- und Speziallehrgängen und Ausbildungen wird fast zur conditio sine qua non, um den spezifischer werdenden Ansprüchen eines konkreten Arbeitsplatzes Folge leisten zu können.

Der Begriff der postindustriellen Gesellschaft entstand durch die Konfrontation mit der Industriegesellschaft, deren Gesicht sich wesentlich wandelte und deren Bedingungen anders wurden, weshalb sich der Terminus eignet zum Aufzeigen von Veränderungsprozessen bezüglich der sozialen Entwicklungen, andererseits aber ebenso in der Gefahr steht, daß sich durch ihn Utopien oder gar Ideologien herauskristallisieren, die zwangsläufig zu Verzerrungen führen müssen.

---

574 Vgl. Artikel „Postindustrielle Gesellschaft"; in: Brockhaus-Enzyklopädie; 19. Auflage Mannheim 1992, Band 17; 409.

3.2. Das Recht auf Arbeit, seine historischen Hintergründe sowie seine Verankerung in der Verfassung

Schon die Terminologie eines Rechts (auf Arbeit) ist nicht eindeutig, wie bei vielen Begriffen, die in der Umgangssprache des heutigen Alltags benutzt, aber nur selten definiert werden.[575] Deshalb erscheint es notwendig, zuerst das „Recht“ zu bestimmen. Unter einem Recht versteht man ein moralische Forderung um eines Gutes willen, das wesentlich für die menschliche Würde ist.[576]

3.2.1 Unterscheidungen zum Recht auf Arbeit und seine historisch-anthropologische Entwicklung

Das Recht auf Arbeit gehört zu den Menschenrechten.[577] Es gibt verschiedene Arten der Rechte. Zuerst sind die bürgerlich-politischen Rechte zu nennen, zu denen das Recht auf Meinungs- und Versammlungsfreiheit oder das Recht auf freie Religionsausübung gezählt wird. Zweitens sind die sozio-ökonomischen Rechte aufzuführen, wie u.a. das Recht auf Wohnung, Nahrung und Gesundheitsvorsorge. Das Recht auf Arbeit ist in die sozio-ökonomischen einzuordnen.[578]

Die Begrifflichkeit eines Rechts auf Arbeit ist vieldeutig, so daß zuerst die verschiedenen Anwendungen zu erläutern sind. Wird die Terminologie in korrekter Weise benutzt, dann handelt es sich um ein Grundrecht auf sozialer Ebene, was entweder gegen einen Rechtsträger privater Natur oder gar gegen den Staat und dessen Gesetzgebung selbst gerichtet ist. Inhaltlich

---

575 Vgl. Artikel „Arbeit“ ; in: Görres-Gesellschaft (Hg.); *Staatslexikon*; Freiburg 1985, Band 1; 198-220; hier: 209ff.

576 Vgl. J.Bryan Hehir; *Religion and Values in public life*- A forum from Harvard Divinity School; Vol.2, no.1; Cambridge/MA 1993; 7; „A right is a moral claim to a good that is essential for human dignity.“

577 Vgl. Jürgen Moltmann (Hg.); *Recht auf Arbeit-Sinn der Arbeit*; München 1979; darin besonders: Günter Brakelmann; „Das Recht auf Arbeit“- Eine Thesenreihe; 9-39.

578 Vgl. David Hollenbach; *Justice, Peace, and Human Rights*- American Catholic Social Ethics in a Pluralistic Context; New York 1988; 62; Für das anzusprechende Thema ist besonders Kapitel 4 des Buches weiterführend: „Unemployment and Jobs: A Social, Theological and Ethical Analysis.“

geht es um die Erhaltung oder die Beschaffung eines Arbeitsplatzes. Als Grundproblem stellt sich heraus, daß derartige Rechte mit dem System der Marktwirtschaft nicht übereinstimmen können, denn es würde bedeuten, daß massive Übergriffsermächtigungen an die Arbeitsverwaltungen und Arbeitsämter zu delegieren wären, was aber jeglichem marktwirtschaftlichen Denken widerspricht und selbst in der sozialistischen Planwirtschaft viele negative Folgen aufwies. Von daher ist es korrekt, wenn gesagt wird, daß dieses „Recht auf Arbeit" oftmals nicht über eine Verschleierung von Arbeitslosigkeit hinausreicht.[579]

Ein wenig anders ist die Sachlage, wenn damit das Recht am Arbeitsplatz gemeint ist, was die Position des Arbeitnehmers oder Angestellten determiniert, die über schuldrechtliche Ansprüche gegen den Vertragspartner bzw. Arbeitgeber hinausreicht. Es stellt für den Arbeiter in seinem konkreten Betrieb oder seiner Firma ein subjektives Recht dar, das wiederum gegenüber Dritten ein durchsetzbares Recht am eigenen Arbeitsplatz oder wenigstens im Unternehmen zusichert. Besonders wichtig wird dieses Gesetz bei einer Unternehmensveräußerung relevanten Rechts, das nach § 613a des Bürgerlichen Gesetzbuches (=BGB) der Bundesrepublik Deutschland geschieht.

Als Drittes ist das Recht auf Beschäftigung in diesem Zusammenhang anzuführen. Mit diesem Rechtsverständnis geht die Anerkennung des Arbeitsanspruchs einher, der nicht nur in der gerechten Entlohnung steckenbleiben darf, sondern darüber hinaus das Recht auf Anstellung, Beschäftigung generell inkludiert.[580] Hier wird die Auffassung vertreten, daß Arbeit und Beruf nicht nur im allgemeinen Sinn hohe Wertschätzung erlangen kann, sondern auch daß sie konstitutiv für die Entfaltung der Persönlichkeit sind und damit zum Humanum schlechthin gehören und durch die Entfaltung von Fähigkeiten und den Ausbau von Erfahrungen erst die Würde des Menschen zur Geltung bringen.

Aber auch hier ist der Blick in den historischen Zusammenhang notwendig, um unsere heutige Arbeitsrechtssituation besser zu verstehen. Lange vor der Gründung der Vereinten Nationen gab es

---

[579] Vgl. Artikel „Arbeit"; in: Görres-Gesellschaft (Hg.); <u>*Staatslexikon*</u>; Freiburg 1985, Band 1; 209.
[580] Vgl. ebd. 209.

bereits verschiedene Versuche, dieses fundamentale Menschenrecht in das juristische System der Staaten aufzunehmen. Das Konzept der von der Regierung garantierten Zusicherung der Arbeitsermöglichung wurde erstmals im Jahre 1836 vom französischen Historiker Louis Blanc vorgeschlagen.[581] Im Anschluß daran wurde das Recht auf Arbeit als Rechtsform von der französischen Februarrevolution proklamiert und am 25. Februar 1848 durch die provisorische republikanische Regierung (in Paris) ein Dekret zur Garantie und Organisation der Arbeit formuliert.[582]

Die Wichtigkeit eines Rechts auf Arbeit wurde besonders in den 20er und 30er Jahren dieses Jahrhunderts deutlich, wo sich die Ernsthaftigkeit des Problems Arbeit und Arbeitslosigkeit potenzierte, da es in der Weltwirtschaftskrise viele Menschen gab, die ohne Arbeit dastanden. Roosevelt in den Vereinigten Staaten von Amerika und Hitler in Deutschland gaben den Bürgern Hoffnung durch Arbeitsbeschaffungsprogramme. Allerdings gingen die Ziele, die Roosevelt und Hitler verfolgten, in völlig verschiedene Richtungen. Während Hitler ein Aufrüstungsprogramm zur Absicherung seiner totalitären Herrschaft installierte, ging es Roosevelt darum, die Weltwirtschaftskrise und die hohe Arbeitslosigkeit mit demokratischen und marktwirtschaftlichen Mitteln zu bewältigen. Deshalb verwundert es nicht, daß gerade in Zeiten der Kriege die Arbeitslosigkeit relativ gering ist, da viele Menschen in den Kämpfen ihr Leben lassen oder involviert sind in die Produktion der Waffen. So wird darauf hingewiesen, daß seit 1929 in den USA nur dreimal die Arbeitslosenquote unter 4% lag.[583] Nach dem Zweiten Weltkrieg begann man mit dem Wiederaufbau der Gebäude und Infrastruktur, den Häusern und Fabriken, so daß es genug Arbeit für alle gab.

---

[581] Vgl. Ronald Krietemeyer; Artikel „The Genesis and Development of the Right to Work"; in: Jacques Pohier/Dietmar Mieth (Hg.); *Unemployment and the Right to Work*; New York 1982; 27.

[582] Die gesamten Ausführungen zum Recht auf Arbeit als soziales Grundrecht beziehen sich auf: Artikel „Arbeit"; in: Görres-Gesellschaft (Hg.); *Staatslexikon*; Freiburg 1985, Band 1; 209f.

[583] Vgl. Carl Christ; Artikel „Unemployment and Macroeconomics"; in: Thomas M. Gannon (Hg.); *The Catholic Challenge to the American Economy*; New York 1987; 118; „The unemployment rate in the States was only 3 times (since 1929) under 4%, always associated with a war: (I) 1943-1948 in World War II; (II) 1951-1953 in Korea; (III) 1966-1969 in Vietnam." Daraus ergibt sich die Frage, ob Kriege notwendig sind, um die hohe Arbeitslosigkeit abzubauen? Zynischerweise könnte man dies behaupten. Auf andere, friedliche Mittel zur Bekämpfung der Arbeitslosigkeit ist später noch einzugehen.

Die Vereinten Nationen, gegründet 1948 in New York, die aus dem Völkerbund hervorgingen, verkündeten in verschiedenen Dokumenten die Anerkennung und Garantie eines Rechts auf Arbeit. So heißt es in Artikel 23 Abs. 1 der am 10. Dezember 1948 verlautbarten \`Allgemeinen Erklärung der Menschenrechte´, verabschiedet von der Generalversammlung der Vereinten Nationen: „Jeder Mensch hat das Recht auf Arbeit, auf freie Berufswahl, auf angemessene und befriedigende Arbeitsbedingungen sowie auf Schutz gegen Arbeitslosigkeit."[584] Als Grundproblem stellt sich jedoch heraus, daß von den angeführten allgemeinen Menschenrechten (dokumentiert in den Menschenrechtspakten) keine juristisch durchsetzbaren Rechtsansprüche abgeleitet werden können. Ebenso wird das Recht auf Arbeit im Artikel 6 des „Internationalen Abkommens über wirtschaftliche, soziale und kulturelle Rechte" (vom 19.12.1966)[585] und in Artikel 6 der „Deklaration über sozialen Fortschritt und Entwicklung"[586] festgeschrieben.

---

[584] Auswärtiges Amt der Bundesrepublik Deutschland (Hg.); <u>Menschenrechte in der Welt</u>; 4. Auflage Bonn 1981; 23; Die folgenden Absätze, die das Thema Arbeit betreffen, lauten: „(2) Alle Menschen haben ohne jede Diskriminierung das Recht auf gleichen Lohn für gleiche Arbeit. (3) Jedermann, der arbeitet, hat das Recht auf gerechte und günstige Entlohnung, die ihm und seiner Familie eine der menschlichen Würde entsprechende Existenz sichert und die, wenn nötig, durch andere soziale Schutzmaßnahmen zu ergänzen ist. (4) Jedermann hat das Recht, zum Schutze seiner Interessen Gewerkschaften zu bilden und solchen beizutreten." Artikel 24: „Jedermann hat das Recht auf Arbeitspausen und Freizeit einschließlich einer angemessenen Begrenzung der Arbeitszeit sowie auf regelmäßigen bezahlten Urlaub."

[585] Vgl. a.a.O. 51; Teil III, Artikel 6; „(1) Die Vertragsstaaten erkennen das Recht auf Arbeit an, welches das Recht jedes einzelnen auf die Möglichkeit, seinen Lebensunterhalt durch frei gewählte oder angenommene Arbeit zu verdienen, umfaßt, und unternehmen geeignete Schritte zum Schutz dieses Rechts. (2) Die von einem Vertragsstaat zur vollen Verwirklichung dieses Rechts zu unternehmenden Schritte umfassen fachliche und berufliche Beratung und Ausbildungsprogramme sowie die Festlegung von Grundsätzen und Verfahren zur Erzielung einer stetigen wirtschaftlichen, sozialen und kulturellen Entwicklung und einer produktiven Vollbeschäftigung unter Bedingungen, welche die politischen und wirtschaftlichen Grundfreiheiten des einzelnen schützen."

[586] Vgl. International Labour Organisation (Hg.); <u>*Report VI (1) for the International Conference on Work 1983: Policies of Employment in the World*</u>; Genf 1983.

3.2.2. Das Recht auf Arbeit in Europa und den deutschen Verfassungen

Die allgemeinen Menschenrechte sind stets verbindlich, haben jedoch nur appellierenden Charakter und müssen außerdem immer in den je konkreten Kontext einer Staats- oder Landesverfassung transformiert werden. So heißt es in Teil II Artikel 1, Ziffer 1 der Europäischen Sozialcharta: „Um die wirksame Ausübung des Rechts auf Arbeit zu gewährleisten, verpflichten sich die Vertragsparteien: die Erreichung und die Aufrechterhaltung eines möglichst hohen und stabilen Beschäftigungsstandes zu einem ihrer Hauptziele und einer ihrer wichtigsten Aufgaben zum Zwecke der Verwirklichung der Vollbeschäftigung zu machen."[587]

Die komplexe Problematik bzw. das Thema des Rechts auf Arbeit, auf einen Arbeitsplatz, bezahlte Arbeit, der Absicherung des Lebensunterhalts durch Arbeit oder Berufsfreiheit etc. wird in allen Verfassungen der Mitgliedsstaaten der Europäischen Union in je bestimmten Formen erwähnt, nur Belgien und das Vereinigte Königreich von Großbritannien (und Nordirland) bilden Ausnahmen, wobei das Vereinigte Königreich eine \`ungeschriebene Verfassung´ besitzt.[588] Im Zeitalter des Integrationsprozesses Europas wird es für wichtig erachtet, daß nicht nur der Text der deutschen Verfassung hier zu Wort kommt, sondern auch andere, die die Rechte und Pflichten im enger zusammenwachsenden \`europäischen Haus´ beeinflussen.[589]

In der Verfassung des Königreichs Dänemark vom 5. Juni 1953, Kapitel VIII, § 75, ist zu lesen: „(1) Zwecks Förderung des Gemeinwohls ist anzustreben, daß jeder arbeitsfähige Bürger die

---

[587] Zit. nach: Artikel „Arbeit"; in: Görres-Gesellschaft (Hg.); _Staatslexikon_; Freiburg 1985, Band 1; 209.

[588] Vgl. Adolf Kimmel (Hg.); _Die Verfassungen der EG-Mitgliedstaaten_; München 1987. Um hier einen europäischen Überblick zu erhalten, erscheint es notwendig, kurz auf einzelne Verfassungen einzugehen, wobei die bis 1. Januar 1995 existierende Zwölfergemeinschaft als Ausgangspunkt dient. Denn seit 1.1.1995 gehören als neue Glieder der Gemeinschaft auch Österreich, Finnland und Schweden zur Europäischen Gemeinschaft, die seit kurzer Zeit in „Europäische Union" umbenannt ist. Um einen direkten Vergleich zwischen den Ländern anstellen zu können, sei es erlaubt, die Texte der Mitgliedstaaten ausführlicher zu zitieren.

[589] Dabei geht es besonders um die richtige Organisierung des (europäischen) Gemeinwohls, denn die Arbeit zählt zu den wichtigen Elementen bei der Organisation dessen, vor allem in den einzelnen Ländern.

Möglichkeit hat, unter Bedingungen zu arbeiten, die sein Dasein sichern."[590]

Im Gesetzestext der Republik Frankreich vom 4. Oktober 1958 (letztmalige Änderung am 18. Juni 1976) wird bereits in der Präambel die feierliche Verbundenheit mit den Menschenrechten sowie den Grundsätzen der Souveränität der Nation (schon mit Hinweis auf die Erklärung der Französischen Revolution von 1789), die mittels der Verfassung des Jahres 1946 übernommen, bestätigt und ergänzt wurde, indirekt das Recht auf Arbeit festgelegt, bleibt aber expressis verbis unerwähnt.[591]

Die von den Parlamentsabgeordneten der Republik Griechenland am 9. Juni 1975 (letztmalig geändert am 12. März 1986) angenommenen Verfassung besagt in Teil II der individuellen und sozialen Rechte, Artikel 22: „(1) Die Arbeit ist ein Recht und steht unter dem Schutz des Staates, der für die Sicherung der Vollbeschäftigung und für die sittliche und materielle Förderung der arbeitenden ländlichen und städtischen Bevölkerung sorgt."[592] Bereits in dieser Formulierung wird die herausragende Stellung der Regierung deutlich, die die Aufgaben des Staates verkörpert und umsetzt.

Die Republik Irland stellt in ihrer Verfassung vom 1. Juli 1937 (zuletzt geändert am 26. Juni 1987) in Artikel 45 „Leitsätze der Sozialpolitik" fest, die zwar recht allgemein gehalten sind, aber doch den christlichen Hintergrund erahnen lassen: „(1) Es wird das Bestreben des Staates sein, das Wohlergehen des gesamten Volkes durch die möglichst wirkungsvolle Sicherung und Wahrung einer sozialen Ordnung zu

---

[590] A.a.O. 39; Wichtig erscheint der Hinweis auf das Gemeinwohl, das der Gesellschaft einen humanen und vor allem solidarischen Charakter verleiht. Im Absatz (2) heißt es: „Wer sich oder die Seinen nicht selbst ernähren kann und dessen Versorgung auch keinem anderen obliegt, hat Anspruch auf öffentliche Unterstützung, jedoch nur wenn er sich dafür den Verpflichtungen unterwirft, die das Gesetz vorsieht." Der bereits im Absatz 1 anklingende Ansatz einer interdependenten Gesellschaft wird im Absatz 2 noch verstärkt.

[591] Vgl. a.a.O. 94.

[592] A.a.O. 125; „Unabhängig von Geschlecht oder anderen Unterscheidungen haben alle Arbeitenden das Recht auf gleiche Entlohnung für gleichwertig geleistete Arbeit. (2) Die allgemeinen Arbeitsbedingungen werden durch Gesetz festgesetzt und ergänzt durch in freien Verhandlungen abgeschlossene Tarifverträge, bei deren Mißlingen durch schiedsrichterlich gesetzte Regeln. (3) Jede Form von Zwangsarbeit ist verboten. (4) Der Staat sorgt für die Sozialversicherung der Arbeitenden; das Nähere regelt ein Gesetz." So wird deutlich, daß in Griechenland dem Staat die Hauptlast bei der Bewältigung der schwierigen Arbeitsmarktlage zugemutet wird.

fördern, in der Gerechtigkeit und Nächstenliebe alle Einrichtungen des nationalen Lebens leiten."[593]

In der Verfassung der Republik Italien vom 27. Dezember 1947 (22. November 1967 letztmalig geändert) sind verschiedene Stellen zu eruieren, wo das Recht auf Arbeit genannt oder das Problem der Arbeit allgemein thematisiert wird. Schon in Artikel 1 der in Rom verabschiedeten Verfassung ist zu lesen: „Italien ist eine demokratische, auf die Arbeit gegründete Republik." In Artikel 4 wird dann ausdrücklich das Recht auf Arbeit benannt.[594]

---

[593] A.a.O. 201f; Sogar von Nächstenliebe ist die Rede im Text der Republik Irland, die einen sehr hohen Anteil an katholischer Bevölkerung aufweist. Weiter heißt es in Artikel 45: „(2)Die Politik des Staates ist insbesondere darauf ausgerichtet zu sichern, a) daß die Bürger (die alle, Männer und Frauen in gleicher Weise, ein Recht haben auf angemessene Mittel für ihren Lebensunterhalt) durch ihre Beschäftigung die Mittel finden, um in vernünftiger Weise für ihre häuslichen Bedürfnisse zu sorgen;...e)daß sich so viele Familien auf dem Land in wirtschaftlicher Sicherheit ansiedeln können, wie es nach den jeweiligen Umständen durchführbar ist. (3)1.Der Staat begünstigt und unterstützt, sofern dies notwendig ist, die Privatinitiative in Industrie und Handel. (4)1.Der Staat gelobt, die wirtschaftlichen Interessen der wirtschaftlich schwächeren Gruppen der Gemeinschaft mit besonderer Sorgfalt zu schützen sowie, wo es notwendig ist, zum Unterhalt der Kranken, Witwen, Waisen und Alten beizutragen. 2.Der Staat wird sich bemühen sicherzustellen, daß die Kraft und Gesundheit der männlichen und weiblichen Arbeitskräfte sowie der Kinder im zarten Alter nicht mißbraucht werden und daß die Bürger nicht aus wirtschaftlicher Not gezwungen werden, Berufe auszuüben, für die sie ihrem Geschlecht, ihrem Alter oder ihren Kräften nach ungeeignet sind." Vor allem die große Sorge um die Schwächsten in der Gesellschaft hat beinahe biblischen Charakter und verdeutlicht so, daß Iren auch ihre Gesetze an die Texte des AT und NT anlehnen.

[594] Vgl. a.a.O. 205; Artikel 4; „Die Republik erkennt allen Staatsbürgern das Recht auf Arbeit zu und fördert die Voraussetzungen für die Verwirklichung dieses Rechts. Jeder Staatsbürger ist verpflichtet, gemäß seinen Fähigkeiten und nach eigener Wahl eine Tätigkeit oder Funktion auszuüben, die zum materiellen oder geistigen Fortschritt der Gesellschaft beiträgt." In den Artikeln 35-38 (Vgl. a.a.O. 210f.) werden ausführlich die wirtschaftlichen Beziehungen bestimmt. Durch den Umfang bedingt, können stets nur die Grundaussagen berücksichtigt werden. „Art. 35. Die Republik schützt die Arbeit in allen ihren Formen und Anwendungen...sie schützt die italienische Arbeit im Ausland. Art.36. Jeder Arbeitende hat das Recht auf Entlohnung, die dem Umfang und der Qualität seiner Arbeit entspricht und die in jedem Falle ausreichen muß, ihm und seiner Familie ein freies und würdiges Dasein zu sichern. Art. 37. Die arbeitende Frau hat die gleichen Rechte und erhält - bei gleicher Arbeit - die gleiche Vergütung wie der arbeitende Mann. Art. 38. Jeder arbeitsunfähige Bürger, der nicht über die lebensnotwendigen Mittel verfügt, hat ein Recht auf Unterhalt und Sozialfürsorge." Artikel 46 (Vgl. a.a.O. 212) spricht von der Partizipation der Arbeitnehmer an der Leitung eines Unternehmens. „Art. 46. Zum Zwecke der wirtschaftlichen und sozialen Hebung der Arbeit und in Übereinstimmung mit den Erfordernissen der Produktion erkennt die Republik den Arbeitenden das Recht zu, in den vom Gesetz bestimmten Formen und Grenzen an der

Das Grundgesetz des Großherzogtums Luxemburg stammt in seiner ursprünglichen Abfassung bereits vom 17. Oktober 1868, wurde aber am 25. November 1983 geändert. In Artikel 11 des II. Kapitels, wo die Grundrechte der Bürger von Luxemburg festgelegt werden, heißt es: „Im Staate gibt es keine Standesunterschiede. Der Staat gewährleistet die Naturrechte der menschlichen Person und der Familie. Das Recht gewährleistet das Recht auf Arbeit und sichert jedem Bürger die Ausübung dieses Rechtes."[595]

Im Königreich der Niederlande wurde die Verfassung am 17. Februar 1983 verabschiedet. Bezüglich der Arbeit sind drei Punkte in Artikel 19 genannt: „(1) Die Schaffung von genügend Arbeitsplätzen ist Gegenstand der Sorge des Staates und der öffentlich-rechtlichen Körperschaften."[596]

Einen sehr ausführlichen Gesetzestext zum Thema Arbeit findet sich in der portugiesischen Verfassung, die am 2. April 1976 verabschiedet und am 30. Oktober 1982 revidiert wurde. In den Artikeln 53 bis 61 wird über die Freiheiten und Garantien der Arbeiter sowie die wirtschaftlichen Rechte und Pflichten befunden. In Artikel 53 ist zu lesen: „Den Arbeitern wird die Sicherung des Arbeitsplatzes garantiert; Entlassungen ohne rechtfertigenden Grund oder aus politischen oder ideologischen Gründen sind unzulässig."[597]

Leitung der Unternehmen mitzuwirken." Besonders wichtig ist die Bemerkung in Artikel 35, daß sogar \`italienische Arbeit´ im Ausland von der Republik Italien Protektion erhält, was darauf schließen läßt, daß es viele italienische Gastarbeiter im Ausland gibt.

[595] A.a.O. 234; Die ergänzenden Ausführungen lauten in Artikel 11: „Das Gesetz trifft Vorsorge für die soziale Sicherheit, den Schutz der Gesundheit sowie die Erholung der Arbeiter und gewährleistet die gewerkschaftlichen Freiheiten. Das Gesetz gewährleistet die Freiheit des Handelns und der Industrie sowie die Ausübung der freien Berufe und der landwirtschaftlichen Arbeit, vorbehaltlich der Einschränkungen, welche die gesetzgebende Gewalt festlegt." Auch der Text dieser Verfassung gelangt über programmatischen Charakter nicht hinaus.

[596] A.a.O. 250; Absätze 2 und 3 benennen Vorschriften und Rechte: „(2) Vorschriften über die Rechtsstellung derjenigen, die Arbeit verrichten, über den Arbeitsschutz und über die Mitbestimmung werden durch Gesetze erlassen. (3) Das Recht jedes Niederländers auf freie Wahl der Arbeit wird anerkannt, unbeschadet der Einschränkungen durch Gesetz kraft eines Gesetzes." Zuerst ist auch in den Niederlanden bezüglich der Arbeitsrechte der Staat gefordert, dadurch daß aber alle drei Absätze von Artikel 19 passivisch formuliert sind, erhält der Gesetzestext nicht mehr als Empfehlungscharakter.

[597] A.a.O. 292-295; hier: 292; Um konkrete Rechte, die gleichzeitig in Verbindung mit den Pflichten zu sehen sind, geht es in Artikeln 59-61. „Art. 59. (1) Alle haben das Recht auf Arbeit. (2) Die Pflicht zu arbeiten ist untrennbar mit dem Recht auf Arbeit verbunden, außer für jene, deren

Ähnlich ausführlich wie in der Verfassung Portugals wird auch in der des Königreichs Spanien (vom 29. Dezember 1978) die Arbeitsproblematik behandelt, wenn in sechs Artikeln (Art. 35-37 und 40-42) darauf Bezug genommen wird. Der Ausgangspunkt ist auch hier die gemeinsame Sicht von Rechten und Pflichten. „Art. 35. (1) Alle Spanier haben die Pflicht zu arbeiten und das Recht auf Arbeit, auf freie Wahl des Berufes oder eines Amtes, auf Fortkommen durch ihre Arbeit und auf eine Entlohnung, die zur Befriedigung ihrer Bedürfnisse und der ihrer Familie ausreicht. In keinem Fall darf es zu einer Diskriminierung wegen des Geschlechts kommen."[598]

Arbeitsfähigkeit durch Alter, Krankheit oder Invalidität gemindert ist. (3) Der Staat ist verpflichtet, durch die Anwendung wirtschafts- und sozialpolitischer Pläne das Recht auf Arbeit zu garantieren, indem er gewährleistet: a)die Durchführung der Vollbeschäftigungspolitik; b)die Chancengleichheit bei der Berufs- oder Arbeitswahl und die Voraussetzungen dafür, daß der Zugang zu irgendwelchen Ämtern, zu jeder Arbeit und zu jedem Beruf nicht aufgrund der Geschlechtszugehörigkeit verhindert oder eingeschränkt wird; c)die kulturelle, fachliche und berufliche Ausbildung der Arbeiter." Im Artikel 60 werden die Rechte der Arbeiter formuliert; das Recht auf: -Bezahlung der Arbeit nach Quantität, Art und Qualität; -auf Gestaltung der Arbeit unter würdigen Bedingungen; -auf Erholung und Freizeit sowie auf materielle Unterstützung bei unfreiwilliger Arbeitslosigkeit. Aufgaben des Staates sind: -Festlegung und Anpassung des landesweiten Mindestlohnes; -Festlegung einer Begrenzung der Arbeitszeit; -der besondere Schutz der Frauenarbeit (besonders in der Schwangerschaft); -der Ausbau eines Netzes von Erholungs- und Freizeitzentren und der Schutz der Arbeitsbedingungen ebenso wie die Garantie der sozialen Vergünstigungen der emigrierten Arbeiter. Das weite Spektrum der Rechte und Pflichten sowohl des Staates wie des Arbeiters zeigt den Willen zur eindeutigen Kompetenzverteilung.

[598] A.a.O. 365f.; hier: 365; „Art. 36. Das Gesetz regelt die Besonderheiten der Rechtsordnung der Berufskammern und die Ausübung der an Titel gebundenen Berufe. Innere Struktur und Arbeitsweise der Kammern müssen demokratisch sein. Art. 37. (1) Das Gesetz gewährleistet das Recht auf Kollektivverhandlungen zwischen den Vertretern der Arbeitnehmer und der Arbeitgeber sowie die Verbindlichkeit der Abkommen. (2) Das Recht der Arbeitnehmer und Arbeitgeber auf Anwendung von kollektiven Arbeitskampfmaßnahmen wird anerkannt. Art. 40. (1) Die öffentliche Gewalt fördert im Rahmen einer Politik wirtschaftliche Stabilität die für den sozialen und wirtschaftlichen Fortschritt und für eine gerechtere Verteilung des regionalen und persönlichen Einkommens günstigen Bedingungen. Ganz besonders betreibt sie eine auf die Vollbeschäftigung ausgerichtete Politik. (2) Die öffentliche Gewalt fördert gleichfalls eine Politik, die Berufsausbildung und Umschulung sicherstellt. Sie überwacht Sicherheit und Hygiene am Arbeitsplatz und gewährleistet die erforderliche Erholung durch Begrenzung der Arbeitszeit sowie regelmäßigen bezahlten Urlaub und die Förderung geeigneter Erholungsstätten. Art. 41. Die öffentliche Gewalt unterhält ein öffentliches System der Sozialen Sicherheit für alle Bürger, das ausreichende Hilfe und Leistungen in Notlagen garantiert, vor allem im Fall der Arbeitslosigkeit. Hilfe und zusätzliche Leistungen sind frei. Art. 42. Der Staat wacht besonders über den Schutz der wirtschaftlichen und sozialen Rechte der spanischen

Als Feststellung hinsichtlich der formalen und inhaltlichen Intensität des Problems der Arbeit sowie aller damit verbundenen Rechte und Pflichten in den hier genannten europäischen Verfassungen ist zu vermerken, daß je größer die Gefährdung des Rechts auf Arbeit, umso intensiver wird es thematisiert. So kommt es nicht von ungefähr, daß gerade in den Verfassungen Italiens, Portugals und Spaniens das Recht der Arbeiter, die im Ausland tätig sind, festgeschrieben ist, denn besonders in den 60er und 70er Jahren kamen viele Gastarbeiter u.a. aus diesen Ländern nach Mitteleuropa. Zweitens ist die Arbeitslosigkeit gerade in den genannten Staaten, hinzukommt noch die Republik Irland, die höchste in der Europäischen Union. Drittens zeigt der Umgang mit diesem Problem die Wertehierarchie der Menschen, die im konkreten Land leben und überwiegend gläubig oder eben weniger gläubig sind, was vor allem an Formulierungen sichtbar wird.

Im Anschluß an die europäischen Grundgesetze ist auf die deutsche Verfassung hinzuweisen. In der Weimarer Reichsverfassung von 1919 wird noch keine Garantie des Rechts auf Arbeit (Artikel 163) ausgesprochen. Ebenso sucht man vergeblich danach im Grundgesetz der Bundesrepublik Deutschland, verabschiedet am 23. Mai 1949. Im Artikel 12 des Grundgesetzes heißt es: „(1) Alle Deutschen haben das Recht, Beruf, Arbeitsplatz und Ausbildungsstätte frei zu wählen. Die Berufsausübung kann durch Gesetz oder auf Grund eines Gesetzes geregelt werden. (2) Niemand darf zu einer bestimmten Arbeit gezwungen werden, außer im Rahmen einer herkömmlichen allgemeinen, für alle gleichen öffentlichen Dienstleistungspflicht. (3) Zwangsarbeit ist nur bei einer gerichtlich angeordneten Freiheitsentziehung zulässig."[599] Damit bleibt das Grundgesetz sehr kurz formuliert und könnte den Eindruck erwecken, daß Arbeit und Arbeitslosigkeit in der Bundesrepublik Deutschland keine relevanten Probleme darstellen. Doch spätestens seit der Wiedervereinigung Deutschlands am 3. Oktober 1990 ist offensichtlich, daß diese zu den gewichtigsten und am schwierigsten zu lösenden zählen.

Arbeitnehmer im Ausland und richtet seine Politik auf deren Rückkehr aus." Hervorzuheben als Besonderheit ist an der spanischen Verfassung die Regelung und Ausübung der Berufe, die an bestimmte Titel gebunden sind. Diese Bemerkung findet sich in anderen Verfassungen nicht expressis verbis.

[599] Deutscher Bundestag (Hg.); Grundgesetz für die Bundesrepublik Deutschland; Bonn 1990; 16.

Ergänzend zum deutschen Grundgesetz, diesen Punkt abschließend, seien hier noch einige Landesverfassungen (innerhalb Deutschlands), von denen es inzwischen 16 gibt, zu nennen. Die Verfassung von Nordrhein-Westfalen in Artikel 24 Absatz 1 (Seite 3): „Jedermann hat ein Recht auf Arbeit."[600] Auch die Verfassung des Bundeslandes Hessen verbrieft in Artikel 28 Absatz 2 ein Recht auf Arbeit, wenn gesagt wird: „Jeder hat nach seinen Fähigkeiten ein Recht auf Arbeit und, unbeschadet seiner persönlichen Freiheit, die sittliche Pflicht zur Arbeit."[601] Allerdings entsteht aus dem Recht gleichzeitig eine Pflicht, die mitgenannt wird. Dagegen wird in der Verfassung Bayerns in Artikel 166 Absatz 2 nur das Recht, „sich durch Arbeit eine auskömmliche Existenz zu schaffen"[602] artikuliert.

Neben dem Recht auf bezahlte Arbeit sind auch diejenigen Rechte zu berücksichtigen, die aus Arbeit entstehen: Mitbestimmung und \`Humanisierung´ des Arbeitslebens, Mitsprache im Arbeitsprozeß und seiner Gestaltung. Wird der Wert der Arbeit eingeschätzt, dann muß sich dieser an den menschlichen Bedürfnissen und existentiellen Zwecken (nach Johannes Messner) ausrichten. Eine Hierarchie der Bedürfnisse sieht die Theorie nach Abraham H. Maslow vor, die in der Abstufung nach Wichtigkeit fünf Punkte aufweist:[603]

1. Physiologisches Bedürfnis;
2. Bedürfnis nach Sicherheit;
3. Bedürfnis nach Zugehörigkeit;
4. Bedürfnis nach Achtung;
5. Bedürfnis nach Selbstentfaltung.

Somit beinhaltet das Recht auf Arbeit verschiedene Implikationen, die sich zusammenfassend benennen lassen: 1.) das Recht auf Arbeit im generell sozialen Sinne als ein Grundrecht; 2.) das Recht auf adäquat nach Leistung, Qualifikation und Quantität bezahlte Tätigkeit; 3.) das Recht auf Einkommen, das selbst bei Arbeitsplatzverlust, Krankheit

---

[600] Zit. nach: Artikel „Arbeit"; in: Görres-Gesellschaft (Hg.); _Staatslexikon_; Freiburg 1985, Band 1; 210.

[601] Ebd. 210.

[602] Ebd. 210.

[603] Vgl. Artikel „Arbeit"; in: Martin Honecker; _Grundriß der Sozialethik_; Berlin,New York 1995; 445-464; hier: 458. Nach der Maslowschen Theorie würde der Konfliktfall zwischen Arbeitsplatzsicherung und Achtung des Arbeiters zugunsten des ersten entschieden. Besonders die Multifunktionalität der Arbeit ist zu berücksichtigen.

oder Alter eine minimale Sicherheit und Leben in Würde garantiert; 4.) das Recht am Arbeitsplatz als ein subjektives gegen Dritte durchsetzbares Recht, was meint, daß dem Betriebs- oder Firmenangehörigen den Vorzug gegenüber anderen einzuräumen ist; 5.) das Recht auf Beschäftigung zur Vervollkommnung persönlicher Werte wie Selbstentfaltung, Kreativität und Erfahrungen; 6.) das Recht auf Arbeit um der Befriedigung menschlicher Bedürfnisse (Selbstverwirklichung in Übereinstimmung mit dem Personprinzip) willen.

Als Grundproblem, das jedoch noch keine Lösung erfahren hat, steht die Aufgabe der Politik, die juristisch verabschiedeten Verfassungstexte auch in der Praxis soweit wie möglich durchzusetzen, da sie ansonsten nicht über einen programmatisch-appellierenden Charakter hinausgehen.[604] Die Regierungen haben die Aufgabe, die Rahmenbedingungen für die Ökonomie so zu schaffen, daß soziale Elemente (Gemeinwohl) und die Verwirklichung der Menschenrechte ermöglicht werden. Dagegen steht jedoch oftmals die Wirtschaft, die streng nach Angebot und Nachfrage zu handeln gezwungen ist, wobei es aber auch hier auf sozial verträgliche Konzepte ankommt. Mit Verfassungstexten, Normen, Appellen und Programmen allein sind weder Arbeitsplätze zu schaffen, noch ist Arbeitslosigkeit abzubauen. Vor allem kommt es auf den guten Willen (Gesinnung) und die ernsthafte Absicht der involvierten Gruppen an, akzeptable Auswege zu schaffen. Damit hat die Argumentation eine Kernfrage der modernen Welt erreicht: die Arbeitslosigkeit und die mit ihr einhergehende Ausgrenzung.

3.3. Die Arbeitslosigkeit und ihre Folgen für die Personen sowie die Gesellschaft

Nicht wenige Wissenschaftler stellen die These auf, daß man vom Ende der Arbeitsgesellschaft reden könne, denn, so argumentieren sie, die Arbeitslosigkeit habe eine neue Qualität erreicht, die weite Teile der Bevölkerung betrifft und somit

---

[604] Vgl. Andre Gorz; Artikel „New Economic Data of Employment and Unemployment"; in: Pohier/Mieth (Hg.); <u>Unemployment and the Right to Work</u>; New York 1982; 12.

nicht mehr von der Arbeitsgesellschaft schlechthin ausgegangen werden könne.[605]

Es steht wohl außer Frage, daß mit dem Problem der Arbeitslosigkeit eines der größten unserer Zeit angesprochen ist, das einer Lösung bedarf. Dabei sind sich die Experten der Schwierigkeit bewußt. „Ökonomen und Ethiker sind gleicherweise ratlos, wie die Arbeitslosigkeit wirksam zu beseitigen ist."[606]

In Zeiten von Rezession (Verminderung der wirtschaftlichen Wachstumsgeschwindigkeit bzw. Rückgang der Konjunktur) wird die Öffentlichkeit mit zwei Hauptindikatoren konfrontiert: einerseits ist es die überdurchschnittlich hohe Inflationsrate, andererseits werden Ankündigungen über das Schließen großer Unternehmen in Schlüsselindustrien gemacht, was gewöhnlich bedeutet, daß viele Menschen arbeitslos werden.[607] Rezession ist aber nicht mehr wie früher in der „geschlossenen Gesellschaft" auf einzelstaatliche Ökonomien beschränkt, sondern ist ein globales Phänomen, da viele transnationale Konzerne zur stärkeren Flexibilisierung und Verteilung der konkurrenzabhängigen Risiken gezwungen sind.[608] Die Gruppe von

---

[605] Vgl. Klaus Dörner/Ursula Plog; _Irren ist menschlich_; Leipzig 1989; 9; „Wenn das so ist, dann muß Arbeitsfähigkeit als oberstes Rehabilitationsziel sich inhaltlich erweitern: Wir haben die organisierte (entfremdete) Lohnarbeit als immer kleiner werdenden Teil der Gesamtheit menschlicher Arbeit anzusehen - von der künstlerischen Tätigkeit über die Schwarz- und Tauscharbeit bis zum Sorgen für Andere. Unabweisbarer bleibt nur die anthropologische Norm, daß jeder Mensch jeden Tag etwas Sinnvolles tun muß, um gesund zu sein. Das hat unsere Phantasie zu strapazieren: Finanzielle Sicherheit könnte z.B. unabhängig vom Besitz eines Arbeitsplatzes garantiert werden." Nur stellt sich die praktische Frage, wie diese möglich sein soll und vor allem, woher die finanzökonomischen Mittel herkommen könnten, denn bevor etwas zu verteilen ist, muß es erwirtschaftet werden.

[606] Martin Honecker; _Grundriß der Sozialethik_; Berlin,New York 1995; 459; Es bestehen sowohl binnen- wie weltwirtschaftlich große Arbeitsmarktprobleme, die oft nicht nur konjunktureller, sondern ebenso struktureller Natur sind. Offensichtlich sind die Erwartungen nach Lösungskonzepten sehr hoch, wenn nicht wenigen Artikeln zu diesem Thema der Vermerk voransteht, daß keine Konzepte zur Lösung angeboten werden. So schreibt auch Walter Kerber: „Von einem Theologen, der zum Gesamtthema \`Arbeitslosigkeit´ sozialethische Perspektiven über den Sinn menschlicher Arbeit beisteuern soll, wird man keine unmittelbar beschäftigungspolitischen Vorschläge erwarten." (Walter Kerber; _Arbeitswelt im Umbruch_; Düsseldorf 1984; 54).

[607] Vgl. Barry Bluestone/Bennett Harrison; _The Deindustrialisation of America_; New York 1982; besonders 49-81; Die Autoren zeigen, wie verheerend die Wirkung der Arbeitslosigkeit auf den einzelnen Betroffenen ist.

[608] Schon 1987 hatten 65% der größten US-Konzerne Filialunternehmen in sechs oder mehr Staaten. Die privaten Investitionen im Ausland stiegen von 19 Mrd. $ im Jahre 1950 auf 726,3 Mrd $ 1982 an. (Vgl. dazu: _Statistical Abstract of the United States_; 1984; 821; zitiert nach: Manuel G.

Menschen, die in Zeiten von Konjunkturrückgang die negativen Folgen am härtesten spürt, sind die Arbeitslosen. Häufig trifft es eine ganze Branche (z.B. die Stahl- oder Autoindustrie).

3.3.1. Arbeitslosigkeit als allgemeines Phänomen in der Welt

Es ist nicht korrekt, wenn man davon ausgeht, daß die Problematik der Arbeitslosigkeit nur eine Schwierigkeit der Industriestaaten ist, denn auch in den Entwicklungsländern ist sie als chronisch zu bezeichnen.[609] Selbst in den Reformstaaten des ehemaligen kommunistischen Ostblocks wird als Folge der Transformation von der Plan- zur Marktwirtschaft die Massenarbeitslosigkeit erfahren. Wurde bis in die 80er Jahre vom zyklischen Wirtschaftssystem ausgegangen, das bei Konjunktur die Arbeitslosenzahlen fast automatisch senkte, scheinen sich die Menschen heutzutage mit einer Sockelarbeitslosigkeit von ca. 10% in den Staaten der G7 (die sieben wirtschaftsführenden Nationen der Erde) abgefunden zu haben, obwohl es große Unterschiede gibt zwischen den einzelnen Ländern.[610] In friedlichen Zeiten dieses Jahrhunderts gab es nur eine Periode der relativen Vollbeschäftigung, vom Beginn der 60er Jahre bis Mitte der 70er Jahre, jedoch in den 30er Jahren und ab Mitte der 70er Jahre Phasen sehr hoher Arbeitslosigkeit. In den meisten Ländern waren zweistellige Arbeitslosenzahlen zu verzeichnen, wobei nur die Republik Österreich und die Schweiz signifikante Ausnahmen bildeten und weit darunter lagen.[611]

Auch die Zukunftsaussichten sind alles andere als optimistisch, leidet doch die Weltwirtschaft unter Rezession,

---

Velasquez; Artikel „Ethics, Religion and the Modern Business Corporation"; in: Thomas M. Gannon (Hg.); *The Catholic Challenge to the American Economy*; New York 1987; 61).

[609] Vgl. Franz Prinz; Artikel „Die Last der Arbeitslosigkeit"; in: *Stimmen der Zeit 10/89*; Freiburg 1989; 685-696.

[610] Vgl. Organisation for Economic Cooperation and Development (Hg.); *The OECD Jobs Study*- Facts, Analysis and Strategies; Paris 1994.

[611] Vgl. Winfried Vogt; Artikel „Arbeitslosigkeit"; in: Georges Enderle (Hg. et al.); *Lexikon der Wirtschaftsethik*; Freiburg 1993; Spalten 58-66. Allerdings verschleiern die Zahlen die Wirklichkeit, so daß mit verschiedenen Erhebungsmethoden und sozialpolitischen Gesetzen (viele Frühpensionisten in Österreich oder viele Ausländer in der Schweiz, die bei Arbeitslosigkeit einfach in ihre Heimat zurückgeschickt werden) nicht unbedingt ein reales Bild über die Lage eines Landes hinsichtlich der Arbeitslosigkeit entstehen muß.

die Transformationsstaaten unter den Spätfolgen der Kommandowirtschaft und die Entwicklungsländer unter den Protektionsmechanismen der Ersten und Zweiten Welt, wobei es auch hier Ausnahmen gibt. Besonders die Kosten der Arbeitslosigkeit sind sowohl für die jeweilige Person als auch für die Gesellschaft allgemein sehr hoch, denn der Staat verliert Einkommen (und Steuern) sowie durch Verlust von Arbeitsqualifikation des Arbeitslosen ebenso die Fähigkeiten eines Menschen, der wiederum an Imageverlust, finanzieller Kraft und sozialer Anerkennung leidet. Typische Folgen sind dann Erkrankungen psychischer und physischer Natur. Auch politisch betrachtet, ist hier die Basis für Radikalismus zu sehen, wenn dem System allein die Schuld zugewiesen wird.[612]

Definiert man Arbeitslosigkeit, dann versteht man darunter den Zustand, daß die Nachfrage nach Arbeit und denen, die sie verrichten, zur Deckung der Nachfrage nach Gütern geringer ist als das Angebot von Arbeit. Und diejenigen, die keine Arbeit besitzen, werden dann, wenn sie arbeitsfähig sind und sich noch nicht im Pensionsalter befinden, als Arbeitslose bezeichnet.[613] Vogt nennt hierfür drei Ursachen. Als erster Grund wird das zu hohe Arbeitsangebot für eine Vollbeschäftigung gesehen, d.h. es drängen zu viele Anbieter auf den Arbeitsmarkt, der den Ansturm nicht bewältigen kann und deshalb viele ohne vollbezahlter Arbeit existieren müssen, oder das geschieht u.a. bei zu schnellem Bevölkerungswachstum.

Als zweite Ursache für Arbeitslosigkeit wird angeführt, wenn die Nachfrage nach Arbeit zu niedrig ist, da durch steigende Produktivität und wachsenden Fortschritt der Technik innerhalb des Arbeitsprozesses nicht mehr alle Arbeitenden benötigt werden. Weil Maschinen oder Computer die Arbeit von Menschen übernehmen, tritt das „Humankapital" zurück und ist gezwungen, neue Arbeitsfelder zu erschließen.

Im dritten Kausalzusammenhang hinsichtlich der Arbeitslosigkeit wird der zu geringe Bedarf an Gütern und Produkten genannt, der die Beschäftigung aller Arbeitnachfragenden unnötig und unrentabel machen würde. Ist die Nachfrage nach Gütern allgemein zu niedrig, d.h. auch

---

[612] Nicht wenige Menschen, die ohne Arbeit dastehen, leiden darunter und wenden sich als Demokratiefrustrierte radikalen Gruppen zu, die wiederum ein erhöhtes Sicherheitsrisiko für die Gesamtgesellschaft darstellen.
[613] Vgl. a.a.O. Sp. 60.

gesamtwirtschaftlich, dann wird von „keynesianischer"[614] Arbeitslosigkeit gesprochen, was meint, daß es anstrebenswert ist, die öffentliche Nachfrage zu steigern.

Ein Grundproblem der Gegenwart ist die hohe Sockelarbeitslosigkeit, die früher in anderen Formen (Gelegenheitsarbeit im Mittelalter u.a.) auch schon vorhanden gewesen ist. Besonders seit den 80er Jahren unseres Jahrhunderts gehen die Zahlen der Langzeitarbeitslosen trotz verhaltenen Wirtschaftsaufschwunges nicht zurück und liegen bei durchschnittlich 10% in der Europäischen Union. Man spricht von der sog. Hysterese, die das Zurückbleiben einer Wirkung hinter der sie auslösenden bzw. verursachenden Größe kennzeichnet.[615] In den vergangenen Jahrzehnten war es so, daß mit dem nationalen und internationalen ökonomischen Aufschwung auch ein drastisches Absinken der Arbeitslosigkeit verbunden war. Doch dies ist heute nicht mehr der Fall und wird als Hysterese bezeichnet. Die Gründe dafür sind vielfältig; ein Hauptgrund ist die Auslagerung der Güterproduktion von den Industriestaaten in Billiglohnländer Osteuropas oder Asiens.

Wann könnte also die Gesellschaft das Ziel der Vollbeschäftigung erreichen? Unter drei Bedingungen ist dies möglich: Wenn bei hoher Güternachfrage ebenso die

---

[614] Vgl. Artikel „John Maynard Baron Keynes"; in: *Meyers Taschenlexikon*; Mannheim 1987, Band 11; 316f; Keynes (1883-1946) entwickelte eigene ökonomische Theorien, die von seinen Anhängern weiter ausgebaut wurden. So werden in Anknüpfung an die klassische Nationalökonomie der wirtschaftlichen Analyse Gesamtgrößen des Kreislaufs zugrunde gelegt. Im Gegensatz zur klassischen Auffassung von Ökonomie geht Keynes nicht von Selbstheilungskräften in der Wirtschaft aus, wenn es zu Störungen kommt, vor allem nicht von einer automatischen Herbeiführung der Vollbeschäftigung. Dagegen sieht Keynes die Vollbeschäftigung als Ausnahmezustand bzw. als Sonderfall eines anzustrebenden Gleichgewichtszustandes. Die keynesianische Geldwerttheorie sieht in der Verknüpfung von güterwirtschaftlichen und monetären Bereichen eine Interdependenz und unterscheidet sich dadurch von den bisher vorherrschenden Thesen der Geldwertneutralität. Selbst psychologische Elemente werden bei der Betrachtung ökonomischen Verhaltens mitbedacht. Der Keynesianismus erkennt die Abhängigkeit der Ausgaben vom Einkommen (Gehalt oder Lohn)an, der Investition vom Zinssatz sowie der Nachfrage nach Geld von Zinssatz und Einkommen. Dementsprechend wird auf dieser Basis die Verbindung von Geldmenge, Zinssatz, Einkommen, Beschäftigung und Investitionen deutlich. Keynes schuf somit die Grundlage für staatliche Wirtschaftspolitik, die in Bekämpfung der Depression und durch bewußte Eingriffe der öffentlichen Hand zugunsten einer größeren Nachfrage liegen sollte. Heute bauen verschiedene Wirtschaftssysteme auf Keynes´ Theorien auf, besonders die an der Erhöhung der effektiven Nachfrage orientierten.

[615] Vgl. *Meyers Enzyklopädisches Lexikon*; Mannheim,Wien,Zürich 1974, Band 12; 419.

Arbeitsangebote hoch sind bzw. die Arbeit eine geringere Produktivität und Effizienz aufweist (ein typischer Sachverhalt der ehemals sozialistischen Staaten); bei hoher Produktivität der Arbeit aber geringerem Arbeitsangebot bzw. höherer Güternachfrage oder aber bei niedrigerem Arbeitsangebot und niedriger Arbeitsproduktivität sowie gleichzeitig geringer Güternachfrage. Sozial und ethisch gesehen geht es hier um den Ausgleich zwischen Arbeit, Kapital und Güterversorgung, so daß von einem zu sein sollendem Zustand auszugehen ist, der allen Faktoren in geziemendem Maß entspricht. Sobald ein Ungleichgewicht entsteht, also ein Element das Übergewicht bekommt, ist das Gleichgewicht gestört, das meistens zu Arbeitslosigkeit führt.[616] Gerät das Gleichgewicht außer Kontrolle, dann sind Kompensationsbewegungen in der Weise notwendig, daß die schwächeren Faktoren, besonders durch politischen oder ökonomischen Eingriff in das System, gestärkt werden.[617]

Einerseits ist das Angebot an Arbeit bis zu einer gewissen Toleranzbreite durch verschiedene Maßnahmen wie Arbeitszeitregulierung oder durch Anpassung von Partizipationsraten an die Bedürfnisse des Arbeitsmarktes und der involvierten Personen anzugleichen, andererseits gibt es individuelle Tendenzen und Entwicklungen demographischer Natur, die wenig regulierbar sind. Auch ist der technische Fortschritt ein Vorteil zur besseren Befriedigung der Grundbedürfnisse, obwohl er ebenso Arbeitsplätze minimiert, ist man doch nicht gewillt, auf die - auf ihm beruhenden - Arbeitserleichterungen und Früchte zu verzichten. Deshalb ist das Ausmaß für die Beschäftigung weiterhin abhängig von der Nachfrage der Güter im gesamtwirtschaftlichen Bereich, was die Schwankungen auf dem

---

[616] Vgl. Artikel „Gleichgewicht“; in: _Meyers großes Taschenlexikon_; Mannheim 1987, Band 8; 246f; hier: 247; In der Wirtschaftstheorie ist das Gleichgewicht die Beschreibung für den Zustand eines Systems, das keine Änderungstendenzen benötigt, die systemimmanent sind. Hauptgrundlage der Theorien zum Gleichgewicht sind die Konstanz von Wirkungen und Gegenwirkungen, die eine Struktur des Sachverhalts bestimmen. „Im Gleichgewicht besteht für kein Wirtschaftssubjekt Veranlassung, sein Verhalten zu ändern, da die geplanten mit den ökonomischen Größen übereinstimmen.“ Ziel einer Nationalökonomie ist somit das wirtschaftliche Gleichgewicht, das z.B. in der Bundesrepublik Deutschland durch das Gesetz zur Förderung des Wachstums und der Stabilität mit erreicht werden soll.

[617] Dazu gibt es verschiedene Mittel auf dem Arbeitsmarkt: Steuern, Arbeitszeitregelungen, Tarifvertragsabschlüsse o.a. Maßnahmen wie z.B. die Arbeitsbeschaffungsprogramme (in Ostdeutschland während der Transformationsphase).

Arbeitsmarkt geradezu verifizieren. Oft ist aber die Nachfrage nicht ausreichend genug (nach Keynes), da für die künftige Nachfrage ein gewisser Teil des Einkommens gespart bleibt.[618] Immer wenn die Risiken zu hoch erscheinen, dann bleiben die Investitionen aus, denn nur bei Abschätzung und Risikominimierung findet die Überführung von Finanz- in Sachkapital statt. Somit fällt die Nachfrage nach Gütern aus, und die Unternehmen sind gezwungen, die Arbeiter und Angestellten zu entlassen, weil nicht mehr produziert wird, was verkauft werden kann und außerdem zu hohe Lohnnebenkosten in den Industrieländern zur Produktionsauslagerung in sog. Billiglohnländer führt.

Eigentlich müßte die Arbeitslosigkeit über Markt- und Lohnmechanismen zu verringern sein, da man, von einem Idealzustand ausgehend, zu den bereits genannten Faktoren den sog. Lohnsatz ergänzend hinzufügen muß, der - zumindestens theoretisch - Vollbeschäftigung erlaubt. Ebenso ist bei Akzeptanz niedriger Löhne ein hohes Arbeitsangebot nicht unmöglich und dem Ziel der Vollbeschäftigung nicht abträglich, allerdings ist Unterbezahlung, die damit einhergehen würde, weder ethisch noch sozial zu rechtfertigen. Andererseits gibt es durch den Fortschritt in der Technik geringere Zahlen von Arbeitsplätzen im Produktionsbereich, die auch weniger zu entlohnen sind. Sollte mit sinkendem Lohn ebenso das Preisniveau fallen, dann könnte hypothetischerweise die Güternachfrage steigen und mehr Arbeit auf dem Markt angeboten werden. Der Fehler aber besteht darin, daß nicht wenige meinen, die Löhne würden proportional bei hoher Arbeitslosigkeit sinken, was eben nicht automatisch geschieht.[619] Jedoch ist Lohnsenkung weder im Interesse der Gewerkschaften bzw. den Beschäftigten noch im Interesse der Arbeitgeber, da ein angehobenes Lohnniveau auch die Sicherheit für beständig gute Erbringung von Arbeitsleistungen darstellt, was als Effizienzlohn betrachtet wird. Lohnsenkungen lassen die Gefahr

---

[618] Vgl. Waldemar Siekaup; *Volkswirtschaftslehre*; 5. Auflage Wolfenbüttel 1961; 193; Drei Arbeitsbeschaffungsmaßnahmen zum Abbau der Arbeitslosigkeit werden aufgeführt: (1) Höhere Staatsausgaben zur Belebung des Konsums und der öffentlichen Investitionen; (2) Anreiz zur verstärkten privaten Investition von Unternehmen (Steuersenkung u.a.); (3) Andersverteilung von Einkommen, die berücksichtigt, daß niedrigere Löhne und Gehälter auch weniger zu besteuern sind als höhere.

[619] Vgl. Winfried Vogt; Artikel „Arbeitslosigkeit"; in: Georges Enderle (Hg. et al.); *Lexikon der Wirtschaftsethik*; Freiburg 1993; Sp. 62.

heraufbeschwören, daß die Effizienz der Produktivität der Wirtschaft sinkt. Da die Unternehmer erst neue Arbeitskräfte einstellen, wenn die Nachfrage tatsächlich steigt, bleibt es offen, ob die Beschäftigungszahl wächst bei Lohnsenkungen. Die Vertreter der Keynesianischen Richtung zeigen sich mißtrauisch bei der Empfehlung von Lohnsenkungen als Abhilfsmaßnahme von Arbeitslosigkeit, weil die Lohnsenkung ebenso eine echte wirtschaftspolitische Schwierigkeit darstellt, selbst wenn dies nicht von allen als solche anerkannt wird. Die Lösung der Keynesianer besteht darin, die zu wenig stattfindende güterwirtschaftliche Nachfrage mit einer zusätzlichen zu komplementieren.[620] Aber ethisch gesehen, kann es nicht darum gehen, ständig steigendes Wachstum zu unterstützen oder gar zu fordern, was besonders in Verbindung mit dem Umgang der unveräußerlichen Güter (Ökologiedebatte!) als schwierig einzustufen ist.

Einige wirtschaftspolitische Überlegungen sind an dieser Stelle angebracht. Natürlich ist es möglich, daß eine unzureichende Nachfrage durch den Eingriff des Staates, der die Ausgaben ergänzt, Vollbeschäftigung erreichen läßt, doch Voraussetzung dafür ist die Finanzkraft des Staates. Bei Steuererhöhung würde die private Nachfrage eher eingeschränkt und wäre somit kontraproduktiv zur Lösung. Kreditfinanzierung erscheint als ein Ausweg, erhöht jedoch die Staatsverschuldung, die prinzipiell von der Kreditwürdigkeit eines Staates oder eines (Bundes-)landes abhängt. Deshalb ist die expansive Verschuldung des Staates vieler Industrienationen ein nicht geringes Hindernis beim Kampf gegen weltweite Rezession. Aber auf lange Sicht ist eine bewußte Defizitfinanzierung nur dann sinnvoll und verantwortbar, wenn sie zur Initialzündung der Wirtschaft dient und nicht mißbrauchend zur Vergrößerung der Staatsanteile am Sozialprodukt eingesetzt wird.

Der Staat ist gefordert, erst dann einzugreifen, wenn es tatsächlich notwendig erscheint, ansonsten kommt es zur Konkurrenz um die Anteile am Sozialprodukt, was wiederum inflationär wirkt und ebenso geschieht, wenn es staatlich garantierte Vollbeschäftigung gibt. Denn wenn die Last der Arbeitslosigkeit nicht droht, dann können die Arbeitnehmer leichter ihre Lohn- und Gehaltsforderungen durchsetzen, die von

---

[620] Vgl. ebd. Sp. 62.

den Arbeitgebern und Unternehmern auf die Preise meistens direkt weitergegeben werden. So wird leicht aus der Vollbeschäftigung nicht nur die Ankurbelung der Wirtschaft, sondern es entwickelt sich daraus ebenso eine größere Inflationsrate, die die Gesellschaft dann allgemein zu tragen hat und die Währungsstabilität auf lange Sicht hin sehr gefährdet. Deshalb ist es die Aufgabe der „Währungshüter" eines Landes, Inflation und Arbeitslosigkeit zu bekämpfen, da beide Elemente Unsicherheitsfaktoren darstellen, die es einzudämmen gilt, obwohl gerade z.B. die Notenbanken in der Lage sind, die gesamtwirtschaftliche Nachfrage zu begrenzen oder zu vermindern, was wiederum als Ursprung der Arbeitslosigkeit anzusehen ist. Ohne den durchsetzbaren Willen zur Lösung der Arbeitslosigkeit und ohne einer zielführenden Politik der Vollbeschäftigung, wird uns die Geißel der Arbeitslosigkeit weiterhin belasten.[621]

Das Problem der Arbeitslosigkeit stellt sich als eine ambivalente Schwierigkeit der Vollbeschäftigung dar. Denn auf der einen Seite ist das Recht auf Arbeit, wie bereits aufgezeigt, als ein ethisches Postulat geboten, wobei bestimmte Länder zur Wahrung dieses Anspruchs auf Vollbeschäftigung juristisch gebunden sind (in Deutschland u.a. durch das Stabilitätsgesetz). Auf der anderen Seite zeigt sich, daß die Politik, wenn sie mit dem Anspruch der Vollbeschäftigung antritt, in große Probleme kommt, da inflationäre Tendenzen provoziert werden, welche jedoch die wirtschaftlichen Mittel und Wege überschreiten und von daher auch die Stabilität einer Währung in Frage stellen, gerade weil sie Basisfunktion für die Gestaltung und Fortentwicklung einer Marktwirtschaft darstellen. Die Lösung der Arbeitslosigkeit setzt voraus, daß Forderungen der Personen und der gesellschaftlichen Zellen bzw. Gruppen auch bei Vollbeschäftigung in gewissen Einklang zu bringen sind. Solche Rechte und Anforderungen sind nicht einfach als moralisch ungebührend zu deklarieren oder durch Appelle zu lösen, sondern solche Institutionen müßten entstehen, die bei Vollbeschäftigung den Interessenausgleich (um des Aufbaus einer solidarischen Gesellschaft, die die Verbesserung des Gemeinwohls anstrebt) erwirken können. Dagegen sind Forderungen des Staates durch Regeln, die das langfristige

---

[621] Vgl. a.a.O. Sp. 63f.

Planen und die Erstellung des Gleichgewichts der öffentlichen Haushalte möglich machen, zu minimieren.

Sinnvoll erschiene es auch, der Inflation den Druck zu nehmen, der immer wieder durch die Lohnbildung initiiert wird. Das könnte dann geschehen, wenn die Bereitschaft zur Leistung der Arbeiter und Angestellten bei Vollbeschäftigung abgesichert wäre und ohne daß dafür Löhne und Gehälter gezahlt werden müßten, die wiederum neue Verteilungskämpfe heraufbeschwören würden. Geeignete Anreize zur adäquaten Erbringung von Leistung könnten durch mehr Partizipationsmöglichkeiten in Form von Gewinn oder Vermögensbeteiligung (Partizipationsprinzip) erreicht werden, was sozialethisch wünschenswert erscheint.

Große Bedeutung fand dabei der Weitzman-Plan, der die Vollbeschäftigung garantiert durch Gewinnbeteiligung, wobei aber einschränkend hinzugefügt werden muß, daß auch bei ihm (und vergleichbar ähnlichen Modellen) die Effizienz umstritten ist. Beständig hohe Bereitschaft zur Erbringung von Leistung erscheint aber ebenso möglich durch andere Faktoren, wie z.B. die größere Selbstentfaltung, die verstärkte Selbstverantwortung am Arbeitsplatz oder ein besseres Betriebsklima; diese werden als intrinsische, d.h. im Arbeiter selbst liegende Motivationselemente bezeichnet. Demgegenüber sind aber die organisatorischen, instrumentellen und institutionellen sowie partei- bzw. wirtschaftspolitischen Gegebenheiten so beschaffen, daß bisher wenig dafür getan wurde. Allerdings ist das ethische Postulat nach Recht auf Arbeit bzw. Vollbeschäftigung nicht allein zielführend, wenn nicht gleichzeitig die praktische Realisierung mitbedacht wird.[622]

Nun sind hier noch die verschiedenen Arten und Gründe für der Arbeitslosigkeit zu nennen.[623] Zunächst ist zwischen falscher und unfreiwilliger Arbeitslosigkeit zu unterscheiden. Die letztere Form existiert, wenn die Bereitschaft zur Arbeit gegeben ist, aber die Betroffenen keine Anstellung finden können. Dagegen fallen in die Kategorie der „falschen Arbeitslosigkeit" diejenigen, die nicht gewillt sind, einer geregelten Berufstätigkeit nachzugehen. Gewöhnlich sind diese nur daran interessiert, die Sozialleistungen und finanziellen

---

[622] Vgl. a.a.O. Sp. 64.
[623] Vgl. Alfred Klose (Hg. et al.); _Katholisches Soziallexikon_; München, Innsbruck,Wien 1964; 63f.

Unterstützungen des Staates anzunehmen. Zur Entlassung der Arbeiter und Angestellten kann es kommen, wenn:[624]
(1) ein Rückgang der Nachfrage von Gütern erfolgt;
(2) natürliche Umweltfaktoren (z.B. Baubranche) bewirken, daß nicht ganzjährig durchgearbeitet werden kann; hier spricht man von der „saisonalen Arbeitslosigkeit";
(3) die Arbeitskraft selbst nicht mehr in der Lage ist, die Anforderungen zu bewältigen, die an ihn/sie gerichtet sind, was oft durch Invalidisierung oder Frühpensionierung gelöst wird;
(4) Furcht vor Liquidierung des Unternehmens oder wenn Kapitalflucht geschieht;
(5) größere Veränderungen im technischen Bereich Rationalisierungen folgen lassen, dann wird von „technologischer Arbeitslosigkeit" geredet;
(6) Bedarfswandel beim Verbraucher entsteht und die eine Branche Arbeiter entläßt, die dann in einer anderen Branche wieder Fuß fassen, wird diese Art als „friktionelle Arbeitslosigkeit" bezeichnet;
(7) die Gesamtnachfrage längerfristig nach Arbeitsplätzen das reale Arbeitsangebot übersteigt, liegt „konjunkturelle Arbeitslosigkeit" vor;
(8) die einzelnen Qualifikationen der Arbeiter nicht mit den auf dem Arbeitsmarkt gesuchten übereinstimmen, dann handelt es sich um die sog. „strukturelle Arbeitslosigkeit";
(9) die Löhne nicht flexibel genug auf die tatsächliche Arbeitsmarktlage bzw. den Überhang an Arbeitskräften reagieren (oftmals zu hoch bleiben), wird von „klassischer oder gesamtwirtschaftlicher Arbeitslosigkeit" gesprochen;
(10) längere Zeit Arbeitslosigkeit bestehen bleibt, weil es mangelt an Güternachfrage und Arbeit („Keynesianische Arbeitslosigkeit);
(11) die Kosten der Löhne den Ertrag der Arbeit übersteigen, wodurch die Inflation steigt, die Subventionen des Staates nur bis zu einem gewissen Punkt Abhilfe schaffen können und die Güternachfrage fällt („stabilisierte Arbeitslosigkeit");
(12) Arbeitsplätze exportiert oder importiert werden, da die Lohn- oder Lohnnebenkosten zu hoch im Heimatland geworden sind, dann liegt „exportierte oder importierte Arbeitslosigkeit" vor.

---

[624] Vgl. Artikel „Arbeitslosigkeit"; in: Görres-Gesellschaft (Hg.); _Staatslexikon_; Freiburg 1985, Band 1; Sp. 274-284; hier: 275f.

Auch die Statistiken über Arbeitslosigkeit sind mit Sorgfalt zu prüfen und die Maßstäbe, d.h. die Parameter der Erfassung sind genau zu untersuchen, da es sehr wichtig ist, zwischen offizieller und inoffizieller Arbeitslosigkeit zu unterscheiden. Die Arten wie die Gründe der Arbeitslosigkeit variieren von Zeit zu Zeit, von Land zu Land und nicht zuletzt von Region zu Region.

3.3.2. Personwürde und Arbeitslosigkeit

Wie bereits festgestellt wurde, leidet die Person, die die Arbeit verliert, aber einer bezahlten Tätigkeit nachgehen möchte, am meisten unter dieser Lage. Immerhin hat nach Johannes Schasching die Arbeit eine dreifache Bedeutung, die im Kontext christlichen Sozialdenkens so zu formulieren ist:
(1) eine personenstiftende Funktion;
(2) eine gesellschaftsstiftende Funktion;
(3) eine sinnstiftende Funktion der Arbeit.[625]

Ist der Arbeitsfähige und Arbeitswillige aber von der (bezahlten) Arbeit ausgeschlossen, kann er/sie den hier angeführten Bestimmungen und Zwecken nicht Folge leisten. Selbst der Verweis auf das Menschenrecht zur Arbeit hilft kaum weiter, da es juristisch nicht durchsetzbar ist. Dabei wird immer wieder die Grundfrage gestellt, ob der Mensch in Konkurrenz zur Maschine tritt? Denn gerade beim Arbeitsstellenabbau werden Menschen von Maschinen ersetzt. Technologische und ökonomische Imperative kristallisieren sich immer mehr als Prioritäten heraus, obwohl auch dadurch ethische nicht selten unberücksichtigt bleiben.[626] Durch Erleichterung der Arbeit mittels Maschinen oder Computern geschieht im Dienste des Menschen Humanisierung der Arbeit bzw. des Arbeitsprozesses. Daraus folgend kommt es darauf an, daß die Arbeiter und Angestellten, die in einem Bereich nicht mehr

---

[625] Vgl. Johannes Schasching; Artikel „Die Arbeit im christlichen Sozialdenken"; in: Franz Bydlinski/Theo Mayer-Maly (Hg.); _Die Arbeit_: ihre Ordnung-ihre Zukunft-ihr Sinn; Wien 1995; 129-133.

[626] Vgl. Marie Jahoda; _Employment and Unemployment_; Cambridge,New York 1982; 1; „...now a question-mark hangs over the future of work in the Western world. To survive economically technological innovation becomes imperative;..." Wer in unserem Zeitalter ökonomisch überleben will, ist durch den Konkurrenzkampf gezwungen, technologische Innovationen einzubringen.

„benötigt" werden, in andere Industriezweige einzuführen und zu übernehmen sind, was meistens mit sog. Umschulungsprogrammen verbunden ist und den einzelnen nicht selten vor große, neue Herausforderungen stellt.

Marie Jahoda nennt sechs verschiedene Stufen der Reaktion von Arbeitern, wenn sie arbeitslos werden.[627] Die unmittelbar erste Wirkung der Arbeitslosigkeit oder nur die Ankündigung derselben ist Furcht, Verzweiflung, Not und Angst davor. Ebenso ist die Sorge damit verbunden, wie sich die Zukunft gestalten wird, da sie mit einer Ausgrenzung und Schande bzw. Schädigung des persönlichen Rufs einhergeht. Auf diesen ersten Schock folgen dann Starre, Benommenheit und Apathie, die noch in Verbindung mit der Hoffnung und dem Bemühen stehen, daß die Arbeit vielleicht doch aufrecht zu erhalten ist. Zuoft ist dieses Wunschdenken unrealistischer Natur. Doch wenn Vergeblichkeit und Sinnlosigkeit immer offenkundiger werden, dann schwächt sich auch die Hoffnung ab, die Sinnfrage wird dann immer mehr zur existentiellen Anfrage. Als nächster Schritt kommt es zum völligen Verlust der Hoffnung, was entweder zu Apathie, permanenter Lethargie, Melancholie und schließlich zur Einwilligung führt.

Oftmals haben Arbeitslose den Eindruck, daß sie deplaziert und isoliert sind. Sie fühlen sich in ihrer Menschenwürde beschnitten, und nicht wenige fragen, was sie falsch getan haben und nun ohne bezahlter Arbeit oder gar ohne Beruf dastehen. Ihr Status in der Gesellschaft und ihre Identität als Personen sind angefragt, und sie werden kompromittiert damit. Arbeitslosigkeit bedeutet nicht nur den Verlust des sozialen Ansehens, sondern auch finanzielle Einbußen in erheblichem Ausmaß, die bis zur Armut führen können, selbst wenn der moderne Industrie- und Wohlfahrtsstaat in der Lage ist, Arbeitslosengeld auszuzahlen. Besonders schwerwiegend sind alle diejenigen betroffen, die durch die Arbeitslosigkeit bedingt, auch ihre Wohnung verlieren, weil sie nicht mehr im Stande sind, die Miete zu bezahlen.[628] Jedoch ist die große Furcht vor

---

[627] Vgl. a.a.O. 22; Im Originaltext heißt es: „The initial response is fear and distress; this is followed by numbness and apathy, gradually replaced by some adaption and efforts to obtain employment. As the futility of such efforts becomes obvious, hope weakens. This is followed by complete loss of hope which gradually changes either to apathy or sober acqiescence."

[628] Die Arbeitslosen werden oft in die Kategorie „Randgruppe" eingeordnet, sind aber in manchen Fällen ebenso mit Alkohol- oder Drogenmißbrauch in

der Arbeitslosigkeit jetzt bereits hinter „relativ normalen Wohnungstüren" vorhanden, was zeigt, daß es sich um ein weiter verbreitetes Phänomen handelt als von der Öffentlichkeit wahrgenommen wird. Offenbar hat sich die breite Masse der Bevölkerung bereits an die hohe Sockelarbeitslosigkeit gewöhnt.[629]

Für den Betroffenen gibt es psychologische Konsequenzen, die nicht zu unterschätzen sind. So lernt er, daß das in der Moderne und Postmoderne oft knapp gewordene Gut der Zeit eine andere Dimension für ihn erhält, denn plötzlich wird der Tagesrhythmus nicht mehr von der festen Arbeits- oder Dienstzeit determiniert, sondern jeder ist selbst gefordert, neue Prioritäten zu finden. Denn Menschen, die ohne regelmäßiger Arbeit leben, stehen in der Gefahr, zuviel Geld für Genußmittel zu verbrauchen anstatt Geld für gesunde Ernährung, sportliche Aktivitäten und berufsweiterbildende Maßnahmen auszugeben. Eine weitere psychische Bürde ist der Verlust der sozialen Kontakte, weil die Arbeit fast immer ein Handeln in Verbindung mit Kolleginnen und Kollegen darstellt, denn der Ablauf muß abgestimmt und Aufgaben verteilt werden. Daraus erwächst das Gefühl, nicht mehr an gesellschaftlichen Zwecken und dem Gemeinwohl mitarbeiten zu können. Ebenso führt Arbeitslosigkeit zur Einbuße des persönlichen Status´ (gegen das Personprinzip) und Ansehens sowohl in der Familie als auch im öffentlichen Leben, was der Identität einer Person Schaden zufügt. Nicht selten führt die Abwesenheit von regulärer Tätigkeit zur Trägheit, was wiederum die Chancen des einzelnen wesentlich reduziert, wenn es um die Rückkehr des Arbeitslosen

---

Verbindung zu bringen. Eine relativ neue Gruppe, die zu den Außenseitern der Gesellschaft zählen, sind die Mütter oder Väter, die allein - also ohne Ehepartner - ihre Kinder aufziehen, die sog. „single-parent-families". Auf das Problem der Armut in der heutigen Gesellschaft ist noch im Verlauf dieser Arbeit einzugehen.

[629] Vgl. National Conference of the Catholic Bishops in the United States (Hg.); *Economic Justice for All*- A Pastoral Letter on Catholic Social Teaching and the U.S. Economy; Washington 1986; Die sehr umfassende Darstellung der sozialen Schwierigkeiten in den Vereinigten Staaten von Amerika wird in 365 Paragraphen und fünf Kapiteln ausgeführt. Das für unser Thema relevante Problem der Arbeitslosigkeit ist in den Paragraphen 136 bis 169 verzeichnet. Man stellt zwar als Erfolg heraus, daß in den USA in den letzten zwanzig Jahren ebenso zwanzig Millionen neue Arbeitsstellen geschaffen wurden, erwähnt aber dabei nicht, daß auch fünfzehn Millionen Arbeitsstellen gestrichen wurden. Vor allem sieht man die Gewöhnung an die hohe Rate der Arbeitslosen als eine echte Gefahr an, da mit diesem bereits der Wille zur Lösung des großen Problems eliminiert wurde.

auf den Arbeitsmarkt geht, denn dieser reagiert nach dem Prinzip der Leistung und wird entschieden gemäß den besten Voraussetzungen des einzelnen (Qualifikation). Hinsichtlich aller der hier genannten Aspekte ist festzustellen, daß sich der einzelne psychisch und oftmals ebenso physisch unter intrinsischem und extrinsischem Zwang gestellt fühlt, ohne (in den meisten Fällen) am Verlust der Arbeit schuldig zu sein.[630]

Eine andere wichtige Frage ist hier zu nennen, die diesem Zusammenhang dient, ob nämlich der Mensch vielleicht doch zuviel arbeite?[631] Schon Herbert Marcuse stellt fest, daß die Notwendigkeit zu arbeiten ein neurotisches Symptom sei.[632] Ganz offensichtlich verliert die bezahlte Arbeit in allen Industrieländern der Erde das Image, Hauptinhalt und alleiniger Lebenssinn des Menschen zu sein. In West-Deutschland wuchs die Zahl derjenigen, gemäß einer statistischen Erhebung, die die freie Zeit gegenüber dem Nachgehen der Arbeit bevorzugen, zwischen 1962 und 1976 von 36% auf 56% an. In unseren Tagen dürfte dieser Prozentsatz noch höher liegen.[633] Schon diese Zahlen zeigen, daß es auch in der Arbeitswelt einen durchgreifenden, aber nicht immer bewußten Wandel gibt, der den Arbeitsmarkt nicht unbeeinflußt läßt. Allerdings ist die Arbeit nicht wie Marcuse meint, ein neurotisches Symptom, denn in diesem Falle wären alle Menschen, die in früheren Jahrhunderten die Hälfte des Tages (oder mehr) mit bezahlter Arbeit verbrachten, als `Neurotiker´ zu bezeichnen, was jedoch der Realität nicht entspricht.

Die meisten Menschen benötigen ihr Einkommen als Ergebnis regelmäßiger Arbeit und sind deshalb auf Arbeit angewiesen. Vor einer Überbetonung der bezahlten Arbeit ist jedoch zu warnen, denn die Erfüllung menschlicher Ziele, die Sinn vermitteln, werden nicht durch Arbeit allein erreicht. In diesen Umständen, nämlich dann, wenn die menschliche Person nur noch um der

---

[630] Vgl. Jahoda; *Employment and Unemployment*; Cambridge 1982; 39; Empfehlenswert dazu sind ebenso die Ausführungen: Carl Graf Hoyos; *Arbeitspsychologie*; Stuttgart 1974.

[631] Vgl. Oswald von Nell-Breuning; *Arbeitet der Mensch zuviel?*; Freiburg 1985.

[632] Vgl. C.B.Chisholm; Artikel „The Psychiatry of Enduring Peace and Social Progress"; in: *Psychiatry 9*; 1/1946; 31; ebenso: Herbert Marcuse; *Eros and Civilization*- A Philosophical Inquiriy into Freud; New York 1961.

[633] Vgl. Andre Gorz; Artikel „New Economic Data of Employment and Unemployment"; in: Pohier/Mieth (Hg.); *Unemployment and the Right to Work*; New York 1982; 10.

Arbeit willen lebt, von einem „neurotischen Symptom" zu sprechen, hat durchaus seine Berechtigung, da es sich um die Überakzentuierung eines Gutes handelt. Dennoch ist und bleibt es ein Merkmal der menschlichen Würde und ist nicht von vornherein als neurotisch zu diffamieren.

In Verbindung mit der Arbeitslosigkeit ist die berechtigte Frage zu stellen, ob nicht die einen zuviel arbeiten und die anderen dadurch gar keine Arbeit haben? Der Grund dafür könnte darin liegen, daß die vorhandene Arbeit nicht genug geplant, geordnet oder auf richtige Weise verteilt wird. Worum es gehen muß, ist die Ausgewogenheit der Ziele und Zwecke (Gemeinwohl), die dem Spezifikum der Wirtschaft nicht mehr nur unter ökonomischen Gesichtspunkten eine hohe Rangordnung einräumen, sondern ebenso in der sozialen Sphäre, womit gleichzeitig die Verantwortung und die Entscheidungsfreiheit als Proprium menschlichen Seins wächst.[634] Zwar wurde die geistige Arbeit im Laufe der Geschichte immer als höherwertig eingeschätzt als die körperliche, aber dieses Phänomen der Einstufung nach Ober- und Unterschicht scheint sich in der Neuzeit allmählich, besonders auch durch die starke Arbeiterbewegung abzuschwächen. Auch dieser Umstand ist wichtig bei der Frage, ob der Mensch zuviel arbeitet, denn hier verschieben sich Rollenmuster der Arbeit, die die Quantität der Arbeit nicht unberücksichtigt lassen. Man dürfe nicht vergessen, so Nell-Breuning, daß für den überwiegenden Teil der Bevölkerung die herkömmliche Einheit von Haushalt und Betrieb nach wie vor besteht, vorausgesetzt man sieht die Arbeit nicht nur einschränkend als Rechtsgestalt des Lohnerwerbs an.[635] Je mehr der Wert auf Geld gelegt wird - innerhalb der Betrachtung der Arbeit - umso mehr geht der eigentliche Sinn verloren, wird der Beruf abgewertet zum Job. So ist der einzelne, der betroffen ist, vom Zuviel oder Zuwenig an Arbeit oft in der Spannung, eine Entscheidung über die Gestaltung seines Lebens - und damit auch ganz wesentlich der Arbeit, der bezahlten und der unbezahlten - zu fällen.

Am Ende dieses Punktes ist festzustellen, daß der einzelne Arbeitslose unter dem Mangel an bezahlter Arbeit leidet. Wenn mehr Wachstum als Lösung favorisiert wird, dann müßte mehr gearbeitet werden, wobei allerdings die Freizeit und die Sozialzeit unter dieser Betrachtungsweise nur vergeudete

---

[634] Vgl. Nell-Breuning; Arbeitet der Mensch zuviel?;. Freiburg 1985; 10.
[635] Vgl. a.a.O. 26.

Arbeitszeit wären. Aber Freizeit und Sozialzeit sind die Früchte der in Arbeit geleisteten Zeit. Tätigkeiten, die heute in der Freizeit verrichtet werden, könnten künftig auch den Anspruch erheben, als Arbeit deklariert zu werden. Beides Frei- und Arbeitszeit bedingen einander, wobei neuerdings als dritter Faktor die Sozialzeit - Zeit, die mit anderen, aber ohne Bezahlung verbracht wird - an Gewicht gewinnt. Die menschliche Gesellschaft ist nicht nur unter dem Blickwinkel des Leistungsaustauschs zu sehen; das menschliche Leben ist mehr als utilitaristisches Wirtschaften. Besonders ist die menschliche Arbeit wesentlich mehr als diejenige Arbeit, die auf dem Arbeitsmarkt angeboten und nachgefragt wird. Arbeitslosen ist zu helfen (den Prinzipien von Solidarität und Subsidiarität entsprechend), wieder in den Arbeitsprozeß eingegliedert zu werden.[636]

3.3.3. Die Lage in Deutschland

Nach Beendigung des Zweiten Weltkrieges 1945 erhielt Deutschland den sog. „Vier-Mächte-Status", der das Land in vier Einflußsphären teilte: in eine russische, eine amerikanische, eine britische und eine französische Zone. Im September 1949

---

[636] Vgl. George J. Church; Artikel „The white collar layoffs that we are seeing are permanent and structural"; in: *Time-Magazine*; 34-39; hier: 34ff. Um den Arbeitslosen spezifische Hilfsmaßnahmen anbieten zu können, wurde vom Verfasser dieser Arbeit ein Katalog von möglichen Verhaltensvorschlägen erarbeitet, der stichpunktartig aufgeführt werden soll. (Vgl. Johannes Michael Schnarrer; *Market, Morality and Marginalization*; Cambridge/MA 1994; 130ff.) *Beschäftige Dich weiter mit der Arbeit, auch wenn diese nicht bezahlt wird. *Sei die gleiche Zeit auf dem Arbeitsmarkt wie Du im Normalfall arbeiten würdest (ca. 40 Stunden pro Woche). *Erstelle Dir einen genauen Plan für den Tagesablauf, um nicht Zeit sinnlos zu vergeuden. *Sei selbstbewußt genug, um über Deine Probleme, die mit der Arbeitslosigkeit zusammenhängen, auch im Kreis der Familie und Freunde zu sprechen. *Fülle die Zeit mit nützlichen und weiterbildenden Aktivitäten. *Halte Dich gesund und leistungsfähig, denn das ist die wichtigste Voraussetzung für eine neue Arbeitsstelle. *Sei flexibel in der Annahme einer neuen Stelle. *Versuche, nicht dem Minderwertigkeitskomplex zu erliegen. Die Gründe für Deine Arbeitslosigkeit liegen in der Rezession, im Export von Arbeitsplätzen oder in falschen Entscheidungen der Manager bzw. Eigentümer des Unternehmens. *Versuche Dich immer selbst zu motivieren. *Wenn Du kannst, dann beteilige Dich an Selbsthilfegruppen, weil Du dort Menschen mit den gleichen Problemen findest und mit diesen über Deine Schwierigkeiten reden kannst. Außerdem wirst Du feststellen, daß Du nicht allein bist in dieser unangenehmen Lage. *Verwirkliche sinnvolle Aktivitäten, die Du bisher vielleicht nicht getan hast, aber schon immer tun wolltest. *Glaube an Dich selbst und schreibe Dir einen hohen Eigenwert zu!

wurde mit Hilfe der drei westlichen Siegermächte die Bundesrepublik Deutschland gegründet; im Osten Deutschlands entstand im Oktober des gleichen Jahres die sog. „Deutsche Demokratische Republik", die von in Moskau geschulten Kommunisten dirigiert werden sollte. So lief die Entwicklung zweier Länder einer Nation bis 1990 stark auseinander.[637] Nach 1949 kommt es in der „DDR" zu einer vehementen Sowjetisierung auf allen Ebenen der Wirtschaft und der Arbeitsorganisation.[638] Unter den kommunistischen Partei- und Regierungschefs der „DDR" Wilhelm Pieck, Walter Ulbricht und Erich Honecker blieben alle Versuche, die Wirtschaft effizienter zu gestalten, erfolglos. So wurde das sowjetrussische Experiment der Einführung des Kommunismus auf deutschem Boden (auf dem Gebiet der „DDR") am 3.Oktober 1990 mit der Wiedervereinigung Deutschlands abgeschlossen. Für das hier zu behandelnde Thema der Arbeit sowie der Arbeitsmarktsituation ist interessant, daß es nie offizielle Zahlen über Arbeitslosigkeit in der „DDR" gab.[639] Auch wurde die Ausbildung und Berufsberatung stark ideologisiert und vorhergeplant.[640]

---

[637] Vgl. Karl C. Thalheim; Artikel „Der ordnungspolitische Weg der DDR"; in: *Zeitschrift für Wirtschaftspolitik*; 39. Jahrgang; Köln 1990, Heft 1; 77-90.

[638] Vgl. a.a.O. 77ff. Es kam zu einer Welle der Verstaatlichung: der Banken, der Großindustrie (zu Volkseigenen Betrieben, VEB) und der Großgrundbesitzer (zu Landwirtschaftlichen Produktionsgenossenschaften, LPG). Als Ziel wurde die zentrale Planwirtschaft hervorgehoben, wobei die Führungskader der kommunistischen SED (nach dem Zwangszusammenschluß der SPD und KPD zur `Sozialistischen Einheitspartei Deutschlands´ im April 1946) diese Ziele in Abstimmung mit Moskau festlegten. Es wurde ein staatliches Außenwirtschaftsmonopol aufgerichtet sowie ein zentral bürokratischer Verwaltungsapparat. Im September 1950 tritt die „DDR" in den Rat für gegenseitige Wirtschaftshilfe (RGW) ein. Mit Recht spricht Walter Eucken von „Zentralwirtschaft sowjetischen Typs" in Ostdeutschland.

[639] Vgl. Joachim Gürtler/Wolfgang Ruppert/Kurt Vogler-Ludwig (Hg. et al.); *Verdeckte Arbeitslosigkeit in der DDR*- Studien zur Arbeitsmarktforschung Nr. 5; Institut für Wirtschaftsforschung e.V. München 1990; 1-49; hier: 6; „Die Sicherung der Vollbeschäftigung war unter planwirtschaftlichen Bedingungen nie ein ernsthaftes beschäftigungspolitisches Problem, so daß das verfassungsrechtlich festgelegte Recht auf Arbeit auch eingelöst werden konnte. Die geringen Anreize zur Einsparung von Arbeit lösten vielmehr einen chronischen Mangel an Arbeitskräften aus. Dafür lag das Produktionsniveau bei weniger als der Hälfte der Produktivität westlicher Betriebe." Doch bis 1990 lagen nur Schätzungen über die Größenordnung im Bereich der verdeckten Arbeitslosigkeit vor. Aus dem Vergleich des Arbeitskräfteangebots und der real existierenden Wirtschaftseffizienz ist die begründete Schlußfolgerung zu ziehen, daß es Arbeitslosigkeit gab, auch wenn Zahlen nicht publiziert wurden.

[640] Der Verfasser dieser wissenschaftlichen Arbeit erlebte selbst (als „DDR"-Bürger), daß er bekennender Katholik seiend, die Mitgliedschaft im kommunistischen Jugendverband „FDJ" und die Jugendweihe verweigernd, als

Ein ganz anderer Weg wurde in der Bundesrepublik Deutschland beschritten. Schon 1948 erhielt man mit dem „Marshall-Plan" großzügige finanzielle Unterstützung aus den USA. Im Gegensatz zur Zwangskollektivierung und Zentralverwaltungswirtschaft der Sowjetischen Besatzungszone (SBZ) bevorzugte man in der Bundesrepublik Deutschland den Aufbau der „Sozialen Marktwirtschaft" unter Bundeskanzler Dr. Konrad Adenauer. Eine Gruppe von deutschen Wirtschaftswissenschaftlern, Politikern sowie Ethikern, die der Christlich Demokratischen Partei Deutschlands (CDU) nahestanden, entwickelte die Marktwirtschaft zu einem System mit sozialen Elementen.[641] Einerseits basiert das ökonomische Konzept auf den Zielen, die durch die Bedürfnisse der menschlichen Person konstituiert werden und gleichzeitig ihrer eigenen Verantwortung gerecht werden sollen. Dieses Konzept erlaubt dem Staat, als korrektive, sichernde und die Aufgaben verteilende (aber auch solidarische und subsidiäre) Instanz aufzutreten. Andererseits ist das Konzept grundgelegt auf die Erreichung der Ziele der Gemeinschaft (Gemeinwohl) und zum Schutz des Individuums (Personprinzip). Daraus ergibt sich die Rolle des Staates, der dominierend und interventionistisch dann eingreift, wenn das Gleichgewicht gestört ist.[642] Fünf Punkte und Prinzipien, die den Erfolg des Systems darstellen, sind hier aufzuführen:

(1) Garantie eines gerechten Konkurrenzkampfes durch den Gesetzgeber;

(2) Verteilung anstelle von Machtkonzentration;

(3) Sozial- und Tarifpartnerschaft anstelle von Klassenkampf;

(4) Freiheit und Gerechtigkeit durch Etablierung des Prinzips der Subsidiarität als Ordnungsprinzip einer Gesellschaft, die auf der Grundlage der Solidarität basiert;

(5) Weitgestreute Verteilung von Eigentum durch die Formierung des Aktivvermögens in den Händen der Arbeitnehmer und

---

`politischer Blindgänger´ in der Öffentlichkeit galt sowie diffamiert wurde und weder zum staatlichen Abitur noch zum Hochschulstudium wegen `falscher Ideologie´ zugelassen werden konnte.

641 Zu ihnen gehörten, um nur einige zu nennen: Wirtschaftsminister Ludwig Erhart („Vater des deutschen Wirtschaftswunders"), Walter Eucken, Franz Böhm, Alexander Rüstow und Alfred Müller-Armack.

642 Vgl. Konrad Adenauer Stiftung (Hg.); *Christliche Demokratie in Deutschland*; St. Augustin bei Bonn 1978 (Politische Akademie Eichholz, Melle); 254.

Angestellten.[643] Dieses Konzept war so erfolgreich, daß es selbst von der Sozialdemokratischen Partei übernommen wurde. Auch sicherte es einen hohen Beschäftigungsstand.

Für beide deutsche Staaten gilt, daß es nach 1949 bis Ende der 60er, Anfang der 70er Jahre durchaus ein Wachstum gab, so daß Problem der Arbeitslosigkeit eher eine untergeordnete Rolle spielte. Ein wesentlicher Einschnitt geschah durch die Errichtung der Berliner Mauer seit dem 13. August 1961. Im Jahre 1973 erschütterte die Ölkrise Westeuropa, in der „DDR" gab es erste Auswirkungen des 1971 vollzogenen Führungswechsels von Ulbricht zu Honecker.[644] Dieses Jahr 1973 stellt für die Entwicklung der Industriegesellschaft in der Bundesrepublik Deutschland das markanteste Jahr mit einer wichtigen Zäsur dar.[645] Bezüglich des Arbeitsmarktes sind für die 70er Jahre zwei Dinge wichtig: In beiden deutschen Staaten werden Ausländer angeworben und die Wachstumsraten stagnieren bzw. reduzieren sich erstmals seit 1945. Berechtigt kann man davon sprechen, daß seit 1970 die Auslagerung von Arbeitsplätzen, d.h. das „postindustrielle Zeitalter" verstärkt einsetzt. „...1970 bis 1976 gingen 35% der industriellen Arbeitsplätze verloren."[646] In diese Zeit fällt auch der verstärkte Zustrom ausländischer Arbeitnehmer auf dem deutschen Arbeitsmarkt (sowohl in der BRD als auch in der „DDR"), wobei die größten Gruppen, die in die Bundesrepublik Deutschland kamen, aus der Türkei, Italien, Jugoslawien und verschiedenen arabischen Staaten stammten. In Ostdeutschland arbeiteten vor allem Menschen aus Polen, Kuba, Mozambique, Angola und Vietnam. In beiden deutschen Staaten sind die ausländischen Arbeitnehmer am unteren Ende der Lohnskala anzusiedeln, d.h. daß die Menschen aus diesen Ländern unter dem Vorwand der Berufsausbildung auf

---

[643] Vgl. Karl H. Peschke; _Social Economy in the Light of Christian Faith_; Trier 1991; 27 (Anm. 45).

[644] Im Dezember 1972 trat der Grundlagenvertrag zwischen der Bundesrepublik Deutschland und der „DDR" in Kraft, der der „DDR" ein Sonderverhältnis in Verbindung mit internationaler Hoheitsgewalt ohne ausdrücklich völkerrechtlicher Anerkennung zugestand. In Bonn und Berlin-Ost wurden daraufhin zwar keine Botschaften, aber „ständige Vertretungen" etabliert.

[645] Vgl. Wilhelm Treue; _Deutsche Geschichte_; Stuttgart 1990, Band 2; 1061; „Die Bekämpfung der sprunghaft steigenden Inflation und die Dämpfung der überhitzten Konjunktur durch zwei Stabilitätsprogramme, hauptsächlich durch Steuer- und Geldpolitik, erzielten nur geringe Erfolge und beunruhigten die Arbeiterschaft, die den großen Unternehmergewinnen und Inflationsfolgen entsprechende Lohnerhöhungen forderte und im August zu streiken begann."

[646] A.a.O. 1068.

deutschen Boden kamen, aber oftmals nur als billige Arbeitskräfte ausgenutzt wurden. Dieser Sachverhalt ist für beide deutsche Staaten zutreffend, auch wenn dies in der „DDR" nicht eingestanden wurde. In der BRD dagegen gab es immer einen relativ „offenen" Arbeitsmarkt.

Der Rüstungswettlauf - ein multikausaler Aufrüstungsprozeß - der besonders in der Reagan-Ära am Anfang der 80er Jahre initiiert wurde, leitete den Untergang des Kommunismus neben anderen wichtigen, diesen Prozeß ebenso beeinflussenden Ereignissen des vergangenen Jahrzehnts ein.[647]

Mitte der 80er Jahre zog Michail Gorbatschow in den Kreml in Moskau ein, was internationale Folgen haben sollte, versuchte er doch ein alle kommunistischen Staaten betreffendes Reformprogramm (mit Glasnost und Perestroika) durchzusetzen.[648] In der Bundesrepublik Deutschland war es besonders die Regierung (mit Dr. Kohl als Bundeskanzler an der Spitze) - am Ende der 80er Jahre, die Zeichen der Zeit erkennend, die nach Veränderung drängten, die politischen Impulse in einer bestimmten Richtung voranzutreiben.[649]

Arbeitsmarkt- und wirtschaftspolitisch machte sich die globale Rezession seit Anfang der 80er Jahre auch in beiden Teilen Deutschlands bemerkbar, denn trotz großer Anstrengungen der CDU-FDP Regierung unter Dr. Kohl stieg die Zahl der Erwerbslosen bis 1985 auf mehr als 2,25 Millionen Menschen an, die ein unberechenbares Wählerpotential darstellten.[650] Die

---

[647] Speziell für die deutsche Annäherung war der Führungswechsel der Regierung unter Bundeskanzler Schmidt (SPD) zu Dr. Helmut Kohl (CDU) am 1. Oktober 1982 wichtig. Im Jahre 1983 wurde auf Anregung von Franz-Josef Strauß (Ministerpräsident von Bayern bis zu seinem Tode im Oktober 1988) der „DDR" ein zinsloser Kredit von einer Milliarde D-Mark gewährt, mit dem aber Verpflichtungen der Honecker-Regierung einhergingen: z.B. die Ermöglichung der Reise von „DDR"-Bürgern nach der Bundesrepublik Deutschland „in dringenden Familienangelegenheiten". So wurde das kommunistische System langsam auch von innen ´aufgeweicht´.

[648] Gorbatschows Demokratisierungsversuche erhielten im Ausland viel Anerkennung, innenpolitisch war er jedoch nicht erfolgreich und trat 1991, als selbst die Union der Sozialistischen Sowjetrepubliken (UdSSR) zerbrochen war, zurück. Aber bei den 2+4 Verhandlungen 1990 gab er sein „Placet" für die Aufhebung des 4-Mächte-Status´ von Deutschland und die Wiedervereinigung.

[649] So sprach Bundeskanzler Dr. Helmut Kohl bei einem Privatbesuch am 13.Mai 1988 im Priesterseminar Erfurt von potentiellen Veränderungen, die er erwarte, obwohl er weder das Ausmaß noch die Zeit bestimmen konnte. Im Gegensatz dazu versuchte die kommunistische Honeckerregierung die positiven Errungenschaften des Sozialismus/Kommunismus hervorzuheben, die keiner Veränderung bedürften.

[650] Vgl. Treue; _Deutsche Geschichte_; Stuttgart 1990, Band 2; 1069.

„DDR" litt immer permanenter an freikonvertierbarer Währung; die Wirtschaftslage verschlechterte sich stark; die Honeckerregierung offenbarte Realitätsverlust. Der politische Druck wuchs, als Hunderte von „DDR"-Bürgern über westdeutsche Botschaften in Prag, Budapest und Warschau in die freie Welt flüchteten (im Herbst 1989), die berühmten Montagsdemonstrationen in Leipzig und vielen anderen Städten der „DDR" begannen sowie der Ruf nach Öffnung der Grenzen immer lauter wurde. Am Abend des 9. November 1989 kam es zum Fall der Berliner Mauer. Anschließend gab es zwei Übergangsregierungen unter Egon Krenz und nach der ersten freien Wahl in der „DDR" im März 1990 die bis zur Wiedervereinigung am 3. Oktober 1990 amtierende Regierung unter Ministerpräsident Lothar de Maiziere (CDU).

Gegen den Trend der globalen Rezession entwickelte sich die Wirtschaft in Deutschland nach 1990 zunächst positiv und hatte Zuwachsraten zu verzeichnen, während es in den meisten anderen Industrienationen stagnierte oder gar rückläufig war. Denn nicht weniger als 15 Millionen „DDR"-Bürger lösten eine hohe Nachfrage aus. Gleichzeitig galt es, die Planwirtschaft auf soziale Marktwirtschaft umzustellen, bei der der „Treuhandgesellschaft"[651], die von der Bundesregierung in Bonn ermächtigt wurde, die volkseigenen Betriebe zu privatisieren, eine Schlüsselrolle zufiel.

Vergleicht man beide Wirtschaftssysteme der „DDR" und der Bundesrepublik Deutschland, dann hängen sie zwar völlig verschiedenen Ideologien an, aber die zu verfolgenden Ziele sind sehr ähnlich: Steigerung des Lebensstandards und damit des Gemeinwohls. Während in der „DDR" die Wirtschaft durch die

---

[651] Vgl. Birgit Breuel; Artikel „Das Konzept der Treuhandgesellschaft: Auftrag-Arbeit-Ergebnis"; in: Paul Bocklet/Gerhard Fels/Hartmut Löwe (Hg.); <u>*Der Gesellschaft verpflichtet*</u>- Kirche und Wirtschaft im Dialog; Köln 1994; 37-46; Von Juni 1990 bis Ende 1994 arbeitete die Treuhandgesellschaft in Berlin. Schon Mitte 1994 waren 95% der ehemaligen volkseigenen, industriell und gewerblich genutzten Betriebe und Unternehmen privat- und marktwirtschaftlich restrukturiert und in Privateigentum überführt worden. „Über 14 000 Unternehmen und Unternehmensteile wurden privatisiert, 4300 reprivatisiert, im Rahmen der kleinen Privatisierung wurden über 20 000 Einzelhandelsgeschäfte, Apotheken, Buchläden, Gaststätten und anderes mehr an Private übergeben, und mehr als 30 000 Liegenschaften wurden vor allem für gewerbliche Zwecke veräußert. Rund 80 000 Privatisierungs- und etwa 100.000 Pachtverträge mußten hierzu ausgehandelt werden." (Ebd. 38) Unter dem Zeitdruck, der ihr sowohl von der Bundesregierung in Bonn als auch vom Volk auferlegt wurde, hat die Treuhand trotz vieler Probleme eine zu würdigende Leistung vollbracht.

kommunistische Regierung geplant wurde, kam es bezüglich des Marktgeschehens in der BRD durch Angebot und Nachfrage zur Regulation über den ökonomischen Mechanismus, denn obwohl man es von Seiten der Regierung in Ostberlin eingestand, wurde doch nirgendwo das Wachstum höher eingeschätzt als im realen Sozialismus.[652] So bestand für die Bundesregierung die Aufgabe nach 1990, das eine deutsche Volk zusammenzuführen, das über 45 Jahren der Trennung in der Folge des Zweiten Weltkrieges gespalten war. Die Transformationsphase, die noch nicht abgeschlossen ist, muß, wie der ehemalige Bundespräsident Dr. Richard von Weizsäcker betonte, durch eine Grundhaltung des Teilens bestimmt sein, denn die Teilung der Nation sei nur durch Teilen der Güter (bzw. Unterstützung des „Ostens" von Deutschland auf allen Ebenen, den Prinzipien der Solidarität und Subsidiarität entsprechend) überwindbar .

---

[652] Vgl. Robert Havemann; _Morgen_- Die Industriegesellschaft am Scheideweg; München,Zürich 1980; 53; „Was die materielle Produktion betrifft, die Erzeugung von Gebrauchsgütern und die Bereitstellung von Dienstleistungen, unterscheidet sich die Zielsetzung des realen Sozialismus offenbar wenig oder gar nicht von der Zielsetzung im Kapitalismus. Der Unterschied läge nur darin, auf welche Weise diese Ziele erreicht werden. Im Kapitalismus durch Profitstreben und Ausbeutung, im Sozialismus ohne Ausbeutung durch optimale Planung der Wirtschaft. Das Merkwürdige ist nur, daß der Lebensstandard des vom profitgierigen Kapitalismus ausgebeuteten Arbeiters so viel höher ist als der Lebensstandard seines sozialistischen Kollegen. Ganz offensichtlich leisten die Arbeiter in kapitalistischen Betrieben mehr als in sozialistischen, obwohl sie für den Ausbeuter arbeiten und im volkseigenen Betrieb nur zu ihren eigenen Gunsten." Im sozialistischen Wirtschaftssystem fehlten das Leistungsprinzip und der Anreiz weithin, gute Arbeit zu verrichten. Auch die hilflosen moralischen Appelle der kommunistischen Partei gingen ins Leere, da sie nicht überzeugend und einsichtig waren. Anthropologisch gesehen, ging der Mensch in der real-sozialistischen Gesellschaft unter dem Druck des verordneten Solidarismus auf im Kollektiv, von welchem alles bestimmt werden sollte. Doch die Führungsschicht des „Kollektivs" waren kommunistische Bonzen, die oft in Moskau ihre Ausbildung erhielten. Darauf verweist auch Rolf Henrich. „Ist den Menschen die Möglichkeit der Wahl eines eigenen Lebenswegs außerhalb der staatlich gesetzten Grenzen genommen oder unerträglich erschwert, verliert auch das in der sozialistischen Kooperation der Produktion enthaltene `Ja zum Bestehenden´ an Gewicht..." (Rolf Henrich; _Der vormundschaftliche Staat_- Vom Versagen des real existierenden Sozialismus; Reinbeck bei Hamburg 1989; 161). „Der mit bombastischer Dramaturgie bei jeder Gelegenheit inszenierte `Stolz unserer Werktätigen´ auf die sozialistischen Errungenschaften (ein Werbeslogan der „DDR"-Führung; J.M.S.), der eben dieses faktische Einverständnis mit der Politik der Staatspartei gefühlsmäßig symbolisieren soll, geht unter dem Eindruck des erzwungenen Konsenses nur noch bei denen unter die Haut, die sich selber mit der Propaganda verwechseln können, die mit ihnen betrieben wird." (A.a.O. 162) So lebte das „DDR"-Regime in der permanenten Halbwahrheit und versuchte immer besser zu erscheinen, als es war.

Lange Zeit glaubte man im Westen, daß die friedlichen Revolutionen im Ostblock das eigene (westliche) System nicht betreffen, beeinflussen oder gar hinterfragen würde und wenn, dann nur peripher. Doch das sollte sich als ein großer Trugschluß erweisen. Denn wenn zwei Länder einer Nation wieder zusammenkommen, dann muß durch die Interdependenz bedingt, auch die Seite betroffen sein, die keine unmittelbare Veränderung anstrebte. Gerade in Deutschland hat der Teil der elf „alten Länder" für die „fünf neuen Bundesländer" viele Opfer gebracht, besonders in finanzieller Sicht, was jedoch nicht heißen darf, daß nicht ebenso um grundsätzliche Veränderungen im Wirtschafts- und Sozialsystem nachzudenken wäre. Nicht ohne Grund forderte der Bundesarbeits- und Sozialminister Norbert Blüm, daß wir in Deutschland eine „Kulturrevolution" brauchten.[653] Einige Gründe dafür werden angegeben, daß z.B. Unternehmer eine gewisse Schläfrigkeit an den Tag legten, die Sozial- und Tarifpartner eine kaum zu beschreibende Unbeweglichkeit offenbarten, die öffentliche Verwaltung viel zu bürokratisch sei, die Entwicklungszeiten zu lange dauern und das „Kolonnendenken" auf vielen Ebenen die Wirtschaft paralysiert. Die Angestelltengesellschaft in Deutschland sei als - Zeichen der Erstarrung - selbstgenügsam geworden und habe jegliche Dynamik verloren. Die geführten Stammstischdebatten, die sich mit dem sozialen Mißbrauch von Einzelpersonen beschäftigen, sind wichtig, aber noch viel größerer Sozialmißbrauch geschieht durch Unternehmen, die auf Kosten der Solidarsysteme und der öffentlichen Kassen nicht wenige Arbeitnehmer in die Arbeitslosigkeit entlassen bzw. Mitarbeiter in den Vorruhestand schicken und andererseits durch die Einstellung von unangemeldeten Arbeitern (Schwarzarbeit) die Steuern sparen.[654]

Weiterhin wird kritisiert, daß unproduktiv eingesetzte Steuermittel zu Subventionszwecken mißbraucht werden, besonders

---

[653] Vgl. David Seeber; Artikel „Erstarrtes Deutschland?"; in: Herderkorrespondenz 2/94; Freiburg 1994; 55-57; Seeber nimmt hier Bezug auf einen Beitrag Blüms in „Die Zeit" vom 13. Januar 1994.

[654] Vgl. a.a.O. 56; „Auf jeden Fall werden Bindekräfte zerschlissen, wird der Zusammenhalt geschwächt, kommt es zu einer Ausdünnung sozialer Beziehungen, werden existentielle Probleme durch die dann fehlende umgebende Gemeinschaft nicht aufgefangen, sondern auf die Gesellschaft oder unmittelbar auf den Staat projiziert." Es scheint zu stimmen, daß man sich auch in der Bundesrepublik Deutschland nach dem Wirtschaftswunder nun einem hohen Lebensstandard angepaßt hat, den man nicht gern verlieren möchte.

im Bergbau und in der Landwirtschaft. Beim öffentlichen Dienst, vor allem der Beamtenschaft, seien durchaus durch die Sicherheit des Arbeitsplatzes niedrigere Einstellgehälter und eine wesentlich gedämpftere Beförderung vertretbar. Aber auch in den anderen Berufs- und Arbeitszweigen müsse über Einsparungen und weniger hohe Tarifabschlüsse ernsthaft nachgedacht werden, ansonsten droht der Ausverkauf des Industriestandorts Deutschland, womit ebenso ein Wertewandel verbunden ist.[655]

Bezüglich der Familienpolitik, die genauso den Arbeitsmarkt beeinflußt[656], ist festzuhalten, daß die „Single Welt" im Ansteigen begriffen ist. Schon über ein Drittel aller Haushalte in Deutschland sind sog. \`Einpersonenhaushalte´, wobei sie in den größeren Städten sogar schon bis zu 50% ausmachen, was überrascht, wenn zu hören ist, daß in den eher „individualistisch" bekannten USA nur ein Viertel „single-parent-families" sind. Bei der Familienpolitik sollte es primär um eine bessere soziale Absicherung der Mütter mittels Erziehungsgeld sowie höhere Anrechnungen der Erziehungszeiten hinsichtlich der Altersrente gehen, um erziehungs- und familienfreundliche Arbeitszeiten (mehr Teilzeitarbeitsstellen für die Mütter), um die Familie ergänzende bzw. entlastende Erziehungseinrichtungen (wie z.B. die Bereitstellung von ausreichend Kindergartenplätzen) und um die Förderung von privater Nachbarschaftshilfe bzw. Selbsthilfeeinrichtungen.

---

[655] Elemente des Wertewandels, die dem hier zu nennenden Thema angehören, werden später noch ausführlicher behandelt. Die Diskussion um die Werte wird nicht selten als politischer oder moralischer Zerfall traditioneller Werte beklagt. (Vgl. a.a.O. 57): „Wertewandel ist: Im Kern nichts anderes als die Auswirkungen des gesellschaftlichen Strukturwandels auf Grund technischer und wirtschaftlicher Innovationen auf menschliches Verhalten. Die wirtschaftlichen und technischen Ressourcen beeinflussen die Sozialstruktur." Durch das graduell erweiterte Niveau der Freiheit verändert sich auch das sog. \`Bindungsverhalten´, das das Familienleben determiniert.

[656] Nur die Skandinavier überholen noch die Deutschen. Interessant ist, daß es eine große Trennung zwischen der praktisch gelebten Familie und dem Wunsch nach Familie gibt. Bei fast allen Umfragen wird als Priorität die Familie genannt (ca. 90%), gefolgt von der Arbeit. Die Forderungen nach Mobilität und Stabilität geraten in Konflikt. „Der Untergang der Familie in Europa ist nicht in Sicht. Gerade in Gesellschaften, die den Menschen in der Arbeit, der Freizeit, in der Bildung, im medialen Bereich ein hohes Maß an physischer und geistiger Mobilität zumuten, ist zum Ausgleich der Wunsch nach Stabilität vorhersehbar." (Zulehner/Denz; _Wie Europa lebt und glaubt_; Düsseldorf 1993; 245). Obwohl sich die Menschen in der nächsten Zeit immer mehr finanziell einen eigenen Haushalt werden leisten können, scheint doch die Zukunft nicht in der Single-Existenz zu liegen.

Ziel muß es sein, daß man der Familie ihren Wert als Kleinzelle der Gesellschaft (Personprinzip und Gemeinwohl) noch mehr schützt, was ein ethisches Postulat darstellt.[657] Denn wenn es um den Menschen geht, dann ist gleichzeitig die Frage nach der Sittlichkeit zu stellen, die wiederum bezüglich der Familie als erster Bildungsinstanz für jede Person relevant ist.

Die staatliche Einheit Deutschlands scheint zwar juristisch vollzogen zu sein, aber nicht unbedingt emotional und in den Köpfen der individuellen Personen, die noch manche Deutsche schwindlig sein läßt, denn sie kostet von vielen unerwartet hohe Lasten und schwere Bürden.[658] Sowohl der einzelne Steuerzahler selbst als auch die öffentlichen Haushalte als institutionelle juristische Personen trifft der Solidaritätszuschlag in einer Zeit der Rezession besonders hart. Außerdem sind Lasten dieses Ausmaßes nicht in wenigen Jahren zu bewältigen, was jedoch der Stimmung im Land eher abträglich ist.[659] Aber die Vorurteile allein erscheinen nicht als Hauptprobleme, sind jedoch ebenso nicht zu ignorierende Symptome, daß etwas in der deutschen Gesellschaft nicht stimmt. Viel schlimmer erscheint die Grundeinstellung oder Haltung, die nur so tut, als ob ein Stückchen Land hinzugekommen sei, das

---

[657] Vgl. Friedhelm Hengsbach; Artikel „Flexible Arbeitszeit im Interesse der Familie"; in: _Stimmen der Zeit 1/91_; Freiburg 1991; 53-61.

[658] So wurde eine von jedem Lohn- oder Gehaltsempfänger zu zahlender Solidaritätszuschlag eingeführt. Vgl. Artikel „Solidaritätszuschlag"; in: _Brockhaus_; 19. Auflage Mannheim 1993, Band 20; 431; Der Solidaritätszuschlag ist „ein durch Gesetz vom 24. 6. 1991 eingeführter... Zuschlag zur Einkommens- und zur Körperschaftssteuer. Der S. wurde als Ergänzungsabgabe für alle unbeschränkt und beschränkt Steuerpflichtigen erhoben und betrug jeweils 3,75% der für die Jahre 1991 u. 1992 festgesetzten Einkommens- und Körperschaftssteuer bzw. 7,5% der... einbehaltenen Lohnsteuer und Kapitalertragssteuer. Die Erhebung des S. (Aufkommen 1991: 10,5 Mrd. DM) wurde v.a. mit dem zusätzlichen Mittelbedarf im Zusammenhang mit der deutschen Vereinigung sowie der Umstrukturierung in den ehemals kommunistischen Staaten Osteuropas begründet." Durch die schlechte wirtschaftliche Lage bleibt diese Zusatzabgabe in Deutschland ohne zeitliche Limitierung zunächst bestehen.

[659] Vgl. Seeber; Artikel „Erstarrtes Deutschland"; in: _Herderkorrespondenz 2/94_; Freiburg 1994; 57; „Wen wundert´s, wenn im Westen gegrummelt wird, die Opfer seien drückend, und im Osten die Meinung zu hören ist, man verlange von den Menschen, die für die Nazidiktatur und den verlorenen Krieg gleich dreimal büßen müßten - durch die Kriegszerstörungen und die russische Besetzung, während der 40 Jahre DDR unter dem SED-Regime und jetzt während des nachgeholten Wiederaufbaus unter der Knute westlicher Besserwisser." Obwohl sich die Lage normalisiert, begegnet man doch immer wieder Klischees und Vorurteilen, die nur durch Toleranz, Offenheit und mit der Hilfe des guten Willens, besonders auch voneinander zu lernen, abgebaut werden können.

seine spezifisch sozialistischen bzw. kommunistischen Problemfelder mitgebracht habe. Außer dieser Tatsache hätte sich nichts geändert, nichts im konkreten Verhältnis zu den elf alten Bundesländern.

Das Land „Deutschland" muß erst wieder gewonnen werden für die vielfältigen anstehenden Aufgaben; und wem dies gelingen sollte, die politischen, wirtschaftlichen und moralischen Kräfte so zu bündeln, daß sie konstruktiv an der Verbesserung der schwierigen Lage mitarbeiten, der leistet für die Menschen dieser Nation einen großen Dienst. Dabei kann ebenso den Kirchen, die - wie sich besonders zur Wendezeit in der „DDR" zeigte - eine gewisse Schlüsselrolle zufallen, wenn sie, ohne ihre Kompetenz zu überschreiten, nicht am Rand als „Zuschauer außerhalb des Spielfeldes" stehenbleiben, sondern sehr bewußt Stellung beziehen. „Ihr (der Kirche; J.M.S.) gesellschaftliches Gewicht wird um so größer oder um so kleiner sein, je mehr oder je weniger sie zum notwendigen Klärungsprozeß beitragen."[660]

Ein Land wie die Bundesrepublik Deutschland, das selten über 7% Arbeitslose hatte, muß Zahlen wie die jetzigen erst einmal verkraften, wobei mit einem Rückgang zunächst nicht zu rechnen ist, obwohl sich die Wirtschaft langsam zu erholen scheint.[661] Denn 1993 war durch die schwerste Rezession seit 1945 geprägt. Während die Wirtschaftsentwicklung noch 1993 um 1,2% sank, stieg sie 1994 um 2,9% besonders durch eine erhöhte Nachfrage aus dem Ausland sowie die zunehmende Bautätigkeit. Vor allem ist bezüglich der Arbeitslosenzahlen ein Ost-West und ein Nord-Süd-Gefälle zu verzeichnen.[662] Insgesamt stieg die

[660] Ebd. 57.

[661] Vgl. Artikel „Deutsches `Bündnis für Arbeit´ wird konkret"; in: _Die Presse_; Wien, 27. November 1995; 18; Gewerkschaftschef Klaus Zwickel schlug für 1997 eine Begrenzung der Lohnsteigerung in der gleichen Höhe wie der Inflation vor und damit verbunden, daß die Kürzungen bei den Sozialleistungen unterblieben und durch die Arbeitgeber etwa 300 000 neue Arbeitsstellen geschaffen werden sollten. Vgl. ebenso: Artikel „Kampf gegen die Arbeitslosigkeit: BRD will Zahl der Erwerbslosen halbieren"; in: _Wiener Zeitung_, 25. Jänner 1996; 1/8. Mit diesem Aktionsprogramm will man bis zum Jahr 2000 etwa 2 Millionen neue Arbeitsplätze schaffen. „Neue Arbeitsplätze sollen u.a. durch Vermeidung von Überstunden zugunsten neuer Arbeitsplätze, flexiblere Arbeitszeiten und eine zurückhaltende Tarifpolitik erreicht werden." Dieses Bündnis für die Arbeit könnte ein europaweites Signal sein, an das sich andere Staaten anschließen.

[662] Vgl. Mario von Baratta (Hg.); Artikel „Deutschland"; in: _Der Fischer Weltalmanach 1996_; Frankfurt 1995; Spalten 157-253; Sp. 234; Die Arbeitslosenquoten in den verschiedenen Bundesländern betrugen im Juli 1995 (in %): Baden-Württemberg 6,6; Bayern 5,6; Berlin (Ost) 11,8; Berlin (West) 13,0; Brandenburg 13,7; Bremen 13,1; Hamburg 9,6; Hessen 7,3; Mecklenburg-

Arbeitslosenquote (im Jahresdurchschnitt) für ganz Deutschland 1993 von 8,2% im Jahre 1994 auf 9,2%.[663]

Den Arbeitsmarkt in Ostdeutschland beeinflussen besonders auch die einzelnen Probleme der Transformation, die es kurz zu erwähnen gilt.[664] Zur Zeit der Wirtschafts-, Währungs- und Sozialunion (die am 1. Juli 1990 in Kraft trat), war man sich darüber einig, daß die Zentralverwaltungswirtschaft durch die Ordnung der sozialen Marktwirtschaft ersetzt werden soll.[665] Zumindestens war das der Wunsch des größten Teils der Bevölkerung. Einige „SED-Genossen" hielten dies für nicht günstig, was aber wenig verwundert, waren es doch gerade sie, die von den Privilegien des kommunistischen Regimes in Berlin (Ost) besser lebten als alle anderen. Um nun die ökonomische Misere bewältigen zu können, besann man sich auf die im Westen Deutschlands lange und sehr erfolgreich praktizierte sowie mit sozialen Elementen untermauerte Marktwirtschaft, die Abhilfe versprach von der sehr niedrigen Arbeitsproduktivität, der ungenügenden Güterversorgung der Bürger mit qualitativ hochwertigen Produkten und Konsumgütern, der fehlenden Wettbewerbsfähigkeit auf den internationalen Märkten Europas und darüber hinaus, der recht hohen Verschuldung gegenüber Handelspartnern der Länder mit frei konvertierbarer Währung, dem extrem unbedachten Umgang mit den unveräußerlichen Gütern (Umweltverschmutzung), dem außerordentlich desolaten Zustand von Bauten und Wohnhäusern, den teilweise antiquierten Produktionsanlagen sowie der veralteten und nicht mehr effizienten Infrastruktur. Damit sind nur einige der Hauptprobleme des Transformationsprozesses angeschnitten, denn

---

Vorpommern 15,2; Niedersachsen 9,9; Nordrhein-Westfalen 9,8; Rheinland-Pfalz 7,6; Saarland 10,8; Sachsen 13,3; Sachsen-Anhalt 15,8; Schleswig-Holstein 8,0; Thüringen 13,7. Somit ist zu konstatieren, daß im Freistaat Bayern die niedrigste Arbeitslosenquote von 5,6% und in Sachsen-Anhalt die höchste mit 15,8% zu verzeichnen ist.

[663] Vgl. ebd. Sp. 234f; Die Zahl der Arbeitslosen stieg von 2,27 Millionen (1993) auf 2,55 Millionen (1994) in den alten Bundesländern. In den neuen Bundesländern ging die Zahl der Erwerbslosen geringfügig zurück: von 1,149 Millionen (1993) auf 1,142 (1994). Allerdings gab es diesen Rückgang nur bei den Männern in den fünf neuen Bundesländern, denn bei den Frauen mußte wiederum ein leichter Anstieg konstatiert werden.

[664] Vgl. Gernot Gutmann; Zusammenfassung des Vortrags „Einzelprobleme der wirtschaftlichen Transformation in den neuen Bundesländern"; in: Görres-Gesellschaft (Hg.); Jahres- und Tagungsbericht der Görres-Gesellschaft; Köln 1993; 151f.

[665] Vgl. Heinz Boschek; Artikel „Endlich Deutsche erster Klasse"; in: Rheinischer Merkur; Nr. 26; Bonn, 30. Juni 1995; 11.

vor allem die Menschen in Deutschland müssen sich der Forderung stellen, daß Einheit zunächst auf der emotionalen Ebene zu vollziehen ist und erst sekundär an die Behebung der extrinsischen Folgen der Jahrzehnte langen Teilung gegangen werden kann.

Nach der nüchternen Problemanalyse kamen die Experten zur Überzeugung, daß sich der Übergang zur Marktwirtschaft rasch vollziehen könne, was gern verglichen wurde mit dem Aufschwung nach 1948 in Westdeutschland (Marshall-Plan). Man ging davon aus, der wirtschaftliche Erholungsprozeß werde sofort einsetzen, da die Startbedingungen zwar als schwierig, aber weit besser als in vielen anderen Ostblockstaaten eingeschätzt wurden. Doch die Realität blieb bis jetzt hinter den - wahrscheinlich überzogenen - Erwartungen zurück; die Situation in den fünf neuen Bundesländern ist trotz einiger Zeichen der Hoffnung alles andere als befriedigend. Besonders die hohe Arbeitslosigkeit und die noch bis 1994 schrumpfende Industrieproduktion sind als Indikatoren für die schlechte Lage aufzuführen.[666] Deshalb ist nun die Frage aufzuwerfen, warum die Situation so ist. Durch die Komplexität der verschiedenen Gründe und Ursachen wird eine monokausale Antwort nicht gegeben werden können. Aus der Vielzahl der Faktoren sind nur einige auswählbar: die ungeklärte Eigentumsfrage; die unterschiedliche Entwicklung von Löhnen und Arbeitsproduktivität; die Phase der Systemtransformation in anderen Staaten Osteuropas und deren Auswirkung auf den Außenhandel Ostdeutschlands sowie psychologische Faktoren.

Wenden wir uns zunächst der \`ungeklärten Eigentumsfrage´ zu. Bei ihr geht es um Tatbestände, die sich einerseits bei der Eigentumstransformation selbst ergeben, aber bei der Erstellung von Privateigentum andererseits überhaupt keinen Einfluß nehmen. Das Letztere ist damit zu erklären, daß sich die in den früheren landwirtschaftlichen Produktionsgenossenschaften (LPG) genutzten Böden zu etwa 60% aus dem Privateigentum gebildet

---

[666] Vgl. Hans Tietmeyer; Artikel „Vom Zusammenbruch zum Aufbruch - Risiken und Chancen der wirtschaftlichen Erneuerung in Ostdeutschland; in: Paul Bocklet (Hg. et al.); Der Gesellschaft verpflichtet; Köln 1994; 13-36; hier: 22ff; Man hoffte, daß sich das Wirtschaftswunder von Westdeutschland auch in Ostdeutschland wiederholen ließ. Doch die Ausgangssituationen nach 1945 und nach 1989 waren zu verschieden. Besonders die Bevormundung der Bevölkerung der „DDR" durch die kommunistische Partei hat das Denken, die Scheu vor Risiken und die Eigeninitiative unterdrückt. Doch genau diese Elemente sind in der Marktwirtschaft notwendig.

hatten und bei denen keine eigentliche Transformation notwendig ist, sondern nur eine \`Rückführung´. Die eigentlichen Probleme bestehen hier in der Entflechtung, der gemeinsam erwirtschafteten bzw. gekauften Maschinen und Geräte sowie der Bewältigung der Altschulden. Durch viele in der „DDR" private und genossenschaftliche Immobilien, Unternehmen oder Handwerksbetriebe, die unter die staatliche Zwangsverwaltung gestellt wurden, kam es zu Komplikationen, die erst ein neues Vermögensgesetz zu regeln in der Lage ist, was jedoch auch zeitraubend und oftmals juristisch sehr schwierig war und bis heute ist. Als ein großes Hindernis stellten sich die schwer zu ermittelnden, rückständigen oder gar gefälschten Eintragungen in die Grundbücher heraus. Ähnliches gilt für die Wohnungsmarktsituation, wo Spannungen auftreten zwischen den Alteigentümern und denen, die sie viele Jahre genutzt haben.

Die \`ungeklärte Eigentumsfrage´ gibt es auch bei den zwei Stufen der Eigentumstransformation selbst. Der erste Schritt ist die Zuordnung des bisherigen Volkseigentums an die Verfügungsberechtigten (Gebietskörperschaft oder Treuhand), wobei größere Verzögerungen und Bearbeitungsrückstände auftraten, weil es zu Problemen kam bei der Antragstellung, der Grundstücksdokumentation oder dem Zuordnungsverfahren-wesentliche Anzeichen für den Umgang mit der Transformation schlechthin.[667] Die zweite Stufe ist die Privatisierung, bei der es um den Vollzug des Übergangs der Objekte von den Zuordnungsberechtigten an die rechtmäßigen Eigentümer durch Neu- oder Reprivatisierung kommt. Durch den großen Ansturm auf die Vermögensämter konnten nicht alle Anträge auf einmal bewältigt werden. Arbeitsmarktpolitisch löste dies eine große Nachfrage aus, die die Unterbesetzung der Behörden lösen sollte. Allerdings wurden viele Ostdeutsche wegen Unterqualifizierung abgelehnt. Besonders zeitaufwendig ist es dann, wenn Schwierigkeiten beim Eigentumsnachweis auftreten und daraus resultierend, der Rechtsweg bei der Ablehnung von Ansprüchen auf Eigentum beschritten werden muß.

---

[667] Die Transformationsphase wird in diesem Zusammenhang beschrieben, weil sie ganz unterschiedliche Sichtweisen, selbst innerhalb Deutschlands hervorruft, abhängig davon, wo der einzelne Deutsche aufgewachsen ist, und wie er/sie selbst den eigenen Platz im wiedervereinigten Deutschland gefunden hat. Interessant ist, daß sich zwar das System ändert, aber bestimmte Grundeinstellungen oder Handlungsmotive der Menschen (Personprinzip) selbst beinahe unverändert bleiben.

Hinsichtlich der Schere zwischen Lohn und Produktivität ist festzustellen, daß sich die Löhne in Ostdeutschland langsam an das westliche Niveau angleichen, allerdings ist als Problem zu betonen, daß die Löhne schneller steigen als die Arbeitsproduktivität, so daß die Lohnstückkosten etwa 70% höher liegen als in den alten Bundesländern. Damit wiederum verbunden ist, daß die Lohnquote (= Anteil der abhängigen Arbeit am Sozialprodukt, das erwirtschaftet wird) größer als 100% ist, was sich ökonomisch negativ auswirkt, denn dadurch sind die Betriebe und Unternehmen in Ostdeutschland auf Subventionen angewiesen, die, wenn sie nicht gezahlt würden, einen erheblichen Substanzverlust bedeuteten. Die überhöhte Lohnquote und die ungeklärten Eigentumsverhältnisse sind zwei Hauptblockaden für den schleppenden Wirtschaftsaufschwung.

Ebenso mußte sich die Ansicht als Trugschluß offenbaren, die vertrat, daß Ostdeutschland wegen der früheren Kontakte im RGW (Rat für gegenseitige Wirtschaftshilfe) zur Drehscheibe für den Export deutscher Produkte nach Osteuropa werden könnte und dadurch einen beschäftigungspolitisch stabilisierenden Charakter erhalten würde. Aber nach 1989 hat auch dort die Phase der Transformation begonnen, so daß ebenso in den anderen ehemals kommunistischen Staaten Ost- und Südosteuropas die Neudefinition von Produktionsstrukturen zu gewaltigen Veränderungen führt, die es wiederum notwendig macht, eine ganz andere als die in der „DDR" hergestellte Produktpalette vorzustellen und anzubieten. Vor allem hochwertige Investitionsgüter, Know-How und Computertechnik sind in den jungen Demokratien gefragt, die allerdings wenig aus den fünf neuen Bundesländern kommen. Deshalb verwundert es nicht, wenn die Statistik aussagt, daß die Nachfrage in Westdeutschland nicht weniger als viermal größer ist als in Ostdeutschland.

Als vierte Schwierigkeit des Transformationsprozesses ist der oft viel zu wenig berücksichtigte Faktor der wirtschaftlichen Personen und deren Verhaltensmuster zu nennen, die noch auf nicht wenigen Gebieten festzustellen sind, wenn es um bestimmte Werthaltungen und Grundüberzeugungen geht, die durch die vierzigjährige „DDR"-Vergangenheit geprägt wurden. Das System der ehemaligen kollektiven Zuweisung der sozialen und versorgungspolitischen Sicherungsordnung, das nach administrativen und ideologischen Paradigmata die Lebens- und

Berufschancen zur Selbstverwirklichung regulierte, ist zusammengebrochen.

In der sozialen Marktwirtschaft werden plötzlich ganz andere Fähigkeiten gefordert: Eigeninitiative sowie unterschiedliche Verwirklichung von potentiellen Möglichkeiten auf dem Gebiet der Beschäftigung und des Einkommens. Durch die Bevormundung der Menschen in der früheren „DDR" wurde das Orientierungswissen der einzelnen dirigiert und entwertet, so daß es nicht verwundert, wenn viele Menschen gegenüber der neuen Ordnung (soziale Marktwirtschaft) skeptischer sind oder sie sogar ablehnen, wodurch ein gewisses Potential an Störfaktoren nach wie vor gegeben ist. Natürlich braucht auch die Marktwirtschaft eine Reform, aber sie ist das bisher am effizientesten wirkende System.[668] Jedoch hat die Skepsis der Ostdeutschen noch einen anderen Grund, nicht nur die historische Belastung, sondern auch die Praxis vieler zwielichtiger Geschäftemacher aus dem Westen, die die Marktwirtschaft in einem skurrilen Gewand erscheinen ließen, bestimmen die Einschätzung dieses ökonomischen Systems.

Trotz aller aufgezeigten Schwierigkeiten sollte es zur ökonomischen Erholung der fünf neuen Bundesländer kommen, aber niemand kann erwarten, daß sich die Mißstände, die sich vierzig Jahre lang angehäuft haben, nach wenigen Monaten oder Jahren lösen lassen. Ebenso ist die Arbeitsmarktsituation in Deutschland nicht ohne globaler Konjunktur zu lösen, da die deutsche Wirtschaft wesentlich vom Export der Produkte abhängt. Somit ist zwar die Politik gefordert, die Lage auf dem einheimischen Arbeitsmarkt zu verbessern, aber ebenso ist an die Verantwortlichen der Wirtschaft zu appellieren, nicht ohne Betrachtung der eigenen Wirtschaft Betriebe ins Ausland zu verlegen, nur weil dort billiger und effizienter produziert werden kann.

---

[668] Vgl. Dieter Vogel; Artikel „Erfolgreich, aber ungeliebt: die soziale Marktwirtschaft"; in: *Rheinischer Merkur*; Nr. 27; Bonn, 7.Juli 1995; 10; „Im vorigen Jahr hat Allensbach immerhin feststellen können, daß über 73% der Deutschen insgesamt (82% in Westdeutschland, 39% im Osten) verstanden haben, den Menschen gehe es in der Marktwirtschaft besser als im Sozialismus. Aber immerhin, über 44% im Osten waren in dieser Frage noch unentschieden." Da die Früchte der Marktwirtschaft nicht alle im gleichen Maß erreichen, ist es verständlich, daß die Skepsis im Osten wesentlich größer ist bezüglich des Erfolges der Marktwirtschaft als im Westen von Deutschland.

3.4. Die Arbeit in der Sicht von Armut, Ausgrenzung und der Ökologie

Alle drei letztgenannten Termini sind auf einer gewissen Ebene kohärent und treffen sich als wichtige Elemente in der Diskussion um Arbeit und Arbeitslosigkeit, denn wer seine Arbeitsstelle verliert, der ist von Armut bedroht, die wiederum zur Eliminierung aus der Gesellschaft führen kann. Dagegen bietet das steigende Umweltbewußtsein die Schaffung neuer Arbeitsmöglichkeiten, die nicht zu unterschätzen sind, da die Politiker und Ökonomen nach neuen Zweigen suchen, wo die Arbeitslosen eine Anstellung und eine Aufgabe erhalten, die aber ebenso finanzierbar sein müssen.

3.4.1. Armut und Ausgrenzung als nationale und globale Probleme und die Suche nach gerechten Lösungen

Zunächst ist die Armut als Terminus zu beleuchten, denn sie ist schwer zu definieren, weil Armut nicht nur monokausal ist, d.h. materielle Gründe haben muß, sondern ebenso psychologische, kulturelle oder soziale.[669] Ganz allgemein ist Armut als ein andauernder Mangelzustand anzusehen, wobei die zur Absicherung des Lebens nötigsten Mittel fehlen und den Betroffenen Gruppen oder Einzelmenschen nur ein Leben am Existenzminimum oder darunter erlauben. Besonders um das Fehlen der ökonomischen bzw. materiellen Grundlagen, die zur Befriedung der existentiellen Lebenszwecke notwendig sind, geht es dabei.[670]

Man trennt in der Entwicklungspolitik zwischen relativer und absoluter Armut, wobei die erstere die materielle Armut als Wohlstandsgefälle von Industriestaaten und Entwicklungsländern meint. In den Entwicklungsländern selbst kann es zur relativen Armut unterschiedlichen Grades, abhängig von Regionen oder sozialen Schichten kommen. Dagegen ist die absolute Armut eine

---

[669] Vgl. Jürgen Horlemann (Hg.); _Entwicklungspolitik-Unterwegslexikon_; Stuttgart 1988; 7f.

[670] Vgl. Alfred Klose/Wolfgang Mantl/Valentin Zsifkovits (Hg.); _Katholisches Soziallexikon_; 2. Auflage Innsbruck,Wien,München 1980; Spalten 140-144.

Lage oder Situation von völlig entwürdigender Lebens- oder Wohnbedingungen, die u.a. durch Analphabetismus, Krankheit und/oder Untererernährung hervorgerufen wird, so daß die Opfer dieses Zustandes an der Basis der wesentlichen humanen Existenzbedürfnisse mangeln. Zwischen einem Drittel und der Hälfte der Gesamtbevölkerung der Entwicklungsländer sind entweder untererernährt oder hungern. Etwa ein Viertel der Kinder in diesen Ländern sterben bereits vor Vollendung des fünften Lebensjahres. Ebenso liegt die Lebenserwartung, die einen der eminentesten Indikatoren bei der Messung der Erfüllung der Grundbedürfnisse ausmacht, etwa 20 Jahre unter der Durchschnittsrate in den Industriestaaten. So rechnete die Weltbank mit 800 Millionen Menschen (1988), die in die Kategorie der „absoluten Armut" einzuordnen sind. Heute dürfte dieses Schicksal bereits über eine Milliarde Menschen treffen (gegen das Person- und globale Gemeinwohlprinzip).

Obwohl die wissenschaftliche Erhebung und Bestimmung von Armut umstritten ist, nutzt die Weltbank noch immer die Zahlen des jeweiligen Bruttosozialprodukts eines Landes, die dann als Meßziffern dienen, während die Vereinten Nationen differenzieren, indem sie und andere internationale (meistens `non-governmental´) Organisationen eine Kombination von den Zahlen des Bruttosozialprodukts und denen von Industrialisierung und Alphabetisierung erstellen, um zu einem objektiveren Ergebnis zu gelangen. Die IDA (International Development Association) geht von folgenden Faktoren bei der Festlegung der Armutsgrenze aus: Pro-Kopf-Einkommen unter 150 US-$ pro Jahr; täglicher Verbrauch an Kalorien unter 2670 Einheiten pro Land; Alter der Lebenserwartung unter 55 Jahre; Kindersterblichkeit über 33 je Tausend; Geburtenrate über 25 pro Tausend.[671]

Die ILO (International Labour Organisation mit Sitz in Genf) beschreibt zwei Armutsgrenzen: Die erste ist gleichzusetzen mit dem Durchschnittsverdienst eines Arbeiters, der ungelernt in einem Großbetrieb der verarbeitenden Industrie Indiens seiner Tätigkeit nachgeht; er fällt in die Kategorie „sehr arm". Unter dem Blickwinkel der ILO ist die zweite Armutsgrenze mit einem Einkommen im Gegenwert von einer Rupie (ca. 25 Pfennig) pro Tag gleichzusetzen und konstituiert die Klasse „völlig verarmt".

---

[671] Vgl. a.a.O. 8.

Trotz der Unschärfe bei der Berücksichtigung ausschließlich des Bruttosozialprodukts (BSP) ist es nach wie vor üblich, bei Vergleichen auf internationaler Ebene die Zahlen des BSP als Orientierungsgröße bei der Feststellung der Armut heranzuziehen. In 32 Ländern mit einer Gesamtbevölkerung von 2,2 Milliarden Menschen betrug das BSP im Jahre 1982 weniger als 400 US-$ je Einwohner. Interessant ist, daß insgesamt 4,3 Milliarden Menschen in 121 Ländern ein Jahreseinkommen unter 5.500 US-$ erwarben, während das BSP pro Kopf in der Bundesrepublik Deutschland 12.300 US-$ ausmachte.[672]

Die Probleme der Ausgrenzung und Armut sind stark verbunden mit dem Verlust der Arbeitsstelle. Die Menschen, die ihre Posten und damit verbunden auch meistens ihre Einkommensquelle verlieren, stehen stark in der Gefahr, in den Strudel des sozialen Abstiegs zu geraten, nicht nur auf finanzieller Ebene, sondern vor allem auf dem Gebiet des sozialen Images und in ihrem Verhältnis zu anderen. So ist festzustellen: „Marginals are people the system of labor cannot or will not use."[673]

In den Industrienationen Amerikas, Westeuropas und Asiens sind von der Ausgrenzung aus der Gesellschaft besonders die Ausländer betroffen, die, weil sie nicht Staatsangehörige sind, von den Sozialleistungen der Wohlfahrt eliminiert werden. Meistens handelt es sich um Gastarbeiter aus ärmeren Regionen der Erde. Aber auch Glieder der Gesellschaft selbst geraten schnell an den Rand des Existenzminimums. Dabei sind neben den Ausländern die Frauen, die Behinderten, die Jugendlichen und die Gruppe der Arbeitnehmer zwischen 45 und 55 am meisten betroffen, da sie oft für einen totalen Neuanfang in einem anderen Beruf zu alt sind, aber noch nicht in Frühpension gehen können. Dadurch ist es verständlich, daß besonders diese genannten Gruppen den Hauptanteil an Arbeitslosen darstellen oder in die Kategorie „schwer vermittelbar" fallen. Neben der offiziellen Ausgrenzung (Verlust der Arbeit) gibt es noch

---

[672] Vgl. ebd. 8; Die Zahlen des BSP sind nicht aussagekräftig, da sie als mittlere Werte nicht Auskunft geben über Ausmaß, Verteilung oder Art der Armut und wie diese konkret im jeweiligen Land aussieht, denn das BSP ist nicht eßbar. So ist in Indien, nur um ein Beispiel zu nennen, der Verbauch der 20% Reichsten achtmal höher als der Konsum von der Bevölkerungsschicht, die zu den 20% Ärmsten gehören. In Brasilien ist das Verhältnis 33:1, in Kenia 22:1 und in Mexiko 20:1.

[673] Iris Marion Young; _Justice and the Politics of Difference_; Princeton, NJ 1990; 39-65; hier: 53.

andere Formen, die oft hinter ordinären Türen zu finden sind: z.B. der Verlust von Familienverbindungen.

Als Indikator für die Einschätzung der sozialen Absicherung in einer konkreten Gesellschaft gilt der Blick, wie die Gesellschaft mit ihren schwächsten Gliedern, den Arbeitslosen, Ausländern und Sozialhilfeempfängern umgeht. Dabei ist der Begriff der „Option für die Armen" zu erwähnen, der aber weithin unscharf bleibt, wenn er nicht konkret in die Praxis umgesetzt wird.[674]

Die erste Aufgabe im Kampf gegen die Armut ist deshalb notwendigerweise die Errichtung einer funktionierenden Wirtschaftsordnung (besonders in den ärmeren Ländern der Erde), die stabile Arbeitsmöglichkeiten für alle Glieder der Gesellschaft hervorbringt, die wiederum in der Lage ist, das Potential einer geregelten Berufsarbeit möglichst weiträumig anzubieten. Damit verbunden ist die gerechte Auszahlung von Löhnen und Gehältern, gemessen an der geleisteten Arbeit oder Dienstleistung in Übereinstimmung mit Quantität und Qualität sowie den eingesetzten Mitteln. Gleichzeitig ist in der Gesellschaft für die Bildung (Aus- und Weiterbildung) der Armen zu sorgen, denn wie bereits festgestellt, ist die Entwicklung und Erfahrung der Fähigkeiten für die betroffene Person sehr wichtig (Personprinzip), da sie einerseits das Selbstbewußtsein des Individuums hebt und andererseits das Bindeglied zum Arbeitsmarkt darstellt. Jede auf lange Sicht hin angelegte Lösung des Armutsproblems muß auf Bildung der potentiellen „Aussteiger" achten, sowohl durch öffentliche als auch private Initiativen gestärkt, denn bei Abschaffung des Mangels an ausreichenden Bildungsmöglichkeiten könnten sich viele - vor allem in den großen Städten - vor der sich ausbreitenden Armut retten. Die Wichtigkeit der Bildung bezüglich der Armut und ihrer Ursachen kann nicht genug herausgehoben werden. Es ist eine echte Investition in die Zukunft jeder Nation, das Bildungsniveau zu heben und sich um seine Verbesserung zu

[674] Auch an verschiedenen Stellen der Enzykliken wird auf den Terminus „Option für die Armen" Bezug genommen: u.a. GS 21; GS 88; OA 23; Vgl. Peschke; Social economy in the Light of Christian faith; Trier 1991; 44f. „Among the basic duties of governments is the guarantee of minimum conditions of human dignity for all. Of highest priority is the fulfilment of the basic needs of the poor." Es kann aber nicht nur die oberste Aufgabe des Staates sein, für das Lebensnotwendigste der schwächsten Glieder in der Gesellschaft zu sorgen, sondern es geht um eine Grundhaltung, die jedem Menschen zu vermitteln ist, das Bewußtsein solidarischen Engagements.

bemühen.[675] In vielen Ländern der Erde ist Bildung noch immer ein Privileg weniger Menschen, was aber nicht gerecht ist, da die Chancengleichheit oft unberücksichtigt bleibt. Und so erhebt sich die Gerechtigkeitsfrage, die eng mit der „Option für die Armen" zusammenhängt.[676]

Was ist Gerechtigkeit in der Gesellschaft und insbesondere hinsichtlich der Arbeit?[677] Fraglos ist die Gerechtigkeit eines der zentralsten Themen der Ethik, insbesondere der politischen und wirtschaftlichen Ethik, wobei die Ethik der Arbeit und des Berufes als Spezialgebiete dieser gelten.[678] Die Gerechtigkeit ist als Tugend zu verstehen, was die Haltung des einzelnen meint, im Alltag recht zu handeln, als institutioneller Maßstab oder als Prinzip. Denn es sind nicht nur die Handlungen der einzelnen, sondern es sind die Institutionen, die in ihrer Gesamtheit, das menschliche Zusammenleben und die Verteilung von Gütern determinieren.[679]

---

[675] Vgl. Joseph Card. Höffner; *Economic Systems and Economic Ethics*- Guidelines in Catholic Social Teaching; 3. Auflage Köln 1988. Ebenso: Carl Kreider; *The Rich and the Poor*- A Christian Perspective on Global Economics; Ontario 1987.

[676] Vgl. Friedhelm Hengsbach; *Gegen Unmenschlichkeit in der Wirtschaft*- Der Hirtenbrief der katholischen Bischöfe der USA „Wirtschaftliche Gerechtigkeit für alle", aus deutscher Sicht kommentiert; Freiburg, Basel, Wien; 1987; 246-254/306f; Hengsbach unterscheidet zwischen erzwungener, zugelassener und freiwilliger Armut, die als Formen der Ausgrenzung auf einem ungerechten System basieren.

[677] Vgl. *Meyers großes Taschenlexikon*; 2. Auflage Mannheim 1987, Band 8; 112-114; hier: 112f; Der Gerechtigkeitsbegriff unterliegt seit Aristoteles einem Verständniswandel, abhängig von der gesellschaftlichen und politischen Lage. Unter Gerechtigkeit im subjektiven Sinne wird das rechte Handeln einer Person verstanden; objektiv gesehen ist es das Prinzip zur Aufstellung und Beurteilung von Rechtsnormen. Während für Platon die Gerechtigkeit im richtigen Verhältnis der Schichten zueinander liegt, schränkt sie Aristoteles bereits ein auf soziale Beziehungsgefüge. Dabei trennt er die generelle und die spezielle Gerechtigkeit, während letztere nochmals unterteilt werden in distributive (verteilende) und kommutative (ausgleichende) Gerechtigkeit. Erst später wird die iustitia legalis (Gesetzesgerechtigkeit) hinzugefügt.

[678] Vgl. Bernhard Sutor; *Politische Ethik*; Paderborn, München, Wien, Zürich 1991; 87ff; Die soziale Frage (und der innere Friede) einer Gesellschaft sollten auf Recht gegründet sein und stehen so im Zusammenhang mit den Gesetzen eines Staates. Wenn die Gesetze als ungerecht entlarvt werden können, dann ist der soziale Friede in Gefahr. Ein wesentliches Element, das den sozialen Frieden eines Landes sichern hilft, ist die Fairneß am Arbeitsmarkt.

[679] Vgl. Wolfgang Schmitz; Artikel „Eigeninteresse-Gruppeninteresse-Gesamtinteresse: Das Eigeninteresse durch Lebenssinn und Institutionen legitim, effizient und unersetzlich"; in: Ders./Rudolf Weiler; *Interesse und Moral*; Berlin 1994; 61-104; hier: 76; „Der Begriff `Institution´ kann auch aus dem Gesichtswinkel der Ethik definiert werden. Die Institution ist aus dieser Sicht ein Regelwerk, das zur Verwirklichung eines

Wenn das Recht die Ordnung eines Gesellschaftsgefüges darstellt, so erschließt sich die Aufgabe der Gerechtigkeit daraus, diese Ordnung zu wahren, aber dann zu verändern, wenn der Status quo den Forderungen nach Vervollkommnung des Gemeinwohls widerspricht, so daß eine das Gemeinwohl verbessernde oder herzustellende Ordnung geschaffen wird. In der Ordnung selbst sind die Regeln nicht grundlos zu ändern, da es gilt, sie zu befolgen, wobei zwischen genereller, gesetzlicher oder legaler (sozialer) Gerechtigkeit zu trennen ist.[680] Für unser Thema ist besonders die austeilende (distributive) Gerechtigkeit von Interesse, denn die durch die Gesellschaft konstituierte Stellung der Glieder, ihren jeweiligen Kräften, Eigenschaften und Fähigkeiten oder Charakteren kommt der Gesellschaft die Aufgabe zu, die Lasten und Pflichten, als auch die Ehren, Vorteile und Erträge zu wahren und zu streuen, wie es jedem Einzelglied entspricht oder es für notwendig erachtet wird. So ist es korrekt zu sagen, daß sich die einzelnen dasjenige zu gewähren haben, das ihnen zusteht, nicht mehr, aber auch nicht weniger: Leistung (z.B. in Arbeit und Beruf) muß so entlohnt werden, wie es dem Prinzip der Gerechtigkeit entspricht, unter Einbeziehung aller involvierten Faktoren.

Besonders zwei der heute vielfältigen Gerechtigkeitstheorien sind hervorzuheben: der Utilitarismus, in welchem die moralische Grundforderung besteht, sich unter den verschiedenen Alternativen stets auf diejenige festzulegen, in welcher die Gesamtheit (der Einzelelemente) den Nutzen am größten erwarten läßt. Obwohl die Nützlichkeits- und Profitorientierung Priorität hat, liegt auch in diesem System eine gewisse moralische Idee von Gleichheit zugrunde, die aber wenig zur Geltung kommt, da der Maximierungsansatz weitere Aspekte der Verteilung in ungenügendem Maß berücksichtigt.[681]

---

gesellschaftlichen Zustandes notwendig ist, der zur Verwirklichung der individuellen existentiellen Lebenszwecke (Johannes Messner) der Teilnehmer (zB der Entwicklung der Persönlichkeit) unentbehrlich, zumindest sehr hilfreich ist, aber selbst bei Zutreffen zweier ganz unrealistischer Voraussetzungen wie volle, dauernde Tugendhaftigkeit aller Beteiligten, nicht erreicht werden kann." Schmitz trennt zwischen individual- und sozialethischen Postulaten, berücksichtigt jedoch zu wenig, daß auch Institutionen zuerst von Menschen geschaffen werden und nicht umgekehrt.

[680] Vgl. Oswald von Nell-Breuning; Artikel „Gerechtigkeit"; in: Brugger (Hg.); *Philosophisches Wörterbuch*; Freiburg 1988; 132f.

[681] Vgl. Roland Kley; Artikel „Gerechtigkeit"; in: Georges Enderle (Hg. et al.); *Lexikon der Wirtschaftsethik*; Freiburg 1993; Spalten 352-360.

Einer der wichtigsten Kritiker des Utilitarismus ist der Harvard-Professor John Rawls, der andere Prinzipien der Gerechtigkeit als die vom Nützlichkeitsgedanken herstammenden entwirft.[682] So geht Rawls nicht vom Nutzen aus, sondern von der Ausstattung mit Grundgütern. Danach sind für ihn die Grundgüter die sozialen und institutionellen Konditionen, die die Einzelglieder der Gesellschaft notwendigerweise brauchen, um ein Leben in Würde und nach eigenen Vorstellungen zu führen und um in der Gesellschaft sowie ihrer Ausgestaltung und Realisierung Mitverantwortung übernehmen zu können. Konkreter gesagt, sind die Grundgüter Chancen, Kompetenzen, Grundfreiheiten, Verantwortlichkeiten, gesellschaftliche Grundlagen der Würde, Vermögen und Einkommen. Um sozialen Frieden zu sichern, müsse die Gesellschaft, die Anspruch auf Gerechtigkeit erhebt, die Grundgüter auch gerecht verteilen.

Den Schlüssel zu Unparteilichkeitsstandpunkten bildet das Rawlssche Gedankenexperiment, das den Menschen in eine hypothetische Entscheidungssituation versetzt, wo er Prinzipien selektieren soll, nach denen er die Verteilung der Güter und die Ordnung der Institutionen geregelt haben möchte. Hinter einem \`Schleier der Unwissenheit´ entscheiden sie, um allen die gleichen Chancen zu geben, wodurch sie jedoch nicht ihre individuellen Begabungen kennen und ebenso wenig die wirtschaftliche, politische oder soziale Lage der Zukunft. Dagegen ist für sie bekannt, wie Gesellschaften allgemein funktionieren und ebenso daß die Grundgüterverteilung gerecht geschehen sollte. Danach wird die Unparteilichkeit hinsichtlich dieser Situation zwei Prinzipien folgen: (1) Jede Person hat den gleichen Anspruch auf die Grundfreiheiten, die für alle ohne Unterschied dieselben darstellen. (2) Ungleichheiten sozialer oder wirtschaftlicher Natur müssen mit Positionen oder Ämtern verbunden sein, die wiederum nach dem Prinzip der fairen Chancengleichheit allen offenstehen. Außerdem müssen die Ungleichheiten so konstituiert sein, daß sie stets den größtmöglichen Nutzen der am Benachteiligtesten berücksichtigt (Differenzprinzip). Dabei kommt dem ersten Prinzip Priorität zu vor dem zweiten. Danach darf das Recht auf gleiche

---

[682] Vgl. John Rawls; <u>A Theory of Justice</u>; Cambridge, MA 1971; 5; „..a public conception of justice...is a society in which (1) everyone accepts and knows that the others accept the same principles of justice, and (2) the basic social institutions generally satisfy and are generally known to satisfy these principles."

Grundfreiheiten des einzelnen keineswegs zugunsten anderer (z.B. der wirtschaftlichen Effizienz oder eines allgemeinen höheren Wohlstands) reduziert oder gar eliminiert werden. Jedoch führt die Behandlung aller als gleiche nicht notwendigerweise auch zur Gleichverteilung, wie das Differenzprinzip deutlich macht. Denn dieses geht zwar von der Gleichverteilung aus, betont aber ebenso, daß es bestimmte Rollenaufteilungen geben muß in der Gesellschaft, wodurch es wiederum Ungleichheiten bei den Einkommen, Vermögen und Verantwortlichkeiten, also den Grundgütern, zuläßt und den am wenigsten Begünstigten schlechter stellt.

Beim Utilitarismus hängt die Einschätzung des Systems der gesellschaftlichen Institutionen mehr oder minder von Nutzenbetrachtungen ab, welche durch die pluriformen Probleme zu Unschärfen führen können. Dagegen argumentiert Rawls mit seinen Prinzipien auf einer anderen Ebene.[683] Rawls zufolge müssen zwar auch die Traditionen des Denkens auf historischer, politischer etc. Ebene betrachtet werden, allerdings ist er überzeugt davon, daß seine Prinzipien in den Institutionen der eigentumbesitzenden Demokratie verwirklicht werden könnten. Folglich sind die gleichen Grundfreiheiten innerhalb eines juristisch gesicherten Katalogs an Grundrechten sowie durch Rechtsschutzverfahren, aber auch durch entsprechende politische Prozesse und Institutionen, die die verantwortungsvolle Mitsprache ermöglichen, zu gewährleisten. Für Rawls sind die ökonomischen Institutionen der eigentumbesitzenden Demokratie keineswegs gleichzusetzen mit denen des kapitalistischen Wohlfahrtsstaates. Denn im kapitalistischen Wohlfahrtsstaat gehören nur einer kleinen Schicht die Produktionsmittel, obwohl beide, eigentumbesitzende Demokratie und Wohlfahrtsstaat kapitalistischer Ausprägung, Privateigentum an Produktionsmitteln anerkennen, gibt es doch einschneidende Unterschiede, die darin bestehen, daß die eigentumbesitzende Demokratie versucht, von Anfang an eine recht breite Streuung des Eigentums an Produktionsmitteln anzustreben, um die Bündelung, die zu viele von den Früchten der Produktion ausschließt, zu verhindern. Hier erreicht Rawls durchaus ein

---

[683] Vgl. Otfried Höffe; Einführung in die utilitaristische Ethik; 2. Auflage Tübingen 1992; besonders: 7-12; Ebenso: Ders. (Hg.); Lexikon der Ethik; München 1977; 247f.

Grundanliegen der katholischen Soziallehre, die ebenfalls das möglichst weit gestreute Partizipationsprinzip vertritt.[684]

Hinsichtlich des Arbeitsmarktes ergeben sich einige Schlußfolgerungen aus den Betrachtungen der Gerechtigkeit.[685] Da zu den Grundfreiheiten auch die Arbeit gehört, hat jeder nach dem explizierten Begriff der Gerechtigkeit das Recht auf eine Arbeit, die ihm angemessen ist. Allerdings stehen hier oft wirtschaftliche Interessen gegen persönliche, die es abzubauen gilt. Weiterhin ist jedem nach dem Prinzip der Chancengleichheit eine faire Möglichkeit einzuräumen, Zugang zu den Positionen und Ämtern zu erhalten, ohne Diskriminierung (nach Geschlecht, Rasse, Ideologie oder Religionszugehörigkeit) oder reine \`Beziehungswirtschaft´, in der nicht mehr die Leistung oder Vorbildung zählt, sondern einzig und allein Parteizugehörigkeit oder Manipulation durch Dritte. Zwar trifft das Differenzprinzip ebenso auf dem Arbeitsmarkt zu, doch ist ethisch zu berücksichtigen, daß die Positionen und der Einfluß durch diese nicht zum widerrechtlichen Vorteil gegenüber Dritten mißbraucht werden dürfen. Weiterhin ist zu berücksichtigen, daß die Arbeitnehmer beteiligt werden sollten am Gewinn der Firma oder des Unternehmens. Ebenso wird eine Situation am Arbeitsmarkt als ungerecht befunden, wenn sich Maßnahmen der Institution (z.B. Arbeitsamt oder politische Instanzen etc.) gegen den Arbeitsuchenden oder Arbeitnehmer allgemein richten.

Gemäß dem Gerechtigkeitsprinzip sollte jedem die faire Chance zur Selbstverwirklichung und zum Erwerb der Grundgüterausstattung eingeräumt werden, was auch den Zugang zu Bildungsmöglichkeiten einschließt. Da die Ausgangsbedingungen für die Arbeitnehmer beim Ansuchen für eine Arbeitsstelle

---

[684] Vgl. CA 43 etc. Auch im Hirtenbrief der katholischen Bischöfe der USA „Wirtschaftliche Gerechtigkeit für alle" (1986) wurde das Rawlssche System übernommen. (Vgl. Friedhelm Hengsbach, *Gegen Unmenschlichkeit in der Wirtschaft*; Freiburg,Basel,Wien 1987; 8-179; 267: „Mir scheint, daß die Berührungspunkte zwischen dem wirtschaftsethischen Kernabschnitt des Hirtenbriefs und John Rawls, der versucht hat, eine bei den subjektiven Bedürfnissen und Interessen anknüpfende Ethik mit der an der Gerechtigkeit orientierten Vernunftethik zu kombinieren, nicht von der Hand zu weisen sind." siehe: John Rawls; *Eine Theorie der Gerechtigkeit*; Frankfurt/M. 1975; 81/104/282).

[685] Aus der Vielzahl der Gerechtigkeitstheorien wurden hier nur zwei der wichtigsten ausgewählt, die des Utilitarismus und die weithin anerkannte und von John Rawls entwickelte, die auf dem Differenzprinzip und dem Unparteilichkeitsgedanken basiert.

bereits divergieren, kann es keine absolute Gerechtigkeit auf dem Arbeitsmarkt geben, sondern nur eine relative, die Rollenaufteilungen einschließt und damit zusammenhängend, die Verschiedenheiten (auch im Lohn- und Gehaltsgefüge) erlaubt. Gerechtigkeit am Arbeitsmarkt hängt ebenso davon ab, inwieweit es der Politik und der Wirtschaft gelingt, neue Arbeitsplätze in neuen Branchen zu schaffen, was besonders von der Technologie abhängt.[686] Aber nicht nur die sieben genannten Industrien (vgl. letzte Anmerkung) sind wichtig, sondern auch das wachsende Umweltbewußtsein, das eine größere Industrie entstehen läßt, die Arbeitsplätze schafft und Rohstoffe durch ein finanzierbares Recyclingsystem sparen hilft. Damit ist der Übergang zum nächsten Punkt bereits angedeutet, in welchem es um die Arbeit und die Ökologie gehen soll.

3.4.2. Die Diskussion um die Arbeit innerhalb der Ökologiedebatte

Auf der Suche nach neuen Industriezweigen, nachdem der Servicebereich gesättigt zu sein scheint, wird immer häufiger von der Ökologie gesprochen. Nur stellt sich die Frage, wer die Sorge z.B. für die öffentlichen und unveräußerlichen Güter (z.B. sauberes Wasser) finanzieren kann? Denn das Interesse allein genügt noch nicht, da es ebenso ökonomisch vertretbar und finanzierbar sein muß. Zunächst wird ganz allgemein der Umgang mit den Gütern zu betrachten sein, denn nur ein steigendes Bewußtsein, daß die Umwelt nicht grenzenlos Ressourcen zur Verfügung hat, kann das Klima spürbarer Veränderung (zur Verbesserung des Gemeinwohls) schaffen. Aber nicht nur durch die knapper werdenden Ressourcen bedingt, erscheint ein Umdenken notwendig, sondern ebenso durch die

---

[686] Vgl. Thurow; *Head to head*; New York 1993; 45; Die sieben Schlüsselindustrien der Zukunft, die den Arbeitsmarkt beeinflussen und verändern werden, sind: Mikroelektronik, Biotechnologie, neue Materialindustrie, zivile Luftfahrt, Telekommunikation, Computer mit Software und die Werkzeugmaschinenindustrie in Verbindung mit Robotertechnik. Alle genannten sind die Industrien, wo besonders Geisteskraft und Kreativität im Mittelpunkt stehen. Neu ist, daß alle Industrien an jedem Platz und Ort der Erde lokalisiert werden können. Damit verlieren Wirtschaftsfaktoren, die traditionell eine eminente Rolle spielten - wie Boden oder Ressourcen - an Bedeutung, dagegen nimmt die Bildung immer mehr zu.

Arbeit bzw. den Arbeitsmarkt, der auf neue Impulse angewiesen ist. Bisher war es so, daß wirtschaftliches Wachstum (Indikator dafür ist das Bruttosozialprodukt eines Landes) für notwendig erachtet wurde, aber nur dann ethisch vertretbar, wenn es auch soziale und vor allem ökologische Elemente einbaut und diese Betrachtungsweisen - auch gesetzlich und damit praktisch umsetzbar - nicht unberücksichtigt läßt.[687]

Der Begriff der Ökologie stammt von Ernst Häckel, der ihn seit 1866 im heute üblichen Inhalt erstmals benutzte. Später, besonders in den 60er Jahren unseres Jahrhunderts entstand die „Grüne Bewegung" und wurde somit über die Naturwissenschaft hinaus (bis dahin war sie nur Bestandteil der Biologie) wichtig für das praktische Leben der Menschen und ihr Bewußtsein.[688] Im naturwissenschaftlichen Sinne definiert sich die Ökologie danach, daß der Terminus die Lehre der Beziehungen zwischen den Lebewesen und zu ihrer je konkreten Umgebung bzw. Umwelt beschreibt. Umgangssprachlich meint Ökologie die Sichtweisen oder Aspekte der Natur, wobei in einer liberalen Gesellschaft, die besonders starke wirtschaftspolitische Akzente setzt, immer öfter der Konflikt zwischen ökonomischen, eher kurzfristig angelegten Strategien sowie den längerfristig orientierten Interessen einer verbesserten Umwelt hervortritt.

Immer stärker wird die Ökologie zum Motor für die Ökonomie.[689] Andererseits nehmen ökologisch gesehen, immer mehr Beeinträchtigungen auf lokaler oder regionaler Ebene zu, z.B. Luftverschmutzung. Dabei ist die Industrie oftmals wesentlich beteiligt. Noch viel eklatanter sind jedoch die weltweiten Schädigungen.[690] Somit ist festzustellen, daß die Umweltprobleme in den letzten Dekaden rapide zugenommen haben (Müllberge),

---

[687] Vgl. Reinhold Schneider; _Öko-Signale_- Der Mensch darf nicht alles, was er kann; Freiburg,Basel,Wien 1985; Vgl. auch: Hans Christoph Binswanger (Hg. et al.); _Arbeit ohne Umweltzerstörung_- Strategien einer neuen Wirtschaftspolitik; Frankfurt 1983.

[688] Vgl. Ernst U. von Weizsäcker; Artikel „Ökologie"; in: Georges Enderle (Hg. et al.); _Lexikon der Wirtschaftsethik_; Freiburg 1993, Sp. 780-783;

[689] Hanns Seidel Stiftung eV (Hg.); _Politische Studien_; Sonderheft 3/1994; Thema: „Ökologie als Motor für Ökonomie- Aufbruch in das nächste Jahrtausend"; 9 Beiträge; München, Juli 1994; Aus der Vielzahl der Beiträge und Ansichten sollen nur einige Aspekte zu Wort kommen. (Vgl. ebd.; Klaus Mangold; 12-22).

[690] Vgl. a.a.O. 12; Die Fakten sind schockierend: - hoher Verbrauch nicht-regenerativer Ressourcen; - Abholzung von 55 000 Hektar Tropenwald täglich; - Abgabe von 100 Millionen Tonnen Treibhausgasen in die Atmosphäre, jeden Tag; - Aussterben von über 100 Tier- und Pflanzenarten auf der Erde aller 24 Stunden, etc.

bestehende vergrößerten sich und neue sind hinzugekommen (Ozonloch). Dennoch können effizientes Wirtschaften und verantwortungsvoller Umweltschutz sehr wohl vereinbar sein, obwohl in nicht wenigen Köpfen nach wie vor das „Entweder-Oder-Schema" vorherrscht. Es ist nicht korrekt zu sagen, daß je mehr der ökologische Faktor betont wird, auch gleichzeitig der ökonomische an Gewicht verliert und umgekehrt. Während die Unternehmen das Einfrieren der Umweltstandards fordern und um ihre Konkurrenzfähigkeit fürchten, sind es die Umweltgruppen (vgl. Greenpeace), die mit teilweise spektakulären Aktionen gegen die Fortsetzung des Mißbrauchs der Umwelt durch die Wirtschaft aufmerksam machen und somit auch bewußtseinsbildend in der Öffentlichkeit wirken.

Falsch ist nach wie vor, daß bei der Produktkostenberechnung der Umweltfaktor noch nicht berücksichtigt wird. Aber der Verbrauch der unveräußerlichen Güter hat seinen Preis, denn solange diese nichts kosten, wird auch die Einsicht nicht vorherrschen, daß man damit sparsam umgehen soll. Das gemeinsame Ziel, das sowohl Ökologie ebenso wie Ökonomie verfolgen, ist Absicherung einer gewissen Lebensqualität, Versorgung der Menschen mit Gütern. So sind auch die Unternehmen verpflichtet, im Sinne des Gemeinwohls zu handeln und die existentiellen Räume des Lebens zu erhalten.

Ziel muß es sein, aus der konträren Grundhaltung von beiden (Ökologie und Ökonomie) eine konvergierende zu entwickeln, die partnerschaftlich komplementierende Wesenselemente aufweist. In Deutschland existieren etwa 2000 Umweltgesetze, die aber deshalb nicht konsequent anwendbar erscheinen, weil sie mit schwierig zu prüfenden Grenzwerten verbunden sind; so besteht die Forderung, daß sie dementsprechend vereinfacht werden sollten, daß sie Praxisrelevanz erlangen. Gemäß dem Verursacherprinzip sind die Produzenten bzw. die Verbraucher verantwortlich für die Beseitigung der von ihnen selbst bewirkten Umweltschäden.[691]

---

[691] Neben dem Verursacherprinzip sind auch das Vorsorgeprinzip und das Koordinationsprinzip zu nennen. Beim Vorsorgeprinzip geht es darum, vorbeugende Maßnahmen des Umweltschutzes so zu treffen, daß ökologische Schäden bereits in der Planungsphase ausgeschlossen werden. Das Koordinationsprinzip beinhaltet die Forderung nach der Lösungssuche aller, die beteiligt sind, d.h. daß nicht nur einer Gruppe allein die Verantwortung zu übertragen ist. (Vgl. dazu: Günter Virt; Artikel „Umwelt-eine Gewissensfrage?"; in: W.Pillmann/S. Burgstaller (Hg.); _Energieressourcen und Europäische Marktwirtschaft_; Wien 1991; 154-167).

Weiterhin sind vielmehr marktwirtschaftliche Elemente in die aktuelle Umweltpolitik einzubauen, um eine Verschwendung zu verhindern. Auch ist ein gemeinsames Vorgehen mit genauer Zielvorgabe notwendig, da es Absprachen braucht, um gemeinschaftliches und solidarisches Handeln in eine bestimmte Richtung zu entwickeln, was sich beim „Dualen System Deutschlands"(Nutzung wiederverwendbarer Materiale) zeigt, wo es um eindeutige Harmonisierung zwischen Interessen der Industrie und des Handels geht. Ebenso scheint eine stufenweise Einführung von einer Energie- oder Ökosteuer nötig, um den Umgang mit natürlichen Ressourcen zu reduzieren und gleichzeitig die Erwerbsarbeit und deren Lohnnebenkosten zu entlasten.[692]

Die Anforderungen an ein umweltorientiertes Wirtschaften in der Zukunft sind vielfältig. Da die Bedrohungen durch globale Umweltprobleme die gesamte Menschheit betreffen, werden nicht einige umweltbewußt orientierte Unternehmen die Konflikte lösen können, sondern es bedarf der weltweiten Strategie, offener Märkte und nichtdiskriminierender Handelssysteme. Denn nur so ist der wichtigste Grund der wachsenden Umweltprobleme, die Armut, wirkungsvoll zu bekämpfen. Im Zuge der GATT-Verhandlungen wurde ein Arbeitsprogramm über Umwelt und Handel entworfen, das Prinzipien enthält, die zur Lösung der Probleme beitragen.[693]

Erstens müssen die Märkte offen und kompetitiv bleiben, was sich bei den abzeichnenden politischen und wirtschaftlichen Einheiten (z.B. Europäische Union oder NAFTA) als schwierig herausstellen dürfte. Zweitens geht es bei Umweltressourcen darum, daß Preisverzerrungen zu vermeiden sind. Drittens ist trotz großer Bemühungen um weltweit sich angleichende

---

[692] Auf dieses Problemfeld ist im Verlauf dieses Punktes noch einzugehen, weil es sich hier um ein genuin neues Thema handelt, das bisher noch wenig Wirkung gezeigt hat, aber künftig sehr wichtig werden könnte.

[693] Das Zoll- und Handelsabkommen GATT (General Agreement on Tariffs and Trade) ist ein völkerrechtlicher Vertrag, der bereits 1947 unterzeichnet, aber bislang noch nicht ratifiziert wurde. Etwa 80% des gesamten Welthandels werden durch dieses Abkommen geregelt, wobei das Hauptziel des GATT in der Senkung der Zölle liegt. Der Grundsatz der Gegenseitigkeit führt aber gegenüber Entwicklungsländern zu unangemessenen Belastungen dieser. Außerdem fehlt GATT eine ökologische Rahmenordnung. Bisher gibt es nur Absichtserklärungen, deren Durchsetzbarkeit vor allem an den Supermächten, der ehemaligen Sowjetunion und den USA scheitert. Die starke Lobby der G7 (führende Industrienationen der Welt) provozieren eine Wettbewerbsverzerrung auf den internationalen Märkten.

Umweltstandards aufgrund der Pluriformität der Staaten und ihrer jeweils konkreten Ausgangsbedingungen nicht damit zu rechnen, daß alle Länder die gleichen Standards aufstellen und befolgen können, selbst wenn es anzustreben ist. Viertens gilt, daß nur die Kooperation auf allen Ebenen die Umweltprobleme dieser Erde, die alle betreffen, zu lösen in der Lage ist.

Für ökologisches Wirtschaften sollten aber nach Günter Virt einige wichtige, ethische Vorzugsregeln gelten, die hier ebenso notwendig zu erwähnen sind, da sie richtungsweisenden Charakter besitzen und Handlungsorientierung in einem komplexen (und für viele neuen) Umfeld anbieten.[694] Es kommt darauf an, daß man die Wirklichkeiten schützt, bewahrt und pflegt, die als Basis fungieren, haben bei identischen oder denselben Voraussetzungen die Priorität vor denjenigen, die sekundär wirken und durch diese ersten ihre Berechtigung erhalten. Kommt es zum Konfliktfall, dann verdienen die basishaften Absicherungen der Lebensgrundlagen den Vorrang vor denen, die eher redundant erscheinen oder auf schwächerem Grund stehen. „Daraus ergibt sich der Vorzug der Verwirklichung und die Respektierung jener Ansprüche, die sich vom Öko-System Mensch-Erde her ergeben, vor jenen, die sich bloß aus menschlichen Sozialsystemen ableiten."[695] Weiterhin ist den Gesetzmäßigkeiten der Ökonomie, die von humanen Belangen herzuleiten sind, im Divergenz- oder Entscheidungsfall unter die Ökologie die Einordnung oder Subsumierung zu gewährleisten.

Die menschliche Person und alle von ihr abhängigen sozio-kulturellen Systeme werden nur dann zum Überleben fähig sein, wenn auch in den folgenden Dekaden die extra-humane Welt und Schöpfung ihre Existenzberechtigung weiterhin aufrecht erhalten, denn der Mensch braucht seine Umwelt. So haben ebenso umkehrbare Handlungen notwendigerweise den Vorrang vor irreversiblen oder länger ausgedehnten Folgen, wenn es um Schäden oder Verluste bzw. Eingriffe in das ökologische System geht. Den Energieträgern, die erneuerbar sind, ist der Vorrang einzuräumen, wenn es sich um gleiche Voraussetzungen handelt,

---

[694] Vgl. Günter Virt; Artikel „Umwelt-eine Gewissensfrage? Analysen - Visionen - Folgerungen; in: Dolores Bauer/Günter Virt (Hg.); Für ein Lebensrecht der Schöpfung- Analysen, Visionen und Strategien zur Bewältigung der Umweltkrise; Salzburg 1987; 23f.

[695] Ebd. 23f.

vor denen, die diesen Sachverhalt nicht erfüllen.[696] Ebenso wichtig ist das Sparsamkeitskriterium, welches besagt, daß das „Energiesparen...in jedem Fall Vorrang vor allen anderen Maßnahmen"[697] hat.

Der Umweltschutz wird immer mehr zum wirtschaftlichen Faktor, denn die umweltverträglichen Produkte sollten sich durchsetzen in der Zukunft. Allein in Deutschland wurden 1993 etwa 63 Milliarden DM an Umwelttechnik auf dem Markt umgesetzt, die in wenigen Jahren, wahrscheinlich um die Jahrtausendwende die 100 Milliarden DM-Grenze überschreiten dürfte. Für etwa 35 Milliarden DM exportierte Deutschland Umwelttechnik und erreichte auf dem Weltmarkt einen Anteil von 21%.[698] Ökologisch sinnvolle Güter sollten bestimmte Eigenschaften haben; sie sind energiesparend, reparaturfreundlich, materialsparend, recyclingsfähig, langlebig und wiederverwendbar.

Das unternehmerische Handeln und die Akzentuierung dieses Wachstumsbereiches bringen natürlich Konsequenzen für den Arbeitsmarkt mit sich. Bereits im Jahr der Wiedervereinigung (1990) wurden etwa 680.000 Arbeitnehmer in Deutschland im Umweltschutz oder der Ökotechnologie beschäftigt. Diese Zahl dürfte sich mit der steigenden Nachfrage proportional erhöhen. Das deutsche Wirtschaftsforschungsinstitut in München nimmt an, daß bis zum Jahr 2000 ca. 1,1 Millionen Arbeitnehmer in dieser Branche tätig sein werden, wobei in den fünf neuen Bundesländern mit 340.000 Beschäftigten zu rechnen ist. Damit wird die These, daß der Umweltschutz die Arbeitsplätze zerstöre auf ganz einfache und überzeugende Art und Weise ad absurdum geführt. Allerdings ist die Produktion in der Umwelttechnik noch immer kein sehr großer Markt, den es erst zu erschließen gilt und der gerade im Aufbau begriffen ist.[699]

---

[696] Vgl. a.a.O. 24; Vgl. auch: Martin Rock; Artikel „Ethische Grundlagen des Umweltschutzes"; in: F.J.Fryphaupt/F.J.Peine/G.W.Wittkämper (Hg.); Umwelt-Handwörterbuch- Umweltmangement in der Praxis für Führungskräfte in Wirtschaft, Politik und Verwaltung; Berlin 1992; 40-45.

[697] Günter Virt; Artikel „Umwelt- eine Gewissensfrage?"; in: W. Pillmann/S. Burgstaller (Hg.); Energieressourcen und Europäische Marktwirtschaft; Wien 1991; 163.

[698] Vgl. Klaus Mangold; Artikel „Ökologie als Motor für Ökonomie"; in: Politische Studien; Sonderheft 3/1994; München, Juli 1994; 17; Hinter Deutschland halten die USA 16% des Marktanteils und Japan mit 13%. Da hier größere Zuwachsraten zu erwarten sind, ist diesen Zahlen hohe Bedeutung zu schenken.

[699] Vgl. ebd. 17f.

Daraus ergeben sich einige Konsequenzen für das ökonomische System. In der Zukunft wird es darauf ankommen, einen Strukturwandel weg vom quantitativen Wachstum, hin zum qualitativen durchzuführen. Die Strukturen der Probleme haben sich in unserer Welt der knappen Güter so geändert, daß auch der Aufbau und die Verwaltung der Unternehmen gewandelt werden muß, um den Markterfordernissen ebenso wie den ökologischen Postulaten zu genügen. Diejenigen Unternehmen, die in der Lage sind, die an sie gestellten Forderungen (vor allem durch den Markt und die Ökologie) flexibel zu lösen, werden am meisten durch diesen Prozeß profitieren. Mit der Verbesserung der Umweltbedingungen geht eine wachsende Lebensqualität der Menschen einher, so daß der Arbeitnehmer doppelt an der Verwirklichung ökologischer Konzepte interessiert sein sollte: privat und betriebswirtschaftlich, denn aus dem Umweltschutz ergeben sich Kosten- und Wettbewerbsvorteile für die Firma, die dann auch besser in der Lage ist, für ihre Arbeitnehmer zu sorgen und andererseits gewinnt die private Lebenssphäre an Qualität. Praktisch gesehen sind die Unternehmen gefordert, durch Einsparung von Energie, Wasser, Rohstoffen oder Verpackung bzw. durch Reduktion des Abfalls, die Umwelt zu entlasten. Was hier für Betriebe festgestellt wurde, trifft genauso den privaten Haushalt.

In diesem Zusammenhang erscheint es notwendig, noch auf die Problematik der sog. Ökosteuern Bezug zu nehmen, wie es bereits angedeutet wurde.[700] Der Grundgedanke, daß der Verbauch von Ressourcen besteuert werden soll, damit die Erwerbsarbeit entlastet wird, scheint gedanklich einfach, ist aber praktisch sehr kompliziert. Es ist nicht neu, daß Umweltabgaben gezahlt werden, wie bei der Abwasserabgabe oder der besonders in der letzten Zeit steigenden Mineralölsteuer. Die Einführung eines ganzen Steuerpakets würde meinen, daß der Umbau des gesamten Systems betroffen wäre, wobei bis heute an der Belastung von Arbeit und Kapital, das etwa zwei Drittel des Gesamtaufkommens an Steuern ausmacht, festgehalten wird, während Abgaben aus dem Ressourcenbereich nicht mehr als 11% des Steuerumfangs darstellen. Die Reform des Steuersystems sollte dahingehen, daß

---

[700] Vgl. W. Sitte; Artikel „Steuern durch Ökosteuern- Die ökologische Steuerreform als Chance für Umwelt und Wirtschaft"; in: Wissenschaftliche Nachrichten; Wien, Jänner 1995; 43-45; Prof. W. Sitte nimmt in diesem Artikel Bezug auf einen Vortrag des hessischen Ministers für Umwelt und Energie, Joschka Fischer.

der Umweltverbrauch teurer wird und die Arbeit dagegen billiger. Mit dieser Aussage ist bereits ein zweites Grundprinzip einbezogen: Zum klassischen Steuersystem sollte nicht eine weitere Säule hinzukommen, was angesichts der schon bestehenden hohen Steuern (bis zu 50% gibt der Durchschnittsarbeitnehmer in Deutschland bereits jetzt ab) nicht zu rechtfertigen wäre, d.h. die Steuerlast dürfte mit Einführung nicht weiter steigen, sondern andere Bereiche wie den der Arbeit dafür entlasten. Es muß also auf ein Ausgleichssystem hingeordnet sein, das die Kompensation einschließt. Ziel dieser Ökosteuer ist auch nicht, daß dadurch mehr Staat entsteht, sondern Grundanliegen ist es, die ökologische Innovationsoffensive anzuregen, denn die Wirtschaft des nächsten Jahrtausends soll umweltfreundliche Produkte anbieten, die Ressourcen schonen oder durch Alternativenergie ersetzen (Sonnenenergie anstatt Kohle), und die Wiederverwertbarkeit der Produkte (grüner Punkt, der allerdings nicht unumstritten ist). Deshalb ist ein Strukturwandel anzustreben und nicht eine neue Geldbeschaffungsquelle für den Finanzminister zu eruieren.

Gegen die Kompensationsmodelle gibt es einige Einwände. Erstens wird die Wirksamkeit des Lenkungseffekts bestritten und befürchtet, daß nur ganz tiefgehende Einschnitte zu Grundverhaltensänderungen bei Produzenten und Konsumenten führen würden. Fischer wendet dagegen ein, daß finanzielle Anreize vorhanden sind in diesem System und daß Veränderungen in den Preisrelationen für unterschiedliche Produkte entstünden. Außerdem wirken höhere Energiepreise immer so, daß dann mehr gespart wird. Einen zweiten Einwand, der gewichtiger erscheint, sieht Fischer darin, daß die große Abhängigkeit des Staatshaushaltes den Zweck der Steuerreform pervertiert und den Lenkungseffekt somit in das Gegenteil verkehrt. Hier entsteht ein Zirkelschluß, denn einerseits sollten die Einnahmen der öffentlichen Haushalte (besonders Städte und Kommunen) zurückgehen, andererseits muß der Finanzpolitiker auf Einnahmen hoffen, die der Umweltpolitiker zu reduzieren sucht. In diesem Fall sind den Steuern zweckgebundene Abgaben vorzuziehen, die dann wiederum dem ökologischen Umbau zugute kommen sollten. Dadurch wird aber noch lange nicht die Erwerbsarbeit entlastet.

Fischer wirft der deutschen Wirtschaftspolitik Verkrustungen und die Bewahrung von veralteten Strukturen vor.[701]

Aus der Betrachtung ergeben sich nun einige konkrete Überlegungen einer ökologischen Ethik, die den Produktionsfaktor Arbeit besonders berücksichtigen.[702] Nicht nur der Markt selbst, sondern auch die menschliche Arbeit steht unter der Wertung von Angebot und Nachfrage. Die Bewertung der menschlichen Arbeit am Markt als auch die des Produktivfaktors ist für eine korrekte Ermittlung und Lenkung in die bestmögliche Verwendung dieser notwendig. Käme es zu einer Entkoppelung von Lohn und Arbeitsleistung, entstünden auch umweltpolitische Fehler des Produktionsfaktors Arbeit, da selbst in diesem Bereich auf Leistung nicht verzichtet werden kann. Die menschliche Person ist selbstverantwortliches Subjekt im Prozeß der Ökonomie und Ökologie, jedoch durch die existentiellen Zwecke bestimmt von der Natur. So inkludiert die Selbstverantwortung des Individuums bei der Befriedigung der Bedürfnisse die ökologischen Folgen und läßt daraus einen über die Person hinausgehenden Verpflichtungscharakter des Menschen entstehen.

Weiterhin ist das Individuum sowohl auf ökonomischer als auch auf ökologischer Ebene so situiert, daß beide Faktoren in Einklang stehen können. Andererseits sind Gewinne eines Unternehmens ethisch nicht zu akzeptieren, wenn sie auf Kosten der Gesamtvolkswirtschaft geschehen. So ist festzuhalten, daß das ökologisch Richtige ebenso das ökonomisch Richtige und umgekehrt darstellt, wenn es in Verbindung mit dem menschlichen Handeln und der Selbstverwirklichung steht. Bezüglich der Zusammenfassung aller Situiertheit des menschlichen Individuums könnte man ebenfalls von humanökologischer Richtigkeit sprechen, wobei der genuin ethische Ansatz bei der Erfahrungswirklichkeit des einzelnen selbst liegt und den daraus zu eruierenden existentiellen Zwecken, die die Natur der Person basishaft determinieren und durch welche der Mensch erst

---

[701] Mit dieser Aussage trifft sich interessanterweise der Abgeordnete der Grünen, Joschka Fischer mit ähnlichen Ansichten wie denen des Bundesarbeits- und Sozialministers Norbert Blüm, CDU. (Vgl. Punkt 3.3.3. dieser Dissertation, wo Blüm eine „Kulturrevolution" in Deutschland fordert).

[702] Vgl. Rudolf Weiler; Artikel „Menschliche Arbeit als Kriterium für den ökologisch richtigen Einsatz des Produktionsfaktors Arbeit"; in: _Jahrbuch für Christliche Sozialwissenschaften_; 26/ 1985; 183-193.

zur Verwirklichung des Seins und dessen Vollzug gelangt (Personprinzip).

Es ist und bleibt eine stets neu - weil sich die Gesellschaft dynamisiert - zu bedenkende Aufgabe des Untersuchens der Zwecke durch Experimente, Analysen und Methoden im Anschluß an das Vermögen des humanen Bewußtseins, dem Wunsch entsprechend, die der Natur eigenen Reaktionen, Wirkweisen und Verfaßtheiten ständig besser zu begreifen, auf die Bestimmtheit hin, die sozial, individuell, ökonomisch und ökologisch gegeben ist. Ökonomische und ökologische Urteile ethischer Natur müssen sich nicht ausschließen, sondern sollten sich ergänzen, denn für beide Fälle gilt das Erfassen der sittlichen Wahrheit als conditio sine qua non, um in die Lage ethischer Urteilsfähigkeit versetzt zu werden. Ethik ist als eine Art `Entscheidungswissenschaft´ sowohl in den genannten Bereichen als auch in allen anderen dazu geeignet, die richtigen menschlichen Handlungen zu flankieren, allgemeingültig und normativ. So kommt es zur Konvergenz zwischen der ökonomischen und der ökologischen Ethik, wenn es um die gemeinsame Sittlichkeit im Blickfeld der Arbeit geht und das Proprium herausgestellt wird - das Humanum.

Hinsichtlich der Arbeit, Ökologie und Ökonomie im spezifischen Bezugsfeld der Bundesrepublik Deutschland ist folgende Zusammenschau konstatierbar. Wenn Deutschland hohe Umweltstandards hat, dann sollten sie kein Standortnachteil in der heutigen Zeit darstellen, denn sie werden ein Vorteil von morgen sein, auch für den Arbeitsmarkt. Dem notwendigen Strukturwandel werden sich alle Unternehmen, die auch in der Zukunft erfolgreich sein wollen, unterwerfen müssen, da nur so die Anforderungen der nächsten Jahre zu bewältigen sind. Wenn sich alle, nämlich Politik, Wirtschaft und Gesellschaft sowie die Kirchen auf einen Konsens einigen können, dann besteht die realistische Aussicht, daß das Paradigma des Zwiespalts von Ökologie und Ökonomie eliminiert wird zugunsten des aufeinander abgestimmten Einklangs beider.

Um den Wertewandel im Arbeitsleben, nun aber nicht mehr nur unter besonderer Berücksichtigung der Umweltproblematik, noch genauer verfolgen zu können, wird im letzten Teil dieses Kapitels darauf eingegangen, was dann überleitet zum Schluß- und Synthesenteil (mit den angekündigten Leitsätzen) dieses Opus´.

3.5. Der Wertewandel in der Arbeitswelt

Nach den verschiedenen Betrachtungen der Voraussetzungen des Wandels nach historischen und selektierten Grenzgebieten des Arbeits- und Berufsbegriffs sind nun einige spezielle Überlegungen notwendig, die den bereits allgemein aufgezeigten Wandel der Postmoderne jetzt in einen spezifischen Kontext stellt. Denn wenn sich etwas paradigmatisch ändert, in der Kultur oder auf politischer Ebene, dann betrifft es zwangsläufig auch die Sekundärbereiche des Lebens. Die Arbeit und der Beruf gehören aber zu den Primären unserer Alltagsexistenz, weil es zutiefst menschliches Wirken ist und ein Wesenselement der Würde der Person darstellt, wobei allerdings mit Arbeit ebenso die Tätigkeit in der freien und der sozialen Zeit gemeint sein kann, die früher zu wenig als genuine Arbeit anerkannt wurde.

3.5.1. Der allgemeine Wandel der Werte und der Grundeinstellungen in der postindustriellen Zeit

Was ist ein Wert? Zunächst scheint es wichtig, den Begriff zu definieren, da auch dieser pluriform anwendbar und deutbar ist. Leopold Neuhold umreißt den Wertbegriff, der genauso für den hier wichtigen Zusammenhang gilt, folgendermaßen: „Unter Werten verstehe ich in der Gesellschaft verbreitete Maßstäbe für seinsollende Zustände oder Handlungen, die besonders in Entscheidungsfällen als Bevorzugungsmodi für die Wahl einer Möglichkeit auftreten."[703]

---

[703]. Leopold Neuhold; *Wertwandel und Arbeit*; Schriften des Dr.-Karl-Kummer-Instituts für Sozialpolitik und Sozialreform in Steiermark; Graz, 3/1989; 2; Vgl. Ders.; *Wertwandel und Christentum*; Linz 1988; 16f; Werte sind zu verstehen als: „...allgemeine, relativ dauerhafte, gesellschaftlich überformte, in einer sozialen Einheit zumindest teilweisen geltende..., von Mitgliedern der sozialen Einheit ganz oder wenigstens teilweise internalisierte, d.h. ins Persönlichkeitssystem eingefügte oder zumindest internalisierbare Maßstäbe für seinsollende Gegenstände, Zustände oder Handlungen, die zumindest über den Einfluß auf die konkrete Ausgestaltung der geltenden Vorschriften für das Handeln (=Normen) das Handeln der Mitglieder einer sozialen Einheit mitbestimmen und das Handeln der einzelnen im gemeinschaftlichen oder gesellschaftlichen Verband aufeinander

Eine besonders relevante Grundfrage steht im Raum der Postmoderne: Ob wir alle zu Egoisten werden?[704] Lange Zeit wurde in Deutschland der gesellschaftliche Wertewandel mit Hoffnungen auf positive Veränderungen verbunden, doch nun äußern sich immer mehr Stimmen, die Bedenken anmelden. Helmut Klages weiß von einem ungewöhnlichen Konsens hinsichtlich des Wertewandels zwischen Ansichten des Deutschen Nachrichtenmagazins „DER SPIEGEL", der „ZEIT" und dem Papst. Interessant sind die Einzelaussagen, die konvergieren:[705]

+ Eine allgemeine Werteverwirrung wurde gemeinsam diagnostiziert, die einerseits die moderne Gesellschaft unterschwellig prägt und andererseits das Ausmaß des Wandels mehrdeutig erscheinen läßt.
+ Es wurde festgestellt, daß eindeutige Maßstäbe und Orientierungsgeber, die den Menschen die Unterscheidung von Gutem und Bösem, Recht und Unrecht ermöglichen, an Bedeutung verlieren und somit, besonders bei der Jugend, die Fähigkeit des Differenzierens im Abnehmen begriffen ist. Eine mögliche Ursache werde darin gesehen, daß die Selbstverwirklichung innerhalb des Wandlungsprozesses eine Überbetonung erfuhr während Stil, Anstand und tugendhaftes Leben weithin verachtet würden.
+ Vor allem die Vielfalt, die wurzellos macht und mit dem Begriff der „postmodernen Beliebigkeit" umschrieben wird, führe zur Normen- und Orientierungslosigkeit.

Besonders die Politiker und Repräsentanten der Kirche vertreten die Meinung, daß der Wertewandel in Deutschland auf eine falsche Bahn geraten sei. Denn wenn Gemeinsinn, Mitmenschlichkeit und Solidarität als Grundhaltungen vom Aussterben bedroht seien, dann kann nicht mehr von einer „gesunden Gesellschaft" gesprochen werden. Die Herrschaft hätten Egoismus, kruder Materialismus, narzißtischer Ich-Bezug, das Verlangen nach Sex, Geld u.a. mehr äußerlichen Freuden der Existenz übernommen. Die Verfolgung des öffentlichen

---

abstimmen, so soziales Handeln ermöglichen und zur Verwirklichung sozialer Einheit beitragen." Vor allem in der Selektionsphase ist dies mit der konkreten Entscheidung verbunden, wobei die Richtlinien als Orientierungsindikator auftreten und so zur verantwortlichen Entscheidung hinführen können.

[704] Vgl. Helmut Klages; Artikel „Werden wir alle zu Egoisten? Über die Zukunft des Wertewandels"; in: Hanns Seidel Stiftung eV (Hg.); Politische Studien; Nr. 336; München, Juli/August 1994; 35-43.

[705] Vgl. a.a.O. 35f.

Gemeinwohls dagegen wird uninteressanter, Autoritäten werden immer mehr abgelehnt.

Einige Kulturtheoretiker und Forscher des Wertewandels legen die jetzige Situation so aus, daß die viele Jahrtausende geschaffene `Kulturschale´ des Menschen, die ihn vom Primaten wesenhaft unterscheidet, durch die vielfältigen Veränderungen im System der Werte langsam aufgelöst werde. Ältere Tugenden würden zerstreut und den neuen `Anti-Werten´ geopfert, die sich in einer Ellbogen-, Anspruchs- und Erlebnisgesellschaft offenbaren. So stünden wir vor einem Kulturverfall, wie ihn Ludwig Klages oder Oswald Spengler ahnten. Eine Grundfrage wird es sein, ob es gelingen kann, den vermeintlichen Prozeß des Verfalls zu stoppen.

Zunächst sind eine Reihe von Tendenzen zu sehen in der deutschen Gesellschaft, die durchaus Aufmerksamkeit verdienen:[706]

+ Es setzt sich eine wachsende Verdrossenheit in den Bereichen Politik und Parteien durch, die sich an Wahlbeteiligungen oder Mitgliederschwund der Parteien indikatorisch festmachen läßt.

+ Im individuell-privaten Raum steigen die Haushalte der Einzelpersonen und die Raten der Ehescheidungen nehmen zu. Außerdem wird seltener und später geheiratet (das Studieren wird immer länger), andererseits sinken die Zahlen der Neugeborenen so stark, daß nicht einmal die sog. „Nettoreproduktion" der Einheimischen abgesichert ist (in den meisten Industriestaaten).

+ Die Willigkeit zur unvergüteten Hilfsbereitschaft im System der Wohlfahrtspflege ist im Sinken begriffen. Kirchenaustritte häufen sich ebenso wie die Wehrdienstverweigerung.

+ Ebenso ist eine Lustlosigkeit vieler Arbeitnehmer festzustellen, wenn von der `inneren Kündigung´ oder der `freizeitorientierten Schonhaltung´ im Betrieb die Rede ist. Die Identifikation mit den Belangen des Unternehmens, in dem man beschäftigt ist, läßt nach.

+ Außerdem sagen alle Statistiken aus, daß es zu einem beängstigenden Anstieg der Gewalt und damit Kriminalität in Deutschland kommt.

Doch hilft trotz aller realistischer Begutachtung und Observation der Situation eine extreme Kontrastierung, die

---

[706] Vgl. a.a.O. 36f. Der hier angeführte Katalog kann jedoch nicht Anspruch auf Vollständigkeit der vielfältigen Wandlungs- und Problemaspekte erheben.

besonders die Negativa herausstellt, nicht weiter. Wesentlich besser ist ein konstruktiver Zugang zum rechten Tun in der Zukunft, um ein positives Verhältnis zu den hier genannten Schwierigkeiten des Wandels der Werte zu schaffen. Klages stellt auch die Gegenpositionen zu den eher düsteren Schilderungen dar und rundet so das Bild des Wertewandels im Deutschland der 90er Jahre ab.[707]

Obwohl sich die sog. Politikverdrossenheit ausbreitet, sind trotzdem politisches Engagement und Interesse nicht zurückgegangen, was sich z.B. an erhöhten Einschaltquoten bei politischen Diskussionen oder dem Verkauf von politischen Magazinen zeigt. Auch ist festzustellen, daß in Zeiten der Rezession die Bevölkerung fähig ist, vorübergehende Mehrbelastungen durch Lohnverzicht oder Mehrarbeit zu billigen, sollten dadurch Arbeitsplätze entstehen oder alte erhalten bleiben. Gegen den anzunehmenden Trend ist das interdependente Beziehungsgefüge der Menschen untereinander und das Bewußtsein, daß in der Notlage jemand hilft, besonders seit den 60er Jahren, dennoch gestiegen. Trotz mancher Probleme oder gar Übergriffen auf Ausländer sei die Toleranz in der breiten Öffentlichkeit gegenüber den Randgruppen (Homosexuelle, Sozialaussteiger, Ausländer) ständig gestiegen. Noch immer nehmen Eltern sehr bewußt pädagogischen Einfluß auf die Erziehung der Kinder. Mit dem wachsenden Umweltbewußtsein geht der steigende Verantwortungsgrad im praktischen Umgang mit dem Recyclingsystem und dem Verbraucherverhalten einher[708] (steigende Skepsis gegenüber der Werbung). Die herausforderrnde Führung in Abteilungen und Unternehmen ist Voraussetzung für Leistungsbereitschaft der Arbeitnehmer, für das gute Klima am Arbeitsplatz und das Einbringen des einzelnen in die Belange der Unternehmung. Etwa 80% der Pflegefälle werden noch immer zu Hause besorgt und geschehen ohne spezielle Entlohnung durch den Staat. Zur näheren Klärung sind nun fünf weitere Gesichtspunkte wichtig.

(1) Der Alltag in der Gesellschaft hat einen Wertewandel auf sozialem Gebiet hervorgerufen, d.h. daß sich Einstellungen und Erwartungen geändert haben, denn es wird heute anders gedacht, gefühlt oder man reagiert auf bestimmte Außenfaktoren anders

---

[707] Vgl. a.a.O. 38f.

[708] Vgl. Dietmar Mieth; Artikel „Leiden am Konsumismus - eine Predigt für Mitbetroffene"; in: <u>*Zeit & Geist 4: Immer mehr?*</u>; München 1991; 80-88.

als früher. Die Stärkung der persönlichen Entscheidung und das Hervortreten individueller Neigungen, mit Selbstbewußtsein dargestellt, läßt auf Zunahme der Ich-Position schließen, wobei der Raum vergrößert wird, der das Ego betrifft (Personprinzip). Daraus ergibt sich, daß die Autorität fast zwangsläufig abgelehnt oder wenigstens öfter hinterfragt wird. Eingriffe in das Privatleben und Forderungen an sich selbst erfahren Ablehnung, weil die bürokratische Vorschrift als unbegründete Belastung empfunden wird. Man möchte etwas vom Leben haben, erwartet den informellen Umgang, der Spontaneität hervorruft und doch zuläßt, daß man sich zurückziehen kann, wenn es notwendig erscheint. Einerseits will man etwas vom Leben haben, sich verwirklichen können, die eigenen Wünsche und Hoffnungen realisieren, zum Subjekt des Wirkens werden, andererseits muß dieses auch Freude bereiten; beide sind hohe Ansprüche, die nicht immer in Einklang zueinander zu bringen sind.

(2) Alle, die sich selbst verwirklichen wollen, werden als „schwierig" empfunden. Denn oftmals möchten sie zur Verfolgung ihrer Ziele andere mit den ihrigen eliminieren, da es oft zum Wertekonflikt kommt, in welchem einander ausschließende Werte und Normen, die unvereinbar sind, aufeinander treffen. Häufig ist die Realisierung des Subjektanspruchs nicht gegeben, was wiederum einem Wertversagen entspricht und was nicht selten Selbstfrustration auslöst.

(3) Gesellschaftlich haben sich aber die Strukturen nicht so schnell ändern können wie im individuellen Bereich. Dieses Faktum schafft eine Spannung, denn viele Strukturen, Gewohnheiten oder Stile der Führung, die heute noch aktuell sind bzw. in denen wir leben, basieren auf Vorstellungen aus der Zeit vor dem jetzigen Wertewandel. So ist es nicht verwunderlich, daß Führungseliten oft der Meinung sind, daß die \`einfacheren Menschen´ eine \`harte Hand´ benötigen und dies sogar wollen, weil sie sich unter diesen strengen Führungskräften am wohlsten fühlten. Auch sind viele Strukturen und Organisationen nach wie vor unnötig hierarchisiert, die eine interpersonale Zusammenarbeit und gutes Betriebsklima verhindern.

(4) Die Bedürfnisse der Menschen und der Aufbau der Strukturen sind inkompatibel geworden. Dieser Zustand ist ein Hauptgrund für den sog. \`Krisentrend´ in der Gesellschaft und wird als Werteverfall falsch gedeutet. Ein Beispiel dafür ist

die sinkende Geburtenfreudigkeit, die häufig als Indikator der wachsenden Ellbogenmentalität angeführt wird. Dabei ist die Bejahung der Kinder in der Gesellschaft außerordentlich hoch, aber der Wunsch nach einem Kind tritt bei jungen berufstätigen Frauen in Konflikt mit dem Wunsch nach Verwirklichung in der Profession. Hier kollidieren zwei Ansprüche miteinander: Beruf und/oder Kind. Besonders von politischer Seite aus wird zu wenig unternommen, um dieses Spannungspotential zu beseitigen. Denn die Politik scheint nicht in der Lage, ökonomische Nachteile der Eltern auszuräumen, genügend Plätze in den Kindergärten zur Verfügung zu stellen und mit viel flexiblerer Arbeitszeit Voraussetzungen für normales und partnerschaftlich abgestimmtes Eheleben in der Familie zu fördern sowie die Aufgaben und Rahmenbedingungen für die Kindererziehung besser zu erstellen oder zu verteilen.

Selbstentfaltungswerte und ihr Anwachsen schaffen eine neue, eher auf Selbstbestimmung hinorientierte Bedürfnislage unter den heutigen Menschen, die politische Konsequenzen erforderlich macht.[709] Durchgreifende Veränderungen institutioneller und politischer Natur kommen nur sehr langsam voran. Das löst bei nicht wenigen Mitbürgern Angst, Frustration und privaten Rückzug aus. Besonders die Politik delegiert die Verantwortung für diese schlechte Situation auf eben die von ihr selbst verursachten Opfer der unfähigen Politik, nämlich diejenigen Menschen, die frustriert sind und sich zurückziehen in die Privatsphäre. So trifft es die Opfer doppelt.

(5) Es entsteht ein Spannungsverhältnis zwischen sorglosem Hedonismus und dem aktiven Realismus. Auf globaler Ebene findet ein Wertewandel statt, der graduell und temporal recht divergiert. Dennoch haben sich einige Idealtypen herauskristallisiert. Im Anschluß an die Studentenunruhen der 68er Generation tat sich der \`Idealist´ hervor, der oft auch \`Postmaterialist´ genannt wird. Doch dieser intellektuelle Dauerprotestierer ging später in der ökologischen Friedensbewegung auf.[710] Mit Beginn der 80er Jahre entstand eine neue Leitfigur des Wertewandels, der hedonistische Materialist (Hedomat), der in Konkurrenz zum Idealisten steht. Daneben

---

[709] Vgl. Werner Maihofer; Vortrag „Grundwerte heute in Staat und Gesellschaft"; in: Günter Gorschenek (Hg.); *Grundwerte in Staat und Gesellschaft*; 3. Auflage München 1978; 88-102.

[710] Vgl. Franz Alt; *Frieden ist möglich*- Die Politik der Bergpredigt; München o.J.; besonders: 81-125.

wuchs ein eher unspektakulärer Menschentyp heran, den man als \`aktiven Realisten´ bezeichnet; er ist in der Lage, alte Tugenden, soziologisch gesprochen Pflicht- und Akzeptanzwerte, zur Synthese individueller Selbstverwirklichung zu bringen. Deshalb heißt sein Motto: erfolgsorientierte und von der Selbstbestimmung geprägte Integration sozialer Natur durch Entfaltung des Ichs. Diese Realisten sind zwar unauffälliger, aber viel öfter in der Gesellschaft anzutreffen als die Typen des \`Hedomat´ und des \`Idealisten´, weil sie der starken Neigung des Denkens nachgehen und weniger exotisch sind. Für die Jugendlichen tun sich wenigstens drei unterschiedliche Wege auf, die sich konkurrierend um den Wertewandel erstrecken.

Erstens ist es die Selbstentfaltung, die mittels Protest und idealistischem Engagement (Idealist - stagnierender Trend) geschieht. Zweitens handelt es sich um Selbstentfaltung durch Genuß, Konsum und Verwirklichung des Lustprinzips (Hedomat - zunehmender Trend). Drittens scheint die Selbstentfaltung aufgrund der selbstbestimmten Integration (Realist - zunehmende Tendenz) möglich. Besonders an der Innovationsfähigkeit und der Bereitschaft zur Reform der Gesellschaft, oft repräsentiert durch die Eliten, wird es liegen, ob die Jugendlichen als Realisten, die aktiv werden, oder aber als passive \`Hedomats´ in das Sozialsystem der Bundesrepublik Deutschland eingegliedert werden. Sollten sich die \`Hedomats´ durchsetzen, dürfte das Konfliktpotential der Gesellschaft durch diffuse Protesthaltung anwachsen.

Helmut Klages fordert deshalb, daß eine gute Gesellschaftspolitik die Energie nebulösen Wertewandels in die konstruktiven Bahnen des Gemeinwohls lenken solle. Ehemals geltende Kategorisierungen, die Aufschluß über Herkunft und typisches Verhalten von jungen Menschen gaben, verlieren heute an Bedeutung, da die Weichenstellungen auf anderen Ebenen stattfinden. Konnte man den Idealisten früher durch sein hohes Bildungsniveau und durch seine soziale Herkunft relativ eindeutig kategorisieren, ist dies heute immer weniger möglich und verliert seinen indikatorischen Anspruch bei der Typisierung des \`Hedomat´ oder des \`Realisten´ völlig. Übernehmen nämlich junge Menschen Verantwortungsrollen, dann sind für sie Tugenden und Selbstverwirklichung plötzlich nicht kontradiktorisch, sondern komplementierend - ohne Rücksicht auf soziale Herkunft des einzelnen.

Schaut man auf die individuellen Ansprüche der Menschen, dann wird hinsichtlich des Wertewandels eines ganz deutlich: Wertewandel in der Gesellschaft und im persönlichen Bereich bedingen einander, können aber ebenso zu Konkurrenten werden. Die Hoffnung auf Umkehr zu den früher gegebenen Zuständen wird nicht der richtige Weg sein, um die Gesellschaft positiv zu gestalten. Wesentlich günstiger ist es, die im Wertewandel selbst liegenden Möglichkeiten der Verbesserung des soziokulturellen Gefüges zu nutzen und eine bestimmte Richtung der Gestaltung einzuschlagen. Kernaussage für Klages, die auch für die Arbeitswelt sehr wesentlich erscheint, ist das Aufzeigen des Wandels von bisherigen Pflichtwerten, die immer öfter zu Selbstentfaltungswerten tendieren.[711]

Neben Helmut Klages, der spezifische Betrachtungen über den Wertewandel in Deutschland darstellt, ist hier auch die Argumentation vom US-Amerikaner Ronald Inglehart ins Feld zu führen. Seiner Ansicht nach hat sich der Wandel in vielen Bereichen der Kultur vollzogen, der deutlich wird in der Einstellung zu Arbeit, Familie und Sexualität. Und es sei sogar soweit zu gehen, daß die Individuen der Industriegesellschaft den permanenten Wandel vom Leben erwarten.[712] Die Grundthese Ingleharts lautet, daß sich die Gesellschaften in den Industrieländern von materialistischen hin zu postmaterialistischen Wertgefügen bewegen. Ganz vereinfacht könnte man nach Inglehart sagen, daß sich die Wertvorstellungen in eine konkrete Richtung verschoben haben: vom Ziel der physischen Sicherheit und dem materiellen Wohlergehen auf die Hebung der Lebensqualität hin.[713]

Während früher also die individuelle Autonomie zur Erlangung der ökonomischen und körperlichen Bestimmtheit bzw. Sicherheit hergegeben werden mußte, ist es heute die Selbstverwirklichung in Beruf, privatem und öffentlichem Leben, die weithin als Priorität anerkannt wird. Daraus schlußfolgert Inglehart das Prinzip, daß je höher der Wohlstand ist, umso mehr Vertrauen in

---

[711] Vgl. Helmut Klages; *Wertorientierungen im Wandel*- Rückblick, Gegenwartsanalysen, Prognosen; Frankfurt/M. 1984.

[712] Vgl. Ronald Inglehart; *Kultureller Umbruch*- Wertwandel in der westlichen Welt; Frankfurt/M.,New York 1989; 56; Hier legt Inglehart Ergebnisse einer Studie dar, die die Bundesrepublik Deutschland betrifft (1981/1982): 3% der Bevölkerung traten demnach für einen radikalen (=revolutionären) Wandel ein; 59% für allmähliche Reformen und 38% für die Beibehaltung des Status Quo in der bestehenden Gesellschaftsordnung.

[713] Vgl. a.a.O. 12.

Politik und Verteidigung des Status Quo sei festzustellen.[714] Und deshalb wird denjenigen Gesellschaften die Zukunft gehören, denen es glückt, die zentrale Autorität mit der individuellen Autonomie zu einem sinnvollen und effektiven System des Gleichgewichts zu verbinden.

Kultureller Wandel hängt eng mit der Frage nach dem Einzelfaktor zusammen, der tatsächlich erklärt, was und warum dieses geschieht. Durch die Interdependenz des jeweiligen Umstandes ist aber genau diese Anfrage kaum lösbar.[715] So vollziehen sich sehr entscheidende, aber dennoch weitgehend unbemerkte Fluktuationen mit nur schwer abschätzbaren Auswirkungen. Als stärkste Indikatoren für die Voraussagen von Glück und Lebenszufriedenheit erscheinen Elemente wie die finanzielle und wirtschaftliche Situation, die Staatsangehörigkeit und die politische Stabilität eines Landes. Kulturen unterscheiden sich in einem Punkt ganz konkret, nämlich in welchem Grade das Einzelglied in Offenheit über Zufriedenheit oder Glück reden kann, denn wer mit sich selbst unzufrieden ist, der wird es meistens auch mit den gesellschaftlichen Umständen sein.[716]

Wenden wir den Blick auf die Person und die sie betreffenden Wertewandlungen. Wenn die Bedürfnisse über einen längeren Zeitraum stets befriedigt werden, dann setzt der Gewöhnungsfaktor ein, und es wachsen Menschen heran, die diesem Verlangen immer weniger Achtung zukommen lassen (Problem der Wirtschaftswunderkinder in der Bundesrepublik Deutschland) und anderen Werten mehr Bedeutung zumessen. Von diesem Standpunkt aus ist es richtig zu konstatieren, daß der Wertewandel im personalen Bereich längerfristig in Verbindung damit zu sehen ist, auf welche Weise die Einzelglieder der Gesellschaft nach subjektivem Wohlbefinden streben und die gesteckten Ziele auch erlangen.[717] Vor allem auf längere Sicht hin gleichen sich Ansprüche an objektive Gegebenheiten und die stabilen

---

[714] Vgl. a.a.O. 56.

[715] Vgl. a.a.O. 23. Als Beispiel wird erwähnt, was u.a. der Grund für den Olympiasieg von Carl Lewis 1984 im 100-Meter-Lauf war: der Körperbau, die Vorbereitung, die Motivation, die Lunge, die Taktik im Finale? Erst alles zusammen und die Fähigkeit, aus den Einzelfaktoren eine gute Synthese zu erstellen, entschied über den Sieg. Ähnlich dürfte es im gesellschaftlichen Bereich sein.

[716] Vgl. a.a.O. 303ff; So ist es interessant, daß Kulturen mit strengen Normansprüchen überproportional hohe Selbstmordraten zu verzeichnen haben.

[717] Vgl. a.a.O. 269ff.

Eigenschaften (z.B. das Geschlecht eines Menschen) an. Wichtig scheint ebenso die Erkenntnis, daß die sog. `formativen Jahre´ eines Menschen, wo er vom Jugendlichen zum Erwachsenen heranwächst, für die Verwirklichung späterer Wertvorstellungen ganz entscheidend sind.[718] Der Anteil der Materialisten an der Gesamtbevölkerung in den Industriestaaten ist in den letzten 25 Jahren gesunken, im Gegenzug stieg die Zahl der `Postmaterialisten´. Da die Auffassungen jüngerer Geburtskohorten (=Menschen, die in einem bestimmten Zeitraum zur Welt kamen) stark von denen der älteren abweichen, ist von einem Wandel der Wertprioritäten zu sprechen, wobei formative Erfahrungen und Erlebnisse zugrunde liegen, die vielleicht 50 oder 60 Jahre alt sind. Obwohl nicht wenige Menschen in der Postmoderne die eigene Vergangenheit negieren, zeigt sich an den Fakten, daß die Historie unbewußt stärker in die Gegenwart hineinwirkt, als allgemein anerkannt wird.

Es hat zwar noch immer den Anschein, daß die Wirtschaft in der Gesellschaft die Schlüsselrolle einnimmt, aber die Realität zeigt, daß sie an Prestige verliert. Hervorzuheben sind hier zwei Merkmale, die für den Imageverlust des Ökonomischen in den Industriegesellschaften mitverantwortlich sind. Einerseits ist es das im Sinken oder Stagnieren begriffene Wachstum, das einen Punkt der fallenden Profitraten erreicht hat. Andererseits steigt die Zahl der Bevölkerung nicht dem Nahrungsmittelangebot entsprechend. Die Güternachfrage (in den Industriestaaten) geht zurück, das Überangebot wächst. Als wirtschaftliches Grundproblem stellt sich immer mehr die Organisation der modernen Industriegesellschaft dar, denn je komplexer das System, desto schwieriger ist das Durchsetzen von hierarchisch-autoritären Entscheidungen. Weil aber dann die Arbeitnehmer ausgeblendet werden, fühlen sie Entfremdung, Reduktion der Selbstverwirklichung und ziehen innerlich aus dem Betrieb aus.

Innovation ist die Triebfeder der heutigen Wirtschaft, setzt aber bei Freiraum, Kreativität und menschlichem Urteilsvermögen des Einzelgliedes im Produktions- und Arbeitsprozeß an und ist nicht zu verordnen wie eine Dienstanweisung. Denn eine autoritäre, nach Lobbies aufgebaute Atmosphäre bremst die

---

[718] Vgl. a.a.O. 213ff; Inglehart geht davon aus, daß die Betätigung des Vaters, was dieser für einem Wirken nachging, als die Kinder zwischen 10 und 18 Jahren alt waren sowie der höchste Schulabschluß des Vaters ganz eminent für die eigenen Entscheidungen und den in der Zukunft vertretenen Wertvorstellungen indikatorisch sind.

Kreativität.[719] Wenn also Prestige und Selbstverwirklichung als Werte auch in der Wirtschaft in den Mittelpunkt anzustrebender Ziele rücken, stellt sich die Frage, wohin sich der Wandel der Werte hinbewegt? Offenbar findet ein Abwenden von der Wirtschafts- und Arbeitsgesellschaft zu einem neuen Typus, der Kulturgesellschaft statt, denn kulturelle Faktoren sind es, die hohen Einfluß auf das humane Verhalten haben. Mit der hier aufgeworfenen Frage ist der Überstieg zum Wertewandel in der Arbeitswelt, und damit auch zum nächsten Punkt, bereits angedeutet.

3.5.2. Der Wertewandel in der Arbeits- und Berufswelt im gegenwärtigen und künftigen Zeitalter

Die Meinungen unter den Experten hinsichtlich eines Wandels in Arbeit und Beruf divergieren auch in unserer Zeit. So vertritt Peter Koslowski die Ansicht, daß die Thesen `die Arbeit schaffe Wohlstand´ und `das Wirtschaftswachstum bringe Arbeitsplatzsicherheit´ nicht am Ende seien. Aber die Sättigung der Bevölkerung mit Konsumgütern und die Rationalisierung der Produktion mache es erforderlich, eine kulturelle Neuorientierung anzustreben.[720] Es erscheint genauso schwierig, das hohe Niveau des Lebensstandards nun zu erhalten, wie es in der Vergangenheit mühevoll erreicht wurde.

So hat z.B. die Rationalisierung in der Produktion zwar nicht generell zur Befreiung von der Arbeit geführt, aber entlastet viele Arbeitnehmer von langer, körperlich schwerer und monotoner Arbeit. Hingegen sind die Anforderungen an Disziplin, Zuverlässigkeit, Konzentration und Präzision sowie höhere Kenntnisse an den Arbeitnehmer in einer rationalisierten Produktion gestiegen. Sowohl die Dauer als auch die Anstrengung im physischen Sinne sind im Arbeitsprozeß gesunken. Im Zuge hoher Arbeitslosigkeit erhält die Arbeit schlechthin einen neuen Wert, verliert aber als Sinngebungsinstanz an Einfluß auf das menschliche Leben. Daraus ergibt sich die Möglichkeit einer

---

[719] Vgl. a.a.O. 494ff.

[720] Vgl. Peter Koslowski; *Die postmoderne Kultur*- Gesellschaftlich-kulturelle Konsequenzen der technischen Entwicklung; München 1987; 112-116; hier: 112f.

Neubestimmung menschlicher Grundwerte, denn die Freisetzung des Individuums von Zwängen, die sich aus ständig zu verrichtender physischer Erwerbsarbeit ergeben, schafft dazu die Voraussetzungen. Allerdings geht es nicht, wie bereits angedeutet, um die Befreiung von Arbeit als solcher, sondern nur um die Hinwendung zur sinnvollen Arbeit und zum schöpferischen Tun. Vollständige Befreiung von Arbeit prinzipiell würde die meisten Mitmenschen überfordern, was schon andeutungsweise bei den vielen Arbeitslosen sichtbar wird. Die folgenlose Beliebigkeit führt zwangsläufig zu Depression und Frustration, so daß der Betroffene der Sinngebung verlustig geht. Freiheit wird in diesem Zusammenhang zur bloßen Wahlfreiheit degradiert ohne Zielvorgabe, und andererseits wird dadurch willkürliches Tun provoziert, das an Verantwortung mangelt.[721] Eine Welt ohne Arbeit und Wirken wird nicht ausreichend Sinn vermitteln können, denn nach Sigmund Freud[722] (so Koslowski) wird durch die Arbeit der Bezug zur Realität hergestellt.

Die menschliche Person kann nicht leben wie ein Tier, da nur die Welt mit ihren vielfältigen Symbolen und kulturellem Sinn für die humane Vernunft ausreichende Signifikanz und Tragweite erlangen kann. Man könnte sagen, daß ohne kulturellem Sinn - und dazu gehört das Erlebnis der Arbeit ganz wesenhaft - ein Leben in der Welt belanglos erscheint. Auch wenn es gelingen würde, die Utopie der arbeitsfreien Gesellschaft zu verwirklichen (wie Marx es erhoffte), muß dennoch das Sinnproblem geklärt werden. Dadurch, daß auch die Sinngebung wesentlich mit der Arbeit zusammengehört, würden ebenso die mit ihr zusammenhängenden Elemente wie Freizeit, Muße, Familie, die für Sinngebung durch Komplementarität sorgen, in die Krise geraten.

Wenn die Freizeit zur sinnlosen Tätigkeit degradiert wird, dann fällt die Selbsterfüllung aus. Die Praxis ist nicht generell mit Arbeit gleichzusetzen, enthält aber sicherlich Faktoren des Wirkens und Tätigseins, so daß sie nicht völlig

---

[721] Vgl. a.a.O. 113; „Freiheit als Wahlfreiheit ohne Arbeit macht die Herausbildung der Persönlichkeit am anderen der Freiheit, an der Umwelt und Gemeinschaft, unmöglich und reduziert sie zum beliebigen Wählenkönnen von folgenlosen Beschäftigungen oder Hobbies." Außerdem, so bezieht sich Koslowski auf Lombart, sei der Mensch das Tier, das sich langweilt.

[722] Vgl. a.a.O. 114; „Nach Freud ist das stärkste Band des Menschen an die Realität die Arbeit."

von ihr trennbar ist. Andererseits ist der Totalanspruch der Arbeitswelt mit völliger Negation der Freizeit und Muße ebenso abzulehnen.[723] So wird es zu einem Postulat, daß die innere Verbindung zwischen Beruf und Berufung aufrecht erhalten bleibe, obwohl ja gerade dieses Faktum abzubrechen droht durch die Anforderungen auf dem Arbeitsmarkt. Lange Zeit galt die Untätigkeit als Laster, Traurigkeit, Krankheit oder Schwermut. Eine Gesellschaft ohne Arbeit kann sehr schnell zu einer ohne Zukunftsperspektiven werden, die die Lebenszufriedenheit des einzelnen mindert. Da nach Koslowski das Reichwerden immer mehr Freude in der Bevölkerung auslöst als das Reichsein, ist es ein Grundproblem der heutigen Industriestaaten, die wirtschaftliche Sättigung mehr als Chance denn als Problem zu begreifen.

Aber die Anzeichen, daß uns die Arbeit ausgehen könnte, sind bei genauerer Betrachtung der Einzelargumente nicht gegeben.[724] Vor allem werden Konzepte, die zur neuen Arbeitszeitverteilung dienen, ernsthafter als bisher zielführend diskutiert werden müssen. Die Aufgaben wie der Umweltschutz, die Aufrechterhaltung des recht hohen Wohlstandes, die Beseitigung der Schäden an den natürlichen Gütern, die Globalisierung, die Innovation und der schrittweise Ausgleich des ökonomischen Gefälles zwischen den Ländern der Ersten, Zweiten, Dritten und Vierten Welt werden ausreichend Gebiete eröffnen, die Arbeit nicht zu verlieren.

Besonders die Arbeitsdauer[725], Arbeitsdichte und Arbeitsintensität sind in der Art zu ändern, daß die Lebensqualität steigt und der einzelne auch nach der Arbeit

---

[723] Vgl. Josef Pieper; *Muße und Kult*; 7. Auflage München 1965; 13ff; Selbst in den Zeiten größter Anstrengung, wie es nach 1945 zum Wiederaufbau nötig war, gehört die Muße als komplementierendes Element zur Arbeit. Pieper warnt vor der Vereinseitigung sowohl der Arbeit als auch der Muße (bzw. der Freizeit).

[724] Vgl. Nell-Breuning; *Arbeitet der Mensch zuviel?*; Freiburg 1985; 6f. Da die Welt vom Menschen verbaut wurde, ist auch dieser dafür verantwortlich, sie so zu organisieren und Arbeit so zu verteilen, daß sie gerechter wird und damit lebbar bleibt.

[725] Vgl. German Information Center (Hg.); *Deutschland Nachrichten*; New York, 3. Dezember 1993; 3f; Der Vorstand des deutschen Autoherstellers `Volkswagen´ kündigte an, daß in den 20 Werken von VW die wöchentliche Arbeitszeit nur 28,6 anstatt 36 Stunden zukünftig betragen wird. Mit dieser Maßnahme sicherte VW 30.000 Arbeitsplätze, die hätten reduziert werden müssen - von den insgesamt 100.000. Die ernsthafte Suche nach Auswegmöglichkeiten aus dem Problem der Arbeitslosigkeit weist darauf hin, daß die solidarische Grundhaltung (Solidaritätsprinzip) nicht so stark in der deutschen Gesellschaft im Schwinden begriffen ist, wie es von einigen Wissenschaftlern befürchtet wird.

fähig bleibt, am kulturellen Leben zu partizipieren. Die vorindustriellen Gesellschaften weisen eine längere Arbeitszeit auf, sind aber weniger von der Erwerbsarbeit bestimmt, weil kollektive, kulturelle und gemeinschaftliche Aktivitäten während der Arbeitszeit geschehen. Reduzierung der Arbeitszeit heißt aber nicht, daß gleichzeitig Reduktion der Bedeutung der Arbeit einhergeht. Deshalb ist eine Kultivierung der Wirtschaft notwendig, die zur Implementierung kultureller Elemente in der Arbeitswelt führt. Wenn die Dichte der Erwerbsarbeit verringert werden kann, dann entstehen längere Arbeitspausen, die sinnstiftend für die Erholung, Weiterbildung und kulturelles oder soziales Engagement genutzt werden können.

Das Arbeitstempo könnte durch Anreicherung kultureller Faktoren im Arbeits- und Produktionsprozeß dazu führen, daß der Konkurrenzdruck zwischen Individuen nachläßt und verstärkt spielerisches Gepräge erhält und dadurch wiederum leere Zeit zu sinnerfüllter Seinszeit wird, die Leben verlängernd wirkt.

Um den hohen Krankenstand und die kaum mehr zahlbaren Kosten für das jetzige Gesundheitssystem zu verringern, erscheint die verbesserte „Diätetik des Lebens und Arbeitens und eine Verringerung der Hetze des Wirtschaftslebens“[726] größere Wirkung zu haben als die ungehemmte Fortsetzung der leistungsorientierten Arbeitsintensität und der sie nur teilweise kompensierenden kurativen Apparatemedizin, die nur Auswirkungen einer ungesunden Arbeitshetze zu mildern im Stande ist. Natürlich treffen hier wirtschaftliche und persönliche Interessen aufeinander, deren Spannung es zu verringern gilt, um beiden Seiten und Ansprüchen gerecht werden zu können.

Mit dem größer werdenden Freiraum für Kunst, Wissenschaft, Spiel, Hobby und Spiritualität, gewinnt die Einzelperson nicht nur an quantitativen Zeiträumen, sondern auch an qualitativem Leben, was durchaus eine gute Möglichkeit zur Aufwertung von Religion oder Philosophie führen kann, da nun der Raum mehr als früher vorhanden ist. Wenn die Wirtschaftsgesellschaft ihre Grenzen aufgezeigt bekommt, dann könnte damit ein Wandel hin zur kulturellen und religiösen Gesellschaft verbunden sein, der andere Gewichtungen erhält. Obwohl Arbeit und Ökonomie weiterhin wichtige Rollen einnehmen, werden sie doch ihre Priorität verlieren. Dagegen werden Philosophie, Religion und

---

[726] Koslowski; Die postmoderne Kultur; München 1987; 115.

Kultur an Einfluß auf die Gestaltung des persönlichen und interdependenten Lebens an Bedeutung gewinnen. Selbst wenn die kontemplative Lebensform nicht zu einer allgemeinen wird, so wird sie doch starken Korrekturcharakter haben und „...die Existenz des homo oeconomicus oder homo faber in eine sozial wirksame Mischform aus tätig-wirtschaftlichem und spirituell-kulturellem Leben transformieren."[727]

Unter denjenigen, die der Wandel am meisten betrifft und gleichzeitig ihr Leben verändert, ragen die Frauen als Gruppe besonders heraus. Auch gibt es hier die größten Unterschiede zwischen Frauen, die in der „DDR" lebten und erwerbstätigen weiblichen Personen, die in der Bundesrepublik wohnten. Im Jahr der Wende 1989 waren 87,6% der Frauen im mittleren Alter der „DDR" in Arbeit, die Gruppe der 40 bis 45jährigen arbeitete sogar zu 91%. In der Bundesrepublik Deutschland dagegen erreichte die Erwerbsquote nur 62% der Frauen in den mittleren Lebensjahren.[728] In der „DDR" wurde von Beginn an das Recht auf Arbeit nicht nur für den Mann, sondern auch für die Frau durchgesetzt, vor allem wegen der ökonomischen Notwendigkeit, was wiederum staatlich gestützt und mit ganzer Konsequenz durchgesetzt wurde.

In Westdeutschland wurde die Realität der Frauen durch das Bild der herkömmlichen bürgerlichen Familie bestimmt. Obwohl gerade in den 60er Jahren die Erwerbsquote der Frauen in der Bundesrepublik Deutschland zunahm (Emanzipation), hielt man doch an den Leitbildern der Tradition fest und betonte die Frau als Mutter, während in der „DDR" die Arbeiterin in den Vordergrund trat! So begann man recht früh (60er Jahre) in Westdeutschland mit der Einführung von Teilzeitarbeit im größeren Umfang, um die Eingliederung der Frauen nach der \`Familienpause´ (Karenzzeit nach der Geburt eines Kindes) zu

---

[727] A.a.O. 116; „In diesem Sinne ist die gegenwärtige wirtschaftliche Lage eine Chance zur menschlichen Selbstverwirklichung - nicht als Befreiung von der Arbeit, sondern als Befreiung zur eigentlichen menschlichen Tätigkeit." Unrealistische Theorien oder Utopien nach einer Gesellschaft völlig ohne Arbeit sind damit in die Schranken verwiesen. Auch könnte durch den aufgezeigten Wandel eine humanere, nicht so sehr die Wirtschaft, sondern mehr die Verwirklichung der existentiellen Zwecke betonende Gesellschaft geschaffen werden, die nicht Systeme oder Profite, sondern vielmehr die menschliche Person selbst in den Mittelpunkt stellt.

[728] Vgl. Karin Hildebrandt; Artikel „Lebenssituation von Frauen in Ost und West- Gemeinsamkeiten und Unterschiede"; in: Herman-Josef Beckers/Andreas Wittrahm; *Wertwandel*- Wandel der Lebensformen und Pastoral; 63-76; hier besonders: 67-69.

ermöglichen. Die Bundesregierung in Bonn startete als Folge der beginnenden Emanzipationsbewegung (68er), ein Programm für die \`Chancengleichheit´ in den Bereichen Bildung und Erwerb, um die Defizite der Frauen hinsichtlich der Möglichkeiten in Beruf und Arbeit (gegenüber den männlichen Kollegen) durch schulische oder berufliche Qualifikation anzugleichen.

In der „DDR" waren bereits 1960 etwa 70% der Frauen berufstätig, und die Zahl stieg bis 1989 kontinuierlich an. Dabei galt die Partizipation der Frauen am Arbeitsprozeß als durchaus wünschenswert, bekam staatlicherseits breite Unterstützung und wurde wichtig für die Persönlichkeitsentwicklung, allerdings führten die genannten Maßnahmen nicht zur finanziellen Gleichstellung der Frau und des Mannes. Obwohl 1972 der Schwangerschaftsabbruch in der „DDR" legalisiert wurde, fand doch keine Stärkung der Emanzipationsbewegung der Frauen statt, die gerade in Westdeutschland zu Beginn der 70er Jahre an Bedeutung gewann.

Für beide deutsche Staaten gilt, daß die Erwerbsarbeit der Frauen in den letzten Jahrzehnten - als ein in sich stehender Lebenswert - an Gewicht zunahm. In Westdeutschland sind die Berufsbiographien der weiblichen Bevölkerung durch häufige Einschnitte und Pausen (Interruptionen) markiert. Dagegen steht eine höhere Kontinuität in der „DDR", da der Staat auf den relativen Einklang von Sozial- und Beschäftigungspolitik achtete, der sich in der Regulierung des Lebens von der Kinderkrippe bis zum Sterben offenbarte. Eine Unterbrechung im Arbeitsprozeß der Frauen geschah meistens nur durch das „Babyjahr". Somit entsprach die Erwerbsbeteiligung der Frauen in der „DDR" etwa dem Niveau der Männer Westdeutschlands.

Ab Mitte der 70er Jahre startete die Regierung in Bonn eine expansive Bildungspolitik, die besonders jüngeren Frauen auf dem zweiten oder dritten Bildungsweg eine Ermöglichung des Aufstiegs im Beruf anbieten sollte, wobei es aber oft zu Problemen im Wiedereinstieg kam. In der „DDR" gab es ähnliche Förderprogramme zur Qualifizierung der Frauen, das vor allem den Frauen des mittleren Alters (40-55) einen Gewinn an Qualifikation erbrachte. Schon im Jahre 1981 war der Frauenanteil, der zwischen 40 und 55jährigen Damen ein Drittel von denjenigen, die einen Hochschulabschluß vorweisen konnten.

Sowohl für die „DDR" als auch für die Bundesrepublik Deutschland gilt, daß es spezifische, vom Geschlecht abhängige

Ungleichheiten im Wirtschafts- und Arbeitsbereich gab. In der „DDR" wurden zwar vielmehr Frauen (in jüngeren Jahren) als in der Bundesrepublik Deutschland in den Angestelltenstatus übernommen, aber das Sozialprestige war auch wesentlich geringer und damit verbunden ein niedrigeres Einkommen. Hinsichtlich der Frauenerwerbsarbeit in beiden Staaten auf deutschem Boden nahm die Nachfrage nach Teilzeitbeschäftigungen in den letzten Jahren stark zu, wobei die mittleren Geburtskohorten allgemein öfter als die jüngeren danach strebten. Allerdings gab es große Unterschiede im Grundverständnis der „Teilzeitarbeit", da in der „DDR" unter diesem Begriff eine 25 bis 34 Stundenwoche verstanden wurde, in Westdeutschland dagegen - aus versicherungsjuristischen Gründen - zwischen 5 und 19 Stunden Erwerbsarbeit pro Woche gemeint waren und heute noch sind. In der „DDR" existierte das Problem, daß jemand ohne Versicherungsschutz ist - nicht oder nur in ganz geringem Maß. Ebenso wird eine hohe Arbeitslosigkeit bei den Frauen ab 55 Jahren - seit 1990 gilt dies auch und besonders für die fünf neuen Bundesländer - konstatiert, wobei aber Frauen zwischen 40 und 55 noch häufiger als jüngere in Arbeit sind (auch dies ist nun in ganz Deutschland feststellbar).

Obwohl die Menschen der fünf neuen Bundesländer noch im Übergangsstadium zur sozialen Marktwirtschaft sind, werden auch sie bald nach Zeitautonomie, Mitgestaltung, Betriebsklima und Selbstverwirklichung in der Erwerbsarbeit fragen. Sie werden immer mehr zur Verantwortung und Partizipation heranwachsen, d.h. nicht mehr nur auf Anweisungen einer ideologischen Führungselite reagieren, sondern selbst mitgestalten. Wenn bisher mehr Unterordnung und Gehorsam im Mittelpunkt standen, so sind es zukünftig besonders Tugenden und eher prozeßorientierte- und Selbstentfaltungswerte wie Emanzipation, Kreativität, Autonomie sowie Selbständigkeit im Denken und Tun, die Betonung finden.[729]

Für den Wiederaufbau der Wirtschaft und deren prosperierenden Fortschritt gilt es, auf personaler Ebene, besonders die Kreativität zu fördern, um eine Strukturanpassung an die

---

[729] Vgl. Werner Then; Artikel „Auf dem Weg zu einer neuen Arbeitskultur - Veränderungen und Konsequenzen für die Zusammenarbeit im Betrieb; in: Lothar Roos/Werner Then; _Christliches Arbeitsethos und moderne Arbeitskultur_; Dresdener Kathedralvorträge, Heft 7; Paderborn,Dresden 1990; 41-47.

Bundesrepublik Deutschland zu ermöglichen. Vor allem die Arbeitsleistung wird aufgewertet in der Zukunft. Motivation zur Leistung und Arbeitszufriedenheit sind hervorragenderweise durch fünf Charakteristika gekennzeichnet: Spaß bei der Arbeit, Sinn, finanzieller Erwerb, sozialer Status und Autonomie bezüglich der Arbeitszeit. Allen hier aufgezählten Elementen ist gemeinsam, daß sie nach Verbesserung des Arbeitslebens streben, denn was in der freien Zeit möglich ist, soll bei der Berufstätigkeit ebenso verwirklicht werden. Zwar ist man nach wie vor an gutem Lohn als Arbeitnehmer interessiert, doch hinzukommt die Freude am Tun. Und so läßt sich der Grundsatz formulieren, daß das gute Betriebsklima und das sich Wohlfühlen des Arbeiters ebenso mit dem Wohlergehen des Unternehmens zusammenhängt. Da die Zeit auch eine große Rolle spielen wird, ist die Wahlzeit, nach der sich der Arbeiter selbst die Arbeitsstunden einteilen kann, von wachsender Bedeutung, die eine neue Zeitkultur hervorbringt.

Die Güterherstellung der Zukunft wird nicht mehr Produkte auf Lager anfertigen, da sich die Produktzyklen verkürzen. Dagegen sind aufgrund der neuen und hohen Technik die Kosten bei der Herstellung von Konsumgütern im Steigen begriffen und erfordern, daß die Anlagen maximal ausgenutzt werden, was folglich zur Erweiterung der Betriebszeiten führen muß. Zwei Drittel aller Arbeiter und Angestellten in Deutschland wirken in den 1,9 Millionen mittleren und kleineren Unternehmen mit weniger als 500 Beschäftigten. In der Zukunft wird immer mehr produziert, jedoch mit weniger Menschen, die in Servicebereiche, Verwaltung oder in die Forschung wechseln. Ebenso dürfte die Zahl der Hausarbeitsplätze und der Telearbeit wachsen. Schon heute arbeiten viele EDV- und Computerexperten, Ingenieure, Techniker, Marketingfirmen etc. als selbständige Unternehmer; ihre Zahl dürfte noch weiter steigen, ebenso wie die der Teilselbständigen, die als Nebenerwerb Einzelunternehmer sind. Selbst die Zahl der freien Berufe (Ärzte, Makler, Berater) wird an Bedeutung gewinnen.

Damit wandeln sich auch die Aufgaben und Berufe. In den meisten Berufen hat sich der Inhalt mit der Zeit geändert.[730]

---

[730] Die Buchhalterin arbeitet mit dem Computer. Der Architekt zeichnet die Baupläne mit dem PC. Der Mann an der Maschine weiß, wie er die EDV zu bedienen hat. Der Klempner findet neue Formen der Klebetechnik vor, die evtl. das Schweißen ersetzen etc. Kaum ein Bereich wird von der Innovation, die im weitesten Sinne Veränderungen mit sich bringt, ausgeschlossen.

Das Know-How hat Einzug gehalten in die Arbeitswelt. Worauf es für den einzelnen Arbeitnehmer ankommt ist, daß er möglichst multifunktional ausgebildet ist und damit vielseitig einstellbar wird. Man kann heute nicht mehr sagen, mit dem Lernen fertig zu sein, da die Struktur der Firmen sowohl auf Gruppenarbeitsplätze als auch auf Selbständigkeit hintendiert. Auch nimmt die Zahl der Arbeiter ständig ab, die Angestellten immer mehr zu. Noch bis zum Jahr 2000 wird es in Deutschland mehr als 50% der Gesamtarbeitnehmer geben, die in Informationsberufen (Lehrer, Journalisten, Computerbranche, Serviceberufe, Informatiker, Makler, Berater usw.) tätig sind.[731] Unter den vielen Faktoren, die Einfluß auf die Veränderungen in der Arbeit haben, erhält die Mikroelektronik eine Schlüsselposition, wodurch traditionelle Arbeitsplätze, bei denen in hohem Maß physische Belastung eine Rolle spielte, in Zukunft reduziert werden. Wissen, das Herrschaft über andere ausübt, erfährt eine Relativierung und ist über die Eliten hinaus ebenfalls für andere erhältlich und zugänglich.

Erwähnenswert ist hier der aufkommende Trend zur flexibleren Gestaltung der Betriebs- und Arbeitszeiten, wobei wichtig ist, daß sich Laufzeiten der Maschinen und Anlagen immer mehr entkoppeln von der Arbeitszeit der Arbeitnehmer der jeweiligen Firma. Verständlich scheint der Wunsch vieler Arbeiter nach mehr Zeitautonomie, die größere Freiräume und eine bessere Verbindung von privatem und erwerbstätigem Leben erlaubt. Durch die Technik bedingt, wird die Veränderung der Arbeitsorganisation ermöglicht, die ebenso den Zeitfaktor beinhaltet, weil der Prozeß der Arbeit einfach freier gestaltet werden kann, ja werden muß. Denn die Firmen sind größeren Schwankungen im Nachfragebereich ausgesetzt, und damit sind die Konsumenten diejenigen, die über Arbeit an sich entscheiden und die zwar indirekten aber doch eigentlichen Arbeitgeber, denn nur wenn etwas hergestellt wird, das man auch verkauft bzw. gekauft wird, erhält man die Arbeitsplätze.

Und so ist die Schlußfolgerung korrekt, die Konsumenten befinden mit ihrem Kaufverhalten darüber, was und in welchem Volumen Arbeit in einer Gesellschaft vorhanden ist oder auftritt. Arbeitnehmer sind stets Konsumenten und determinieren mit ihrem Kaufverhalten das Auf und Ab der Wirtschaft, was

---

[731] Vgl. Then; in: Christliches Arbeitsethos und moderne Arbeitskultur; Paderborn 1990; 45.

gleichfalls ein Auf und Ab (Zyklus der Ökonomie) einschließt. In etwa 70.000 Firmen mit fast 10 Millionen Arbeitnehmern ist heute schon das Phänomen der Gleitarbeitszeit Realität geworden. In den letzten 25 Jahren hat sich die Teilzeitarbeit, wie oben bereits für die Frauen erwähnt, etwa verdoppelt auf nun insgesamt 4,4 Millionen. Aber nur 15% der Frauen in den alten Bundesländern sind in Arbeitsverhältnissen mit Teilzeittätigkeit beschäftigt.[732] Nur etwa 300.000 aller Beschäftigten arbeiten im Jahr länger oder kürzer auf Zeitarbeitsplätzen, je nach ihren eigenen Bedürfnissen und Wünschen, wie sie besonders von den Zeitarbeitsunternehmen offeriert werden. Der Trend geht in die Richtung, daß immer mehr Menschen eine längere Zeit ganz dem Arbeitsprozeß den Rücken kehren wollen. Etwa 70% aller Beschäftigten wünschen sich Gleitarbeitszeiten und 55% plädieren für generell kürzere Arbeitszeiten. Erstaunlich ist die Tatsache, daß nur 22% der Arbeitnehmer mit dem gegenwärtigen Quantum der Arbeitszeit einverstanden sind. Immerhin würden 12% der Beschäftigten nur ein halbes Jahr von 12 Monaten beschäftigt sein wollen; 22% bevorzugen einen vier bis sechs Stunden Tag; 21% plädieren für mehr als 40 Stunden Arbeit in der Woche, um mehr Urlaub machen zu können und 42% würden lieber nach individuellen Absprachen geregelt ihrer Erwerbsarbeit nachgehen.[733]

Mit den Herausforderungen am Arbeitsmarkt wird ein Wandel der Bevölkerungsstruktur einhergehen, denn mit der abnehmenden Geburtenrate ist die Reduktion der Jüngeren verbunden, die in das Berufsleben zukünftig eintreten. Bereits heute bleiben Lehrstellen offen, weil es nicht genügend Bewerber gibt. Andererseits hält die enorm hohe Arbeitslosigkeit unter den Jugendlichen, die nicht den gewünschten Beruf ausüben können oder nicht bereit sind, einen anderen anzunehmen, vor allem die Politiker und Gewerkschafter in Atem. Ebenso wird die Zahl der Ausländer, die in unseren Betrieben Arbeit suchen, durch die Öffnung der Grenzen steigen. Gelebte Solidarität und Subsidiarität ist hier ganz konkret gefragt, wenn es darum geht, ihnen bei der Überwindung der Hürden in der Bürokratie

---

[732] Vgl. a.a.O. 47.

[733] Vgl. ebd. 47. Das hier zitierte Umfrageergebnis (von Emnid) weist deutlich daraufhin, daß allgemeiner Wille zur Veränderung vorhanden ist, zumindestens ist das die Grundaussage der hier aufgezeigten Daten.

eines Industrielandes zu helfen und somit an der Hebung der Lebensqualität anderer mitzuarbeiten.

Jedoch gibt es auch eine Reihe von Hindernissen, die sich den neuen, mit dem bereits genannten Veränderungspotential verknüpften Maßnahmen und Wünschen der Beschäftigten in den Weg stellen. Hervorzuheben sei die fehlende funktionale und soziale Phantasie, die durch den ökonomischen und technischen Anspruch vereinseitigt wurde und damit zum Verkümmern verurteilt war, obwohl gerade dies von der modernen Wirtschafts- und Leistungsgesellschaft gefordert wird. Ethisch gesehen wird die Spannung zwischen rascher gesellschaftlicher Veränderung und anthropologischer Verwurzelung deutlich.

Da die Gewerkschaften oft selbst Teil von Lobbies geworden sind, halten sie nicht selten an unberechtigten Forderungen fest und schaffen dadurch gerade nicht den von ihnen erwarteten und eingeforderten Vorteil und das Recht des Arbeitnehmers. Gewerkschaften blockieren häufig die längst notwendige Entwicklung, die zum Nutzen von Arbeitern und den Firmen selbst gereichen sollte und pervertieren dadurch ihre genuinen Aufgaben. Wird dies offenkundig, dann ist der Mitgliederschwund nicht unberechtigt, denn viele Beschäftigte sehen ihre Interessen nicht mehr adäquat vertreten. Deshalb stehen der neuen Kultur in der Arbeit Hemmnisse wie die bürokratisierte Überregulierung des Arbeits- und Sozialrechts, kollektive Einheitsregeln (die keine Abweichungen von Tarifverträgen ermöglichen, wenn es nötig wäre), veraltete Betriebsordnungen, unflexible Führungskräfte sowie staatliche Vorgaben (z.B. in nichtprivatisierten Unternehmen) entgegen und bremsen die Flexibilität.

Wie hier ersichtlich wird, sind die Hemmnisse des positiven Wandels auf allen Ebenen eingebaut, also nicht nur durch die Gewerkschaften, sondern auf personalem Gebiet auch durch Führungskräfte der mittleren Schicht, die einen Prestige- oder Machtverlust befürchten, aber Mitsprache und Kreativität behindern. Deshalb muß besonders in den fünf neuen Bundesländern darauf geachtet werden, die alten, von der kommunistischen Partei eingesetzten Führungsriegen aus der Verantwortung größerer und richtungsweisender Entscheidungen zu eliminieren, denn die vielen Veränderungen und Wünsche nach mehr Freiheit im Arbeitsprozeß lassen sich nicht wie früher reglementieren, da sie sowohl wirtschaftlich als auch anthropologisch vertretbar sein müssen. Die Freiheit der Menschen in der Erwerbsarbeit sollte nicht länger unnötigerweise und mehr als unbedingt erforderlich limitiert sein, denn heute besteht die gute Chance zur Ausbalancierung der persönlichen Erwartungen und Belange sowie der ökonomischen Erfordernisse zum Erfolg eines Unternehmens. Die Weiterentwicklung der Sozialen Marktwirtschaft, die ein ständiges Wahlverfahren der Konsumenten darstellt, wird ganz wesentlich davon abhängen, inwieweit es gelingt, eine demokratische Arbeitskultur aufzubauen, die Mitarbeiter wertzuschätzen und sie als verantwortungsvolle Mitglieder des Unternehmens anzuerkennen, die zur Leistung beitragen und dem Sozialverband angehören.[734]

Abstrahierend und zusammenfassend erscheint es notwendig, nochmals kurze und grundsätzliche Betrachtungen bezüglich des Themenkreises anzustellen. Die Zeiten, in denen der Mensch tätig ist, werden immer wichtiger für die Einzelperson. Zwar nimmt die globale Arbeitsorientierung ab, jedoch die Arbeitszufriedenheit - zumindestens bei denen, die in einem Arbeitsverhältnis stehen - eher zu. Die Befriedigung im Arbeitsprozeß ist nicht nur durch mehr Mitsprache begründet, sondern ebenso durch die wachsenden Möglichkeiten der verbesserten finanziellen Situation. Die Arbeit steht nicht mehr im absoluten Zentrum des Lebens vieler Menschen, verliert aber ob der hohen Arbeitslosigkeitsrate dennoch wenig an Bedeutung. Nach wie vor hat die Familie Priorität in den Umfragen der Meinungsforschungsinstitute, doch die Arbeit behält die zweite Position vor der Freizeit, den Freunden oder der Politik.[735] Neuhold gibt einige Gründe, die über den verbleibend hohen Wert der Arbeit Auskunft geben: (1) Trotz Arbeitszeitverkürzung nimmt die Erwerbsarbeitszeit einen wichtigen Raum in unserem Tagesablauf ein. (2) Obwohl Arbeitsstellen abnehmen, drängen doch immer mehr Menschen auf den Arbeitsmarkt (z.B. Frauen und Ausländer, obwohl auch die Geburtenraten zurückgehen). (3) Auch weiterhin geschieht Selbstdarstellung der Individuen durch die Berufsarbeit. (4) Besonders das Gefühl der Sinn- und Ziellosigkeit von Arbeitslosen zeigt, daß Arbeit einen hohen Stellenwert

---

[734] Vgl. a.a.O., 62.
[735] Vgl. Zulehner/Denz; Wie Europa lebt und glaubt; Düsseldorf 1993; 133ff; Ebenso: Neuhold; Wertwandel und Arbeit; Graz 3/89; 8.

einnimmt, der deutlich wird, wenn man plötzlich ohne Arbeit dasteht. (5) Selbst in den Lebenskonzepten der Jugendlichen findet die Arbeit einen hohen Stellenwert.[736] Die Dominanz der Arbeit über andere Bereiche wie Familie, Freunde oder Freizeit nimmt ab, denn einen steigende Freizeitorientierung reduziert die Priorität der Arbeit - aus der Opferethik, die in der Vorrangstellung der Arbeit ihr Konstitutivum erfuhr, wird nun eine Gleichgewichtsethik, die alle Bereiche egalisierend betrachtet. Deshalb ist die Freizeit in Zukunft ein wertschöpfender Bereich, der attraktiver wird, nicht nur für den Menschen, sondern für einen ganzen Industriezweig. Das Grundverhältnis von Arbeit und Freizeit kann sehr verschieden definiert werden, sich ergänzend, sich gegenseitig ausschließend, interdependent oder nebeneinander stehend.

Besonders in der (praktizierten und weiterentwickelten) marxistischen Arbeitsdoktrin werden Arbeit und Freizeit gegenübergestellt wie zwei Antipoden, denn die Humanisierung der Arbeitswelt führe nur über eine weitere Expansion der Freizeit, wobei aber Werte oder die Persönlichkeit selbst nicht in der Arbeit eine genugtuende Befriedigung durch Verwirklichung eigener Ideale erfahren. In beiden Bereichen gibt es vielleicht verschiedene Ziele, aber wer daraus schlußfolgert, daß sie anthropologisch völlig unterschiedliche Verhaltensweisen fordern, dem ist nicht recht zu geben, denn der Mensch ist als Persönlichkeit (weshalb Messner den Begriff der Persönlichkeit stets dem Individuum vorzieht) eine pluriforme Einheit und folgt - meistens unbewußt - seinem genuinen Charakter. Worum es also gehen muß, ist die Hervorbringung von integrierenden Konzepten, die den verschiedenen Überbetonungen Einhalt gebieten und den Rahmen für Wertverwirklichung ermöglicht.

Viele persönliche Ansprüche, die mit der Arbeit wesenhaft zusammenhängen, sind in Verbindung mit der Familie zu sehen. Tritt die Arbeit in Konkurrenz zur Familie, dann erhält die Familie oftmals den Vorzug oder aber es wird ein Kompromiß angestrebt, der meistens in einer Teilzeitbeschäftigung besteht. Offenkundig wird dies, wenn es darum geht, wegen eines besseren Arbeitsplatzes den Wohnort zu wechseln - diese Bereitschaft ist in Europa noch immer sehr gering, in den USA

---

[736] Vgl. ebd. 8f.

aber schon ziemlich hoch. Neben der Gleichgewichtsethik kommt hier eine Tauschethik in den Blick, die nicht nur auf den Interessenausgleich der Ansprüche der Familienglieder orientiert ist, sondern bewußt Geld oder Prestige gegen Zeit oder Familienwerte eintauscht.[737]

Prinzipiell läßt sich sagen, daß die Erwerbsarbeit bestimmte, immer schon vorhandene Werte wie Lebenserhaltung auch weiterhin determiniert. Was sich als Paradigemenwandel offenbart, ist die Tatsache, daß zu den genannten Werten tendenziell neue hinzukommen, wie die der Lebensentfaltung. Hiermit wird klar, daß die Menschen heute wie früher am Ziel der Arbeit, dem Grund für Selbsterhalt, festhalten, betonen aber neue, besonders qualitative Aspekte der Erwerbsarbeit wie die bereits genannten: Kreativität, interessante Tätigkeit, gutes Betriebsklima, Entscheidungspartizipation, adäquate Bezahlung etc.[738] So gewann in den letzten Jahren nicht so sehr das Leistungsprinzip als solches an Gewicht, sondern vielmehr das Leistungserleben, das in den Vordergrund trat und damit das Leistungsergebnis relativieren kann. Auch ergibt sich aus den gemachten Überlegungen, daß sich Pflichtwerte in Mitbestimmungswerte wandeln.

3.6. Zusammenfassung von Kapitel II.

Dieser Teil befaßte sich besonders mit der neuzeitlichen, besonders auch auf Deutschland konzentrierten Wandlung in der Arbeitswelt. Beide Begriffe, der Arbeit und des Berufes, sind vieldeutig. Arbeit diente früher wie heute dem Erwerb des Lebensunterhalts, ist eine zielorientierte Tätigkeit zur Beschaffung, Benutzung, Verteilung oder Erzeugung von ideellen bzw. materiellen Gütern, die zum Dasein gereichen. Die Erwerbsarbeit ist aber nicht nur anthropologisch, sondern auch philosophisch oder durch den Zweck, die Anforderungen, die Funktion, den Kontext und den Prozeß selbst unter anderem

---

737 Vgl. a.a.O. 10.

738 Vgl. ebd. 10; Neuhold bezieht sich hier auf eine Studie, die speziell für Österreich angefertigt wurde im Jahre 1987 (Vgl. U. Leopold-Wildburger; _Österreich am Weg nach Europa_- Eine arbeitsökonomische Studie zum Meinungsbild der Österreicher; Wien 1988; 82). „Die Sicherheit des Arbeitsplatzes (89%), eine interessante, abwechslungsreiche Tätigkeit (88%) und gute Verdienstmöglichkeiten (85%) wurden beinahe von allen Befragten sehr wichtig empfunden."

Blickwinkel zu definieren. Ebenso ist es wichtig, vom ethischen Gesichtspunkt aus, das Berufsethos als spezialisiertes Arbeitsethos zu betrachten.

Darüber hinaus ist es der Beruf, der mit der Erwerbsarbeit einhergeht. Vor allem Martin Luther betont den „vocatio-Begriff", der aber heute immer mehr in die Krise gerät, da viele Menschen nur noch einem „Job" nachgehen, zu dem es nicht nötig ist, vorher eine fundierte Ausbildung erhalten zu haben. Der Berufsbegriff ist verbunden mit einem hohen ethischen Anspruch, denn es geht hier um die Partizipation am Schöpfungsauftrag Gottes, um die Mitgestaltung der Erde, die die Ausbildung bestimmter Fähigkeiten des Menschen voraussetzt. Worauf es ankommt ist, daß jeder einzelne sein persönliches Arbeitsethos zu finden in der Lage sein sollte, das wiederum ganz wesentlich vom Beruf mitbestimmt wird. Der Beruf gilt als die regelmäßige Tätigkeit der menschlichen Person, die innerhalb eines bestimmten sozialen Gefüges handelt. Mit dem Beruf sollte die Berufung verknüpft sein, aber da immer mehr Menschen in einer ständig steigenden Berufspalette zurechtkommen müssen (die Spezialisierung wächst durch wirtschaftliche Ansprüche), ist auch ein echtes Berufsethos seltener anzutreffen. Berufsarbeit ist im Gegensatz zur Gelegenheitsarbeit an eine Profession gebunden.

Die berufsständische Ordnung hat an Bedeutung verloren und ist heute defacto nur noch in den Interessenvertretungen der Arbeitnehmer und Arbeitgeber latent vorhanden. Denn eines der Hauptmerkmale unserer Zeit ist die besonders von der Wirtschaft geforderte Flexibilität und andererseits die offene Gesellschaft, die nicht wenige Mitmenschen unserer Zeit wurzellos macht. Vormals existierende Stände und das funktionierende System des Mittelalters wurden durch die neuen Möglichkeiten der postmodernen Gesellschaft umgeprägt. Die Industrie ist an einen gewissen Punkt geraten, der keine (bzw. kaum noch) Expansion zuläßt. Protektionen, die auch das Privatleben der Berufsarbeiter betrifft, werden abgebaut - durch offene Grenzen (vgl. Europäische Union).

Durch die neuen technischen und politischen Chancen gibt es ein pluriformes Ethos im Berufsbereich, das nicht mehr wie früher durch die Arbeit allein, sondern vielmehr durch sog. „Zubringer", wie Pater Schasching es nennt, ergänzt. Unter Zubringern sind die Arbeit und den Beruf komplementierende

Elemente humanen Seins gemeint, wie z.B. Freizeit, Kultur oder Familie. Weiterhin sind eng mit dem Berufsethos die Berufspflicht, die Disziplin, die Berufsehre und Berufsfreude verbunden. Offensichtlich findet eine Entberuflichung der Arbeit statt, die zur `Verjobisierung´ führt und ein dynamischeres Arbeitsethos als bisher fordert. Die ehemals funktionierende und abgestimmte Einheit von Arbeit und Beruf scheint weithin abnehmend und in manchen Branchen sogar völlig zerbrochen zu sein.

Um den Wandel auch allgemein soziologisch zu erfassen, wurde die Paradigmadiskussion ausgeführt. Denn um Veränderungen in Arbeit und Beruf zu erfassen, sind allgemeinere Betrachtungen notwendig. Traditionelle Werte und dazugehörige Systeme, die bisher Prinzipien und Normen vermitteln konnten, werden nun stärker hinterfragt oder ganz abgelehnt. Die heutige Epoche des Postmodernen, der Begriff stammt übrigens aus der Kunst, wird gekennzeichnet durch das Überlappen von alten und neuen Strukturen, woraus sich ethisch die Frage nach dem anthropologischen Mitvollzug der Person ergibt. Der Terminus des Postindustriellen ist seit Mitte der 70er Jahre im Gespräch und meint die Kennzeichen der auslaufenden Gesellschaft, in der die Industrie im Zentrum wirtschaftlichen Handelns steht.

Mit dem Recht auf Arbeit können vielschichtige Forderungen gemeint sein, wie das Recht auf einen Arbeitsplatz, auf Entlohnung oder ein subjektives Recht auf Durchsetzbarkeit gegenüber Dritten etc. Obwohl das Recht auf Arbeit zu den Menschenrechten zählt, ist es doch nur mit programmatischem Gemeinwohlcharakter ausgestattet, da sich wirtschaftliche, auf Effizienz und Kapitalüberschuß hinorientierende und politische, den einzelnen sozial absichernde Werte, nicht immer in positiven Einklang bringen lassen, was sich vor allen Dingen in der hohen Arbeitslosigkeit zeigt. Hinsichtlich des Rechts auf Arbeit sind in den (europäischen) Verfassungen und den Pakten der Vereinten Nationen (und Non Governmental Organizations, NGO) jeweils andere Formulierungen und Akzentsetzungen zu finden. Das Recht auf Arbeit, das die politischen Instanzen garantieren, ist deshalb in der Praxis nicht durchsetzbar, weil das nötige Instrumentarium dazu fehlt. Außerdem benötigt der Markt eine vom Staat vermittelte Rahmenordnung. Deshalb erheben sich zwei Postulate, nämlich einerseits die Förderung des solidarischen Bewußtseins (Solidaritätsprinzip) auf der

Individualebene (Personprinzip) und andererseits ist eine gute Politik anzustreben, die dem Wohl aller dient (Gemeinwohlprinzip). Hier ist konstatierbar, daß je stärker das Recht auf Arbeit in einem Land gefährdet zu sein scheint, umso ausführlicher wird es im Gesetzestext behandelt. Dagegen ist das deutsche Grundgesetz recht kurz formuliert, obwohl gerade die enormen Probleme am Arbeitsmarkt nach 1990 offenkundig wurden.

Als weiterer wichtiger Punkt ist die Arbeitslosigkeit zu nennen, die sowohl den persönlich Betroffenen erschüttert, als auch die ganze Gesellschaft. Nicht nur die Industriestaaten leiden unter der hohen (Sockel-)Arbeitslosigkeit, sondern desgleichen die Entwicklungsländer und die neuen Demokratien des ehemals kommunistischen Ostblocks. In friedlichen Phasen unseres Jahrhunderts gab es eigentlich nur eine der relativen Vollbeschäftigung, etwa vom Beginn der 60er Jahre bis Mitte der 70er Jahre. Jedoch löst die Rezession immer wieder eine höhere Quote der Arbeitslosigkeit aus. Für den einzelnen, der plötzlich seine Arbeitsstelle verliert, ergeben sich meistens große psychische Schwierigkeiten, denn der Sozialstatus eines Menschen wird nach wie vor durch seine Arbeit bestimmt; er kommt sich nutzlos vor und ist am Einbringen der (erworbenen) Fähigkeiten gehindert. Der Staat ist zum Eingriff in das Wirtschaftssystem gezwungen, wenn die Zahl der Arbeitsuchenden ansteigt und sollte Arbeitsbeschaffungsprogramme für alle organisieren, die ihre Stellung verloren haben. Die Arten und Gründe für die Arbeitslosigkeit sind vielfältig: Konjunkturrückgang, Branchenprobleme, Liquidation des Unternehmens, Rückgang der Güternachfrage, Bedarfswandel, Export von Arbeitsplätzen oder wenn die Lohnkosten zu hoch sind etc.

Arbeit hat eine dreifache Funktion. Sie ist personstiftend, gesellschaftsstiftend und sinnstiftend. Wer seine Erwerbsarbeit verliert, ist somit ausgeschlossen aus der Verwirklichung dieser Funktionen. In der Zukunft muß es stärker als bisher gelingen, die freiwerdenden Arbeitskräfte in neue Zweige der Wirtschaft zu integrieren. Für den Arbeitslosen kommt es zunächst zum Schock, dann zur Benommenheit, und wenn sich die Lage nicht bessert zur absoluten Apathie. Arbeit muß künftig so gerecht verteilt werden, daß nicht die einen zuviel arbeiten, und die anderen gar keiner geregelten Berufsarbeit nachgehen können. Wer nicht arbeitet, leidet unter einer Mangelsituation. Es müssen in der Zukunft alle Instanzen noch mehr als bisher daran mitwirken, daß wieder jedem, der einer Arbeit nachgehen will, dies auch ermöglicht wird.

Mit dem Fall der Berliner Mauer am 9. November 1989 brach ein neues Kapitel der deutschen Geschichte an. Seither gilt es, die marode „Kommandowirtschaft" und das gesamte politische System der ehemaligen „DDR" zu demokratisieren und die soziale Marktwirtschaft zu implementieren. Während in der „DDR" offiziell alle in Arbeit waren, gab es seit der Gründung der Bundesrepublik Deutschland das Phänomen von Angebot und Nachfrage auf dem Markt, eingeschlossen den Arbeitsmarkt. Mit diesen vielfältigen Umstellungen, die sich aus der Wiedervereinigung der „DDR" und der Bundesrepublik Deutschland ergeben, ragt das Problem der Erwerbsarbeit heraus, denn damit sind erstmals viele Menschen der fünf neuen Bundesländer konfrontiert. Während in Westdeutschland die Wirtschaft auch offiziell vom Auf und Ab der ökonomischen Zyklen betroffen war, eliminierte die Kommandowirtschaft in der „DDR" durch hohe Subventionierung der Produktion und Ideologisierung der Menschen weitgehend das Leistungsprinzip. Nachdem die Existenzberechtigung der „DDR" am 3. Oktober 1990 erlosch, geht es um die Transformation und Angleichung an westdeutsche Standards aller Bereiche. Zwar ist die Wiedervereinigung formal-juristisch vollzogen, aber in den Köpfen der etwa 80 Millionen Deutschen scheint sie noch einige Zeit zu benötigen. In Gesamtdeutschland stieg die Zahl der Arbeitslosen seit 1990 permanent an. Als weiteres Problem der Transformation neben der Arbeitslosigkeit sind die \`ungeklärte Eigentumsfrage´ und die große Schere zwischen Lohn und Produktivität bei der Güterherstellung in den fünf neuen Bundesländern zu nennen. Da die Marktwirtschaft verantwortungsvoll handelnde Personen benötigt, ist auch auf diesem Gebiet ein Erziehungsprozeß seit 1990 im Gang, der die Menschen der ehemaligen „DDR" zum Umdenken zwingt. Durch die 40 Jahre andauernde Bevormundung und Regulierung aller Belange durch die kommunistische Partei haben viele verlernt, selbst zu denken. Außerdem sind nicht wenige enttäuscht von der Marktwirtschaft, weil sie zwielichtigen Geschäftemachern aus Westdeutschland anheimgefallen sind. Die Transformation braucht offenbar länger als man in den fünf neuen Bundesländern anfangs zu hoffen wagte.

Im Blick auf die Arbeit kommen selbst solche Themen wie Armut, Ausgrenzung und Ökologie zur Sprache, da sie den hier zu beleuchtenden Bereich berühren. In den reicheren Staaten unseres Planeten ist immer öfter die relative Armut anzutreffen, die infolge von Arbeitslosigkeit, einer Sucht, unstabilen familiären Verhältnissen oder dem Einpersonenhaushalt, wo ein Elternteil die Kinder allein erzieht, entsteht. Armut hat nicht nur materielle Gründe, sondern ebenso kulturelle, soziale oder psychologische. Große graduelle Unterschiede sind in den einzelnen Ländern festzustellen, zwischen Regionen oder Rassen, vorwiegend da, wo keine demokratischen Verhältnisse herrschen. Aber selbst in den Industriestaaten der Ersten Welt steigt die Zahl derjenigen, die zu den „Armen" zählen, trotz eines dichten sozialen Netzes an. Indikator für die Realsituation des sozialen Staates ist der Umgang mit seinen schwächsten Gliedern, den Ausländern, Arbeitslosen, Behinderten und Randgruppen (z.B. den Alkohol- oder Drogenabhängigen).

Im Zusammenhang mit der Armutsproblematik ist die Betrachtung der Gerechtigkeit angebracht. Eine „Option für die Armen" ist erst dann wirkungsvoll, wenn die theoretischen Forderungen Praxisrelevanz erlangen und so Einzelpersonen dienen. Ansonsten wird auch die „Option für die Armen" ähnlich wie das vielfach genannte und juristisch in beinahe allen Verfassungen verankerte „Recht auf Arbeit" nur Appellcharakter behalten. Die Gerechtigkeit ist eines der zentralsten Themenstellungen der Ethik, also dem sittlichen Sollensanspruch und der Sozialethik insbesondere. Vornehmlich der Utilitarismus und die Gerechtigkeitstheorie von John Rawls wurden hier aufgezeigt. Beim Nützlichkeitsansatz bekommt die Maximierung, wo die Summe der Alternativen den individuellen Nutzen am größten erhoffen läßt, die Priorität. Rawls geht von der Unparteilichkeit sowie der Ausstattung der Menschen mit Grundgütern aus. Vom Rawlsschen Gedankenexperiment sind zwei Basissätze abzuleiten. Erstens, daß jede Person den gleichen Anspruch auf Grundfreiheiten hat, die für alle dieselben darstellen. Zweitens, daß die Ungleichheiten wirtschaftlicher oder sozialer Art mit Ämtern oder Positionen verknüpft sind, die aber gemäß dem Prinzip der Chancengleichheit allen ohne Unterschied offenstehen.

Gerechtigkeit am Arbeitsmarkt hat konkrete Konsequenzen für die Organisation. Jedem ist eine faire Chance zur Selbstverwirklichung auf dem Markt der Erwerbsarbeit einzuräumen. Auch sollten die Arbeiter an der Entscheidung im Betrieb beteiligt werden. Institutionen haben sich nicht gegen die Arbeitsuchenden zu richten, sondern ihnen zu helfen, eine neue Anstellung zu finden. Da die Ausgangskonditionen auf dem Arbeitsmarkt schon bei der Bewerbung stark divergieren, ist eine Gerechtigkeit im absoluten Sinne nicht realisierbar, aber doch eine relative Gerechtigkeit.

Neben vielen aufstrebenden Industriezweigen erlangen der Umweltschutz und das Recyclingsystem - in erster Linie für eine gesunde Umwelt der Zukunft - außergewöhnliche Aktualität. Seit Mitte der 60er Jahre wird Ökologie nicht mehr nur als Teilgebiet der Biologie betrachtet, sondern zieht in das Bewußtsein und das praktische Leben der Menschen ein. Worauf es ankommt, ist, den Mißbrauch der unveräußerlichen Güter abzustellen und die Ökologie mit der Ökonomie, die bisher immer als Antipoden gesehen wurden, sinnvoll zu vereinen. Umweltgesetze müssen vereinfacht und Ressourcen teurer werden, um Einsparungen zu erreichen. Absprachen zwischen Industrie und Handel sollten zur besseren Verständigung und Harmonisierung führen. Ziel muß ein umweltorientiertes Wirtschaften sein, da die Ökologieprobleme globaler Natur sind und deshalb nur weltweite Standards Abhilfe schaffen können. Dabei gelten einige Vorzugsregeln: Primäre Wirklichkeiten sollten einem höheren Schutzgrad unterstellt sein als sekundäre. Im Konflikt ist dem Öko-System Mensch-Erde die Priorität gegenüber dem vom Humanum und der Konvention ableitbaren Sozialsystem einzuräumen. Erneuerbaren Energieträgern ist bei sonst gleichen Voraussetzungen der Vorrang zu gewähren vor den nichterneuerbaren. Aber es sind auch Ökologie und Ökonomie zu konvergenten Lösungen zu bringen, die in der Interdependenz den relationalen Ausschlußcharakter verlieren sollten. Leben ohne Natur und Schöpfung geht der Seinsumwelt verlustig und damit der Existenzgrundlage. Vom quantitativen Wachstum weg und hin zur qualitativen Orientierung muß die Wirtschaft ihre Schwerpunkte in der Zukunft setzen.

Nicht nur die Umwelt, sondern ebenso die Arbeit steht unter dem Anspruch von Angebot und Nachfrage. Der Bereich der Ökologie wird in den kommenden Dekaden immer mehr Menschen

Arbeit bieten, was besondere Relevanz für die Absicherung der Existenzgrundlagen der nächsten Generationen erhält. Ethisch gesehen sind weder Vergeudung noch Gewinne von Unternehmen zu akzeptieren, wenn sie auf ungerechtfertigten Kosten der natürlichen Umwelt basieren. Als Grundsatz ist die Verantwortung eines jeden einzelnen im Umgang mit den Gütern dieser Erde hervorzuheben, mit dem auch der christlich-biblische Anspruch des Mitgestaltens dieser Schöpfung betont wird und nicht gegen andere Elemente - wie z.B. den wirtschaftlichen Interessen - auszuspielen ist.

Am Ende des 2. Kapitels dieses Opus´ steht der Wertewandel in der Arbeit und im Beruf, der nach eingehender Vorbehandlung verschiedener Symptome aufzuzeigen ist. Beide Termini sind, wie bereits aufgezeigt, aus der Alltagssprache und in Verbindung mit den Wertsystemen zu sehen. Werte wiederum sind Maßstäbe für Zustände und Handlungen, die dem Seinsollen zuzuordnen sind und in der Entscheidungssituation wegweisende Vorzugsmodi darstellen, die Orientierung bieten. Die These steht im Raum, daß wir durch den Wandel oder gar den Verlust traditioneller Werte zu Egoisten werden könnten?! Hier ist genau zu differenzieren, denn einerseits wird die Wertverwirrung, der Verlust von eindeutigen Maßstäben, die postmoderne Beliebigkeit, wachsende Verdrossenheit in Politik und gegenüber Parteien, die steigende Zahl der Ehescheidungen sowie der Kriminaldelikte und die Abnahme der Geburtenraten, Lustlosigkeit der Arbeitnehmer, sinkende Solidarität und das abnehmende Gespür für Gut und Böse moniert. Andererseits liegt in jedem Wandel eine Chance zur Verbesserung der persönlichen und gesellschaftlichen Situation. Positiv zu vermerken sind Beobachtungen, daß das politische Engagement nicht sinkt, Mehrbelastungen zu Zeiten der Rezession in Kauf genommen werden, die Toleranz gegenüber Andersdenkenden steigt, Eltern noch immer den größten Einfluß auf die Erziehung ihrer Kinder ausüben, die Unternehmen um Verbesserung des Betriebsklimas bemüht sind und die Pflege alter und hilfsbedürftiger Menschen in großer Zahl nach wie vor zu Hause ohne zusätzlicher Entgeltung verrichtet werden.

Allerdings stimmt es auch, wenn festgestellt wird, daß sich neue Typen menschlicher Charaktere entwickeln, wie z.B. der `Hedomat´, der hedonistische und materialistische Werte miteinander verbindet oder der `Idealist´, welcher sich nach den Studentenunruhen der 68er Generation herausbildete. Der größten Gruppe des neuen Menschentyps gehören jedoch die `aktiven Realisten´ an, die im Stande sind, alte Tugenden mit neuen Anforderungen sinnvoll zu verbinden, Pflichtwerte und Selbstverwirklichungswerte zu synthetisieren.

Der kulturelle Wandel ist aber nicht nur von einem Faktor allein ableitbar, sondern erst die ganze Fluktuation mit ihren Einzelfacetten ergibt ein reales Bild der Veränderungen. So gelten z.B. finanzielle und ökonomische Elemente als stärkste Indikatoren für die Lebenszufriedenheit, werden aber angereichert u.a. durch Staatsangehörigkeit oder Stabilität im Staat. Wird ein gehobener Lebensstandard erreicht und über Dekaden hinweg gleichbleibend gehalten, tritt der Gewöhnungsfaktor ein und läßt die Menschen dieser Gesellschaft nicht mehr danach fragen, wie schwer der Weg bis dahin gewesen ist, so daß andere Werte an Gewicht gewinnen, ohne aber die alten vermissen zu wollen. Psychologisch ist interessant, daß die formativen Jahre einer Person die später vollzogenen Charakterzüge ihr Wesen prägen, nämlich die Jahre des Jugendlichen zwischen 10 und 18, wo er zum Erwachsenen wird.

Die Wirtschaft und ihre Schlüsselstellung sind heute häufiger dennje angefragt. Güternachfrage, Wachstum und Bevölkerung sinken. Innovation wird zwar zur Triebfeder ökonomischen Tuns, benötigt aber Kreativität und Urteilsvermögen des Beschäftigten, was nicht zu verordnen ist, sondern einen Bewußtseinswandel des Menschen voraussetzt. Es ist eine Hinwendung zur Kulturgesellschaft festzustellen, die die Ökonomie relativiert.

Die Dauer der Arbeitszeit nimmt offenbar ab, aber nicht die Arbeit schlechthin. Denn es geht nur um die Reduktion der physisch schwierigen und monotonen Arbeit. Dagegen wird mehr Zuverlässigkeit, Disziplin und Präzision erwartet. Spätestens bei der Arbeitslosigkeit wird deutlich, welch´ eminente Rolle die Arbeit für jeden gesunden Menschen spielt und inwieweit sie sinnstiftend ist. Deswegen ist Freizeit ein nicht minder wichtiger Wert, aber stets in Verbindung mit der Arbeit zu sehen.

Alte Arbeitsfelder mögen durch Rationalisierung an Bedeutung verlieren, dagegen werden neue, andere Ansprüche an den Arbeitnehmer und die Branchen an Wesentlichkeit gewinnen. Arbeitszeiten sind künftig weiter zu flexibilisieren und den

Bedürfnissen der Menschen sowie der Wirtschaft besser anzugleichen. Dabei werden nicht nur quantitative Zeiträume, die dem individuellen Nutzen für Kultur oder Spiel zur Verfügung stehen, sondern ebenso qualitative Zeiträume wichtiger. Desgleichen ist der Streßfaktor in der Arbeit zu reduzieren, damit die ungebremste Leistungsorientierung der Arbeitsintensität ihre Relativierung erfährt und nicht mehr nur durch die viel zu teuer gewordene Apparatemedizin \`entschärft´ wird.

Den Wandel der Arbeitswelt bestimmt eine Gruppe in herausragender Weise: die Frauen. In der ehemaligen „DDR" waren zur Wende etwa 90% der Frauen in einem Arbeitsverhältnis. In der Bundesrepublik Deutschland dagegen war die Zahl wesentlich geringer. Die Regierung der „DDR" versuchte durch Förderprogramme den Frauen so wenig wie möglich Einschnitte in ihren Berufsbiographien zu gewähren. Nach wie vor gab und gibt es geschlechtsspezifische Unterschiede hinsichtlich der Entlohnung der Arbeit in Deutschland, was zwar gesetzlich untersagt und ethisch unakzeptabel ist, aber in der Realität noch immer vorkommt. Der Wunsch nach allgemeiner Zeitautonomie und Teilzeitbeschäftigung geht besonders von den Frauen aus.

Aber nicht nur die äußeren Faktoren der Arbeit ändern sich, sondern auch die inneren, der Inhalt, die höhere Beanspruchung des einzelnen, die bessere Ausbildung zur Bedienung von EDV und Computern. Größeres Wissen, mehr praktische Erfahrungen und stärkere Flexibilität sind die zukünftigen Forderungen an den Arbeiter oder Angestellten. Der Wandel von Gesellschaft und Ökonomie wird geradezu conditio sine qua non zur Erwartung unter den Menschen, die durch ihr Konsumverhalten das ständig Neue verlangen. Nur wenige Arbeiter sind wirklich mit den bestehenden Bedingungen bezüglich der Arbeitszeit tatsächlich zufrieden.

Dem Fluktuationspotential stehen aber fehlende Phantasie, Lustlosigkeit, Beharren auf starren Positionen, eine nicht mehr zu vertretende Subventionspolitik der Regierung, halbherziger Wille, alte Führungslobbies und konservierende Mentalitäten hindernd gegenüber. Trotz dieser Widerstände ist auf dynamische Entwicklung der sozialen Marktwirtschaft zu hoffen, was wiederum wesentlich vom Konsumenten abhängt. Nur eine klare Politik und wirtschaftliche Einsicht werden den Wandlungsraum ermöglichen, der sowohl zur Verbesserung der Arbeit selbst, der ökonomischen Lage, der Arbeitsplatzsicherheit als auch zur sinnstiftenden Selbstverwirklichung des Menschen beiträgt.

Bezahlte Arbeit hat an zentralem Stellenwert verloren und wird ergänzt durch die wichtiger werdende Freizeit. Dennoch geschieht durch sie Selbstdarstellung, nimmt täglich einen breiten Raum im Leben des Menschen ein, vermittelt Sinn sowie das bestimmte Sozialprestige. Aber nicht nur die Freizeit, sondern genauso aufgewertet werden Familie bzw. eheähnliche Lebensgemeinschaften, Freunde und Kultur, weil mehr Zeit vorhanden ist dafür.

Zum bereits genannten hohen Stellenwert der Arbeit gesellen sich nun andere sog. Ergänzungswerte hinzu, die sich im stärkeren Interessenausgleich zwischen den Involvierten und denen sie umgebenden Bestimmungselementen zu größerer Gleichgewichts- und Tauschethik kundtun. Aus den Werten der Pflichtkataloge wurden immer mehr Mitbestimmungswerte, die heute das Arbeitsleben in den postindustriellen Ländern der Ersten Welt determinieren.

So ergeben sich aus den angeführten Überlegungen einige ethische Konsequenzen, die im letzten Teil der Arbeit aufzuzeigen sind.

Kapitel III.: Die ethischen Schlußfolgerungen des Wandels in der heutigen Arbeitswelt ausgehend von den Sozialprinzipien und ausgeführt durch Leitsätze

4. Einführung in die Schlußüberlegungen

Aus den vielfältigen Argumenten und Explikationen historischer, theologischer, soziologischer, ökonomischer, juristischer, ökologischer und psychologischer Natur sind nun die ethischen Schlußfolgerungen zu ziehen.[739] Da Ethik als praktische Philosophie anzusehen ist, wie im Hinführungskapitel aufgezeigt, muß nun nach der Darstellung und Analyse der Erfahrungswirklichkeit des Wandels in Arbeit und Beruf der Sollensanspruch erhoben werden, um die Gesellschaft und das Leben des Einzelgliedes in ihr menschengemäßer - und damit auch sittlicher - zu gestalten. Aus sittlichen Prinzipien sind die Urteilskriterien abzuleiten, die das Urteilfällen erleichtern und wiederum das praktische Handeln determinieren.[740] Dabei dienen die Prinzipien der Katholischen Soziallehre als Gradmesser für die Einschätzungen und synthesenhaft formulierten Leitsätze, die wiederum als Basis des gezielten Wandels anzusehen sind und Korrekturfunktion in den Bereichen beinhalten bzw. ausüben, in denen bestimmte, genuin menschliche Belange hinter der Überhöhung von anderen, wie z.B. ökonomischen oder politischen Ansprüchen, zurückbleiben. Denn erst die Verwirklichung der humanen Werte führt dazu, daß der Mensch immer mehr Mensch werden kann, insbesondere dann, wenn das Naturrichtige auch als das Vernunftrichtige anerkannt wird

[739] Da den einzelnen Teilen längere Zusammenfassungen folgen, soll hier auf die ausführliche Conclusio verzichtet und nur der Ertrag erstellt werden. Außerdem sind die Sozialprinzipien die Maßstäbe für die Gesamteinschätzung des Wertewandels in der Arbeit.

[740] Es muß darum gehen, aus der Betrachtung des Seins, das den Ausgangspunkt der Überlegungen darstellt, die Sollensansprüche zu erheben. Dabei geht es um einen hohen Verbindlichkeitswert für die praktischen Urteile, die als Postulate den Anspruch auf Verwirklichung erheben, denn das sittliche Urteil, das auf die Willensfreiheit zurückgeht und einer natürlichen Grundbestimmung folgt, ist der Beliebigkeit entzogen. Dabei gilt, das Gute als dynamisches Prinzip und Ziel anzustreben.

und so zu einem Mehr an Menschlichkeit führt, das beide, Gesellschaft und Mensch besser werden, wobei die Gesellschaft im Dienst des Menschen steht und umgekehrt.[741]

4.1. Hinweise auf Prinzipien der Katholischen Soziallehre

Nach einer Rangfolge der für diese wissenschaftliche Arbeit ausgewählten Prinzipien ist eine relative Hierarchie unter diesen erkennbar. Hier handelt es sich an oberster Stelle um das Personprinzip, gefolgt vom Solidaritätsprinzip und dem Subsidiaritätsprinzip und an vierter Stelle das Gemeinwohlprinzip.[742] So könnten auch Freiheits- und Partizipationsprinzip hervorgehoben und als Richtmaß dieser Arbeit gelten, wurden aber deshalb nicht ausdrücklich berücksichtigt, weil beide Prinzipien wesentlich im Personprinzip eingeschlossen sind und ebenso übergreifen in das Solidaritäts- und Subsidiaritätsprinzip. Freiheit ist als konstitutives Element in der Würde der Person bereits mitgegeben und geht deshalb partiell auf im Personprinzip.[743]

4.2. Arbeit und Wertveränderungen hinsichtlich des Personprinzips

Das Personprinzip, manche Ethiker sprechen auch vom Individual- oder Personalprinzip[744], definiert den Menschen als

---

[741] Obwohl der Titel dieser Arbeit darauf hindeutet, daß Deutschland als Paradigma für den Wandel herangezogen wird, gehen die Leitsätze doch über die aufgezeigten Veränderungen in der Bundesrepublik Deutschland hinaus.

[742] Die hier aufgeführte Reihenfolge könnte ebenfalls mit dem Gemeinwohl beginnen und dem Personprinzip enden, was jedoch der Empfehlung von Professor Weiler und Pater Schasching widersprechen würde.

[743] Ebenso überschneiden und überlappen in den Leitsätzen die einzelnen Sozialprinzipien, die nur nach dem jeweiligen Hauptakzent kategorisiert werden können.

[744] Johannes Messner zieht diesen Begriffen den Terminus \`Persönlichkeit´ vor, weil Persönlichkeit eng mit Selbstverwirklichung zusammenhängt. „Sein wahres Selbst ist der Mensch nicht schon seiner Natur nach, diese zeichnet es ihm vor; sein wahres Selbst zu verwirklichen, ist seine sittliche Bestimmung. \`Selbstverwirklichung´ wird damit zu einem Grundbegriff unserer Ethik. Die Richtung der Selbstverwirklichung ist dem Menschen durch seine wesenhafte Natur gewiesen, ...; kraft der Bestimmung zu dieser Selbstverwirklichung in Selbstverantwortung ist der Mensch Persönlichkeit. Weil dieser Selbstverwirklichung im wahren Selbst als Persönlichkeit

ein in geistig-sittlicher Natur sowie durch Würde und in Verantwortung handelndes Wesen, um den Lebenszweck, der übergesellschaftlich ausgerichtet ist, jedes einzelnen verfolgen zu können. Die menschliche Existenz, die sowohl geordnet als auch fruchtbar sein soll, muß auf dem Prinzip basieren, wonach jeder einzelne Mensch als Person, seinem Wesen entsprechend, anerkannt wird. Diese menschliche Natur ist versehen mit Vernunft und Freiheit im Willensanspruch, wodurch Rechte und Pflichten sowie Verantwortlichkeiten, die aus dieser Natur hervorgehen, abzuleiten sind. Da die Pflichten und Rechte sowohl allgemein als auch unverletzlich sind, entziehen sie sich ebenso jeglicher Veräußerung.[745] Die Person wird konstituiert als Gott ebenbildliches, natürliches Wesen mit Eigenständigkeit, Selbstverwirklichung und Verantwortlichkeit.[746] Diesen zu genügen, soll das Personprinzip helfen.

Nach der einführenden Beschreibung und der Benennung wichtiger Elemente des Personprinzips sind nun einige Leitsätze hinsichtlich Arbeit und Wertveränderungen zu formulieren.[747]

1.) Die Welt der Arbeit wandelt sich. Historisch gesehen ist eine Veränderung von einer Verachtung der Arbeit zu einer Überbetonung von bezahlter Arbeit in der Neuzeit feststellbar. Beide vereinseitigenden Ansichten sind zu relativieren. Gemäß dem Personprinzip ergibt sich der ethische Anspruch, den Wandel den existentiellen Zwecken des einzelnen Menschen entsprechend zu verwirklichen. Allgemein ist das ethische Postulat aufstellbar, daß der Wandel in der Arbeitswelt nicht

---

zugeordnet, sind die sittlichen Werte Persönlichkeitswerte, und zwar die für das wesenhafte Menschsein entscheidenden." (Messner; _Kulturethik_; Innsbruck 1954; 176f). Die Persönlichkeit ist die der Erfahrung und damit auch den empirischen Wissenschaften zugewandte Seite der Person. Besonders heute wird viel von der Selbstverwirklichung gesprochen. Umso interessanter ist, daß schon Messner vor 40 Jahren diesen Begriff für wichtig erachtet und ihn in Beziehung zur Person setzt, was auch für die Arbeitswelt und die Verwirklichung der Person in ihr Bedeutung hat.

[745] Vgl. Papst Johannes XXIII; _Pacem in Terris_; Rom 1963; Nr. 8f.

[746] Vgl. Franz Böckle; _Grundbegriffe der Moral_; 7. Auflage Aschaffenburg 1972; 17f.

[747] Methodisch wird folgendermaßen vorgegangen: Der Satz nach der Zahl gibt den Leitsatz vor und determiniert somit den Hauptakzent. Dann schließen sich die Explikationen an. Inhaltlich ist anzumerken: Die allgemeinen Leitsätze sind, ohne es einzeln und ausdrücklich zu nennen, immer aus dem Blickwinkel Deutschlands zu sehen, obwohl die Ausführungen und Wertveränderungen weit über das wiedervereinigte Deutschland hinausgehen.

gegen die Sozialprinzipien durchzuführen ist, d.h. daß die Chancen, die in der Veränderung liegen so zu nutzen sind, daß sie gemäß der individuellen Ansprüche und im Dienste einer besseren Welt realisierbar sind, die solidarischer und damit menschlicher gestaltet wird, die Schwächsten der Gesellschaft stärkend und ihnen soviel Unterstützung zukommen lassend, wie es notwendig ist bezüglich der Hilfe, die zur Selbsthilfe wird.

2.) **Form und Inhalt des Arbeitsprozesses haben sich in den meisten Branchen stark gewandelt**. Eine echte Humanisierung der Arbeit (Verringerung der physischen Anstrengung) kann den Menschen zu einem Mehr an Menschlichkeit führen und ihn sein Personsein besser zur Entfaltung bringen lassen. Da dieser Wandel nicht abgeschlossen ist, wird künftig darauf zu achten sein, daß er die weitere Reduktion der betont physischen und Geist tötenden Monotonie in der Lohnarbeit vorantreibt, damit der Mensch in immer stärkerem Maß auch in der Arbeit Würde erfährt.

3.) **Die Bedeutung der Lohnarbeit wird in der Zukunft abnehmen und durch sekundäre Werte, sog. \`Zubringer´ (u.a. Freizeit oder Familie), komplementiert**. Den Facettenreichtum des menschlichen Lebens erfährt der Postmoderne auf vielfache Art, die das Sein bunter und damit vielseitiger machen als es in der Vergangenheit war. Auch künftig wird der soziale Status des Menschen nicht allein von seiner Anstellung her geschehen, sondern durch unterschiedlichste Elemente, die außerhalb des Arbeitsprozesses liegen, mitbestimmt. Ebenso sollte das Gemeinwohl bei der Schaffung einer gewandelten Arbeitswelt und Neuorientierung in ihr nicht aus dem Blick verloren werden.

4.) **Quantitative Werte werden immer häufiger durch qualitative ersetzt oder wenigstens angereichert**. Diese soziologische Wertaussage gilt genauso für die Arbeit, denn in den nächsten Jahren werden die Anforderungen an das Berufs- und Persönlichkeitsprofil des einzelnen im Erwerbsarbeitsprozeß steigen, was ebenso der Realisierung des Personprinzips entspricht. Desgleichen sind Verantwortung und Würde zu vollziehen, wenn es um eine bessere Ausbildung des einzelnen geht. Nur wer Qualitäten mit Quantitäten sowie Autorität mit freischaffender Kreativität sinnvoll zu verknüpfen im Stande ist, der wird die Welt positiver gestalten und den Sollensanspruch vollziehen, wobei auch hier Rücksicht auf die Sozialprinzipien zu nehmen ist. Die Person, die Wert auf

Ausbildung legt, hilft sich selbst, steht aber dann ebenso im Dienste des Gemeinwohls, wo sie gefordert ist, diese erworbenen Fähigkeiten nicht um ihrer selbst willen, sondern genauso um der anderen willen einzubringen. So wird Dienst an der Gemeinschaft sinnstiftend.

5.) **Die veränderten Arbeitsbedingungen führen zu einer anderen als der bisher üblichen Lebensplanung**. Dadurch daß die Ausbildung länger dauert, entsteht eine Spannung zwischen biologischer und kultureller Pubertät, die es dem Sollensanspruch um einer besseren Verwirklichung des Personprinzips auszuhalten gilt. Die Gesellschaft andererseits hat Hilfe zu leisten (Subsidiariät), da sie später durch das Mehr an Fähigkeiten des einzelnen bei der Realisierung des Gemeinwohls profitiert. Die Lebensarbeitszeit wird durch längere Ausbildung und längere Studien sowie das frühe Pensionsalter verkürzt. Daraus ergeben sich für den einzelnen größere Möglichkeiten bei der konkreten Ausgestaltung des Lebens. Hier liegt der Sollensanspruch auf der Verantwortung jeder Person, die gegebenen Wege in Übereinstimmung mit Eigen- und Fremdinteresse auf das Gemeinwohl bezogen zu gebrauchen. Auch wird der über Jahrzehnte funktionierende Generationenvertrag aufgebrochen, da in einigen Industrieländern (besonders auch Deutschland und Österreich) nicht einmal die Nettoreproduktion der Bevölkerung gewährleistet ist.

6.) **Da sowohl Arbeit als auch Freizeit Stellen der Verwirklichung und Selbstrealisierung kreieren, sind die gesellschaftlichen Bedingungen so zu schaffen, daß die Strukturen den Menschen dazu animieren, die verschiedenen Möglichkeiten auszuschöpfen**. Daher wäre es unverantwortlich, wenn der Raum der Arbeit bei der individuellen Sinnfrage der Person ausgegrenzt würde. Selbstentfaltung im Arbeitsprozeß wird zur Bedingung der Neugestaltung, was wiederum als Humanisierung zu gelten hat.

7.) **Die Kluft zwischen privater und öffentlicher Sphäre nimmt weiter zu**. Während hauptsächlich das Wirken vieler Bauern und Handwerker (besonders in der Vergangenheit) von einer starken Integration zwischen dem internen und dem externen Leben geprägt wurde, fallen diese Bereiche immer weiter auseinander. Diesem ist entgegenzuwirken und eine anzustrebende Zustände- und Gesinnungsreform entgegenzustellen. Eine Kultur der Arbeit wird verwirklicht, indem die Erwerbsarbeit mit humanisierenden Elementen angereichert wird (Verbesserung des Betriebsklimas, Ausbau sozio-kultureller Kontakte zwischen den Mitarbeitern etc.).

8.) Das Mißtrauen im öffentlichen Raum - dazu gehört ebenfalls die Arbeitswelt - und auf der zwischenmenschlichen Ebene (Sozialneid) wächst. Dagegen sinkt das interpersonale Vertrauen in vielen Firmen, da künstliche Konkurrenzsituationen zwischen den Mitarbeitern aufgebaut werden (z.B. durch unterschiedliche und individuelle Festlegung der Löhne), was zwar leistungsanspornend, aber gleichzeitig dehumanisierend wirkt. Gründe für die Tendenz des sinkenden interpersonalen Vertrauens sind auch in den Medien zu suchen, die die Macht besitzen, Informationen bewußt zu filtern und vereinseitigende Bilder darzustellen. Nicht wenige Kritiker unserer Zeit sind der Überzeugung, daß nicht die Wahrheit, sondern die Verkäuflichkeit zählt. Hier handelt es sich ethisch gesehen um die weite Akzeptanz von Lobbies, die es jedoch zu durchbrechen gilt.

9.) Der Mensch in der heutigen Arbeitswelt sieht sich verschiedensten moralischen oder unmoralischen Tendenzen gegenüber. Einerseits macht sich eine Entmoralisierung in der Praxis der Erwerbsarbeit breit (z.B. Steuerhinterziehung wird toleriert), andererseits wird auf der theoretischen Ebene immer stärker die Remoralisierung (Arbeitsdisziplin) eingefordert. Es findet offenbar eine Polarisierung zwischen ethischem Anspruch in der Theorie (Moral und Ethik als Schreibtischwissenschaften) und der Praxis statt, die unverbunden nebeneinander stehen. Hier ist zu vermitteln und das Gewissen so zu bilden, daß beide, Theorie und Praxis in Einklang kommen können, weil sie sonst einseitig und damit nicht die gesamte Funktion erfüllen.

10.) Berufsbiographien einzelner Arbeitnehmer erhalten öfter als früher rigorose Einschnitte und entbehren nicht selten einer gewissen Kontinuität. Als ethisches Problem taucht dann auf, daß die Menschen, wenn sie ihre Wurzeln - durch den häufigen Wechsel der Arbeitsstelle - den Verlust von Heimat beklagen, die wiederum nur schwer zu ersetzen ist. Durchschnittlich wechseln Menschen heute nicht weniger als viermal ihre Berufe oder Arbeitsstellen innerhalb eines Lebens. Das Personprinzip erhält zwar unter diesen Umständen die Funktion der Selbstverwirklichung aufrecht, aber die

Flexibilität kann negative Folgen für das Gemeinwohl haben (z.B. Familien tun sich schwerer als Einzelpersonen, wenn es um Neueingliederung in einen anderen sozio-kulturellen Kontext geht). Positiv zu vermerken ist, daß mit der wachsenden Mobilität die Kenntnis über Arbeitsteilung und -organisation wächst.

11.) Nicht selten stumpfen Menschen im Arbeitsprozeß ab. Diese Aussage gewinnt ihre Relevanz dadurch, daß viele Beschäftigte - besonders im produktiven Sektor - an Monotonie leiden, andere unter Erfolgs- und Handlungsdruck stehen oder stets Termine einhalten, Entscheidungen und Absprachen treffen oder an Konferenzen partizipieren müssen. Die Person im Arbeitsprozeß beklagt oft den Verlust an Lebensqualität und Mitmenschlichkeit, da sie sich vom Kalender \`gelebt fühlt´. In diesen Fällen sind vom ethischen Standpunkt aus Gegenmaßnahmen einzuleiten, die den Überlasteten wieder mehr Menschsein gestattet, denn auch Ruinierung der Gesundheit eines humanen Individuums ist gegen das Personprinzip gerichtet, weil es der Würde widerspricht.

12.) In der Arbeitswelt findet eine verstärkte Hierarchisierung statt. Die Verschiebung von Wertprioritäten beinhaltet das Faktum, daß vor- und nachgeordnete mit qualitativer oder quantitativer Inhaltsseite, arbeitspraktische und soziale Abläufe einschließend, verstärkt zu Über- und Unterordnungen hinführen, die ein Gefälle aufbauen. Dabei ist der Grundsatz erkennbar, daß je weiter unten man auf der Leiter der Hierarchie ankommt, umso mehr fühlen sich die Beschäftigten als Ausführungsorgane und umso weniger Verantwortung wird übernommen, was auch als Indikator für den Lohn gilt. Kommt es zu einem Rückzug auf das völlig freie \`Ich´, um dem Konkurrenzdruck zu entfliehen, ist dieses Ich anzufragen und bei Vorhandensein von Angst zu stärken (dem Solidaritäts- und Subsidiaritätsprinzip sowie der Verwirklichung der Person entsprechend).

13.) Arbeit kann Unsterblichkeitsersatz schaffen. Da der Glaube an ein Leben nach dem Tode allgemein im Sinken begriffen ist - selbst praktizierende Christen tun sich schwer damit - die Sehnsucht danach aber genuin menschlich ist und somit erhalten bleibt, ist der einzelne geneigt, die von der Gesellschaft angebotene Ersatzbefriedigung des Produzierens aufzunehmen. So gilt, daß ein innerweltlicher Wert wie Arbeit in der Postmoderne plötzlich die Transzendenz zu verdrängen sucht, weil durch ein Defizit nach Ersatz Ausschau gehalten wird, der aber nicht glücklich machen kann, da hier kontingentes Sein überhöht wird. Ethisch gesehen ist eine Korrektur notwendig, wenn der Mensch Prämissen miteinander vertauscht und somit an Lebensqualität verliert.

14.) Das Ethos des Berufes scheint in der Krise zu sein. Die Arbeit ist, wird sie \`professionell´ verrichtet, die Beherrschung von Fähigkeiten und teilweise auch Menschen sowie das Einbringen von Erfahrungen. Da die Opferbereitschaft im persönlichen Bereich im Abnehmen begriffen ist, verlieren Berufe, wo der bewußte Verzicht auf anderes als conditio sine qua non zur Grundhaltung gehört, an Image. Der \`Hedomat´-Typ, der hedonistische mit materialistischen Werten kombiniert, ist dagegen immer öfter anzutreffen (geringe Bereitschaft zum Opfer). Hier spiegeln sich auch Glaubwürdigkeits-, Autoritäts- und Hierarchieverlust wider. Nur authentisches und überzeugendes Leben der Vertreter dieser Berufsgruppen können das angeschlagene Prestige verbessern. Es geht vor allem - im ethischen Sinne - um Realisierung der Glaubwürdigkeit und Wahrheit mit sich selbst und dem Anspruch des Berufes sowie des privaten Lebens.

15.) Im Arbeitsprozeß verliert das Eigentum an Produktionsmitteln an Bedeutung während andere Formen des Eigentums, die bisher eine untergeordnete Rolle spielten, an Gewicht gewinnen. Hierbei sind nicht nur Kapital (Investitionen und finanzielle Mittel) zu nennen, sondern auch der Vorteil des Mehrwissens, d.h. der Bildung, der Erfahrung durch Arbeiten und Leben in verschiedenen Kontexten, und die Abschlüsse, die Auskunft über dieses Wissen geben. Während in Europa in den meisten Staaten der Bildungsfaktor noch eine mittlere Funktion bei der Einschätzung der Einzelperson ausübte, gibt es z.B. in den Vereinigten Staaten von Amerika ein Bildungsprivileg, das bei weitem nicht allen erlaubt, an Eliteuniversitäten zu studieren und damit indirekt zur Priorität hinsichtlich des Images einer Person erhoben wird. In diesem Zusammenhang wird gegen das Gerechtigkeitsprinzip dann verstoßen, wenn der Wert des menschlichen Individuums von seinen finanziellen Möglichkeiten her determiniert wird. Für die Arbeitswelt ist dies deshalb von Relevanz, weil Ausbildung als Voraussetzung für die Integration in das Berufsleben gilt.

16.) Der Mensch ist im Arbeitsprozeß nicht als Instrument zu degradieren. Wenn Sinn durch Arbeit vermittelt werden soll, was ebenso zu den integrierten Zielen der allgemeinen Arbeit zählt, dann ist dem einzelnen die Partizipation in Verantwortung sowie das \`Mitdenken´ am Arbeitsplatz einzuräumen und zu fördern. Der Mensch muß vorkommen können - im Arbeitsprozeß - nicht nur als Nummer in einer Firma, sondern als mit Würde ausgestatteter Arbeiter oder Angestellter, der sich einbringt und die Belange des Unternehmens auch als seine eigenen ansieht, gleichsam sich selbst ein Stück identifiziert. Andererseits werden die Automatisierung, Rationalisierung - besonders im produktiven Arbeitsprozeß - und Computerisierung auch künftig vorangetrieben. Dabei behält der Mensch die Überwachungsfunktion und wird im Produktionsprozeß dadurch entlastet. Trotz der offensichtlichen Erleichterung bezüglich der physischen Arbeit steigt doch der psychische Anspruch und der hinsichtlich der Qualifikation. Grundsätzlich gilt, daß nicht alles, was der Mensch kann auch sittlich vertretbar ist und dasjenige, das im Dienst am Menschen steht, ebenfalls zu realisieren ist. Technik und Know-How sollen stets in den Dienst des Menschen gestellt werden und nicht umgekehrt.

17.) Der Zugang zur Arbeit ist allen zu ermöglichen. Es darf zu keiner Ausgrenzung von Arbeitnehmern aus Gründen des Geschlechts, der Rasse, der Behinderung oder der ideologischen Grundeinstellung kommen, wogegen besonders in den Staaten des ehemaligen kommunistischen Blocks verstoßen wurde, wenn nur \`Parteikonforme´ Leitungsfunktion erhielten oder zum Studium zugelassen wurden. Das widerspricht der Menschenwürde und gleichzeitig damit den Sozialprinzipien.

18.) Noch betrachten sich viele Firmen als geschlossene Systeme. Dadurch werden Elemente der anthropologisch-individuellen Natur als externe, d.h. fremde Faktoren empfunden. Man spricht davon, daß die Ethik vor dem Fabrikstor bleibt, weil innerbetrieblich nur Effizienz und Leistung zählen. In solchen Fällen sind die sittlichen und zwischenmenschlichen Elemente verstärkt in den Arbeitsprozeß einzubauen, denn ein gutes interpersonales Klima wirkt leistungsanspornend und ist nicht nur von der mitmenschlichen Seite einzufordern, selbst von der wirtschaftlichen aus. Wo Menschen nämlich miteinander leben, kommunizieren oder arbeiten, findet auch die Realisierung des Personprinzips statt.

19.) In der Arbeitszeitflexibilisierung liegt eine gewisse Ambivalenz. Einerseits ermöglicht sie größere Freiheit und damit bessere individuell zu gestaltende Zeitumgangsformen, die in einem Mehr an Auswahlmöglichkeiten und damit auch einer höheren Lebensqualität bestehen. Die Fremdbestimmung nimmt ab, was als positiver Aspekt gelten sollte. Andererseits zeigt sich die Flexibilisierung als ein Vorteil für die Unternehmen, denn die Lohnnebenkosten sowie die sozialen Leistungen werden leichter als bisher auf die Arbeitnehmer selbst zurückgeworfen. Außerdem ist damit der soziale Schutz der Arbeitsplätze nicht mehr gegeben und wird sogar unterlaufen, was sittlich keine Akzeptanz erhält, da diese Maßnahme gewichtige Negativelemente beinhaltet, wird bei künftigen Tarifabschlüssen darauf zu achten sein, die Punkte, wo es um eine größere Verunsicherung und Schlechterstellung der Arbeitnehmer geht, juristisch von vornherein auszuschließen. Die ethisch beste Lösung ist, wenn sich die Flexibilisierung der Arbeitszeit konvergierende mit den Interessen der verschiedensten involvierten Gruppen trifft und ein Kompromiß geschlossen wird, der eine faire und breite Basis schafft.

20.) Die Mühe in der Arbeit bleibt bis zu einem gewissen Punkt immer erhalten. Es kommt zur Arbeitserleichterung für den einzelnen (das Personprinzip verwirklichend), der bisher auch \`schwer´ arbeiten mußte, aber die euphorische Haltung, die zu unrealistisch die Last im Arbeitsprozeß negiert sehen möchte, berücksichtigt zu wenig, daß durch Einbau von mehr Selbstverantwortung und Selbstverwirklichung zwar der Prozeß durchaus humaner wird, aber ein Minimum an „bonum arduum" auch weiterhin bestehen bleibt.

21.) Die Sinnstiftung im Arbeitsprozeß findet nur unter bestimmten Konditionen statt. Ist beim Arbeitnehmer eine negative Grundeinstellung feststellbar, wird Sinnvermittlung bzw. -stiftung nicht möglich sein. Vor allem um die Motivation geht es in diesen Fällen, wo sich der einzelne vielleicht nur wie \`eine Nummer´ fühlt und keine individuelle Kreativität zeigen kann und Selbstverantwortung eine untergeordnete Rolle spielt. Damit werden neue Formen und Sinngebungselemente gefordert, die weniger auf Lohn und Gehalt auszurichten sind, sondern vielmehr Opferbereitschaft und Einsatz benötigen, um dem Gemeinwohl zu dienen und selbst mehr humane Werte lebbar machen.

22.) Menschliches Sein ist stets mehrdimensional. Auch das zweckfreie Tun hat seine Berechtigung, ist es doch oftmals eine ambivalente Mischung von Ruhe und Anstrengung, von gezielter Verwirklichung der Pläne und Spontaneität, von Großzügigkeit und Kleinkariertheit, von Sollen und Nichtwollen. Es ist also falsch, wenn jemand der Meinung ist, daß der Mensch und sein Körper nur in Erwerbsarbeit tätig ist. Um eine Vielseitigkeit der humanen Existenz herzustellen, ist vor Vereinseitigungen zu warnen. Arbeitswertorientiert sollte deshalb festgehalten werden, daß nur durch Komplementarität und Integration von ökonomischem und nicht-ökonomischem Tun Sinnvermittlung geschieht. Denn die menschliche Person wird sich künftig immer weniger von der Erwerbsarbeit allein her definieren. Die Gefahr der Leistungsgesellschaft liegt besonders in der Sicht begründet, daß der Aufstieg in Beruf und allgemeiner Erwerbsarbeit mit Identitätsgewinn gleichgesetzt wird. Aber die Arbeit ist nur eine von mehreren anderen Sinnverwirklichungsebenen. Leistungsdenken allein wird den menschlichen Grundbedürfnissen nicht gerecht, bleibt aber dennoch wichtig als Faktor für die Umsetzung der existentiellen Zwecke in die Praxis. In der Produktion wird mit immer weniger \`Humankapital´ ständig mehr hergestellt.

23.) Ökonomie und Ökologie sind in der Zukunft immer stärker in Übereinstimmung zu bringen. Beide verfolgen das Ziel der Versorgung der Menschen mit knappen Gütern bzw. den verantwortungsvollen Umgang damit. So sind ökonomische Interessen und ökologisch richtiges Handeln in Einklang zu bringen, denn die menschliche Person ist sowohl ökonomisch als auch ökologisch situiert, d.h. mit anderen Worten, daß - ethisch argumentiert - das ökonomisch Richtige dem ökologisch Richtigen entspricht und vice versa. Gerade hinsichtlich der Arbeit sind ethische Imperative in Wirtschaft und Ökologie dem gemeinsamen Aspekt der Sittlichkeit verbunden, aber nur soweit sie das Humanum, daß der Mensch und sein Umfeld immer humaner gestalte, zu verwirklichen in der Lage ist, denn die sittliche Wahrheit bleibt die Basis sowohl des einen wie des anderen.

24.) Im Arbeitsprozeß findet eine Polarisierung zwischen Professionalisierung und Entprofessionalisierung statt. Durch die komplizierter werdende Technik brauchen die Menschen ein

Mehr an Fachwissen, das in Berufen mit Spezialkenntnissen vorausgesetzt wird. Auf der anderen Seite nehmen die einfachen Arbeiten ab, da sie leicht durch Technik ersetzt werden können. Während die Expertenberufe gewöhnlich sehr gut bezahlt werden, sind die einfachen Arbeiten schlechter entlohnt und eher am unteren Ende der Gehalts- und Lohnskala angesiedelt.

4.3. Arbeit und Wertveränderungen hinsichtlich des Solidaritätsprinzips

Der Mensch kann aber nicht allein leben, da er als Sozialstand auf andere angewiesen ist, in Interdependenz, Kooperation und der gesellschaftlichen Verbundenheit. Diesen Aspekt möchte das \`Solidaritätsprinzip´ betonen. Zunächst stammt die Solidarität als Begriff aus dem Rechtsbereich, wird aber heute immer mehr zur Beschreibung ethischer Grundbeziehungen, die das Soziale und das interrelationale Beziehungsgefüge hervorheben, herangezogen.[748] Das Solidaritätsprinzip baut auf dem erstgenannten in dem Sinne auf, daß die Person als Basis für die Gesellschaft dient und Solidarität dem Fähigsein des Menschen zum \`Mitsein´, d.h. zur existentiellen Anteilnahme, entspricht. Der Mensch ist, wie bereits ausgeführt, sowohl Individual- als auch Sozialstand. Aber beides kann auch in Spannung zueinander geraten, wobei es im Einzelfall eindeutige Vorzugsregeln geben sollte, die über handlungsorientierende Hinweise Auskunft geben.

Das Solidaritätsprinzip sagt aus, daß zum Personsein das Sozialsein wesenhaft dazugehört, was ebenfalls im Arbeitsprozeß eine große Rolle spielt. Solidarität ist als Prinzip nicht nur Einsicht in bestimmte Notwendigkeiten zwischenmenschlicher Grundbeziehungen, sondern vielmehr eine der Würde des einzelnen und des daraus sich ergebenden Ganzen zu realisierenden Haltung, die zwar theoretisch, jedoch auch praktisch zu verwirklichen ist.[749] Das Solidaritätsprinzip ist die ethische Konsequenz der Sozialität der individuellen Person, die wiederum auf die Verfolgung der sittlichen Grundwerte im Blick

---

[748] Vgl. Knud E. Logstrup; Artikel „Solidarität und Liebe"; in: _Christlicher Glaube in moderner Gesellschaft_; Freiburg 1982, Band 16; 97-128; hier: 99.
[749] Vgl. Weiler; _Internationale Ethik_; Berlin 1986, Band 1; 77-81.

des Gemeinwohls abzielend, die Gutheit für die menschliche Kommunität hervorbringend, das Wesen der Gesellschaft und des zwischenmenschlichen Miteinanders determiniert.

1.) **Der Arbeitsbegriff der Zukunft wird ein kombinierter sein**. Denn die entlohnte Arbeit verliert an ihrem Prioritätenimage. Nicht mehr nur das, was auch bezahlt wird, ist als Arbeit, Wirken oder Tätigkeit anzuerkennen, sondern ebenso das, was außerhalb der Erwerbsarbeitszeit getan wird. Hier ist die sozialethische Forderung nach Anerkennung dieser nichtentlohnten Arbeit gemäß dem Solidaritätsprinzip zu stellen, die im Familienverband oft automatisch geschieht, wenn einer der Partner der Erwerbsarbeit nachgeht, der andere z.B. die Kindererziehung übernimmt. Ebenso dient diese Arbeitsteilung der Verwirklichung des Gemeinwohls und ist somit auch eine Maßnahme zur Bessergestaltung ethischen Sollens.

2.) **Neben der Zustandsreform in der Arbeitswelt soll stets genauso die individuelle Bewußtseinsreform hin zu mehr Solidarität (Prinzip) zwischen den Einzelgliedern der Gesellschaft gewährleistet sein**. Der Natur des Menschen entsprechend, ist ihm Raum zu verschaffen, wo er den vielfältigen existentiellen Zwecken, die mit der Arbeit gegeben sind, realisieren kann. Wenn es also zu Veränderungen kommt, dann stets mit Berücksichtigung darauf, ob die Zustandsreform zur besseren Umsetzung des Gemeinwohls animiert, denn wenn dies nicht gegeben ist, dann ist sie dahingehend zu korrigieren, daß sie mit den Imperativen des vom Gemeinwohl abgeleiteten Ansatzes übereinstimmt und solidarisch in die Gesellschaft hineinwirkt.

3.) **Die Risiken für das Einzelglied der Gesellschaft nehmen im gleichen Maß zu wie die Chancen zur Bessergestaltung**. Der Preis der offenen Gesellschaft ist die Unsicherheit. Deshalb wird es gesellschaftlich wie im individualethischen Bereich darauf ankommen, einerseits die Risiken zu minimieren, um dem Solidaritätsprinzip gemäß zu verhindern, daß einzelne durch das soziale Sicherungsnetz der Gesellschaft durchfallen, und wenn es doch geschehen sollte, dann ist Hilfe anzubieten (Subsidiarität). Andererseits sind die Chancen der Veränderungen in Verantwortung so zu nutzen, daß die Personen menschenwürdiger leben und sich selbst besser verwirklichen können, was aber nicht auf Kosten der anderen Sozialprinzipien gehen darf.

4.) Erfolg wird in der Erwerbsarbeit häufig absolut gesetzt. Oftmals bleiben Elemente wie Selbstverwirklichung oder Solidarität deshalb auf der Strecke, weil das Leistungsergebnis alles andere zweitrangig erscheinen läßt. Besonders menschliche Werte, die das Klima in der Firma verbessern sollten, verlieren dadurch an Bedeutung, wobei nicht wenige Unternehmen diesen Verlust erkannt haben und spezielle Trainingsprogramme anbieten, um den humanen Faktor zu stärken, denn eine gute Verständigung hebt die Erfolgsquote.

5.) Der Faktor Zeit wird immer knapper als Ressource. Einerseits postuliert die Wirtschaft und die Erwerbsarbeit schnelle Entscheidungen, die Marktvorteil bedeuten. Andererseits steht der Mensch vor dem Problem, durch die unerbittlichen Anforderungen der Leistungsgesellschaft der Fähigkeit zu Distanz, Ruhe, Gelassenheit und Freizeit verlustig zu gehen. Schon wenn jemand sagt, er habe Zeit, muß er damit rechnen, als suspekt angesehen zu werden. Auch hier ist ein Verlust an Lebensqualität zu verzeichnen, der zu kompensieren ist, weil er der im Personprinzip postulierten Würde des Menschen nicht entspricht. Genauso zeigt es, daß Solidarität, verstanden als Dasein für andere und deren Belange, heute stärker in Frage gestellt ist. Die Welt kann nur humaner werden, wenn sich Menschen verschenken und damit auch ihre Lebenszeit (soziale Zeit) den ihnen anvertrauten Mitbrüdern und -schwestern aufopfern, um zu helfen, wo Not vorhanden ist.

6.) Freizeit wird im Leben der Menschen wichtiger. Mit der Abnahme der überhöhten Wertschätzung der Erwerbsarbeit gewinnt die Freizeit an Bedeutung. Vom ethischen Standpunkt her ist es wichtig, darauf hinzuweisen, daß der neue Freiraum in Verantwortung und Übereinstimmung mit den Sozialprinzipien zu nutzen ist. Wenn die Person sich stärker selbst verwirklichen kann, dann kann die Lebensqualität zunehmen und auch segensreich für andere sein, die die Hilfe benötigen. Deshalb gilt der Grundsatz, daß die freien Kapazitäten sowohl für sich selbst als auch im Dienst des anderen (Verwirklichung von Solidarität und Subsidiarität) zu gebrauchen sind.

7.) Das Problem der Arbeitslosigkeit ist komplex. Ein Abbau der hohen Arbeitslosenrate ist nur zu verwirklichen, wenn Strategien entwickelt werden, die die Wachstumsraten, die

Arbeitsproduktivität, die ökonomischen Tendenzen (besonders auch auf globaler Ebene) und die Arbeitsmarktpolitik in einem Zusammenhang sehen. Dabei entscheidet in der Zukunft für das Überleben eines Unternehmens und damit die Verhütung von Arbeitslosigkeit immer mehr das `knappste Gut´ (z.B. Kapital oder Zeit). Den sittlichen Anforderungen entsprechend, gibt es folgende Merkmale bei der Arbeitslosigkeit zu berücksichtigen: Sie ist nicht zu lösen auf Kosten der Humanisierung der Arbeit, auf Kosten der Mitbestimmung der Arbeitnehmer eines Unternehmens (Partizipationsprinzip würde verletzt), auf Kosten der Solidarität, der Umwelt, des Rüstungsexports von Waffen und der Verteilungsgerechtigkeit.

8.) **Die Gesellschaft polarisiert sich**. Es ist davor zu warnen, daß die Gesellschaft nach denen aufgeteilt wird, die einer Erwerbsarbeit nachgehen und denen, die keiner folgen können. Solidarität mit Arbeitslosen fällt weithin aus, da Neid, Mißgunst und egoistische Selbstzufriedenheit unter den Arbeitnehmern die Oberhand gewinnen. Eine Arbeitsstelle zu besitzen, wird immer mehr zum Privileg. Andererseits werden Kontakte zwischen Arbeitnehmern und Arbeitslosen nicht gesucht, sondern in manchen Fällen sogar unterbunden (gegen das Solidaritätsprinzip).

9.) **Investitionen allein um des Profites willen genügen nicht**. Die ökonomische Betrachtung von Investitionen sowie deren Rentabilität oder Amortisierung entsprechen noch nicht der Realisierung ethischer Prinzipien. Es muß auch zur Schaffung neuer Arbeitsstellen kommen, die dem einzelnen eine Zunahme an Lebensqualität garantiert. In Zeiten der Rezession neigen Unternehmen häufig dazu, Mitarbeiter zu schnell zu kündigen und somit die soziale und menschliche Last sowie soziale Fürsorge (gegen das Solidaritätsprinzip) allein den staatlichen Instanzen zu überlassen. Es ist ethisch nicht verantwortbar, wenn sich die Wirtschaft auf Kosten des staatlichen Finanzhaushaltes saniert und nicht bereit ist, die Konsequenzen falschen Handelns auf der Managementebene oder durch zu statische Unternehmensstrukturen zu tragen.

10.) **Der Wert nicht-ökonomischer Tätigkeit ist neu zu erschließen**. In einer Welt, wo utilitaristische Werte den obersten Rang in der Skala der Werte einnehmen, ist zu fragen, wie finanziell unberücksichtigte Räume zu neuem Ansehen kommen können. Wenn von der Zeiteinteilung ausgegangen wird, dann sind nicht mehr nur die klassischen Ebenen von Erwerb und Freizeit hervorzuheben, sondern als dritter Faktor ist - den anderen gleichberechtigt - die soziale Arbeit, die `Sozialzeit´ genannt wird, besser als bisher zu bewerten. Bei der Sozialzeit handelt es sich um die interpersonalen Kontakte, also eine unvergütete Zeit, die im Dienst an der Familie, den Kollegen (im Unternehmen) oder den Freunden verbracht wird. Diese Sozialzeit in der Arbeitswelt erhöht die Qualität des Betriebsklimas, da Arbeitnehmer einander besser verstehen und am Schicksal des anderen partizipieren. Obwohl dies gegen das Leistungsprinzip der Effizienz sprechen mag, humanisiert es doch die Arbeit und steht nicht im Konflikt mit den Sozialprinzipien.

11.) Institutionalisiertes Helfen beschwört die Gefahr des Verlustes innerer (menschlicher) Solidarität herauf. Denn während die Ansprüche der einen durch Leistungsprinzip, arbeitsorientierte Grundeinstellung und ökonomische Werte weiter steigen, gibt es immer mehr Menschen, denen es an den minimalen Gütererfordernissen mangelt, welche zur humanen Gestaltung des Lebensraumes gehören. Wenn Leistungen mit persönlichem Kontakt bürokratisiert und institutionell reguliert werden, dann wird ihnen die Sinnspitze abhanden kommen müssen. Besonders die hohen Anforderungen an Sozialberufe machen deutlich, daß, wenn alles als `Service´ angesehen wird, auch menschliche Qualitäten sinken und ganze Berufsgruppen nicht nur den Mangel selbst spüren, sondern generell Imageverlust in der Öffentlichkeit zu beklagen haben, weil sie durch Überlastung o.ä. nur noch sehr begrenzt im Stande sind, personale Kontakte zu pflegen. Darin ist ebenfalls ein Grund für die Krise des Berufsethos´ - besonders bei sozialen Berufen - zu sehen.

12.) Die Solidarität kann konträre Ansprüche aufweisen. Eine Problembewältigung der Ungerechtigkeiten sollte a priori die genuin von der Natur des Menschen her gegebene Würde aller Personen anerkennen. Von dieser Basis ausgehend, sind die Problemfeldanalysen zu beginnen. Weiterhin hat die Solidarität wenigstens zwei Dimensionen, nämlich die praktische, die einen konkreten Schritt nach sich ziehen sollte und andererseits die abstrakte, die wiederum von einem gewissen Ziel abhängt, wo defekte Realitäten und Ideale künftig zu beheben sind. Das Dilemma der Solidarität besteht darin, daß hier ein Konflikt zwischen den Ansprüchen der Fernsten (in der Dritten Welt z.B.)

und der konkreten Umwelt des einzelnen hervorbrechen kann, da verschiedene Interessen auftreten. Auf den Arbeitsmarkt bezogen, wird die Realisierung des Solidaritätsprinzips äußerst schwierig, wenn sich u.a. die Finanzierung bestehender Arbeitsplätze und neu zu schaffende Ausbildungsplätze für Jugendliche einander ausschließen (Generationenkonflikt), oder wenn es zu Arbeitsplatzexport in die Zweite und Dritte Welt durch überhöhte Lohn- bzw. Lohnnebenkosten in der Ersten Welt kommt. Denn einerseits ist den Ärmeren zu helfen, andererseits sollte es nicht zum Sozialabbau in den Industrieländern führen. Neue Arbeitsplätze in den neuen Demokratien des ehemaligen Ostblocks und der Dritten Welt gehen oft zu Lasten einer höheren Arbeitslosigkeitsrate in der Ersten Welt. Es sollte hier eine internationale Solidarität zur Angleichung und allgemeinen Verbesserung des globalen Gemeinwohls (mit Hilfe der Solidarität) gefordert und umgesetzt werden. Häufig handelt es sich um Konflikte struktureller Natur, wenn die Unternehmen zu stark differenzieren zwischen dem ökonomischen Bereich (Wirtschaftlichkeit und Effizienz) und der Gestaltung der Erwerbsarbeit. Besonders auf Arbeitsschutzbestimmungen im Interesse der Mitarbeiter ist hier zu achten. Auch die Unternehmen sind in ihrem Kompetenzbereich zu limitieren, wobei künftig noch stärker auf genauere politische Absprachen zu achten ist, um nicht Partikularinteressen gegenüber den Gemeinwohlinteressen auszuspielen und damit das Gerechtigkeitsprinzip zu verletzen.

4.4. Arbeit und Wertveränderungen hinsichtlich des Subsidiaritätsprinzips

Als drittes Sozialprinzip ist das der Subsidiarität[750] zu nennen. In der Kurzformel beschreibt es die Hilfe zur Selbsthilfe. Es entstammt der Sozialphilosophie und ist bereits viele Jahrhunderte bekannt.[751] Aber es erfährt inzwischen sogar

[750] Dieses Prinzip wurde besonders wichtig beim Aufbau der Europäischen Union und erhielt in der Öffentlichkeit dadurch wieder größere Relevanz.

[751] Oswald von Nell-Breuning; Artikel „Subsidiarität“; in: Görres-Gesellschaft (Hg.); *Staatslexikon*; 6. Auflage Freiburg 1962, Band 7; 826-833; hier: 828; Abraham Lincoln beschreibt das Verhältnis zwischen Regierung und Bürger, der Subsidiarität entsprechend: „Die Regierung hat für die Bevölkerung das zu besorgen, wonach die Leute Bedürfnis haben, was sie aber nicht selbst tun können oder doch, auf sich gestellt, nicht ebenso

von liberalen Kreisen breite Zustimmung. Das Subsidiaritätsprinzip wurde für die katholische Soziallehre durch Papst Pius XI. eingeführt, mit der Enzyklika „Quadragesimo anno" im Jahre 1931.[752] Danach geht es um die veränderten geschichtlichen Verhältnisse, in denen manche Aufgaben, die von kleineren Einheiten des Gemeinwesens bisher übernommen werden konnten, nun durch größere adäquat zu lösen sind.[753] Trotz allen Wandels, nicht nur in der Arbeitswelt, behält folgender sozialphilosophischer Satz seine Berechtigung: „wie dasjenige, was der Einzelmensch aus eigener Initiative und mit seinen eigenen Kräften leisten kann, ihm nicht entzogen und der Gesellschaftstätigkeit zugewiesen werden darf, so verstößt es gegen die Gerechtigkeit, das, was die kleineren und untergeordneten Gemeinwesen leisten und zum guten Ende führen können, für die weitere und übergeordnete Gemeinschaft in Anspruch zu nehmen; zugleich ist es überaus nachteilig und verwirrt die ganze Gesellschaftsordnung."[754]

Somit ist zu schlußfolgern, daß das Subsidiaritätsprinzip kein rein formales Rechtsprinzip, sondern vielmehr ein die Gerechtigkeit anstrebendes Prinzip ist, das gewisse Vorzugsregeln für das Verhalten in bestimmten Situationen und die jeweiligen Zuständigkeiten abgrenzt, wodurch es jedoch ebenfalls die Struktur und die Funktion der pluralistischen Gesellschaft essentiell bestimmt und dort Gesetzescharakter erhält. Die Rechte werden prinzipiell von der Natur und ihrer Ordnung sowie aus der Gesellschaft abgeleitet, so daß es sich hier um Normen der positiven Rechtssetzung handelt, die von Autoritäten der politischen Instanzen aufgestellt werden, durch ihr sittlich-rechtliches Wesen legitimiert. Gerade deshalb

---

gut tun können. In all das, was die Leute ebenso gut tun können, hat die Regierung sich nicht einzumischen."

[752] Vgl. Papst Pius XI.; *Quadragesimo anno*; Rom 1931; Nr. 79f.

[753] Auch die Sozialprinzipien sind trotz ihres generellen Anspruchs dennoch abhängig von historischen Gegebenheiten oder gesellschaftlichen Veränderungen.

[754] Papst Pius XI.; *Quadragesimo anno*; Rom 1931; Nr. 79; „Jedwede Gesellschaftstätigkeit ist ja ihrem Wesen und Begriff nach subsidiär; sie soll die Glieder des Sozialkörpers unterstützen, darf sie aber niemals zerschlagen oder aufsaugen." Es geht also um die angemessene Verteilung und adäquate Organisation der Pflichten und Rechte innerhalb der Gesellschaft, die jedem einzelnen und jeder Instanz das ihr Zukommende auch zu gewähren hat.

bleibt das Prinzip veränderbar und für die Praxis nicht statisch.[755]

1.) Die menschliche Person ist berufen, am Schöpfungsauftrag Gottes zu partizipieren. Daraus ergibt sich die Verpflichtung, in Verantwortung die Arbeit zum Wohle der Menschen und zur größeren Ehre Gottes zu verrichten, ein `Ja´ zur Mühsal der Arbeit zu sagen, die personale Würde des Arbeiters oder Angestellten zu achten, gegen Ungerechtigkeiten im Arbeitsprozeß oder den Strukturen der Arbeit vorzugehen, sich selbst zu verwirklichen und die eigene, von Gott geschenkte Kreativität im Dienste des Eigen- sowie des Gemeinwohls zu nutzen, solidarisch zu sein und dort Hilfe zur Selbsthilfe zu leisten, wo es notwendig ist (Subsidiaritätsprinzip).

2.) Auch künftig gibt es verschiedene Menschentypen mit ihren je spezifischen Charakteren auf dem Arbeitsmarkt. Zu ihnen zählen die Selbständigen (z.B. Handwerker), die Institutionalisierten (Beamte), die frei Praktizierenden (Ärzte), die Zeitverschenkenden (Sozialarbeiter), die Unterstützungsbedürftigen (Arbeitslose), die Forschenden und das Wissen Vermittelnden (Lehrer), Freizeitarbeiter (Hobbyisten), die Berechenbaren (Servicebereich), die mit der Natur Arbeitenden (Bauern), die unberechenbaren Computerexperten (Informatiker), die im Haushalt Arbeitenden (Frauen). Denen ist zu helfen, die Hilfe brauchen, was in den meisten Fällen die Randgruppen betrifft (Subsidiarität). Andererseits sollte gewährleistet sein, daß der einzelne sich dort verwirklichen kann, wo er seine Stärken am besten einbringen kann (Person- und Freiheitsprinzip).

3.) Unbezahlte Arbeit ist aufzuwerten. Dieses Ziel ethischen Tuns geht davon aus, daß unvergütete Arbeit, d.h. nicht-ökonomisches Handeln, das jedoch hohen gesellschaftlichen Wert besitzt, eine Aufwertung erfährt. Gemäß dem Prinzip der Subsidiarität sollte der Staat durch finanzielle Anreize die Grundlage dafür schaffen. Gesellschaftlich nützliche Arbeit ist zur Humanisierung notwendig. Dabei handelt es sich um die Verwirklichung der Sozialprinzipien, denn der einzelne kann sich dadurch kreativ erweisen (Personprinzip), anderen helfen

---

[755] Vgl. Weiler; Internationale Ethik; Berlin 1986, Band 1; 87.

(Solidaritätsprinzip) und damit einen wichtigen Beitrag für das Gemeinwohl liefern.

4.) Die großen regionalen Unterschiede, die die Arbeitsmarktlage im wiedervereinigten Deutschland erschweren, sind auszugleichen. Gemäß dem Gemeinwohl- und Subsidiaritätsprinzips sind die Spannungen, besonders zwischen den alten und den neuen Bundesländern Deutschlands in der Zukunft zu minimieren. Seit 1990 gibt es breit angelegte Programme der Bundesregierung, Hilfe in den Ländern der ehemaligen „DDR" zu gewähren, welche bisher die schlimmsten Folgen des kommunistischen Regimes kompensieren konnte. Der Solidaritätszuschlag aller Deutschen zeigt, daß es eine gewisse Solidarität gibt, die praktische Opfer fordert - im Dienste einer Bessergestaltung des Gemeinwohls aller Deutschen. Auf diesem Weg ist weiter zu schreiten, um die hohe Arbeitslosigkeit abzubauen und sozialen Konflikten durch Präventivmaßnahmen vorzubeugen. Ethisch gesehen kann die deutsche Teilung nur mittels Durchsetzung des Solidaritäts- und Subsidiaritätsprinzips aufgehoben werden, so daß in Deutschland nicht nur die Wiedervereinigung wirtschaftlich und politisch, sondern auch auf persönlich-humaner Ebene vollzogen wird.

5.) Nur wenn alle Involvierten bereit sind, die Geißel der Arbeitslosigkeit zu mildern oder abzuschaffen, wird ein „Bündnis für die Arbeit" (in Deutschland u.a. Industriestaaten) erfolgreich sein. Wenn sich Arbeiter, Arbeitgeber und Interessenvertreter, Politiker und Wirtschaftsfachleute an einen Tisch setzen, um Lösungen zu suchen, dann ist bereits die Basis geschaffen, die heute oftmals fehlt. Dabei geht es der Ethik als Entscheidungswissenschaft darum aufzuzeigen, daß der gute Wille allein nicht reichen kann, sondern daß praktische Maßnahmen, die sich an den Sozialprinzipien der Katholischen Soziallehre ausrichten, zur Problembewältigung helfen. Dem Subsidiaritätsprinzip kommt in diesem Zusammenhang eine Schlüsselrolle zu, weil staatliche Anfangsunterstützung (z.B. bei Neugründung von Unternehmen etc.) oftmals notwendig ist. Denn jeder als Person, ebenso wie der Staat und die Gesellschaft haben den Auftrag zur Bessergestaltung des Individual- und des Sozialstandes (Personprinzip und Gemeinwohl), dem anderen zu helfen und diese Welt humaner zu gestalten und damit - ob der vielen Herausforderungen dieser

Zeit - dem einzelnen wie der Menschheitsfamilie allgemein ein Mehr an Menschsein zu garantieren.

6.) Die Grundhaltung der Subsidiarität bedarf juristischer Absicherung. Im Zeitalter eines zusammenwachsenden Europa erhält dieses Prinzip wieder mehr Bedeutung, weil es darum gehen muß, aus der Seinsanalyse der Länder und Regionen, die im Bund der Europäischen Union zusammenkommen, ein Sollen zu entwickeln, das die einzelnen Voraussetzungen berücksichtigt und gleichzeitig dort Intialhilfe leistet, wo Gebiete unterentwickelt sind. Wirtschaftlich gesehen ist damit vielfach der Ausbau der Infrastruktur, die Schaffung von Arbeitsplätzen oder die Ausgleichszahlung verbunden. Allerdings ist vor einem Mißbrauch des Subsidiaritätsprinzips zu warnen, denn es verliert seine Berechtigung dort, wo es zu Sozialmißbrauch führt.

4.5. Arbeit und Wertveränderungen hinsichtlich des Gemeinwohls

Zum Schluß ist hier noch auf das Gemeinwohlprinzip zu verweisen, das sich aus den übrigen drei genannten ergibt, obwohl man auch mit diesem hätte beginnen können. Der Terminus des Gemeinwohls (Bonum Commune) erlangte schon unter Aristoteles und später durch Thomas von Aquin großen Einfluß auf die philosophische Prägung des Naturrechtsdenkens und zog auch in die moderne Sozialethik ein. Das Gemeinwohl ist an das Wesen des Menschen gebunden und erhält von dort seine Bestimmung, die wiederum über das Formalelement Gesellschaft hinausgehen muß. Damit ist es ebenfalls ein Begriff, der als Wert auftritt, da es hier den Anspruch der Sinnstiftung erhebt und auf das zielt, was den Menschen immer mehr Mensch sein läßt, d.h. Verwirklichung der Person wird dann widersinnig, wenn es gegen die Zweckerfüllung des Gemeinwohls geht. Weil das Gemeinwohl auf der Würde des Menschen beruht, ist eine stringente Linie von der Verfolgung der Ziele des Gemeinwohls auf kleinster Ebene (Familie), sich erstreckend über alle Bereiche des öffentlichen Lebens, bis hin zur größtmöglichen Einheit, bei genauer Analyse erkennbar.

Soziale Interdependenz und dynamische Verflechtung werden durch das Gemeinwohlprinzip sinnvoll geordnet und erhalten eine

Koordinationsstruktur, die die gesellschaftliche Pluriformität zu einer gewissen Einheit sowie die vielen Fähigkeiten und Interessen der einzelnen nicht konträr, sondern integrierend zu bündeln im Stande ist, was wiederum einer ethischen Grundlegung bedarf. Denn das Prinzip der als Ganzes wirkenden Geschlossenheit in Verbindung mit der Verschiedenartigkeit der Einzelglieder dieser Einheit muß notwendigerweise mit dem Sollensanspruch der Ethik sowie der gerechten Organisation dieses Beziehungsgefüges einhergehen.[756]

Der Begriff des Gemeinwohls ist vieldeutig (Interesse der Allgemeinheit, Gemeinnutz, öffentliches Wohl etc.). Es geht bei ihm darum, über alle Gegensätze der Interessen hinaus, ein Gutes anzuerkennen, welches nicht durch den einzelnen allein, sondern vielmehr in gegenseitiger Absprache und Kooperation, also der Involvierung von mehreren möglich wird. Denn das Zusammenspiel auf gesellschaftlicher Ebene darf kein „Null-Summen-Spiel" sein, sondern ist nach dem Gerechtigkeitsprinzip in der Weise zu gestalten, daß es für alle einen Nutzen bringt, wenn auch nicht für jeden Beteiligten in gleichem Ausmaß. Demnach ist jede Art von Wertverwirklichung Verfolgung des Gemeinwohlzwecks, sobald sie durch wenigstens zwei Handelnde auf ein Ziel, das ein Gut ist, hingeordnet und realisiert wird.[757] So ist das Bonum Commune zusammenfassend als Sorge für das allgemeine Wohl der gesamten Menschheit zu beschreiben, d.h. daß es hier um die Besorgnis der geistigen und humanen Entwicklung aller geht.[758] Somit erhebt das Gemeinwohlprinzip ethischen Sollensanspruch, damit die Gesellschaft immer humaner werde und der einzelne mehr Mensch.

1.) Durch stärker werdendes Hinterfragen der Industrieproduktion und des permanenten Wachstums hält die Sinndimension verstärkt Einzug in die Ökonomie. Darin liegt eine echte Chance der Bewußtseinserhellung hinsichtlich einer Verbesserung des Gemeinwohls, denn die Wirtschaft soll den Menschen mit knappen Gütern versorgen, aber nicht so, daß damit z.B. die Schöpfung mißbraucht wird. Wirtschaft richtet sich

---

756 Vgl. a.a.O. 81-85.

757 Vgl. Walter Kerber; Artikel „Gemeinwohl"; in: Georges Enderle (Hg. et al.); Lexikon der Wirtschaftsethik; Freiburg 1993; Spalten 339-342; hier: 339.

758 Vgl. Papst Johannes Paul II.; Sollicitudo rei socialis; Rom 1987; Nr. 10.

dann direkt und indirekt gegen das Gemeinwohl, wenn sie ausschließlich den Profit als einziges Entscheidungskriterium anerkennt und die ökologische Betrachtung (völlig) vernachlässigt.

2.) Die Spannung von vorgegebener statischer Ordnung (Gemeinwohl) und Selbstentfaltung (Person- und Freiheitsprinzip) durch Arbeit ist möglichst zu verringern. Beide Elemente haben ihren berechtigten Platz zu erhalten und sind gegenseitig aufeinander bis zu einem gewissen Maß abzustimmen. Ethisch gesehen ist die Vorzugsregel zu vollziehen, daß das Gemeinwohl - unter Wahrung der Personwürde jedes einzelnen - im Konfliktfall über das Einzelwohl zu stellen ist, weil es hier um das Gut vieler geht. Im Idealfall lassen sich beide Interessen verknüpfen, kommt es aber zu Über- und Unterordnung, dann gilt Gemeinwohl vor Einzelwohl.

3.) Macht und Arbeit sind interdependente Größen und in den Dienst des Gemeinwohls zu stellen. Selbstverwirklichung einer Person kann nur dort geschehen, wo dem Beschäftigten ein gewisser Freiraum zur Verfügung steht, den er nutzen sollte, um auf Arbeit und Leben positiv einzuwirken. Dabei gilt der Grundsatz, daß je größer die Macht, umso mehr Entscheidungsfreiheit - aber stets in Verantwortung - ist zu gewährleisten. Macht, die übertragen wurde (von einer anderen Instanz oder einer Gruppe von Menschen), ist nicht zum eigenen Vorteil zu mißbrauchen, da dies gegen das Gemeinwohl gerichtet ist und somit unsittlich.

4.) Die Macht der Führungskräfte in der Wirtschaft ist zu limitieren, um die Durchsetzbarkeit der Gemeinwohlinteressen nicht zu gefährden. Trotz der Forderung nach Selbstverwirklichung sollte es keine Einzelentscheidungen der Wirtschaft geben ohne Rücksprache mit den Interessenvertretern der unterschiedlichen Gruppen (Arbeiter, Angestellte). Der demokratische Entscheidungsprozeß ist der Willkür oder dem Interesse einzelner zu entziehen, so daß das bereits genannte Prinzip Gemeinwohl vor Einzelwohl auch im Wahlverfahren beim Vorzug des einen gegenüber dem anderen garantiert werden kann.

5.) Fordert die heutige Wirtschaft und damit auch der Arbeitsprozeß nicht unsittliche Handlungen, die sich gegen das Gemeinwohl richten, heraus? Z.B. lassen zu hohe Lohnnebenkosten einen „schwarzen Arbeitsmarkt" entstehen. Intrigen, die Umgehung von Gesetzen und die Irreführung von Behörden werden durch den erbarmungslosen Konkurrenzdruck am Markt provoziert. Wenn zum Überleben nichts anderes übrigbleibt, als mit Unwahrheit und Lüge das Sein abzusichern, dann ist es weder sittlich vom einzelnen noch von der Gesellschaft selbst. Denn wem die Unredlichkeit (als Unternehmer) nachgewiesen wird, der verliert damit die Zulassung und Existenzberechtigung des Unternehmens. Vom ethischen Standpunkt sind konsequente Entscheidungen und das Unterbinden von Betrügereien (mit juristischen und finanziellen Mitteln etc.) zu fordern.

6.) Es findet eine Schwerpunktverlagerung im Arbeitsbereich statt. Dabei ist die Abnahme der Industrieproduktion zu konstatieren, die vom Dienstleistungssektor immer stärker verdrängt wird. Der Servicebereich hängt aber trotz seines Wachstums wesentlich von der Industrieproduktion ab und kann nur dann sinnvoll erweitert werden, wenn es gelingt, diese aufrecht zu erhalten. Hier ist ein kommendes Ungleichgewicht zu befürchten, welchem entgegengewirkt werden sollte. Appelle allein, daß z.B. der Industriestandort Deutschland zu sichern ist, reichen nicht aus, sondern sind nur durch den festen Willen zur Bewältigung des Problems sowie durch die Wirtschaft und deren Partner (z.B. Gewerkschaften) umzusetzen. Ansonsten wird die Verfolgung des Gemeinwohls an Bedeutung verlieren.

7.) Multinationale Unternehmen bringen eine Eigendynamik im sozialen Bereich hervor, die das Gemeinwohl der Arbeitnehmer verringern kann, weil diese Unternehmen weithin ihren eigenen Gesetzen folgen. Als Grundproblem hinsichtlich dieser Eigendynamik scheint der Entzug des Einflusses der politischen Macht eines konkreten Staates auf (gegen das Gemeinwohl eines Landes, besonders dort, wo die juristischen Verhältnisse nicht eindeutig geklärt sind). Da es kaum einflußreiche transnationale Behörden gibt, die diese in vielen Ländern agierenden Konzerne in ihre Grenzen verweisen kann, bleiben humane und soziale Werte weitgehend unberücksichtigt. Hier sind Gegenmaßnahmen wie die Schaffung von transnationalen Gremien (Gewerkschaften, die internationalen Einfluß ausüben können) zu treffen. Zu oft hört der Kompetenzbereich an der Grenze eines Staates auf, was in dem Sinne unsittlich ist, weil damit die Verwirklichung der Sozialprinzipien umgangen wird, ja es zur bewußten Ausschaltung dieser kommt.

8.) Die Wirtschaftsunternehmen sind oftmals noch zu sehr auf Effizienz allein aus (Partikularinteresse vor Gemeinwohl!).

Denn sie überlassen die Realisierung von menschlichen Werten weitgehend den politischen Instanzen und orientieren dagegen ausschließlich auf Arbeit, Kapital, Eigentum und Produktion, welche sie fest im eigenen Einflußbereich behalten wollen. Andererseits ist die Politik gar nicht in der Lage, die Wertverwirklichung allein zu garantieren, da auf vielen Ebenen des menschlichen Lebens ökonomische Evidenz vorhanden ist. Der Sollensanspruch ist hier zu erheben, da die Wirtschaft nicht nur auf Profit und effizientes Arbeiten schauen sollte, sondern auch zum Menschen und dem Sein schlechthin. So ist zu formulieren, daß Unternehmen und transnationale Konzerne mehr ethische Verantwortung gegenüber dem Arbeitnehmer selbst und der Gesellschaft übernehmen sollten. Denn das Gemeinwohl und das Einzelwohl bedingen einander, was ebenso für das Verhältnis zwischen Politik und Wirtschaft korrekt ist, wobei aber der Politik die Aufgabe zukommt, daß sie die Rahmenbedingungen für die Ökonomie erstellt.

9.) Das Standesdenken früherer Jahrhunderte hat an Bedeutung verloren. Heute ist es geradezu Kennzeichen der postmodernen, offenen, liberalen und sozialen Wirtschafts- und Gesellschaftssysteme, daß oft Berufe, die damals die Zugehörigkeit zum Stand ausmachten, gewechselt werden. In den Interessenvertretern der Arbeitnehmer und Arbeitgeber sind bis jetzt standeskonstitutive Elemente durchaus noch vorhanden, aber sie haben den Anspruch verloren, den Stand genuin zu definieren, selbst wenn sie seine Interessen verantworten müssen. Auch in diesem Zusammenhang geht es um die bessere Gestaltung des zu verfolgenden Gemeinwohls.

10.) Die nächsten Jahre werden in Deutschland zur verstärkten sozialen Differenzierung führen, so daß sich auch das Gemeinwohl polarisieren dürfte. Debatten über wirtschaftliche und arbeitstechnische Flexibilisierungen künden von einer Gesellschaft, die vermehrt mit sozialen Unterschieden leben muß. Dafür sind die Ostdeutschen aber viel weniger vorbereitet als die Menschen der alten Bundesländer. Sobald bestimmte Forderungen und Ziele in Konflikt zueinander geraten, z.B. die Einkommensunterschiede zu verringern oder die Leistungsanreize materieller Art zu vergrößern, plädieren die Menschen im Osten Deutschlands für die erste Option, die Menschen im Westen Deutschlands dagegen für die zweite Option. Ebenso ist es beim Konflikt zwischen Verstaatlichung und Privatisierung, wo

Ostdeutsche eher mehr Staatseinfluß favorisieren, während Westdeutsche auf Ausweitung der privatwirtschaftlichen Sphäre hoffen. Bei den Sozialleistungen zeigt sich das gleiche Bild: viele Menschen der neuen Bundesländer erwarten eine Vergrößerung der Leistungen des Staates, im Westen dagegen wäre man schon mit dem Halten der bisherigen Leistungsebene zufrieden. In den meisten Industriestaaten, besonders auch in Deutschland, werden verstärkte Diskussionen über Einfluß und Gewicht von Gleichheit und Freiheit, von Freiheit und Gerechtigkeit bzw. von Freiheit und sozialer Verträglichkeit zu führen sein. Eine Neuorientierung - verbunden mit einer folgenden Neugewichtung - ist zu erwarten.

P.S. Nur wenn es gelingt, die Zeichen der Zeit richtig zu deuten und aus den Ergebnissen, die entsprechenden Schlußfolgerungen zu ziehen, wird es möglich sein, auch mit Hilfe der Prinzipien der Katholischen Soziallehre die Zukunft unseres Universums besser zu gestalten und aus den gemachten Fehlern zu lernen. Aber diese Aufgaben, die bei der rechten Gesinnung des Einzelmenschen beginnen, können sehr wohl über Sein oder Nichtsein unseres Planeten und über die Humanisierung unserer Gesellschaften entscheiden. Dabei wird die Arbeit, gleich welcher Art, ebenso in Zukunft eine Schlüsselfunktion bei der Gestaltung des Lebens innerhalb der Menschheitsfamilie spielen, zählt doch das Wirken normalerweise zu den Konstitutiva unseres Seins (Ausnahmen bilden z.B. Behinderte).

Besonders der realistische Blick zu den Sachverhalten, aber ebenso die visionäre Hoffnung auf die Aktion zur Bessergestaltung unserer je eigenen Umgebung sind Anlaß zum Mut und dem Einbringen der Kreativität, damit es menschlicher werde in dieser Welt.

Bibliographie

A.) Lexika und Nachschlagewerke

- *Die Bibel*; Freiburg,Basel,Wien 1991.
- *Bibel-Lexikon*; Haag, Herbert (Hg.); Leipzig 1970.
- *Bibeltheologisches Wörterbuch*; Bauer, J. (Hg. et al.); Wien, Köln 1962.
- *Brockhaus- Enzyklopädie*; 19. Auflage Mannheim 1991.
- *Christlicher Glaube in moderner Gesellschaft (Enzyklopädie in 30 Teilbänden)*; Böckle, Franz/Kaufmann, Franz-Xaver/Rahner, Karl/Welte, Bernhard- in Verbindung mit Scherer, Robert (Hg.); Freiburg,Basel,Wien 1981ff.
- *dtv-Atlas zur Weltgeschichte*; Kinder, Hermann/Hilgemann, Werner (Hg.); 21. Auflage München 1986.
- *Duden- Bedeutungswörterbuch*; Drosdowski, Günther (Hg. et al.); Band 10, 2. Auflage Mannheim,Wien,Zürich 1985.
- *Duden- Etymologie*; Drosdowski, Günther (Hg. et al.); Band 7, Mannheim,Wien,Zürich 1963.
- *Duden- Fremdwörterbuch*; Drosdowski, Günther (Hg. et al.); Band 5, 4. Auflage Mannheim,Wien,Zürich 1982.
- *Entwicklungspolitik-Unterwegslexikon*; Horlemann, Jürgen (Hg.); Stuttgart 1988.
- *Der Fischer Weltalmanach 1996*; Baratta, Mario von (Hg.); Frankfurt/M. 1995.
- *Geschichte der Philosophie*; Hirschberger, Johannes; Teil 1, 14. Auflage Freiburg 1987; Teil 2, 13. Auflage Freiburg 1988.
- *Geschichtliche Grundbegriffe*- Historisches Lexikon zur politisch-sozialen Sprache in Deutschland; Brunner, Otto/Conze, Werner/Koselleck, Reinhart (Hg.); Stuttgart 1992.
- *Grundbegriffe der Moral*; Böckle, Franz (Hg.); 7. Auflage Aschaffenburg 1972.
- *Grundbegriffe der Soziologie*; Schäfers, Bernhard (Hg.); Opladen 1986.
- *Handbuch der christlichen Ethik*; Hertz, Anselm (Hg. et al.); Freiburg,Basel,Wien 1993.
- *Handwörterbuch des Personalwesens*; Gaukler, Ed. (Hg.); Stuttgart 1975.
- *Herders Theologisches Taschenlexikon*; Rahner, Karl (Hg.); Freiburg 1972.

- *Historisches Wörterbuch der Philosophie*; Ritter, Joachim (Hg.); Basel,Stuttgart 1971.
- *The Illustrated Bible Dictionary*; Douglas, J.D. (Hg. et al.); Sydney,Auckland 1980.
- *Jahrbuch für Philosophie und phänomenologische Forschung V*; Berlin 1922.
- *Katholischer Erwachsenenkatechismus*; Deutsche Bischofskonferenz (Hg.); 3. Auflage Kevelaer,München,Suttgart, Regensburg,Limburg,Köln 1985.
- *Katholisches Soziallexikon*; Klose, Alfred (Hg. et al.); München,Innsbruck,Wien 1964.
- *Kleines Konzilskompendium*; Rahner, Karl/Vorgrimler, Herbert (Hg.); 14. Auflage Freiburg,Basel,Wien 1980.
- *Kleines Theologisches Wörterbuch*; Rahner, Karl/Vorgrimler, Herbert (Hg.); 15. Auflage Freiburg,Basel,Wien 1985.
- *Lexikon der Ethik*; Höffe, Otfried (Hg.); München 1977.
- *Lexikon der katholischen Dogmatik*; Beinert, Wolfgang (Hg.); Freiburg 1987.
- *Lexikon der Religionen*; König, Franz/Waldenfels, Hans; 2. Auflage Freiburg,Basel,Wien 1988.
- *Lexikon der Wirtschaftsethik*; Enderle, Georges (Hg.) Freiburg,Basel,Wien 1993.
- *Lexikon für Theologie und Kirche*; Kasper, Walter (Hg. et al.); 3. Auflage Freiburg,Basel,Rom,Wien 1993ff.
- *Longman Dictionary of American English*; White Plains, NY 1983.
- *Meyers großes Taschenlexikon*; Digel, Werner/Kwiatkowski, Gerhard (Chefred.); Bände 1-24, 2. Auflage Mannheim,Wien, Zürich 1987.
- *Neues Handbuch theologischer Grundbegriffe*; Eicher, Peter (Hg.); 4 Bände, München 1984.
- *Neues Lexikon der christlichen Moral*; Rotter, Hans/Virt, Günter (Hg.); Innsbruck,Wien 1990.
- *The New Webster Encyclopedic Dictionary of the English Language*; Thatcher, Virginia S. (Hg. et al.); Chicago 1971.
- *Philosophisches Wörterbuch*; Brugger, Walter (Hg.); 19. Auflage Freiburg,Basel,Wien 1988.
- *Pipers Wörterbuch zur Politik*; Nohlen, Dieter (Hg. et al.); Band 1, München 1983.

- *Texte zur katholischen Soziallehre*; von Nell-Breuning, Oswald/Schasching, Johannes (Hg.); 7. Auflage Köln,Kevelaer 1989.
- *Theologisch Woordenboek*; Brink, Hans (Hg.); (Niederländisch), Roermond en Maaseik 1952.
- *Theologische Realenzyklika*; Krause, Gerhard (Hg. et al.); Berlin 1976.
- *Staatslexikon*; Görres-Gesellschaft (Hg.); 7. Auflage Freiburg 1985.
- *Umwelt-Handwörterbuch*; Fryphaupt, F.J./Peine, F.J./ Wittkämper, G.W. (Hg.); Berlin 1992.
- *Wörterbuch der philosophischen Begriffe*; Hoffmeister, Johannes (Hg.); 2. Auflage Hamburg 1955.

B.) Sekundärliteratur

- Adam, August; *Arbeit und Besitz nach Ratherus von Verona*; Freiburg 1927.
- Adenauer Stiftung (Hg.); *Christliche Demokratie in Deutschland*; St. Augustin bei Bonn 1978.
- Alt, Franz; *Frieden ist möglich*; München o.J.
- Anzenbacher, Arno; *Einführung in die Philosophie*; Freiburg,Basel,Wien 1981.
- Ders.; *Was ist Ethik*; Düsseldorf 1987.
- Archangelski, L.M.; *Kategorien der marxistischen Ethik*; Berlin 1965.
- Arendt, Hannah; *Vita activa oder: Vom tätigen Leben*; München 1981.
- Aristoteles; *Politik*; übersetzt und herausgegeben von Olof Gigon; 4. Auflage München 1981.
- Auer, Alfons; *Autonome Moral und Glaube*; 2. Auflage Düsseldorf 1984.
- Ders.; *Ethos der Freizeit*; Düsseldorf 1972.
- Augustinus; *De beata vita*; Stuttgart 1982.
- Auswärtiges Amt der Bundesrepublik Deutschland (Hg.); *Menschenrechte in der Welt*; 4. Auflage Bonn 1981.
- Bacon, Francis; *Novum Organum*; London 1620.
- Bätz, Ulrich/Beckers, Hermann-Josef (Redaktion); *Wertwandel & Kirche*; Aachen,Mönchengladbach 1990.

- Balthasar, Hans Urs von; *Kommentar zu Band 24 der deutschen Ausgabe der Summa Theologica*; Heidelberg 1952.
- Bauer, Dolores/Virt, Günter (Hg.); *Für ein Lebensrecht der Schöpfung*; Salzburg 1987.
- Baum, Gregory; *The Priority of Labor*; New York 1982.
- Ders./Campion, Donald A.; *Commentary on Gaudium et Spes*; New York 1967.
- Beckers, Herman-Josef/Wittrahm, Andreas; *Wertwandel*; Aachen,Mönchengladbach 1993.
- Berg-Schlosser, Dirk/Stammen, Theo; *Einführung in die Politikwissenschaft*; 5. Auflage München 1992.
- Bienert, Walter; *Die Arbeit nach der Lehre der Bibel*; Stuttgart 1954.
- Binswanger, Hans Christoph; *Arbeit ohne Umweltzerstörung*; Frankfurt/M. 1983.
- Bluestone, Barry/Harrison, Bennett; *The Deindustrialization of America*; New York 1982.
- Bocklet, Paul/Fels, Gerhard/Löwe, Hartmut (Hg.); *Der Gesellschaft verpflichtet*; Köln 1990.
- Brocker, Manfred; *Arbeit und Eigentum*; Darmstadt 1992.
- Brunner, Otto; *Neue Wege der Verfassungs- und Sozialgeschichte*; 2. Auflage Göttingen 1968.
- Buber, Martin; *Ich und Du*; Heidelberg 1958.
- Bydlinski, Franz/Mayer-Maly, Theo (Hg.); *Die Arbeit*- ihre Ordnung-ihre Zukunft-ihr Sinn; Wien 1995.
- Chenu, Marie-Dominique; *Kirchliche Soziallehre im Wandel*; Fribourg,Luzern 1991.
- Cicero, Marcus Tullius; *De officiis*; Gunermann, H. (Hg.); Stuttgart 1984.
- Ders.; *De re publica*; Büchner, Karl (Hg.); Stuttgart 1979.
- Coreth, Emerich; *Was ist der Mensch*?; 4. Auflage Innsbruck, Wien 1986.
- Cranston, Maurice; *John Locke*; Oxford 1985.
- Deutscher Bundestag (Hg.); *Grundgesetz für die Bundesrepublik Deutschland*; Bonn 1990.
- Dörner, Klaus/Plog, Ursula; *Irren ist menschlich*; Leipzig 1989.
- Dreier, Wilhelm; *Sozialethik*; Düsseldorf 1983.
- Epiktet; *Handbüchlein der Ethik*; Stuttgart 1987.
- Epikur; *Von der Überwindung der Furcht*; Gigon, Olof (Hg.); München 1983.

- Erb, Otto; *Wirtschaft und Gesellschaft im Denken der hellenischen Antike*; Berlin 1939.
- Ernst, Wilhelm (Hg.); *Grundlagen und Probleme der heutigen Moraltheologie*; Würzburg,Leipzig 1989.
- Farrington, Benjamin; *Francis Bacon*; London 1951.
- Festschrift für Karl Hörmann; *Spiritualität und Moral*; Wien 1975.
- Fromm, Erich; *To have or to be?*; New York 1976.
- Furger, Franz; *Ethik der Lebensbereiche*; 2. Auflage Freiburg, Basel,Wien 1985.
- Gannon, Thomas M. (Hg.); *The Catholic Challenge to the American Economy*; New York 1987.
- Glaser, Hermann; *Das Verschwinden der Arbeit*; Düsseldorf, Wien,New York 1988.
- Goosen, Gideon; *The Theology of Work*; Dublin,Cork 1974.
- Greshake, Gisbert; *Priestersein*; 4. Auflage Freiburg 1985.
- Gürtler, Joachim/Ruppert, Wolfgang/Vogler-Ludwig, Kurt (Hg. et al.); *Verdeckte Arbeitslosigkeit in der DDR*- Studien zur Arbeitsmarktforschung Nr. 5; München 1990.
- Gurjewitsch, Aaron J.; *Das Weltbild des mittelalterlichen Menschen*; München 1982.
- Habermas, Jürgen; *Technik und Wissenschaft als Ideologie*; Frankfurt/M. 1968.
- Häring, Bernhard; *Freisein in Christus*; Bände I-III, Freiburg,Basel,Wien 1989.
- Hauck, Friedrich; *Die Stellung des Urchristentums zu Arbeit und Geld*; Gütersloh 1921.
- Havemann, Robert; *Morgen*- Die Industriegesellschaft am Scheideweg; München,Zürich 1980.
- Hengel, Martin; *Eigentum und Reichtum in der frühen Kirche*; Stuttgart 1973.
- Hengsbach, Friedhelm; *Gegen Unmenschlichkeit in der Wirtschaft*; Freiburg,Basel,Wien 1987.
- Ders./Ludwig, Heiner; *Wirtschaft für wen?*; Frankfurt/M. 1985.
- Henrich, Rolf; *Der vormundschaftliche Staat*; Reinbeck bei Hamburg 1989.
- Höffe, Otfried (Hg.); *Einführung in die utilitaristische Ethik*; 2. Auflage Tübingen 1992.
- Ders. (Hg.); *Klassiker der Philosophie*; München 1981.
- Höffner, Josef Cardinal; *Economic Systems and Economic Ethics*; 3. Auflage Köln 1988.

- Hoffmann, Paul/Eid, Volker; *Jesus von Nazareth und eine christliche Moral*; Freiburg 1975.
- Hohn, Dirk; *Theorien des Arbeitsrechts im Vergleich mit Denkansätzen aus katholischer Glaubensüberzeugung*; Frankfurt/M. 1995.
- Honecker, Martin; *Grundriß der Sozialethik*; Berlin,New York 1995.
- Hollenbach, David; *Justice, Peace and Human Rights*; New York 1988.
- Homann, Karl/Bloome-Drees, Franz; *Wirtschafts- und Unternehmensethik*; Göttingen 1992.
- Hoyos, Carl Graf; *Arbeitspsychologie*; Stuttgart 1974.
- Huber, Josef; *Die zwei Gesichter der Arbeit*; Frankfurt/M. 1984.
- Inglehart, Ronald; *Kultureller Umbruch*; Frankfurt/M.,New York 1989.
- International Labour Organisation (Hg.); *Report VI (1) for the International Conference on Work 1983: Policies of Employment in the World*; Genf 1983.
- Jahoda, Marie; *Employment and Unemployment*; Cambridge,New York 1982.
- Johannes XXIII., Papst; *Pacem in Terris*; Rom 1963.
- Johannes Paul II., Papst; *Centesimus Annus*; Rome 1991.
- Ders.; *Laborem Exercens*; Rom 1981.
- Ders.; *Sollicitudo rei socialis*; Rom 1987.
- Kant, Immanuel; *Kritik der praktischen Vernunft*; Riga 1788.
- Ders.; *Kritik der reinen Vernunft*; Riga 1781.
- Ders.; *Kritik der Urteilskraft*; Riga 1790.
- Kasper, Walter; *Jesus der Christus*; Leipzig 1981.
- Kaufmann, Franz X. (Hg.); *Markt, Staat und Solidarität*; Frankfurt/M. 1984.
- Kerber, Walter; *Arbeitswelt im Umbruch*; Düsseldorf 1984.
- Ders. (Hg. et al.); *Katholische Gesellschaftslehre im Überblick*; Frankfurt/M. 1991.
- Kimmel, Adolf (Hg.); *Die Verfassungen der EG-Mitgliedstaaten*; München 1987.
- Klages, Helmut; *Wertorientierungen im Wandel*; Frankfurt/M. 1984.
- Klein, Ernst; *Die englischen Wirtschaftstheoretiker des 17. Jahrhunderts*; Darmstadt 1973.

- Klose, Alfred (Hg.); *Johannes Messner 1891-1984*; Paderborn, München,Wien,Zürich 1991.
- Ders./Schambeck, Herbert/Weiler, Rudolf (Hg.); *Das Neue Naturrecht*; Berlin 1985.
- Konrad, Robert; *Philosophie-Weltreligionen-Zeitprobleme*; 2. Auflage Donauwörth 1974.
- Koslowski, Peter; *Die postmoderne Kultur*; München 1987.
- Kostanecki, Anton von; *Arbeit und Armut*; Freiburg 1909.
- Kreider, Carl; *The Rich and the Poor*; Ontario 1987.
- Krohn, Wolfgang; *Francis Bacon*; München 1987.
- Kuhn, Thomas S.; *Die Struktur wissenschaftlicher Revolutionen*; 9. Auflage Frankfurt/M. 1988.
- LeGoff, Jacques; *Die Intellektuellen im Mittelalter*; Stuttgart 1987.
- Leopold-Wildburger, Ulrich; *Österreich am Weg nach Europa*; Wien 1988.
- Locke, John; *An Essay Concerning Human Understanding*; London 1689.
- Ders.; *Of the conduct of understanding*; London 1706 (posthum).
- Ders.; *Two Treatises of Government*; London 1690.
- Ders.; *Works*- 10 Volumes; London 1823 (Deutsch: Aalen 1963).
- Lohse, Eduard; *Theological Ethics of the New Testament*; Minneapolis 1991.
- Luther, Martin; *Werke: Weimarer Ausgabe*; Kritische Gesamtausgabe in 58 Bänden; Weimar 1883ff.
- Marcuse, Herbert; *Eros and Civilization*; New York 1961.
- Ders.; *Psychoanalyse und Politik*; Frankfurt/M. 1968.
- Marx, Karl; *Ökonomisch-philosophische Manuskripte*; Paris 1844.
- Ders./Engels, Friedrich; *Werke (MEW)*; Berlin 1962.
- Merklein, Helmut; *Die Gottesherrschaft als Handlungsprinzip*; 2. Auflage Würzburg 1981.
- Messner, Johannes; *Die berufsständische Ordnung*; Innsbruck, Wien,München 1936.
- Ders.; *Ethik*; Innsbruck,Wien,München 1955.
- Ders.; *Kulturethik*; Innsbruck,Wien,München 1954.
- Ders.; *Das Naturrecht*; 4. Auflage Innsbruck,Wien, München 1960.

- Ders.; *Die soziale Frage im Blickfeld der Irrwege von gestern, der Sozialkämpfe von heute, der Weltentscheidungen von morgen*; 7. Auflage Innsbruck,Wien,München 1964.
- Mieth, Dietmar; *Arbeit und Menschenwürde*; Freiburg 1985.
- Mikl-Horke, Gertraude; *Industrie- und Arbeitssoziologie*; 2. Auflage München,Wien 1994.
- Mollat, Michel; *Die Armen im Mittelalter*; München 1984.
- Moltmann, Jürgen (Hg.); *Recht auf Arbeit-Sinn der Arbeit*; München 1979.
- Nell-Breuning, Oswald von; *Arbeitet der Mensch zuviel?*; Freiburg 1985.
- Ders.; *Soziale Sicherheit?*; Freiburg 1979.
- Ders.; *Der Wert der Arbeit und der Weg zur Gerechtigkeit*; Freiburg,Basel,Wien 1981.
- Neuhold, Leopold; *Wertwandel und Arbeit*; Schriften des Dr.-Karl-Kummer-Instituts für Sozialpolitik und Sozialreform in Steiermark; Graz 3/1989.
- Ders.; *Wertwandel und Christentum*; Linz 1988.
- Organisation for Economic Cooperation and Development (Hg.); *The OECD Jobs Study*; Paris 1994.
- Paschini, Pio; *Vita e opere di Galileo Galilei*; 2 Bände, Rom 1964.
- Paul VI., Papst; *Octogesimus adveniens*; Rom 1971.
- Peschke, Karl H.; *Social Economy in the Light of Christian Faith*; Trier 1991.
- Pieper, Josef; *Muße und Kult*; 7. Auflage München 1965.
- Pius XI., Papst; *Quadragesimo anno*; Rom 1931.
- Pixley, George V./Boff, Clodovius; *The Bible, the Church and the Poor*; New York 1989.
- Platon; *Nomoi*; in: Werke- Gesamtausgabe; Darmstadt 1970-1983.
- Pohier, Jacques/Mieth, Dietmar (Hg.); *Unemployment and the Right to Work*; New York 1982.
- Popp, Georg (Hg.); *Die Großen der Bibel*; Stuttgart,Regensburg 1987.
- Pribyl, Herbert; *Interessenverfolgung und Interessenausgleich am Beispiel des europäischen Integrationsprozesses*; Wien 1995.
- Quinton, Anthony; *Francis Bacon*; Oxford 1980.
- Rad, Gerhard von; *Weisheit in Israel*; Neukirchen,Vluyn 1970.
- Rawls, John; *Political Liberalism*; New York 1993.
- Ders.; *A Theory of Justice*; Cambridge/Massachusetts 1971.

- Ricardo, David; *Principles of political economy and taxation*; 1817.
- Rich, Arthur; *Wirtschaftsethik*; Band 1, 4. Auflage Gütersloh 1991; Band 2, 1. Auflage Gütersloh 1990.
- Riesner, Rainer; *Formen gemeinsamen Lebens im Neuen Testament und heute*; Gießen,Basel 1977.
- Roos, Lothar/Then, Werner; *Christliches Arbeitsethos und moderne Arbeitskultur*; Dresdener Kathedralvorträge, Heft 7; Paderborn,Dresden 1990.
- Seneca; *Vom glückseligen Leben und andere Schriften*; Stuttgart 1987.
- Schasching, Johannes; *Unterwegs mit den Menschen*; Wien,Zürich 1991.
- Scheler, Max; *Christentum und Gesellschaft*; Leipzig 1924.
- Schinzinger, Francesca; *Ansätze ökonomischen Denkens von der Antike bis zur Reformationszeit*; Darmstadt 1977.
- Schlatter, Richard; *Private Property*; 2. Auflage New York 1973.
- Schnackenburg, Rudolf; *Die sittliche Botschaft des Neuen Testaments*; Freiburg 1986.
- Schnarrer, Johannes Michael; *Market, Morality and Marginalization*; unveröffentlichte Lizentiatsarbeit, Cambridge (Massachusetts) 1994.
- Schneider, Reinhold; *Öko-Signale*; Freiburg,Basel,Wien 1985.
- Schröder, Richard; *Deutschland schwierig Vaterland*; Freiburg 1993.
- Schüller, Bruno; *Die Begründung sittlicher Urteile*; 2. Auflage Düsseldorf 1980.
- Schütte, Heinz; *Liebst Du mich ?*; Paderborn 1986.
- Schwan, Gesine; *Die Gesellschaftskritik von Karl Marx*; Stuttgart 1974.
- Sekretariat der Österreichischen Bischöfe (Hg.); *Der Mensch ist der Weg der Kirche*; Wien,Linz 1990.
- Shapiro, Gary (Hg.); *After the Future*; Albany 1990.
- Siekaup, Waldemar; *Volkswirtschaftslehre*; 5. Auflage Wolfenbüttel 1961.
- Smith, Adam; *An Inquiry into the Nature and Causes of the Wealth of Nations*; London 1776.
- Ders.; *Theorie der ethischen Gefühle*; Eckstein, Walter (Hg.); Hamburg 1977.

- Ders.; *Der Wohlstand der Nationen*; Recktenwald, Hans C. (Hg.); München 1978.
- Sombart, Werner; *Der Bourgeois*; Reinbeck bei Hamburg 1988.
- Steinbach, Franz; *Der geschichtliche Weg des wirtschaftlichen Menschen in die soziale Freiheit und politische Verantwortung*; Köln,Opladen 1954.
- Sutor, Bernhard; *Politische Ethik*; Paderborn,München,Wien, Zürich 1991.
- Tawney, Richard Henry; *Religion and the Rise of Capitalism*; London 1987.
- Taylor, Charles; *Das Unbehagen an der Moderne*; Frankfurt/M. 1995.
- Thomas, von Aquin; *Summa theologiae*; Bernhart, Joseph (Hg.); 3. Auflage Stuttgart 1985.
- Thurow, Lester; *Head to Head*; New York 1993.
- Tilgher, Adriano; *Work*; New York 1977.
- Treue, Wilhelm; *Deutsche Geschichte*; 2 Bände, 6. Auflage Stuttgart 1990.
- Troeltsch, Ernst; *Augustin, die christliche Antike und das Mittelalter*; München,Berlin 1915.
- Ders.; *Die Bedeutung des Protestantismus für die Entstehung der modernen Welt*; München,Berlin 1911.
- Ders.; *Die Soziallehren der christlichen Kirchen und Gruppen*; Tübingen 1912.
- United States of America, National Conference of the Catholic Bishops in the; *Economic Justice for all*; Washington DC 1986.
- Utz, Arthur F.; *Die Prinzipien der Gesellschaftslehre*; 2. Auflage Freiburg/Schw. 1964.
- Van der Ven, Frans; *Sozialgeschichte der Arbeit*; Bände 1-3, München 1972.
- Vaticanum, II.; *Gaudium et Spes*; Rom 1965.
- Vontobel, Klara; *Das Arbeitsethos des deutschen Protestantismus*; Bern 1946.
- Virt, Günter (Hg.); *Historische Verantwortung vor der Gegenwart*; Frankfurt/M. 1993.
- Weber, Max; *Die protestantische Ethik*; Gütersloh 1981.
- Weiler, Rudolf; *Einführung in die Katholische Soziallehre*; II. Teil (Die Katholische Soziallehre im System); 3. Auflage Wien 1980.
- Ders.; *Einführung in die politische Ethik*; Graz 1992.
- Ders.; *Die Frage des Menschen: Wer bin ich?*; Köln 1968.

- Ders.; *Herausforderung Naturrecht*; Graz 1996.
- Ders.; *Internationale Ethik*; Band 1, Berlin 1986; Band 2, Berlin 1989.
- Weinand, Heinrich; *Antike und moderne Gedanken über die Arbeit*; Mönchengladbach 1911.
- Weischedel, Wilhelm; *Die philosophische Hintertreppe*; München 1975.
- Welty, Eberhard; *Vom Sinn und Wert der menschlichen Arbeit*; Heidelberg 1946.
- Wiedemann, Konrad; *Arbeit und Bürgertum*; Heidelberg 1979.
- Wolff, Hans Walter; *Anthropologie des AT*; München 1973.
- Yamada, Hideshi/Schnarrer, Johannes Michael; *Zur Naturrechtslehre von Johannes Messner und ihrer Rezeption in Japan*; Beiträge zum Naturrecht 1; Wien 1996.
- Young, Iris Marion; *Justice and the Politics of Difference*; Princeton, NJ 1990.
- Zsifkovits, Valentin; *Politik ohne Moral?*; Linz 1989.
- Zulehner, Paul M./Denz, Hermann; *Wie Europa lebt und glaubt*; Düsseldorf 1993.

C.) Zeitschriften und Artikel

- Boschek, Heinz; Artikel „Endlich Deutsche erster Klasse"; in: *Rheinischer Merkur*; Nr. 26; Bonn, am 30. Juni 1995; 11.
- Chisholm, C.B.; Artikel „The Psychiatry of Enduring Peace and Social Progress"; in: *Psychiatry 9*; 1/1946; 31ff.
- Church, George J.; Artikel „The white collar layoffs that we are seeing are permanent and structural"; in: *Time-Magazine*; New York November 22nd, 1993; 34-39.
- De Sousberghe, Lèon; Artikel „Propriété de `droit naturel´, thèse neóscolastique et tradition scolastique"; in: *Nouvelle Reveue Théologique*; Band 72; 1950; 580-607.
- Führer, Christian; Artikel „Einmischung: Kirche bei den Arbeitslosen"; in: *Die Zeichen der Zeit* (Evangelische Zeitschrift für Mitarbeiterinnen und Mitarbeiter der Kirche); Leipzig II./1993; 79-80.
- German Information Center (Hg.); *Deutschland Nachrichten*; New York, am 3. Dezember 1993; 3-4.
- Gutmann, Gernot; Zusammenfassung des Vortrags „Einzelprobleme der wirtschaftlichen Transformation in den neuen

Bundesländern"; in: _Jahres- und Tagungsbericht der Görres-Gesellschaft_; Görres-Gesellschaft (Hg.); Köln 1993; 151f.
- Habermas, Jürgen; Artikel „Soziologische Notizen zum Verhältnis von Arbeit und Freizeit"; in: _Konkrete Vernunft_; Funke, G. (Hg.); Bonn 1958; 219-231.
- Havel, Vaclav; Artikel „Auf der Suche nach Selbst-Transzendenz in der Postmoderne"; in: _Friedensforum_, Februar 95/1-2; Österreichisches Studienzentrum für Frieden und Konfliktlösung; Stadtschlaining 1995; 20-21.
- Hehir, J.Bryan; Artikel „A right is a moral claim to a good that is essential for human dignity."; in: _Religion and Values in public life_- A forum from Harvard Divinity School; Vol. 2, No.1; Cambridge, Massachusetts 1993; 7-8.
- Hengsbach, Friedhelm; Artikel „Flexible Arbeitszeit im Interesse der Familie"; in: _Stimmen der Zeit 1/91_; Freiburg 1991, 53-61.
- Hertz, Anselm; Artikel „Vita activa und vita contemplativa in der Nikomachischen Ethik des Aritoteles und in der Summa theologica des hl. Thomas von Aquin"; in: _L´uomo della chiesa_; Milano 1991.
- Hildebrandt, Karin; Artikel „Lebenssituation von Frauen in Ost und West- Gemeinsamkeiten und Unterschiede"; in: _Wertwandel_- Wandel der Lebensformen und Pastoral; Beckers, Hermann-Josef/Wittrahm, Andreas (Hg.); 63-76.
- Hilpert, Konrad; Artikel „Soziale Gerechtigkeit nach dem Zusammenbruch der kommunistischen Regime"; in: _Stimmen der Zeit 9/91_; Freiburg 1991; 609-623.
- Homeyer, Josef; Artikel „Soziale Marktwirtschaft aus der Sicht katholischer Soziallehre"; in: _Stimmen der Zeit 9/90_; Freiburg 1990; 587-598.
- Klages, Helmut; Artikel „Werden wir alle zu Egoisten? Über die Zukunft des Wertewandels"; in: _Politische Studien Nr. 336_; Seidel Stiftung (Hg.); München, Juli/August 1994; 35-43.
- Kloft, Hans; Artikel „Arbeit und Arbeitsverträge in der griechisch-römischen Welt"; in: _Saeculum 34_; 1984; 200-221.
- Köcher, Renate; Artikel „Der Freiheit entwöhnt"; in: _Frankfurter Allgemeine Zeitung_; Nr. 62; Frankfurt/Main, am 13. März 1996; 5.
- Logstrup, Knud E.; Artikel „Solidarität und Liebe"; in: _Christlicher Glaube in moderner Gesellschaft_; Band 16, Freiburg 1982; 97-128.

- Maihofer, Werner; Vortrag „Grundwerte heute in Staat und Gesellschaft"; in: *Grundwerte in Staat und Gesellschaft*; Gorschenek, Günter (Hg.); 3. Auflage München 1978; 88-102.
- Mangold, Klaus; Artikel „Ökologie als Motor für Ökonomie- aus der Sicht der Wirtschaft"; in: *Politische Studien*- Sonderheft 3/1994; Seidel Stiftung (Hg.); München, Juli 1994; 12-22.
- Messner, Johannes; Artikel „Der Ausgang des Kapitalismus"; in: *Das Neue Reich Nr. 30*; Wien 1928.
- Mieth, Dietmar; Artikel „Leiden am Konsumismus- eine Predigt für Mitbetroffene"; in: *Zeit & Geist 4: Immer mehr?*; München 1991; 80-88.
- *Die Presse*; Artikel „Deutsches Bündnis für Arbeit wird konkret"; Wien, am 27. November 1995; 18.
- Prinz, Franz; Artikel „Die Last der Arbeitslosigkeit"; in: *Stimmen der Zeit10/89*; Freiburg 1989; 685-696.
- Schlitt, Michael; Artikel „Wirtschaft und Umweltschutz aus ethischer Sicht"; in: *Stimmen der Zeit 12/92*; Freiburg 1992; 806-818.
- Schmieder, Eberhard; Artikel „Arbeitsethos- Eine Einführung in seine Geschichte"; *Schmollers Jahrbuch 79*; Berlin 1959.
- Schmitz, Wolfgang; Artikel „Eigeninteresse-Gruppeninteresse-Gesamtinteresse: Das Eigeninteresse durch Lebenssinn und Institutionen legitim, effizient und unersetzlich"; in: *Interesse und Moral*; Ders./Weiler, Rudolf (Hg.); Berlin 1994; 61-104.
- Schnarrer, Johannes Michael; Artikel „Globalisierung contra Regionalisierung: Auf dem Weg zu einer neuen Weltwirtschaftsordnung"; in: *Wiener Blätter zur Friedensforschung 83*; Wien Juni 2/1995; 47-59.
- Ders.; Artikel „The Difficulty of our Post-Modern Time: How to keep right and wrong apart?"; in: Christian Democratic Academy for Central and Eastern Europe (Hg.); *Virtual Workshops*- Let us take our own steps; Volume 2, Issue no. 3; Budapest April 1995; 5-9.
- Seeber, David; Artikel „Erstarrtes Deutschland?"; in: *Herderkorrespondenz 2/94*; Freiburg 1994; 55-57.
- Sennett, Richard; Artikel „Something in the city- The spectre of uselessness and the search for a place in the world"; in: *Times Literal Supplement*; London September 22nd, 1995; 13-15.

- Sitte, W.; Artikel „Steuern durch Ökosteuern- Die ökologische Steuerreform als Chance für die Umwelt und Wirtschaft"; in: _Wissenschaftliche Nachrichten_; Wien, Jänner 1995; 43-45.
- _Der Spiegel_ (Deutsches Nachrichtenmagazin); Artikel „Im Sturzflug abwärts- Volle Universitäten, keine Stellen"; Nr. 42, Hamburg am 18. Oktober 1993; 92-110.
- Tautscher, Anton; Artikel „Die Arbeit im Wandlungsprozeß der Geschichte"; in: _Die Industrie Nr. 23_; 7.Juli 1974.
- Thalheim, Karl C.; Artikel „Der ordnungspolitische Weg der DDR"; in: _Zeitschrift für Wirtschaftspolitik_; Heft 1, Köln 1990; 77-90.
- Thomas, Keith; Artikel „Work and Leisure in the pre-industrial Society" in: _Past and Present 29_; 1964.
- Virt, Günter; Artikel „Ethik darf nicht zurückbleiben"; in: _Wiener Blätter der KHJÖ 03/95_; Wien 1995; 6-8.
- Ders.; Artikel „Umwelt-eine Gewissensfrage?"; in: W.Pillmann/S. Burgstaller (Hg.); _Energieressourcen und Europäische Marktwirtschaft_; Wien 1991; 154-167.
- Vogel, Dieter; Artikel „Erfolgreich, aber ungeliebt: die soziale Marktwirtschaft"; in: _Rheinischer Merkur_; Nr. 27; Bonn, am 7. Juli 1995; 10.
- Weiler, Rudolf; Artikel „Arbeit: Fluch oder Utopie?"; in: _Spiritualität und Moral_; Festschrift für Karl Hörmann; Wien 1975; 127-137.
- Ders.; Artikel „Menschliche Arbeit als Kriterium für den ökologisch richtigen Einsatz des Produktionsfaktors Arbeit"; in: _Jahrbuch für christliche Sozialwissenschaften_; 26/ 1985; 183-193.
- Ders.; Artikel „Wehrethos, Berufsethos, persönliches Ethos"; in: _Wiener Blätter zur Friedensforschung Nr. 3/4_; Wien 1974; 2-12.
- _Wiener Zeitung_; Artikel „Kampf gegen die Arbeitslosigkeit: BRD will Zahl der Erwerbslosen halbieren"; Wien, 25. Jänner 1996; 1/8.
- Wood, Neal; Artikel „The Baconian Character of Locke´s Essay"; in: _Studies in the History and Philosophy of Science 6_; Oxford 1975; 43-84.
- Zsifkovits, Valentin; Artikel „Wirtschaft mit Moral"; in: _Stimmen der Zeit 3/92_; Freiburg 1992; 172-182.

Curriculum vitae von Johannes *Michael* Schnarrer

Geburt:	am 14. Juli 1965;
Ort:	Sohland/Spree (Sachsen);
1972-1982:	Besuch der Polytechnischen Oberschule mit Abschluß der mittleren Reife;
1982-1984:	Ausbildung zum Bau- und Möbeltischler mit Abschluß als Facharbeiter;
1984-1987:	Besuch des humanistischen Studienkollegs „Norbertinum" Magdeburg mit Abschluß des Abiturs;
1987-1992:	Student des Philosophisch-Theologischen Studiums Erfurt (Thüringen) mit Graduierung zum „Diplom-Theologen";
1992-1994:	Aufbaustudent an der Weston School of Theology und Harvard University in Cambridge (Massachusetts) mit Graduierung zum „Lizentiat in Theologie";
seit 1994:	Mitarbeiter und Dissertant am Institut für Ethik und Sozialwissenschaften der Katholisch-Theologischen Fakultät der Universität Wien; Lektor dieses Instituts im Sommersemester 1996; Autor verschiedener Publikationen; Doktor der Theologie (1996).

gez. J.Michael Schnarrer

Wien, am 22. März 1996

Aus unserem Verlagsprogramm:

Politik

Hans Hartmut Karg
Theoretische Ethik
Band 1: Basisformen des Sittlichen
Hamburg 1996 / 110 Seiten / ISBN 3-86064-447-5

Klaus Christoph
Aufklärung und politisches Handeln als intersubjektiver Prozeß
Hamburg 1996 / 244 Seiten / ISBN 3-86064-397-5

Hans Albrecht Hartmann / Roland Wakenhut
Gesellschaftlich-politische Einstellungen
Hamburg 1995 / 336 Seiten / ISBN 3-86064-300-2

Dieter Claessens
Status als entwicklungssoziologischer Begriff
Hamburg 1995 / 140 Seiten / ISBN 3-86064-244-8

Hans-Otto Rebstock
Philosophische Vergewisserung
Wider postmodernen Skeptizismus und Marxismus-Nostalgie
Hamburg 1994 / 83 Seiten / ISBN 3-86064-193-X

Hans-Peter Pammesberger
Ausländerbeschäftigung als dauerhafter Angebotsfaktor auf dem Arbeitsmarkt der BRD
Hamburg 1986 / 308 Seiten / ISBN 3-925630-06-6

Verlag Dr. Kovač · Postfach 50 08 47 · 22708 Hamburg · Fax: 040 - 389 56 20

~~Barcode: 0153232~~